六合文稿 长城·聚落丛书

张玉坤 主编

中国传统聚落空间层次结构解析

王飒 著

中国建筑工业出版社

图书在版编目（CIP）数据

中国传统聚落空间层次结构解析/王飒著.—北京：中国建筑工业出版社，2022.8
（六合文稿：长城·聚落丛书/张玉坤主编）
ISBN 978-7-112-27656-1

Ⅰ.①中… Ⅱ.①王… Ⅲ.①聚落地理—空间结构—研究—中国 Ⅳ.①K928.5②TU399

中国版本图书馆CIP数据核字（2022）第130407号

本书以传统聚落（城市和乡村）体系为研究对象，通过体系的层次结构进行空间特征的研究，对传统聚落体系的构成进行研究。本书尝试在本土空间理论的话语中找到新的发展方向，使本研究能够具有一定的理论意义；空间层次特征的分析是对中国传统空间的再认识，体系性对象的选择决定了认识必然是宏观的。在营造技术日益现代化的今天，中国人居环境历史传统的延续更多地体现在文化理念之中，因此本书对于中国传统空间特征的提炼也具有一定的现实意义。

本书适于建筑学等相关专业的学生、专家及从业者参考阅读。

责任编辑：杨晓　唐旭
版式设计：锋尚设计
责任校对：姜小莲

六合文稿　长城·聚落丛书
张玉坤　主编
中国传统聚落空间层次结构解析
王飒　著

*
中国建筑工业出版社出版、发行（北京海淀三里河路9号）
各地新华书店、建筑书店经销
北京锋尚制版有限公司制版
北京中科印刷有限公司印刷
*
开本：787毫米×1092毫米　1/16　印张：18¼　字数：376千字
2022年8月第一版　　2022年8月第一次印刷
定价：**78.00**元
ISBN 978-7-112-27656-1
（39596）

版权所有　翻印必究
如有印装质量问题，可寄本社图书出版中心退换
（邮政编码100037）

编者按

  长城作为中华民族的伟大象征,具有其他世界文化遗产所难以比拟的时空跨度。早在两千多年前的春秋战国之际,为抵御北方游牧民族的侵扰和诸侯国之间的兼并扩张,齐、楚、燕、韩、赵、魏、秦等诸侯国就已在自己的边境地带修筑长城。秦始皇统一中国,将位于北部边境的燕、赵和秦昭王长城加以补修和扩展,形成了史上著名的"万里长城"。汉承秦制,除了沿用已有的秦长城,又向西北边陲大力增修扩张。此后历代多有修建,偏于一隅的金王朝也修筑了万里有余的长城防御工事。明代元起,为防北方蒙古鞑靼,修筑了东起辽宁虎山、西至甘肃嘉峪关的边墙,全长八千八百多千米,是迄今保存最为完整的长城遗址。

  国内外有关长城的研究由来已久,早期如明末清初顾炎武(1613.07—1682.02)从历史、地理角度对历代长城的分布走向进行考证。清末民初,王国维(1877.12—1927.06)对金长城进行了专题考察,著有《金界壕考》;美国人W.E.盖洛对明长城遗址进行徒步考察,著有《中国长城》(The Great Wall of China, 1909);以及英国人斯坦因运用考古学田野调查的方法对河西走廊的汉代长城进行考察等。国内学者张相文的《长城考》(1914)、李有力的《历代兴筑长城之始末》(1936)、张鸿翔的《长城关堡录》(1936)、王国良的《中国长城沿革考》(1939)、寿鹏飞的《历代长城考》(1941)等均属民国时期的开先之作。改革开放之后,长城研究再度兴盛,成果卓著,如张维华《中国长城建制考》(1979)、董鉴泓和阮仪三《雁北长城调查简报》(1980)、罗哲文《长城》(1982)、华夏子《明长城考实》(1988)、刘谦《明辽东镇及防御考》(1989)、史念海《论西北地区诸长城的分布及其历史军事地理》(1994)、董耀会《瓦合集——长城研究文论》(2004)、景爱《中国长城史》(2006)等。同时,国家、地方有关部门和中国长城学会进行了多次长城资源调查,为长城研究提供了可靠的资料支持。概而言之,早期研究多集中在历代长城墙体、关隘的修建历史、布局走向及其地理与文化环境,近年来逐步从历史文献考证向文献与田野调查相结合,历史、地理、考古、保护实践等多学科相融合的方向发展,长城防御体系的整体性概念逐渐形成。丰富的研究成果和学术进步,对长城研究与保护贡献良多,也为进一步深化和拓展长城研究打下坚实基础。

  聚落变迁一直是天津大学建筑学院六合建筑工作室的主导研究方向。2003年,工作室师生赴西北地区进行北方堡寨聚落的田野调查,在明长城沿线发现大量堡寨式的防御性聚落,且尚未引起学界的广泛关注。自此,工作室便在以往聚落变迁研究的基础上,开启了"长城军事聚落"这一新分支,同时也改变了以单个聚落为主的建筑学研究方法。在研究过程中,课题组坚持整体性、层次性、系统性的研究思路和原则,将长城防御体系与军事聚落视作一个巨大时空跨度的统一整体来考虑,在这一整体内部还存在不同的规模层次或不同的子系统,共同构成一个整体的复杂系统。面对巨大的复杂系统,课题组采用空间分析(Spatial Analysis)的研究方法,以边疆军事防御体系和军事制度为线索,以遗址现场调查、古今文献整理为依托,对长城军事聚落整体时空布局和层次体系进行研究,以期深化对长城的整体性、层次性和系统性的认识,进一步拓展长城文化遗产构成,充实其完整性、真实性的遗产保护内涵。基于空间分析方法的技术需求,课题组自主研发了"无人机空—地协同"信息技术平台，引进了"历史空间信息分析"技术，以及虚拟现实、地理定位系统等技术手段。围绕长城防御体系和海防军事聚落、建筑遗产空—地协同和历史空间信息技术，工作室课题组成员承担了十几项国家自然科学基金项目和科技支撑计划课题，先后指导40余名博士生、硕士生撰写了学位论文，科学研究与人才培养相结合为长城·聚落系列研究的顺利开展提供了有力支撑和保障。

"六合文稿"长城·聚落丛书的出版，是六合建筑工作室中国长城防御体系和传统聚落研究的一次阶段性总结汇报。先期出版的几本文稿，主要以明长城研究为主，包括明长城九边重镇全线和辽东镇、蓟镇、宣府镇、甘肃镇，以及金长城的防御体系与军事聚落和河北传统堡寨聚落演进机制的研究；后期计划出版有关明长城防御体系规划布局机制、军事防御聚落体系宏观系统关系、清代长城北侧城镇聚落变迁、明代海防军事聚落体系，以及中国传统聚落空间层次结构、社区结构的传统聚落形态和社会结构表征与聚落形态关系的分析等项研究内容。这些文稿作为一套丛书，是在诸多博士学位论文的基础上改写而成，编排顺序大体遵循从宏观到微观、从整体到局部的原则，研究思路、方法亦大致趋同。但随时间的演进，对研究对象的认识不断深化，使用的分析技术不断更新，不同作者对相近的研究对象也有些许不同的看法，因而未能实现也未强求在写作体例和学术观点上整齐划一，而是尽量忠实原作，维持原貌。博士生导师作为作者之一，在学位论文写作之初，负责整体论文题目、研究思路和写作框架的制定，写作期间进行了部分文字修改工作；此次文稿形成过程中，又进行局部修改和文字审核，但对属于原学位论文作者的个人学术观点则予以保留，未加干预。

在此丛书付梓之际，面对长城这一名声古今、享誉内外的宏观巨制，虽已各尽其力，却仍惴惴不安。一些问题仍在探索，研究仍在继续，某些结论需要进一步斟酌，瑕疵、纰漏之处在所难免。是故，谓之"文稿"，希冀得到读者的关注、批评和教正。

在六合建筑工作室成员进行现场调研、资料搜集、文稿写作和计划出版期间，得到了多方的支持和帮助。感谢国家自然科学基金的大力支持，"中国北方堡寨聚落基础性研究"（2003—2005）项目的批准和实施，促使工作室启动了长城军事聚落研究，其后十几个基金项目的批准保障了长城军事聚落基础性、整体性研究的顺利开展；感谢中国长城学会和长城沿线各省市地区文保部门专家在现场调研和资料搜集过程中所给予的无私帮助和明确指引；感谢中国建筑工业出版社对本套丛书编辑出版的高度信任和耐心鼓励；感谢天津大学领导和建筑学院、研究生院、社科处等有关部门领导所给予的人力物力保障和学校"985"工程、"211"工程和"双一流"建设资金的大力支持。向所有对六合建筑工作室的研究工作提供帮助、支持和批评建议的专家学者、同仁朋友表示衷心感谢。

前　言

　　层次，作为认识世界的一种视角，可以连接微观与宏观。

　　回看历史，著名历史学家许倬云先生，在对当今世界的格局和人类未来做历史性思考时，认为中国文化下的"大同世界"呈现一种层次性的、一层一层的同心圆结构，这个结构"是一个人际关系不断扩大的圈圈，从人类个体本身，到家庭、乡里这样最小的团体，再到国家这种更大的团体，进而还能扩展到全体人类甚至整个宇宙。"[①] 人类社会的形态可以形象地用同心圆、金字塔、网状来描述，在其组成和运作过程中，都可以分解成不同的层次。

　　当今世界，全球正处在新冠疫情之中，这个由蛋白质外壳包裹着遗传物质的纳米级有机物，让人类遇到了巨大的困难。人类的生存完全依靠地壳和大气间的生态系统，生态系统可以层层向下分解为：生物群落、生物物种、生物个体、器官、组织、细胞、细胞器、蛋白质、肽链、多肽、氨基酸、分子、原子、基本粒子。人类作为一个社会性的生物物种，肌体会受到低层次蛋白体的侵扰，也在不断侵扰着其他生物体，开发着无机物，以获取资源，在人类内部竞争的压力下，延续自身。

　　仰望星空，渺小的人类生活在被月球环绕的地球上，叫做地月系，地月系位于太阳系，太阳系位于银河系，银河系位于本星系团，本星系团位于本超星系团，它是人类可以观测到的宇宙，同时也有观点认为人类身处的宇宙是诸多平行宇宙中的一个。人类经由神话、科幻、技术，展现着对深邃浩渺的恐惧、渴望与雄心。

　　反观自身，在解释人类最为独特的思维器官时，保罗·麦克莱恩（Paul MacLean）提出三重脑理论，认为在脊椎动物的进化过程中人类的大脑发育为一个具有三层的器官，包括由内而外的爬虫脑、哺乳脑、灵长类大脑（新皮质），分别控制着人类的基本生命活动、情绪和认知。[②] 大脑这个复杂的器官，支撑人类称霸了生态圈，塑造了人类社会的历史，开启了探索宇宙的征程。

　　人类被物质的或认知的层次组成着和包围着。人类的居住与人类个体、与人类社会、与生态系统之间都有着密切的联系，同时与星象和宇宙之间也存在着方位测量、文化投射的种种关联，聚落作为人类聚居的方式，其层次性的存在也呈现出纷繁复杂的状态。

[①] 许倬云. 许倬云十日谈：当今世界的格局与人类未来［M］，广东：广东人民出版社：111.
[②] ［美］巴斯，［美］盖奇主编. 认知、大脑和意识［M］. 上海：上海人民出版社，2015：433-434.

目 录

编者按

前　言

绪　论 …………………………………………………………………………… 1
  第一节　主要概念分析 ……………………………………………………… 1
    一、"传统聚落"的界定 ………………………………………………… 2
    二、"层次"的含义 ……………………………………………………… 4
  第二节　相关研究评述 ……………………………………………………… 10
    一、现代城镇研究中的层次划分 ……………………………………… 10
    二、建筑、规划学科中国传统聚落层次现象研究评述 ……………… 13
    三、相关学科中国传统聚落层次现象研究评述 ……………………… 23
  第三节　主要问题与研究方法 ……………………………………………… 30
    一、主要问题与研究难点 ……………………………………………… 30
    二、研究方法与策略 …………………………………………………… 31
    三、创新成果简述 ……………………………………………………… 36

第一章　聚落体系及其层次结构的描述 ………………………………… 38
  第一节　空间研究的学科视角 ……………………………………………… 38
    一、人文社会学科的空间理论 ………………………………………… 38
    二、建筑学空间研究的视角辨析 ……………………………………… 40
    三、作为人类社会设施系统的聚落 …………………………………… 47
  第二节　传统聚落体系的构成 ……………………………………………… 49
    一、聚落作为体系的观点 ……………………………………………… 49
    二、传统聚落体系的构成 ……………………………………………… 50
    三、个体与体系：聚落体系的空间视角 ……………………………… 52
  第三节　聚落空间层次的描述 ……………………………………………… 53
    一、聚落空间层次的社会性和物质性 ………………………………… 54
    二、聚落空间的多向度层次结构 ……………………………………… 55
    三、聚落空间层次的多义性与模糊性 ………………………………… 59

第二章　空间图式与空间特征的描述 …………………………………… 62
  第一节　1990年代的传统空间图式研究 ………………………………… 62
    一、不同话语下的"图式"概念 ……………………………………… 62
    二、1990年代的三类传统空间图式研究 …………………………… 66
    三、空间图式与传统聚落空间研究 …………………………………… 72
  第二节　"社会—方位"图式的建立 ……………………………………… 76
    一、方位词及其造字意象分析 ………………………………………… 77

  二、方位词对社会关系和空间关系的表述 ········· 80
  三、"社会—空间"关系中的传统空间规划观念 ········· 84
  四、"社会—方位"图式：空间规划中的集体意识 ········· 87

第三章　中心与边界：聚落个体案例分析 ········· 91
 第一节　边界与中心 ········· 91
  一、中心和边界的多重含义 ········· 91
  二、边界与中心对空间层次的描述 ········· 93
 第二节　中国传统住宅建筑的空间层次 ········· 96
  一、独栋单室的居所 ········· 96
  二、独栋多室的居所 ········· 99
  三、多栋多室的居所 ········· 102
  四、大型住宅 ········· 103
 第三节　中国传统聚落的空间层次 ········· 107
  一、无中心和弱中心聚落实例 ········· 107
  二、单中心聚落实例 ········· 109
  三、多中心聚落实例 ········· 111
  四、城墙聚落实例 ········· 117

第四章　理想模式不理想：古籍文献的再解读 ········· 125
 第一节　从古籍看先秦聚落空间层次的理想模式 ········· 125
  一、聚落体系的构成及层次度量 ········· 125
  二、长度单位的物质性与社会性 ········· 127
  三、划分在土地上的多样层次结构 ········· 132
  四、社会组织中的空间层次 ········· 138
  五、国域空间层次的发源 ········· 150
  六、《礼记·王制》中的理想模式 ········· 154
 第二节　从古籍看先秦聚落空间的"社会—方位" ········· 160
  一、甲骨卜辞中的方位意义 ········· 160
  二、地域、聚落和建筑中的空间方位意义 ········· 162

第五章　空间层次的成长：体系实例分析之一 ········· 173
 第一节　女真社会发展与女真聚落体系的形成 ········· 173
  一、明代东北女真早期聚落体系的成长 ········· 173
  二、建州女真聚落体系的发展 ········· 179
 第二节　清前女真聚落的地理空间层次分析 ········· 187
  一、辽宁地理空间层次 ········· 187
  二、清前八聚落地理位置及地势特点 ········· 188
  三、聚落的地域空间分析 ········· 190
 第三节　清前女真聚落内部空间结构分析 ········· 194
  一、北砬背山城的格局 ········· 194
  二、佛阿拉城的格局 ········· 195
  三、赫图阿拉城的格局 ········· 197
  四、辽阳东京城和天命十年的沈阳城 ········· 200

五、清前聚落空间层次结构演进分析 ························· 204
　第四节　清前女真聚落的建筑空间结构分析 ························· 207
　　　一、清前女真主体建筑的发展 ································· 208
　　　二、清前聚落主体建筑空间层次结构演进分析 ··················· 212

第六章　空间层次的设计：体系实例分析之二 ························ 214
　第一节　明代辽东军事防御聚落层次的形成 ························· 214
　　　一、明代辽东军政管理体系简况 ······························· 214
　　　二、明代辽东军事防御聚落层次体系的形成 ····················· 216
　　　三、军事指挥等级与军事防区的辩证 ··························· 222
　第二节　"占"与"战"：明代防御聚落的双重空间图式 ··············· 225
　　　一、从"战"到"占"：明初防御体系的形成 ··················· 226
　　　二、以"占"为"战"：防御体系中迎战的军事调度 ············· 228
　第三节　明、清两代辽宁地区聚落层次结构的变化 ··················· 230
　　　一、聚落体系中社会等级的变化 ······························· 230
　　　二、聚落空间结构的变化 ····································· 231
　第四节　从卫城到都城：沈阳城格局的变化 ························· 236
　　　一、明代沈阳卫城的空间格局 ································· 236
　　　二、从都城到陪都城市空间格局的完善 ························· 239
　　　三、从都城到陪都宫殿空间格局的完善 ························· 242

第七章　实例总结与相关讨论 ···································· 243
　第一节　实例研究的总结和分析 ··································· 243
　　　一、内外群属划分与聚落空间层次 ····························· 243
　　　二、聚落空间层次结构的多义叠加特征 ························· 244
　　　三、社会层次数量多于聚落空间层次数量的现象 ················· 245
　第二节　关于聚落体系层次的讨论 ································· 246
　　　一、人类社会发展与聚落体系演进 ····························· 246
　　　二、中国传统聚落层次体系发展概况 ··························· 249
　第三节　关于社会与空间关系的讨论 ······························· 253
　　　一、社会关系中的聚落关系 ··································· 254
　　　二、社会与空间关系的再思考 ································· 256
　第四节　关于空间图式研究的讨论 ································· 258
　　　一、空间图式研究与建筑类型学 ······························· 258
　　　二、空间图式研究的理论意义 ································· 265

参考文献 ·· 270

后　记 ·· 282

绪 论

历史城市和历史村镇的研究往往属于不同的领域，会形成各自的研究专项。2008年《中华人民共和国城乡规划法》的实施，使乡镇村庄同城市一样，也被纳入规划发展的范畴，这对历史城市和乡村的研究提出了新的要求，在研究对象上打通惯常的分类模式已经具有了现实需求的基础。中国传统的聚居体系不同于西方的城乡二元模式，具有明显的"一体化"特征[1]，这也说明综合研究历史城市和乡村是具有可能性的。就如当代的城镇体系研究一样，对历史城市和乡村进行综合研究的关键是将其视为一个整体，明确各自在整体中的地位和相互之间的联系。不论是当代的还是历史的人类聚居体系，都包含资源、人口、产业等多种因素，历史地理学、人类学和规划史的研究已经就相关问题展开了讨论。建筑学面对中国历史城市和乡村这一体系性的研究对象，也非常有必要对自身学科关注的问题进行新的思考。空间是建筑学研究中历久弥新的主题，人类聚居体系作为复杂的系统具有多种结构特征，其中层次结构的划分可以为建筑学空间研究介入体系性对象提供一个内在的条件。

因此本书以传统聚落（城市和乡村）体系为研究对象，通过体系的层次结构进行空间特征的研究，或者说从空间层次的角度对传统聚落体系的构成进行研究。这一选题所关注的主要问题是：在不同层次的中国传统聚落中，有没有共同的空间法则，能否用统一的方法进行分析和描述。

基于如上问题，本书必须在空间研究中建立适合描述体系性对象的方法，也需要对体系对象空间层次的特点进行分析和总结。描述方法的建立需要进行空间理论的相关探索，本书尝试在本土空间理论的话语中找到新的发展方向，使本研究能够具有一定的理论意义；空间层次特征的分析是对中国传统空间的再认识，体系性对象的选择决定了认识必然是宏观的，在营造技术日益现代化的今天，中国人居环境历史传统的延续更多地体现在文化理念之中，因此本书对于中国传统空间特征的提炼也具有一定的现实意义。

第一节 主要概念分析

对于本选题来说，首先需要对"传统聚落"和"层次"这两个主要概念的内涵进行界定。

---

[1] 李贺楠，中国古代农村聚落区域分布与形态变迁规律性研究[博士学位论文]，天津大学，2006：90-93.

一、"传统聚落"的界定

(一)"聚落"概念及其使用

对于"聚落"这一概念的界定,已有研究进行了较全面的梳理①。在此仅就"聚落"在不同研究语境中的含义进行分析。在不同领域的研究中,"聚落"有着相对固定的含义,同时在学术发展的情况下,其含义也在不断丰富。总体看来,"聚落"一词具有三种含义:其一,指称人工形成的居住环境,其二,指称人类社会集体聚居或聚集的状态,其三,指由人类社会和居住环境形成的整体。

在建筑学、城市史和考古学等学科中,"聚落"多指称物质环境,建筑学中常常将有着较丰富的传统文化和历史建筑遗存的村落称谓聚落;城市史中将城市产生之前人类的居住点称为聚落;而考古学中指所探查的人类居址,并且一般用于国家出现以前的考古遗存。这些使用往往将聚落区别于城市,聚落一般指称村庄。"聚落"单纯的社会含义运用较少,社会学的研究只有在一些研究的语境之中,指人类聚居的社会状态(甚至指虚拟的聚集状态)。而随着研究领域的交叉,聚落的第三种含义越来越被广泛接受,尤其是在人类学的研究中,在考古学从遗存物走向社会形态考察的研究中,在人文地理学把人类活动纳入研究范畴中,在多学科参与城市和城市史的研究中,都是如此。在这样的背景下,建筑学语境中的聚落也就具有了社会的含义。

在"聚落"指称人类聚居地的研究中,"聚落"含义往往有广义和狭义的两层含义,狭义仅指村落,而广义包含城市;广义的范围常常是在说明人类聚居地的总体时使用,是一种总称性质的概念,或者表明一种连续的体系性的概念,如地理学中的聚落地理学包含城市地理学和乡村地理学;在描述单一的聚居地个体时,很少将城市称为聚落,毕竟把国家和地区的政治经济中心性质的城市称作聚落,还不符合当前的表述习惯,所以聚落依照其狭义的范围使用,例如将"聚落"和"城市"并提,很可能是在对比城乡之间的问题。"聚落"和"城市"两个概念之间不同的关系,使得"聚落"兼有不同性质的含义,不同的使用含义,可以表明人类社会聚居地的不同发展阶段,也可以表明同一时期不同经济和文化性质的聚居地。

在"聚落"主要指物质环境的研究中,其含义范围也有差别,在关注环境和资源的研究中,聚落不单单指人工居住环境,还包括周边的自然资源和自然环境;而在关注聚落空间形态的研究中,聚落很可能仅指房屋的集合。

(二)本书中"聚落"的含义

本书中"聚落"的含义主要是指人工形成的居住环境,包含人类社会进程中

---

① 林志森,基于社区结构的传统聚落形态研究[博士学位论文],天津大学,2009:4-6.

各个发展阶段，也包含不同经济文化性质的各种人类居住地。而在具体论述中，尤其在分析聚落产生发展的问题时，"聚落"的含义也兼有社会性，虽然本书力图在研究中分辨社会和空间，但限于材料在某些情况下、在某种程度上，仍旧难以区分。因此，本书中"聚落"包括第一种和第三种两种含义。

（三）"传统"与中国"传统聚落"

"传统"一般不作为理论概念，而是一个比较宽泛的描述性词汇。"传统"的基本含义是指历史流传和继承延续的某种思想观念、风俗习惯或行为方式等。"传"是具有时间先后的，因此"传统"是一个相对的概念，"统"有全部和共同的含义，因此"传统"所指涉的内容是具有体系的整体。"传统"的相对性是指具有时间前后相接的意思，但并不是一个具体的时间界定，以往的观念习俗都可称为传统，所以不同历史时期可能都会有传统流传到今日。而能流传至今，并在现代社会中保持相对的活力，一定是能够依此形成社会实践的某种文化形式，比如传统节日不是指哪一个具体节日，而是指按照历史文化的习俗而确定日期及各个日期所具有的为社会共同享有的含义；再如传统工艺也不是指哪一件完成的制品，而是指以往时代的整套制作工艺和方法。

对于社会文化泛泛而言，传统具有相对性和体系性，这在不同领域中也是同样适用的。当使用"传统"来界定聚落时，也同样表明了一种与历史相关联的时间上的相对性，同时，"传统聚落"是一个描述符合某种特征的聚落总体的词汇。

从产业的视角出发，信息革命是人类历史上最近的一次社会变革，发生在20世纪中后期的这一次变革，到目前还没有产生与以往时代不同的居住体系。上推历史，16世纪中后期开始的工业革命，经过200年的社会发展，18世纪开始对西方的建筑和城市产生了重大的影响，遂产生了现代的建筑和城市体系，也就是工业时代的建筑和城市体系。比之工业时代，之前的农业时代可以称为建筑与城市的传统时代。中国社会的历史，具有不同于西方的发展脉络，输入性的工业技术的确对中国近代开埠城市产生了重要的影响，甚至直接塑造了一些城市，然而大多数的中国聚落仍旧按照传统的方式营造着。中国社会复杂多样的变革历史，使得农业、工业交替的时代界定并不适用于中国聚落发展历史的描述。

当我们观察现代建筑和城市体系时，材料和建造技术以及社会制度的变革的确都是造就新建筑和新城市的重要因素，但是从本书所关注的聚落空间层次结构的主题出发，这些因素并不能成为区分中国传统和现代的特征性因素。对于中国历史上不同规模、不同级别的聚落而言，对其整体空间格局产生重大影响的不是建筑技术，而是现代的交通技术，机械交通对于交通空间的需求，极大地冲击了中国城墙聚落的物质形态和空间格局。因此本书以交通方式的变革作为划分传统与现代聚落的依据，一个聚落还没有机械交通的引入，不论其兴建于何时都被视为传统聚落；一个聚落在没有机械交通引入之前，即处于其传统时期。所以在本书中,"传统"的概念不设置时间的下限,一处仍旧依靠人畜交通的今日山村,和作为明清两代王朝都城的北京,都视为传统聚落。

虽然不是明确的时间划分,机械交通引入的时间也可视为本书所涉各个案例的时间下限。而面对以人力畜力作为交通动力的漫长历史,本书亦选定农业时代的聚落作为关注的重点。从历史的角度看,不论是新石器时代的聚落遗存,还是大一统封建王朝的都城,中华文明都是建立在繁荣的农业生产之上的,中国传统聚落的若干特点都与农业经济和文化密切相关;从现实的角度看,直到今日,农业和农民仍旧是中国的现实问题,中国乡村仍旧存在着大量的本书所关注的"传统聚落","传统聚落"与现代社会间呈现着广泛的重叠状态。

二、"层次"的含义

在《汉语大词典》中"层次"具有两种含义,其一是指事物相承的次第,其二特指相属的各级机构[①],两种含义的界定区别了物质(事物)的层次和人类社会(机构)的层次。不论是在物质世界,还是在人类社会之中,层次都是一个普遍存在的现象,层次构成一种组织规则,物质和精神都依赖层次结构表征不同的状态并运作于其中。在不同的领域中,在不同的分析视角下,对于"层次"现象,常常会使用"尺度""层级""等级"等概念进行描述,在此先以宽泛的视角,考察不同领域有关的层次现象,然后再对"层次"的内涵进行分析。

(一)物质世界中的层次

1. 材料世界的层次

材料学对于物理世界的构成有着明确的"结构模式分级",对于材料的特性要在不同的层次上分级处理,不同层次之间要运用不同的概念进行描述,而每个概念又是上一个层次得出的审慎结论,按照这个模式可以将单一基本粒子到普通材料划分为四个层次:电子、原子、微结构物质、连续介质[②]。图0-1A中的横轴和纵轴为我们提示出层次所具有的两个性质,横轴的长度标尺说明一个相同度量性质的存在,作为客观标准;纵轴对应"物理学""化学""材料学""工程学"四个学科,说明在不同的层次上,物质具有不同的特性,适用不同的法则。

[①] 汉语大词典编辑委员会,汉语大词典编撰处,汉语大词典(第四卷),上海:汉语大词典出版社,1989:60.
[②] 温迪·普兰选编,科学与艺术中的结构,曹博译,北京:华夏出版社,2003:49.

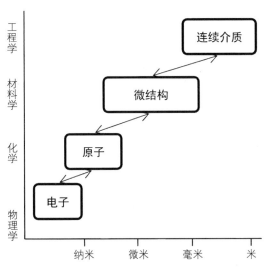 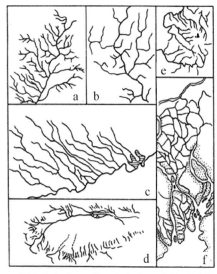

　　a 树枝状水系　b 格子状水系　c 平行状水系
　　d 辐合状水系　e 放射状水系　f 网状水系

（A）材料学中的模式等级　　　　　　（B）水系形态与层次

图0-1　物质世界中的层次现象
（图片来源：（A）根据《科学与艺术中的结构》[1]重新绘制，（B）引自百度百科"水系"词条）

2. 地理空间的层次

《中国河流名称代码》把河流分为干流和支流，支流又分为一级支流、二级支流等。干流是指"水系内汇集全流域径流的河流，其他河流均汇入干流。"支流是指"流入较大河流或湖泊的河流，直接汇入干流的支流为一级支流，汇入一级支流的河流称为二级支流。"[2] 由于该标准仅对全国流域面积大于1000平方公里的河流进行了编号，所以没有具体给出三级支流、四级支流的定义。但是从层次关系上，很容易明了汇入二级支流的河流就是三级支流，而汇入三级支流的就是四级支流。在此，河流的层次除了说明流量、河道等指标外，更说明河流层次的划分是以空间上的拓扑关系为衡量标准的。

在这项国家标准的概念界定中，还有水系和流域的概念。水系是指"有两条以上大小不等的支流以不同形式汇入干流，构成的一个河道体系"。"流域是指地表水及地下水的分水线所包围的集水区域或汇水区域。地下水分水线不易确定，习惯指地面径流分水线所包围的集水区域。"[3] 因此，支流具有其流域，不同级别的支流和干流组成水系又有其总体的流域，而在不同流域间的分水线往往是

---

[1] 温迪·普兰选编，科学与艺术中的结构，曹博译，北京：华夏出版社，2003：50，图1.
[2] 中华人民共和国水利部，SL249-1999，中国河流名称代码，北京：中国水利水电出版社，1999-12-28：7.
[3] 中华人民共和国水利部，SL249-1999，中国河流名称代码，北京：中国水利水电出版社，1999-12-28：7.

山脊,这样,通过"水系"和"流域"的概念,整个陆地形态都可以成为一个层次分明的空间系统(表0-1)。

中国河流流域的层次划分　　　　表0-1

级别	一级流域	二级流域	三级流域
中国水系	黑龙江流域	黑龙江水系,松花江水系,乌苏里江水系,绥芬河水系,图们江水系,额尔古纳河水系	从略
	辽河流域河	辽河干流水系,大凌河及辽东沿海诸河水系,辽东半岛诸河水系,鸭绿江水系	……
	海河流域河	滦河水系,潮白北运蓟运河水系,永定河水系,大清河水系,子牙河水系,漳卫南运河水系,徒骇马颊河水系,黑龙港及运东地区诸河水系	……
	黄河流域河	黄河干流水系,汾河水系,渭河水系,山东半岛及沿海诸河水系	……
	淮河流域河	淮河干流水系,沂沭泗水系,里下河水系	……
	长江流域河	长江干流水系,雅砻江水系,岷江水系,嘉陵江水系乌江水系,洞庭湖水系,汉江水系,鄱阳湖水系,太湖流域	……
	浙、闽、台诸河	钱塘江水系,瓯江水系,闽江水系,浙东闽东及台湾沿海诸河水系	……
	珠江流域河	西江水系,北江水系,东江水系,珠江三角洲水系,韩江水系,粤桂琼沿海诸河水系	……
	广西、云南、西藏、新疆诸国际河流	元江—红河水系,澜沧江—湄公河水系,怒江伊洛瓦底江水系,雅鲁藏布江—布拉马普特拉河水系,狮泉河—印度河水系,伊犁河额敏河水系,额尔齐斯河水系	……
	内流区	乌裕尔河内流区,呼伦贝尔内流区,白城内流区,扶余内流区,霍林河内流区,内蒙古内流区,鄂尔多斯内流区,河西走廊阿拉善内流区,柴达木内流区,准噶尔内流区,塔里木内流区,西藏内流区	……

(资料来源:根据《中国河流名称代码》[①](SL249-1999)整理而成)

(二)人类世界中的层次

1. 心理世界的层次

建筑师在考虑空间视觉体验的时候常常分析景观的近、中、远的层次效果,中国传统山水画中有深远、高远和平远三种意境,不论是否与审美有关,这都属于人类感知的层次。心理学的研究表明人类心理也具有层次结构,比如精神分析学派对人类意识、潜意识、集体潜意识的划分,流行文化也借此虚构梦境层次结

---

① 中华人民共和国水利部,SL249-1999,中国河流名称代码,北京:中国水利水电出版社,1999:12-28.

构,无法证实却引人遐想;与此相比,人本主义心理学对人的需要的层次划分①让人更容易把握(图0-2)。②

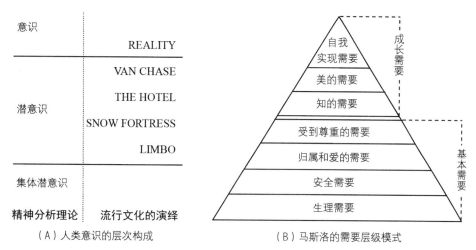

（A）人类意识的层次构成　　（B）马斯洛的需要层级模式

图0-2　人类心理世界的层次
（图片来源:A根据精神分析理论和INCEPTION剧情自绘,B根据《人本主义心理学》②重绘）

2. 社会组织的层次

不论是动物,还是人类,只要有一定的社会组织,就会形成不同的角色划分,而在相对复杂的社会组织中,等级就成为个体明确其角色的主要依据。啄序,表明了鸟类社会中进食的先后顺序,而社会分层在考古学和人类学的研究中表明复杂社会的出现。现代社会学的奠基人之一马克斯·韦伯(1864—1920)提出"科层制"的概念,描述并分析社会的组织和运作③。

3. 观念世界的层次

在人类认识世界并通过语言描述和交流的时候,客观世界和人类社会自身的层次关系,必然反映到人的认知之中。认知语言学对人类概念的形成和运用的研究表明,人类关于某一事物的概念是以层级的方式组织的,如图0-3所示。在这样的层级组织中,上一层次的概念涵盖下一层次的概念,上层概念是其下属概念的抽象,而下级概念则是其上属概念的具体表现④。

---

① 车文博,人本主义心理学,杭州:浙江教育出版社,2003:120-130.
② 车文博,人本主义心理学,杭州:浙江教育出版社,2003:124,图2-3.
③ 周建国、麻乐平,理性、新教伦理、科层制与社会发展——马克斯·韦伯的社会发展理论,社会科学家,2002,(6):28.
④ 程琪龙编著,认知语言学概论——语言的神经认知基础,北京:外语教学与研究出版社,1999:136-137.

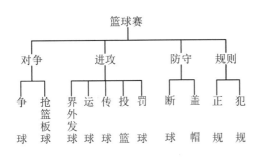
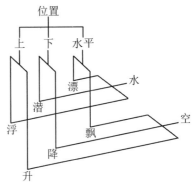

（A）概念的二维层级组织　　　　　　　　（B）概念的三维层级组织

图0-3　语言概念的层级结构示例
（图片来源：《认知语言学概论——语言的神经认知基础》①）

在理论研究中，理论被分为元哲学、哲学、社会理论、理论和实践几个抽象层次（Levels of Abstrcation），元哲学是指导思维的最一般视角；哲学是抽象的思维方式，运用逻辑将想象、信仰和意愿组织起来形成明晰的理解系统；理论与生活世界的现象、事件、实践具有更直接的联系，其建构发源于经验材料；社会理论介于哲学和理论之间，社会学家在学术领域内外通过多种方式从事实践②③（图0-4）。

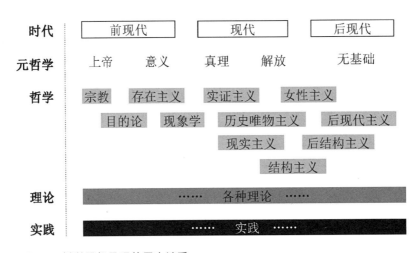

图0-4　哲学思想呈现的层次关系
（图片来源：根据《现代地理学思想》④重新绘制，有所修改）

---

① 程琪龙编著，认知语言学概论——语言的神经认知基础，北京：外语教学与研究出版社，1999：138页7.6和139页7.7.
② Peet R., Modern Geographical Thought, Malden, Oxford, Victoria: Blackwell Publishing Ltd., 1998: 3–7.
③ 理查德·皮特，现代地理学思想，周尚意等译，北京：商务印书馆，2007：6–10.
④ 理查德·皮特，现代地理学思想，周尚意等译，北京：商务印书馆，2007：8，图1.1.

4. 人类聚居环境的层次

《红楼梦》[①]开篇有一处典型的层次描写：

当日地陷东南，这东南有个姑苏城，城中阊门最是个红尘中的一、二等富贵风流之地。这阊门外有个十里街，街内有个仁清巷，巷内有个古庙，庙旁住着一家乡宦……

"地东南—姑苏城—阊门外—十里街—仁清巷—庙旁—一家"，这一系列逐层递进的描述正好道出了人类聚居环境所具有的层次特征。这个次序至今仍是我国通讯地址的编写方式，西方通讯地址的编写与我国的次序虽然正好相反，但是层次性是共同具有的。对于城市形态的研究总会涉及聚集、功能、分区等诸多问题，而这些问题在空间分布上也往往存在层次性的问题，这在研究者所绘制的概念性图示中表现得很清楚（图0-5）。

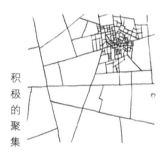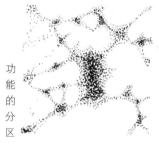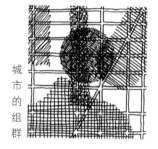

图0-5 人类的聚落层次现象
（图片来源：《城市的形成：历史进程中城市的模式和城市意义》[②]）

（三）"层次"内涵分析

从物质世界到观念世界，从自然生态到人类社会，从心理到文化的诸多层次现象中，层次的含义是多样的，有等级位置、组织结构、图形规则等不同含义，要对"层次"给出一个明确的界定是困难的，从以上不同学科的实例中可以找到某些关于"层次"的共同因素，分析这些层次现象可以发现具有如下共同特点：

第一，这些层次都是在一个体系内，对体系进行的一种划分；

第二，划分体系的方式，是依循一个有连续承接关系的原则而进行的；

第三，对体系划分的承接关系，揭示了这一体系的构成法则，或者说相互承接的层次是体系的一种结构规则。

层次，并不是指单独的个体存在，层次是对体系的一种描述，是指具有相同

[①] 曹雪芹、高鹗著，汪原放校点，胡适考证，红楼梦（上），太原：北岳文艺出版社，2013：2-3.

[②] 斯皮罗·科斯托夫，城市的形成：历史进程中的城市模式和城市意义，单皓译，北京：中国建筑工业出版社，2005：39.

特征的个体的集合。而不同层次之间特征的差异呈现出一种梯度变化,这种梯度变化可能是"量"上的差异,也可能由"量"的差异积累而成为"质"的区别。当分辨一个层次结构时,所关注的特征属性不同,就会看到不同的层次结构。层次不是单一的,就如一处景物,从不同的位置看,会获得不同景观,所以层次的确定是与我们看待对象的视角和方法相关的。也就是说,"层次"在某种程度上是属于思维范畴的。人类社会及其居处环境层次的出现,是人类脱离混沌的表现,是人类社会组织和人类认知能力复杂化的表现。

(四)"层次""层级"和"等级"

"层次""层级"和"等级"这三个概念具有相近的意义,但仍有区别:"等级"的含义更加强调"按某一标准区分的高下差别"[1],只有在确定了明确的层次划分标准时才会形成"等级"。"层级"的含义中同样具有较为明确的分级含义,并且在现代语境中常用来"比喻人所处的社会地位"[2]。与"层级"和"等级"相比,"层次"具有更为广泛的含义,既能用来表述物质世界的现象,也能够用来表述人类社会的现象,在本书的语境中"层次"的概念中包含有"层级"和"等级"的含义,但是"层级"和"等级"不具有本书所指的多义的、模糊的多种层次划分的含义。

第二节 相关研究评述

建筑学的传统聚落研究最初是从民居研究中发展起来的,随着"聚落"一词含义的扩展,建筑学的传统聚落研究、城市史研究和考古学的聚落形态等学科的研究一同构成了中国传统聚落研究的整体。中国传统聚落作为研究对象,不论是地域的空间范围,还是历史的时间跨度,都是非常丰富而庞大的,虽然相关研究成果涉及广泛的学科领域,但是还未见以传统聚落的层次现象作为主题的研究成果,有关层次现象的研究散见于不同内容的研究之中。

一、现代城镇研究中的层次划分

传统聚落的研究往往运用现代的理论和方法,地理学、规划学等学科的理论中人类聚落层次的划分方法,对传统聚落研究产生了很大的影响,因此有必要对于现代聚居体系中有关等级层次的研究做简要回顾。

---

[1]《汉语大词典》,转引自汉典网站(http://www.zdic.net).
[2]《汉语大词典》,转引自汉典网站(http://www.zdic.net).

（一）建筑规划学科现代聚居层次的研究

希腊规划学家道萨迪亚斯（Constantinos A. Doxiadis 1913—1975）为了在规划未来城市时有所参照，分析了人类形塑（shaping）聚落的五个原则等问题，同时提出了人类聚居学（Ekistics）[①]，产生较大影响。人类聚居学针对20世纪中叶欧美城市快速发展的现实，从实践的角度出发，为了避免概念的混乱，对人类聚居的类型和规模进行划分，经过归纳，以人类聚居的人口规模和土地面积的对数比例为依据，将人类聚居系统划分成从小到大的15个单元（表0-2）。

人类聚居单元（$M=10^6$） 表0-2

聚居规模	人类聚居单元	社区等级	活动范围	人口数量范围	单元名称	人类聚居人口
小规模	1		a		人体	1
	2		b		房间	2
	3		c	3-15	住所	3
	4	Ⅰ	d	15-100	住宅组团	40
	5	Ⅱ	e	100-750	小型邻里	250
	6	Ⅲ	f	750-5000	邻里	1500
中等规模	7	Ⅳ	g	5000-30000	小城镇	9000
	8	Ⅴ	A	30000-200000	城市	75000
	9	Ⅵ	B	200000-1.5M	中等城市	500000
	10	Ⅶ	C	1.5M-10M	大城市	4M
大规模	11	Ⅷ	D	10M-75M	小型城市连绵区	25M
	12	Ⅸ	E	75M-500M	城市连绵区	150M
	13	Ⅹ	F	500M-3000M	大型城市连绵区	1000M
	14	Ⅺ	G	3000M-20000M	城市洲	7500M
	15	Ⅻ	H	20000M及更多	普世城	50000M

（资料来源：根据《人居环境科学导论》[②]表7-1及相关文字重新整理）

我国学者在人类聚居学的启示下，"根据中国存在的实际问题和人居环境研究的实际情况"提出了人居环境科学的概念，并"初步将人居环境科学范围简化为全球、区域、城市、社区（村镇）、建筑等五大层次。"[③]

《建筑学及其相关科学》一书将与人类居住环境相关的设计划分为实体设计、家具设计、室内设计、单体建筑设计、景观设计、城市设计、城市规划和区域规划八个领域，不同领域之间有着延续和衔接，但是不同领域的主导设计师是

[①] Doxiadis, Ekistics, the Science of Human, Science, 1970, v.170 (no.3956): 393-404.
[②] 吴良镛，人居环境科导论，北京：中国建筑工业出版社，2001：230.
[③] 吴良镛，人居环境科导论，北京：中国建筑工业出版社，2001：50.

不同的①。我国的城市规划体系也明确划分为市（县）域城镇体系规划、城市总体规划、城市分区规划、控制性详细规划和修建性详细规划五个层次②。同样在城市设计领域也明确划分了城市设计的对象层次，包括区域和城市级的城市设计、分区级的城市设计、地段级的城市设计③。

（二）相关学科聚落层次现象的研究

第二次世界大战后，在建筑学和家政学基础上发展出住居学，其中文化人类学的色彩很强，将以居住为核心的活动和行为，分为个体居住、家庭居住和社会居住三个层面④。日本学者的集落研究也提出"家屋""居住群""居住域""集落域""集落间"五个居住层次⑤。

诺伯格·舒尔兹（Christian Norberg-Schulz, 1926—2000）在《存在·空间·建筑》一书中提出存在空间的组成要素，认为这些要素是通过阶梯式的阶段⑥而表现出来的，并以手的抓握搬运确定了器具阶段，以身体尺寸与动作确定了家具阶段，以身体运动外延的范围确定住宅阶段，以社会共同的生活形态和相互作用确定城市阶段，以人与自然的相互作用确定景观阶段，另有影响如上各阶段的地理阶段，共六个阶段⑦。又在详论中将器具和家具合并为用具阶段，如此形成地理、景观、城市、住宅和用具五个阶段的存在空间。

在城市地理学中，对城市体系的研究包括城市规模分布研究和城市空间分布体系研究⑧。城市规模分布研究是以人口或用地为指标，而人口规模常常成为聚落等级分类的参考标准（表0-3）。统计分析不同规模城市在整体中的比重，并构成城市首位率、四城指数、十一城指数等指标，说明不同分布状态；将某一地域中所有居民点按照大小分级，就会发现"城市规模越大的等级，城市的数量越少；而规模小的城市等级，城镇数量越多"，将这一种普遍的规律绘图表示，就是城市等级规模金字塔（图0-6A）⑨。"城市体系的空间网络结构即研究一个国家或区域中城市体系的点（城市与城市）、线（城市与联系通道，主要是交通线）和面（城市与区域）三要素在空间的复杂组合关系。"⑩因此，可以说"城市规模

---

① 安东尼·C. 安东尼亚德斯，建筑学及相关学科（原著第三版），崔昕、汪丽君、舒平译，北京：中国建筑工业出版社，2009：导言3-4.
② 谭纵波，城市规划，北京：清华大学出版社，2005：409-461.
③ 王建国，城市设计，南京：东南大学出版社，1999：57-80.
④ 张宏，性·家庭·建筑·城市：从家庭到城市，南京：东南大学出版社，2002：2-6.
⑤ 日本建筑学会编，图说集落，：都市文化社，1989：146；转引自张玉坤，聚落·住宅——居住空间论［博士学位论文］，天津大学，1996：20.
⑥ 阶段对应的英文是level，译为层次也许更为恰切。
⑦ 诺贝格·舒尔兹，存在·空间·建筑，尹培桐译，北京：中国建筑工业出版社，1990：38-39.
⑧ 许学强等编，城市地理学，面向21世纪课程教材，北京：高等教育出版社，2004.
⑨ 周一星、陈彦光等编，城市与城市地理，北京：人民教育出版社，2003：162-167.
⑩ 周一星、陈彦光等编，城市与城市地理，北京：人民教育出版社，2003：204.

分布研究"并非空间规律的研究,其"分布"的意思是统计学意义上的,而"城市空间分布体系研究"是有关空间分布规律的研究,其中"中心地理论"在传统聚落研究中被较多地运用。

以人口为基础的居民点等级分类　　　　表0-3

级别	级名	大致人口规模（人）
1	小村（Hamlet）	10~150
2	村庄（Village）	150~1000
3	镇（Town）	1000~2500
4	小城镇（Small City）	2500~25000
5	中等城市（Medium-Sized City）	25000~100000
6	大城市（Large City）	100000~800000
7	大都市（Metropolis）	800000~不定
8	大都市带（Megalopolis）	不定,至少几百万
9	世界性都市带（Ecumenopolis）	不定,但近千万

（资料来源：R. M. Highsmith and Ray M. Northam. World Economic Activities, 1968, Table6.3, 转引自《城市与城市地理》[①]）

克里斯塔勒（Walter Christaller,1893—1969）在1930年代提出中心地理论时,认为中心地具有等级性。他将居住等级划分为小村、村集、镇区中心、县城、地区中心、小州首府、省会、区域首府以及都会和大都会九个层次,而在其研究的德国南部地区,中间七个等级都是位于不同层次的中心地。在克氏的理论假设下,可以推演出主要结论：在理想状态下,三角形中心地分布和六边形市场区是最有效率的市场空间结构,同一等级的中心地有同样大小的六边形市场区,经过长时期周期农业市场服务中心的演化,一个地区会形成由不同级别中心地相互嵌套而成的中心地的等级体系[②]（图0-6B）。

二、建筑、规划学科中国传统聚落层次现象研究评述

（一）建筑规划学科传统聚落层次现象的研究

1. 1980年代及之前

开创中国建筑史研究的一代学者,对于建筑和城市的研究,多使用"类型"

[①] 周一星、陈彦光等编,城市与城市地理,北京：人民教育出版社,2003：169页表6.13.
[②] 周一星、陈彦光等编,城市与城市地理,北京：人民教育出版社,2003.

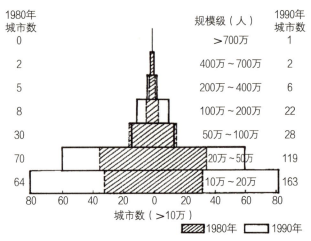

(A) 中国1980年和1990年的城市金字塔

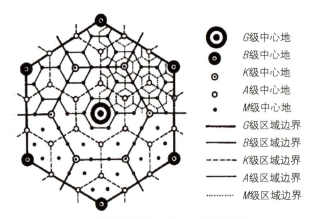

(B) 克里斯塔勒K=3的中心地层级体系

图0-6 城市等级规模金字塔与中心地示意图
(图片来源:《现代城市地理研究》[1])

的概念和思考方式,或兼顾文献和实物遗存[2],或直接以类型谋篇[3],或以历史时期为序而再列类型[4]。初稿写于1950年代,几经增补再版的《中国居住建筑简史》已反映出居住建筑具有城市、住宅、园林等不同层次[5],但在平民、地主、官僚、贵族、帝王的第宅园林,以及与城市关系的论述中可以发现强调的是划分类型,而不是分析层次。

1960年代完成初稿,1980年代初首版,1987年再版的《中国城市建设史》,已"按政治及行政管理意义分类",将中国古代城市分为都城、地区性封建统治

---

[1] 姜乃力,现代城市地理研究,沈阳:辽宁大学出版社,2005:126页图6-2,137页图6-9.
[2] 梁思成,中国建筑史,天津:百花文艺出版社,1998.
[3] 刘致平,中国建筑类型及结构(第三版),北京:中国建筑工业出版社,2000:18.
[4] 刘敦桢主编,中国古代建筑史(第一版),北京:中国建筑工业出版社,1980.
[5] 刘致平,中国居住建筑简史——城市·住宅·园林(第二版),北京:中国建筑工业出版社,2000.

的中心城市、一般的州府县城市三类①（第三版②亦同第二版），这种划分已经是等级层次的观念，但用语上依旧使用"分类"的概念。

贺业钜对《周礼·考工记·匠人》的研究，结合考古发掘资料，对历史文献进行具体而微的深入解读，分析了"王城—诸侯城—都城"三级城邑制度的具体等级规制，分别就王城、宫城、庙社、市里的形制和规划结构进行说明（另有道路等级）③。尽管研究中涵括了从地域到城市再到闾里的各个尺度层次的空间规划问题，但以分析古制为要务，并不就空间层次和等级问题进行探讨。

吴良镛在论述聚居特征时，根据《文献通考·职役考》④试拟了中国古代聚落的等级体系（图0-7），用以说明"聚居地是多层次的"，层次是递进的⑤，但是并无意分析中国古代聚落等级层次的具体状态。

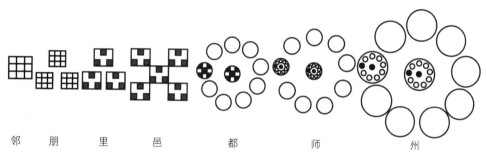

邻　朋　里　邑　都　师　州

图0-7　中国古代聚落的等级体系
（图片来源：吴良镛根据《文献通考·职役考》试拟，引自《广义建筑学》⑥，作者重绘）

以上研究反映出在1980年代及以前传统聚落的层次现象还没有受到学者们的关注，相关研究并未展开；而进入1990年代，聚落的层次现象开始成为一些建筑与规划学科学者们有意关注的研究议题，但并不广泛。

2. 1990年代

贺业钜在中国古代城市规划的研究中，按照规划制度的变革来划分我国古代城市规划的历史分期⑦，并将封建社会时代划分为前、中、后三个时期，前期是

---

① 董鉴泓主编，中国城市建筑史（第二版），北京：中国建筑出版社，1987.
② 董鉴泓主编，中国城市建筑史（第三版），北京：中国建筑出版社，2004.
③ 贺业钜，考工记营国制度研究，北京：中国建筑工业出版社，1985.
④ 所据文献为：昔日皇帝始经十设井，以塞争端……使八家为井，井开四道，而分人家，凿井于中，一则不泄地气，二则无费，三则同风俗，四则齐巧拙，五则通财货，六则存之更守，七则出入相同，八则嫁娶相谋，九则有无相贷，十则疾病相救……即牧于邑、井一为邻，邻三为朋，朋三为里，里五为邑，邑十为都，都十为师，师十为州。
⑤ 吴良镛，广义建筑学，北京：清华大学出版社，1989：10-11.
⑥ 吴良镛，广义建筑学，北京：清华大学出版社，1989：10-11.
⑦ 贺业钜，中国古代城市规划史，北京：中国建筑工业出版社，1996：27.

对奴隶制传统规划体制进行变革的探索时期，中、后期则为成熟时期。封建社会前期适应郡县制建立中央集权之下的国都城、郡城、县城三级城市建设体制，替代分封制时期王城、诸侯城、卿大夫采邑的三级城邑制度；适合区域经济发展建立中心为首，次中心为辅，一般城市为基层，三个层次组合而成的城市区域建设体制。在封建社会中期，中央集权进一步强化，加强地方治理形成了"国都城、州（道、路）城、郡（州、府）城及县城四级城市建设体制"；经济分区规划形成了由经济圈内的城市群组成的大型经济区域城市群。在封建社会后期，城市建设体制形成"国都城（含京师及陪都）、省城、府城（包括直隶州城及元代之路城）及县城四级"；经济分区规划中经济圈的职能分化，经济区内的分工协作进一步加强[1]。

对于不同历史时期区域规划的问题，尤其是京畿地区的规划问题，贺业钜进行了专门讨论，以唐代为例，研究明确指出唐代京畿区域的城市网络由三个层次构成，即全道（京畿道）城市群、地区城市群和聚邑城市群，而这样的层次又具有政治与经济的双重含义，也就是说"按照这种层次所构成的区域城市网络，基本上应是具备政治与经济的双重职能的"，"封建城市具有政治经济双重职能，故……政治统治据点网，同时也是经济据点网。"[2]

张玉坤在居住空间的研究中，特别辨析了"类型"和"层次"的概念，认为"在自然辩证法中，层次和类型是一对范畴，前者指事物的等级，后者指具有某种共性的事物。任何一种事物既属于一定的层次，又属于一定的类型"。在具体研究中，将由聚落和住宅所构成的居住空间分为区域形态、聚落、住宅及住宅的组成部分四个基本的规模层次，并指出"每个层次作为整体包容着不同的部分，同时它本身又是构成更大整体的一个部分"，而层次之间的这种整体与部分的相对关系又具有不可逆性[3]。可以说，富有哲学意味的"层次"思辨，使得聚落的层次现象成为学者所关注的独立研究问题。在具体研究中对于诸多聚落层次现象给予了有意识的关注：认为居住空间的四个层次中"每个层次作为一个整体结构均包括边界、结点、中心、结构和要素五个逻辑元素"，而同构关系正是就此而言；在居住空间历史探源中认为西周时代的分封制形成了一种"社会—地域空间层次"[4]，各个封国[5]内也形成了空间上的"地域层次（中心层次）"和社会地位的"等级层次（规模层次）"，而《周礼》中所载的制度则成了一种古代地域空间层次规划的理论；进而在分析里坊制的基础上，提出了以堡（里）为原型的聚落体系生成演化的两条路线（其一，停留在村落层次上不断自我复制，其二，向

---

[1] 贺业钜，中国古代城市规划史，北京：中国建筑工业出版社，1996：31，334，542-543，673.
[2] 贺业钜，中国古代城市规划史，北京：中国建筑工业出版社，1996：403-404，299.
[3] 张玉坤，聚落·住宅——居住空间论［博士学位论文］，天津大学，1996：19-21.
[4] 张玉坤，聚落·住宅——居住空间论［博士学位论文］，天津大学，1996：33，61.
[5] 原文为"城邦国家"，是延续贺业钜在《考工记营国制度研究》中的观点。

中心城堡中心城市层次提升）；并在分析聚落的功能时，认为聚落和住宅层层递进的空间层次，恰当地实现了防御功能的需求①。

周若祁在分析农耕聚落从氏族聚落到宗族聚落变化中，认为在我国实行"分土封侯"的周代，"形成了具有层级结构的封建领主庄园"，分封的大小领主家族及其扈从占据良好的地段筑城，形成核心聚落，庶人的居住点围绕中心散布在庄田之中，形成了都邑—庄邑—村邑三个层次的聚落体系；而在秦汉实行郡县制以后，地主庄园逐渐发展起来，有皇族庄园、贵族官僚庄园、寺院庄园和一般中小地主庄园不同的阶层，据其推想一般庄园聚落由庄主宗族聚落和庄户聚落两级构成②。这一研究表明，建筑学者对于体系问题的关注，自然带来了对于层次问题的思考。

3. 2000年代

进入21世纪，对于聚落层次现象的关注已经在不同研究中表现出来，研究者的兴趣各异，用语也不尽相同。

张宏在中国古代居住的研究中，认为在中国古代社会中形成了"按照权力等级确定住居规模和③建筑形制的等级制度……并由此确立了划分和组织住居空间的原则"④，表现为"宗法制度和礼制对住居的影响和作用"，而"等级居住同时又是空间的组织规划方式、住区的社会方式、住居空间的营造和使用方式、住居空间结构和装饰标准的制定方式。"⑤该研究关注从家庭到城市的住居空间，这本身就具有空间层次的意味，但研究者更关注社会等级制度与住居空间的关系。

段进借用皮亚杰（Jean Piaget）所归纳的群、网、拓扑三种数学母结构（原型）的关系原理，对太湖流域古镇空间结构进行研究⑥，其中等级子群的空间结构，以及住宅、街巷、古镇三个层次上的序结构，都是对太湖流域古镇空间层次的分析。段进在对皖南古村落的研究中，按照空间"自上而下"与"自下而上"两种发展过程进行分析，"自上而下"过程分别按照村落整体形态、村落内部结构、宅居邻里和住宅四个层次进行分析，而"自下而上"的过程也分别就建筑与上述四个层次的关系进行讨论⑦⑧。

李贺楠在对我国古代农村聚落分布和形态变迁的研究中，认为古代农村聚落

---

① 张玉坤，聚落·住宅——居住空间论［博士学位论文］，天津大学，1996：62，65，133.
② 周若祁、张光主编，韩城村寨与党家村民居，西安：陕西科学技术出版社，1999：5-7.
③ 原文"的"字应为"和"字之误。
④ 张宏，性·家庭·建筑·城市：从家庭到城市的居住学研究，南京：东南大学出版社，2002：131.
⑤ 张宏，性·家庭·建筑·城市：从家庭到城市的居住学研究，南京：东南大学出版社，2002：155.
⑥ 段进、季松、王海宁，城镇空间解析：太湖流域古镇空间结构与形态，北京：中国建筑工业出版社，2002.
⑦ 段进、龚恺等，世界文化遗产西递古村落空间解析，南京：东南大学出版社，2006.
⑧ 段进、揭明浩，世界文化遗产宏村古村落空间解析，南京：东南大学出版社，2009.

空间分布层次是在农业、宗教、政治、商业和交通等文化生态的机制下，通过基本农村聚落聚合发展出"城"，异质发展出"镇"的两种途径而形成的；先后经历了点状、树状和网状三个发展阶段（图0-8）；中国聚落体系区别于西方城乡分裂的状况，是城乡连续的聚落空间体系，而且这一体系的层次结构自三代到明清都与行政区划①相对应，并在县及其以下的级别中具有相对稳定的国家和社会的管理机制②。

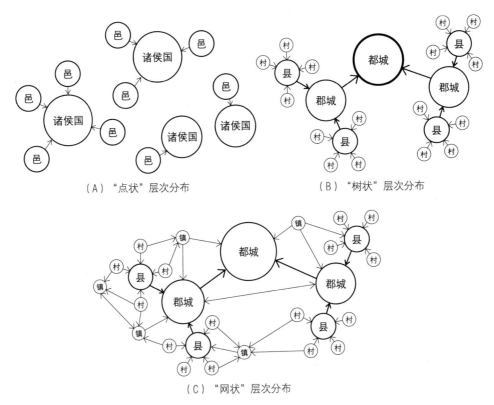

图0-8 中国古代聚落空间层次变迁的三个阶段
（图片来源：《中国古代农村聚落区域分布与形态变迁规律性研究》③，作者重绘）

李严在对明代九边军事防御聚落的研究中，从军事管理制度的层级性出发，分析防御性空间的层次结构，并将军事防御聚落分为镇城、路城、卫城、所城、堡城以及驿城和关城等不同的层次，分别进行考察，并通过实例详细比较了镇、路、卫、所、堡五个层次的军事聚落的规模、空间结构、道路系统、主要功能等

---

① 严格意义说来，行政区划只有在郡县制的国家体制下才真正产生，殷周的分封制度下尚不存在行政区划。
② 李贺楠，中国古代农村聚落区域分布与形态变迁规律性研究［博士学位论文］，天津大学，2006：67-99.
③ 李贺楠，中国古代农村聚落区域分布与形态变迁规律性研究［博士学位论文］，天津大学，2006：90-93.

的异同之处①。可以说，这一研究是以聚落等级结构进行组织的，非常适合军事防御聚落特征，也说明军事防御聚落是分析层次现象的很好实例。

王贵祥在中国古代建筑基址规模研究中，分析了北魏、隋唐、宋元和明清各王朝时期，从贵族官宦到普通百姓的园宅规模，既梳理了典章制度中对园宅规模建筑形制的规定，又针对不同时期的特点对都城里坊划分，王府、官署规模进行了具体考察，理据充分地证明了，在严格的等级制度下，中国古代社会中园宅面积是与社会等级密切相关的；同时通过具体数据勾画出从汉唐到宋元再到明清，宫殿、署廨、第宅、寺院、陵墓、园囿用地规模逐渐减小的变化过程，并认为这一过程与人口增多、居住密度加大有关②。白颖在明代洪武年间建筑规模具体分析中认为在宫殿、王府和府衙的规模标准中存在着明确的比例关系③。关于建筑基址规模的研究，虽然不以聚落整体为对象，有的也不能明确具体聚落的组成部分，但是这一关于制度的研究，能指出聚落层次构成的一种社会机制。

王贵祥通过对四库本《通志》所载明代城池周回长度的分析发现，在看似城周与城市行政等级杂错的现象背后，畿辅、中原地区的城池规模等级的规律性强于偏远地区；而从城周的规模转换为空间规模后，则发现，明代城池"大略上仍然遵循了古代'里坊'之尺度规则"，并进一步引申认为"可以将古代城池，看作是略近里坊面积的几何级数增长形式"④（表0-4）。这一研究是作为学者自身城市史研究的前续而独立成篇的，表现出层次结构作为体系框架受到重视。

城池级别与城池规模等级系列　　　　　　表0-4

城池规模		城的级别				
城周	可容标准里坊数量	堡寨	县城	州城	府城	都城
2里	1/4	堡寨	偏远	—	—	—
4里	1	—	标准	个别	个别	—
6里	2	—	有	个别	个别	—
8里	4	—	有	有	有	—
9里	4	—	有	有	有	—
12里	9	—	个别	有	有	—
16里	16	—	—	—	有	—
24里	36	—	—	—	标准	—
40里	100	—	—	—	—	都城
48里	140	—	—	—	—	都城

（资料来源：根据《明代城池的规模与等级制度探讨》⑤文字及表6重新整理）

① 李严，明长城"九边"重镇军事防御性聚落研究[博士学位论文]，天津大学，2007：69-145.
② 王贵祥等，中国古代建筑基址规模研究，北京：中国建筑工业出版社，2008：1-132.
③ 王贵祥等，中国古代建筑基址规模研究，北京：中国建筑工业出版社，2008：302-312.
④ 王贵祥，明代城池的规模与等级制度探讨，贾珺编，建筑史（第24辑），北京：清华大学出版社，2009：86-104.
⑤ 王贵祥，明代城池的规模与等级制度探讨，贾珺编，建筑史（第24辑），北京：清华大学出版社，2009：86-104.

4. 台湾聚落领域层次的研究

台湾学者对台湾早期聚落的研究，大量借鉴了人类学田野调查的方法，其中对于聚落领域层次的研究值得关注。研究中对"领域"的界定强调社会行为和心理精神意义，认为领域是"基于'占有''保有'的心理动机，透过'行为'的安排或界定，来形塑'空间'的存在与范围认知……领域在本质上一切皆是以'人'为出发点，为追求生命之和谐状态，以有形的元素操作与空间认知彰显无形的神圣意义。"[①] 对澎湖地区聚落的研究认为，通过各种民间信仰和社群活动呈现出聚落的各种领域层次，澎湖旧奎璧澳聚落的居民具有联庄、社里、甲头及甲户四个领域层次，并各有其认定与维持方式[②]；旧网垵实例的研究中，通过田野调查其居民面对自然环境的适应行为和社会文化环境与生活环境的互动关系，以"祭祀圈"的观念为基础，将旧网垵的聚落空间划分为社、社里、甲头及住家（厝）四个垂直式的领域层次[③]。

在聚落的层次现象越来越被建筑规划学者重视的情况下，仍旧还没有以"层次"为主题的研究出现，本书将延续学者们对于聚落层次现象的关注，进行进一步的探讨。

（二）评述

1. 研究对象与关注问题

如上研究包含了建筑学、建筑史、城市规划、规划史与城市史的研究范畴，涉及的研究内容广泛：从聚落的性质上看，涵盖了军事防御聚落、农业聚落、城市和都城；从关注的问题上看，有关于规划方式及思想的研究、关于住居方式的研究、关于古制探轶的研究；从对聚落层次现象的研究上看，所思考的问题包括聚落层次体系的形成和发展、聚落层次体系与社会组织等级关系、聚落层次体系形成的制度性因素的分析、某一历史时期聚落层次体系的构成、聚落层次现象的哲学思辨等问题。

从研究兴趣上看，建筑学和规划史的研究对于聚落层次现象表现出更为有意识的关注和研究，如张玉坤的研究对里坊制的历史问题多有分析，关于"中心""规模""地域""演化"和"防御"等问题的关注，表明其研究目的以论述空间规律为主旨；而建筑史和城市史的研究，更加注重事实的辨析和历史发展过程的探索，少有对于聚落层次现象的特别分析，如王贵祥的研究中更强调对规模和制度的思考，重在对历史聚落本身的分析。

---

① 蔡智仁，澎湖社里领域之再省思——以望安岛及将军澳两岛七社里为比较［硕士学位论文］，中原大学，1997：摘要.
② 田允茂，澎湖旧奎璧澳聚落的领域层次［硕士学位论文］，中原大学，1996：摘要.
③ 吴建兴，澎湖旧网垵社聚落的领域层次，澎湖：澎湖县立文化中心，1999：摘要，198.

2. 建筑学研究对相关学科的借鉴

建筑史、城市史和规划史的研究，言必有据，但对于空间分析并未显示兴趣。建筑学的研究多希望进行理论思考，离不开对人文社会学科理论的吸纳和借鉴。总结来看，如上研究中涉及并运用的相关理论有住居学、文化人类学、文化生态学，所参考的研究成果包括历史地理学、社会史、军事史以及各时期历史研究。建筑学涉及传统聚落的研究，免不了进行历史考察，与史学的研究相比，仅能大略地表述不同历史时期的差异性，不能进行明确的分析研究，并且由于关注空间问题的论述，使得对于各个历史时期内的丰富性和特异性表述不够。在研究方法上，建筑学的聚落层次研究，较少运用前述规划和地理学的现代理论，而是以空间问题的分析为主。建筑学在历史聚落研究中表现出的所长和所短正表明聚落研究作为一个宽泛的领域，需要不同学科的共同参与。

3. 对于"社会—空间"问题的关注

刘致平、刘敦桢等学者在叙述历代建筑发展时，总要先略述建筑所处时代社会状况，简略而必要。吴良镛是在倡导广义建筑学（后提出人居环境科学）的背景下，对聚落的层次现象有所提及的，这正是从社会背景看建筑发展所必然具有的视角。

贺业钜对城市规划史的分期，即以社会制度的变迁为依据，认为"城市是社会的缩影……城市规划的发展进程，应是遵循社会发展规律而演变的……最能符合城市规划本身发展规律的分期方法，莫过于以由社会发展而引起的规划制度的演变为准绳来权衡。"[1]

张玉坤的研究，在学科上深受文化人类学的影响，在方法上深受结构主义的影响，针对居住空间的研究"建立一个居住空间—环境—人的动态系统模式"，并"用这个模式……对任何时期的事实进行分析"[2]，因此可以了解，其所总结的"堡的双向演化体系"，即是从社会结构（内在机制）和聚落形态（外在表现）两个方面表述了聚落层次结构产生发展的模式，既说明了历史性的变迁，又表达了共时性的层级关系。

张宏的研究承袭了日本住居学对"住居行为和生活方式与住居空间的关系"[3]的研究方式，研究中对中国古代家庭制度与住居形态、井田制度与聚落形态、等级居住与聚落空间等问题的分析正源于这一社会的视角。李贺楠的研究以文化生态学的思想指导全篇，"文化生态学除研究文化对于自然环境的适应外，更主要的是研究影响文化发展的各种复杂变量间的关系，特别是科学技术、经

---

[1] 贺业钜，中国古代城市规划史，北京：中国建筑工业出版社，1996：27.
[2] 张玉坤，聚落·住宅——居住空间论 [博士学位论文]，天津大学，1996：15.
[3] 张宏，性·家庭·建筑·城市：从家庭到城市的居住学研究，南京：东南大学出版社，2002：2.

济体制、社会组织及社会价值观念对人的影响"①，因此其关于中国古代"城乡连续"的聚落空间层次的论述、关于聚落层次与行政区划的分析，无一不与古代社会有关。军事防御聚落更是具有比较简明清晰的社会组织——军事管理组织体系，可以借此为线索建立聚落空间的分析思路。王贵祥建筑和城市历史的研究素材均是历史文献，而历代典籍、会要等所记录的就是或理想或现实的社会制度和规范。

具体分析各项研究中所涉及的中国古代社会的因素，有两点较为重要：其一是对行政区划的共同关注，其二是对于中国古代血亲社会组织，宗族、家族的关注。行政区划在分析聚落体系层次构成时经常被作为参照，而血缘组织的引入研究会导致对礼法制度下等级现象的分析。

对于聚落层次体系来说，大多数的研究者均以行政区划为基本参照。如贺业钜的论述"秦代地方行政建制……从中央到地方，分级明确，组织严密，在全国范围内构成一个庞大的封建统治网……新的封建城市建设体制不仅与巩固中央集权政体密切相关，而且也和繁荣封建经济是分不开的。据此而形成的国都及郡县城网络体系，实际上便是封建国家的政治、经济据点网络体系。这与旧营国制度的都邑建设体制所构成的政治据点网络体系，是有本质性的区别。"②再如王贵祥对明代筑城活动的分析，也在寻找城周规模与各级治所之间所具有的匹配关系。农村聚落区域分布空间层次变迁的研究，更是总结出聚落空间层次与行政区划相对应的规律③。明九边防御的都司卫所制度在防御的同时具有屯田税赋的职能，亦相当于腹里地区行省州府的行政区划职能。

在我国古代，行政区划是国家对直接掌握的领土进行分层次的区划管理方式，国家直接派遣官员到各地区，并且定期撤换，其实质是分民而不分土的大一统时代所采取的中央集权的统治方式④。从秦汉历两千余年我国行政区划的三级制较为普遍，且县级的行政区划最具有稳定性，而最高一级的行政区划又多经由中央监察和军事辖区的方式而建立⑤，这些有史可查的特点，为研究者把握全国尺度的宏观问题提供了极为有效的依据。

从空间的角度看，行政区划的作用正是将不同级别的行政组织分配在地域空间之上，这本身就形成了一种在社会管理层次结构统领之下的地域空间层次结构，行政区划的这一内在特征，才是使其为各项研究所援引的根本原因。本书研究中也将以行政区划（军事建制）为依据，通过地域聚落层次体系的案例分析，具体探讨空间层次结构和社会层次结构在形成和发展过程中的关系。

---

① 李贺楠，中国古代农村聚落区域分布与形态变迁规律性研究［博士学位论文］，天津大学，2006：17.
② 贺业钜，中国古代城市规划史，北京：中国建筑工业出版社，1996：299.
③ 李贺楠，中国古代农村聚落区域分布与形态变迁规律性研究［博士学位论文］，天津大学，2006：93.
④ 周振鹤，中国历代行政区划的变迁，北京：商务印书馆，1998：13.
⑤ 李晓杰，体国经野：历代行政区划，长春：长春出版社，2004：234-238.

三、相关学科中国传统聚落层次现象研究评述

历史地理学、考古学、城市史等学科关于中国传统聚落的研究成果丰富而庞大，关于中国传统聚落层次现象的研究，不同学科各有侧重，下面按学科简述其中有代表性的观点和运用典型方法的研究。

（一）相关学科传统聚落层次现象的研究

1. 城市地理学的研究

顾朝林在中国城镇体系的研究中，按照现代地理学的方法，从"等级规模系列、职能类型组合、空间分布特征和城市间相互联系及其网络等四个方面"对中国古代城镇体系的发展做了梳理，认为西周时的"三级城邑建设体制"即为当时的城市等级系列；"秦时全国即已形成了首都—郡城（诸侯国都）—县城三级城市等级系列；到了汉代……形成了首都—司隶校尉部、十二州刺史部驻所—郡、国（王国）、属国都尉都城—县、邑、道、公国、侯国治所驻地的四等级系列"；"隋唐两代……形成了都城—道级驻所城市—府、州级驻所城市—县城—镇及草市组成的比较完整的城镇系统"；"宋代……形成了首都—路城—府、州城（监、军城）—县城—镇—市六级城镇系统"；"元代……又进一步演化为首都—省会—路城—府城—州城—县城—镇—市八级等级系统"；到了"明、清两代……全国首都—省城—府（州）城—县城—镇五级行政中心城市网也更加完善"[1]，并且农村集镇和小城镇大量兴起，形成了比较均匀的城镇人口规模等级结构（表0-5）。在其后研究中国城市地理[2]的著作中，对古代城市等级仍延续如上观点。

明清时期全国城镇等级规模统计表　　　　表0-5

等级规模	特大城市	大城市	中等城市	小城市及镇（包括县城）	农村集市
人口	大于100万	50万～100万	20万～50万		
城镇数量	3	约9	约100	约2000多	4000～6000

（资料来源：根据《中国城镇体系——历史·现状·展望》[3]重新编排绘制）

2. 历史学（社会史、经济史、制度史）的研究

程念祺对上古史的研究认为：还在炎黄时期，出于部族联盟内部领地界定的需要，就已经形成了"牧"的地域组织，并受控于"岳"的部落集团，而且进一

---

[1] 顾朝林等，中国城镇体系——历史·现状·展望，北京：商务印书馆，1992：24，37，61-62，75.
[2] 顾朝林等，中国城市地理，北京：商务印书馆，1999.
[3] 顾朝林等，中国城镇体系——历史·现状·展望，北京：商务印书馆，1992：64页表7.

步产生了"一种从'天子'到'岳',再到'牧'的统一而多元的分层控制系统",从而成为奠定夏、商、西周三代统治制度的基础①。

王建在西周政治地理结构研究中,对"王畿""五服"等典籍制度进行了地理空间上的考辨,认为战国之后经学家们的诠释并非事实,"千里邦畿"是商王朝整个政治疆域,而商周时期的内外服只是政治结构上的划分,而非地理空间上的划分;并在考证西周方伯地位和疆域形成的基础上,对国家整体与部分之间,即中央与地方关系的层次结构(天子—方伯—诸侯),进行地理空间上的描述(都城—方伯区—诸侯国)②。

冯贤亮在明清江南社会控制的研究中,详细梳理了明清两代社会基层组织层级系统的状况(表0-6),认为基层社会组织,尤其是底层组织,呈现依靠田制的特点,如"圩"成为最低一级的社会组织,表明明清基层系统建立的依据由户口为主,转变成以田亩为主,使得田制体系兼有地方基层的管理作用,与里甲或保甲制并行成为相辅的两套系统③。

明清两代江南各府主要基层体系对比　　　　表0-6

府	明代		清代	
苏州府	县—	乡—都(保)—区—扇—里(图)	县—乡—都—	—区—扇—图—圩
			县—乡—都—	——图—圩
		—沙—乡—团		——保—圩
松江府	县——乡—保(都)—区—图(里)		县	乡—保—区—图—圩
				——镇
			团—	——路
常州府	县——都(保)—区—扇—里(图)		县—乡—都—	——图—圩
				——保—圩
嘉兴府	县——乡—都——区—扇—里		县—乡—都—	区—扇——圩
				—扇——圩
				区—里(图)—圩
湖州府	县——区—乡—都—里—图		县	路—区—乡—庄—圩
				乡—都—里(图)

(资料来源:根据《明清江南地区的环境变动与社会控制》④ 图3-5重新整理)

赵冈的市镇经济研究认为中国历史上的市镇有传统市镇和新型市镇两类,传统市镇发端于周,直到明清始终是为农村消费服务,是典型的层级式商业网的一

---
① 程念祺,中国上古的统一趋势,探索与争鸣,2000,(06).
② 王健,西周政治地理结构研究,郑州:中州古籍出版社,2004.
③ 冯贤亮,明清江南地区的环境变动与社会控制,上海:上海人民出版社,2002.
④ 冯贤亮,明清江南地区的环境变动与社会控制,上海:上海人民出版社,2002:115.

绪 论

环；而明清江南地区的新型市镇并不对农村市场服务，而是在汇集了大量手工业的基础上（农村副业生产）服务于远方市场，甚至是国际市场，因此不但其地理分布有别于传统市镇，更重要的是不能将其纳入到层级式的架构之中①。

3. 城市史的研究

在《城治的形态与结构研究》一文中，章生道根据近代测绘地图确定了1890年代中国都城、省城的面积，并结合1910年代11省部分府、县城的城内平均面积进行分析，认为中华帝国末期府、县两级治所城市城内面积的平均值存在着显著的差异②。

成一农以城周为古代城市聚落规模的衡量标准，以清代各省通志中所载1390座有明确城墙长度记录的城市为研究对象，对城周与城市的行政等级进行相关性分析，结果是两者之间不具有统计学意义上的相关性，由此认为清代城市规模（城周）与城市行政等级之间存在着一定的联系，但是城市规模（城周）并不是由其行政等级所决定的，并反驳了施坚雅、章生道、马正林等学者两者相关的观点③。

陈国灿和奚建华的《浙江古代城镇史》，对各个历史时期浙江地区市镇的发展过程进行研究，对市场层次多有论述，由于南宋王朝定都于此地，固明确指出南宋时浙江城市的五个层次：草市与小镇、县级城市和较大的市镇、多数州级城市、少数州级经济都市、都城临安④。

4. 历史地理学

历史地理学包括历史自然地理和历史人文地理，历史城市地理是历史人文地理学中的一个研究专项。总体上看，"历史城市地理的研究，可分为古都、普通城市、市镇三个层面"⑤，并且也有研究关注于村落的历史发展⑥。在各层面的研究中多研讨变迁中的人地关系这一地理学的核心问题，同时随着区域历史地理学的发展，从区域的角度对城市历史地理进行研究的成果大多会关注城市体系、城镇、乡村聚落等，形成了较为丰富的研究成果，试举几例：刘景纯对于清代黄土高原地区城镇的研究，分析了府州城、县城、市镇的发展和城镇体系形成过程及地域空间分布的变迁，以及城镇体系的空间组织结构和等级规模结构⑦；吴晓亮

---

① 赵冈，中国城市发展史论集，北京：新星出版社，2006：186-222.
② 施坚雅编，中华帝国晚期的城市，叶光庭等译，北京：中华书局，2000：98-100.
③ 成一农，清代的城市规模与行政等级，扬州大学学报（人文社会科学版），2007，11（3）：124-128.
④ 陈国灿、奚建华，浙江古代城镇史，合肥：安徽大学出版社，2003.
⑤ 林颉编，中国历史地理学研究，二十世纪中国人文学科学术研究史丛书-史学专辑，福州：福建人民出版社，2006.
⑥ 尹钧科，北京郊区村落发展史，北京：北京大学出版社，2001.
⑦ 刘景纯，清代黄土高原地区城镇地理研究［博士学位论文］，陕西师范大学，2002.

在云南洱海地区城市发展的研究中，描述了千余年中城市体系逐步形成的三个阶段，并就城市空间体系、城市行政层级、市场层级问题及相互呼应的关系进行了分析①；鲁西奇在进行汉水流域历史地理研究中，勾画了从新石器时代到明清时期该区域聚落（村落、集镇、城市）的产生、发展和分布的变迁过程，并就作为地理要素的城市、集镇和村庄的地理空间结构进行了分析②。

肖爱玲在西汉城市地理的研究中分析了西汉城市的等级，通过考古遗迹分析显示西汉城市规模存在"都城—郡城—县城"的行政等级差异，而郡城、县城规模也存在地域差异；并利用出土汉简从社会角度分别分析了西汉前后时期的城等级③，如以《尹湾汉墓简牍》所载西汉末期东海郡的38个城市的行政机构设置、官员俸禄等信息代表城市规模，进行加权法统计分析，认为西汉末年东海郡城市规模与其数量之间呈反比，等级数量比接近于倍数关系④。

潘明娟对周秦关中地区城市体系的研究表明，周代关中地区的城市体系与普遍认识的三级城邑网络不同，没有诸侯城邑这一层次，而是具有两个层次的王城，即主都周宗丰镐和陪都岐周，其下是围绕周边的畿内诸侯采邑；这一政治的空间架构，发展到战国时期，经济功能加强，转变成以经济都会（也是政治都城）为中心的城市体系；进而在秦代形成中部的一级中心咸阳（西安地区），西部与东部两个二级中心——西部的雍城（宝鸡）、东部的泾阳和栎阳，环绕其间的县城成为三级城镇中心，这一框架奠定了后世关中城市体系发展的基础，其影响一直延续至现代⑤。

5. 考古学的研究

赵春青在郑洛地区新石器时代聚落研究中，对裴李岗、仰韶前期、仰韶后期和龙山时期聚落的分布和聚落内部形态的演变进行研究，勾画出了新石器时代聚落体系日趋复杂的一个地区实例⑥（表0-7）。

郑洛地区新时期时代聚落演变简况　　　　　表0-7

考古时期		裴李岗文化时期	仰韶文化前期	仰韶文化后期	龙山文化时期
规模	面积（ha）	2~6	30~45	30~50	40~100
	聚落总数	68	238	379	516

---

① 吴晓亮，洱海区域古代城市体系研究，昆明：云南大学出版社，2004.
② 鲁西奇，区域历史地理研究：对象与方法（汉水流域的个案考察），南宁：广西人民出版社，1999.
③ 肖爱玲，西汉城市地理研究［博士学位论文］，陕西师范大学，2006：130-131.
④ 肖爱玲，西汉末年城市等级结构分析：尹湾汉简研究，山西师范大学学报（哲学社会科学版），2007，36（1）：55-61.
⑤ 潘明娟，周秦时期关中城市体系研究，北京：人民出版社，2009.
⑥ 赵春青，郑洛地区新石器时代聚落的演变，北京：北京大学出版社，2001.

续表

遗迹种类					
	窖穴	√	√	√	√
	墓葬	√	√	√	√
	单间房屋	√	√	√	√
	多间房屋		√	√	√
	城墙			√	√
	祭祀坑			√	√
	乱葬坑				√

（资料来源：根据《郑洛地区新石器时代聚落的演变》综合绘制）

陈朝云在商代聚落体系研究中，分析了商王朝的3处中心聚落、7处地区中心聚落以及若干大型村落和小型村落的社会功能及其相互关系[①]，根据这项研究可以将商代的聚落空间层次结构进行示意概括，如图0-9。

6. 人类学的研究

梁永佳在对云南大理喜洲白族宗教生活的研究中，从结构主义的视角出发，探讨该地区的地域崇拜与社会空间问题，分析了喜洲地域崇拜现象的等级结构[③]。这一研究可以说是典型的社会人类学民族调查，而其关注的宗教生活赋予空间的精神内容及其层次结构，提示了观察聚落空间层次的又一种视角。

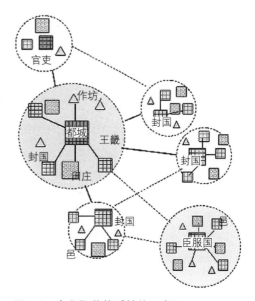

图0-9 商代聚落体系结构示意图
（图片来源：根据《商代聚落体系及其社会功能研究》[②]内容自绘）

施坚雅（G. William Skinner，1925—2008）被称为经济人类学家，这与其研究中运用克里斯塔勒的中心地理论和范·杜能的区域系统理论有关。20世纪中叶施坚雅在我国四川地区做人类学田野调查，发现中国的集镇在乡村生活中的重要作用，1960年代施坚雅将田野考察和中国的方志文献等资料相结合，以四川地区为例，通过农村市场结构分析农村聚落之间的空间层次关系

---

① 陈朝云，商代聚落体系及其社会功能研究，北京：科学出版社，2006.
② 陈朝云，商代聚落体系及其社会功能研究，北京：科学出版社，2006.
③ 梁永佳，地域的等级：一个大理村镇的仪式与文化，北京：社会科学文献出版社，2005.

（表0-8），并认为这种经济活动和空间的体系同时也构成了中国乡村社会生活的体系[1][2]。

1970年代根据方志的资料，施坚雅的研究范围进一步扩大到几乎整个中国疆域（除了认为东北地区在清末之前还没有形成市场体系之外），并明确提出经济中心及其从属地区所构成的社会经济层级结构，这个层级结构以市场体系为基础，将中国分为八个巨区及其下的多个层次（表0-9），并根据地理条件对中心地的模型进行改造，提出了每个区域——不论层次高低——都具有"核心—边缘"结构，同时也考虑了行政等级结构[3][4]，并进一步在1980年代以巨区间的差异和周期发展的不同说明中国历史的变迁[5]；此后施坚雅带领一个跨学科的研究团队，利用地理信息系统，建立区域空间层级模型（Hierarchical Regional Space, HRS），并把研究视野扩展到当代中国和近代日本、法国的区域系统，为每个研究对象建立多层级尺度下大区域系统的核心——边缘结构的模型[6]。

施坚雅研究中中国农村市场的等级体系　　　　　　表0-8

中心地类型	市场类型	最大属地
区域城市		地区贸易区域
地方城市		城市贸易区域
中心市镇	中心市场	中心市场区域
中等市镇	中等市场	中等市场区域
普通集镇	基层市场	基层市场区域
［小市］	［小市］	［小市场区域］

（资料来源：根据 *Marketing and Social Structure in Rural China: Part I* [7] 与《中国农村的市场和社会结构》[8]重新整理而成）

---

[1] Skinner G.W., Marketing and Social Structure in Rural China: Part I, The Journal of Asian Studies, 1964, 24 (1): 3–43.
[2] 赵春青，郑洛地区新石器时代聚落的演变，北京：北京大学出版社，2001：188–189.
[3] 施坚雅编，中华帝国晚期的城市，叶光庭等译，北京：中华书局，2000.
[4] Skinner G.W. ed., The City in Late Imperial China, Taipei: SMC Pubishing INC.
[5] Skinner G.W., Presidential Address: The Structure of Chinese History, The Journal of Asian Studies, 1985, 44 (2): 271–292.
[6] 信息来自Regional Systems Analysis at UC Davis，网址http://han.skinner.ucdavis.edu/mainpage.html，2008年10月施坚雅去世后，网址变更为http://www.fas.harvard.edu/~chgis/data/skinner/
[7] Skinner G.W., Marketing and Social Structure in Rural China: Part I, The Journal of Asian Studies, 1964, 24 (1): 9.
[8] 施坚雅，中国农村的市场和社会结构，史建云、徐秀丽译，北京：中国社会科学出版社，1998：10.

中华帝国晚期中心地在区域中心与边缘的分布　　　　　　表0-9

经济层级中的级别	中心地数量					城镇平均人口（按等级计算）	
	核心地区			边缘地区	总数	核心地区	边缘地区
	数量	百分比	排序				
中心都会	6	100%	↑		6	667000	
区域都会	18	90.0%		2	20	217000	80000
区域城市	38	60.3%		25	63	73500	39400
较大城市	108	54.0%		92	200	25500	17200
地方城市	360	53.8%		309	669	7800	5800
中心市镇	1163	50.2%		1156	2319	2330	1800
中等市镇	3905	48.7%		4106	8011	690	450
普通集镇	13242	47.8%		14470	27712	210	100
总数	18840	48.3%		20160	39000		

注：以所在经济层级进行统计（所标人口数量为1893年数据）。
（资料来源：参照The City in Late Imperial China[①]TABLE1，《中华帝国晚期的城市》[②]表1，以及《中国封建社会晚期城市研究——施坚雅模式》[③]表1综合整理而成）

（二）评述

1. 研究范围

上述研究涵盖面非常广泛：从对象选择上看，有整个疆域范围的研究，有大的区域范围（省级区域、大河的流域范围）的研究，也有小的区域范围（县域）的研究；从研究选择的时间段上看，包括了自新石器时代到明清时期，其中有断代研究的，也有选择区域进行通史研究的。

2. 学科特点

不同学科之间对于聚落的理解存在着差异，城市史作为一个研究范围，不同学科背景的学者对于城市的理解也同样存在着差异，因此对于聚落层次的划分也就可能抱有不同的态度。

社会史、经济史、制度史的研究中，都强调聚落的社会含义，着重于社会的组织、国家制度和经济运作的不同侧面，尽管随着学科间的交流，制度史研究也考虑了地理结构问题，但是也只是非常简单的"四方"。历史地理学的研究在人地关系分析的视角下，是强调聚居物质环境最多的学科，也常有对于聚落内部结

---

① Skinner G.W. ed., The City in Late Imperial China, Taipei: SMC Pubishing INC., 1995: 287.
② 施坚雅编，叶光庭等译，中华帝国晚期的城市，北京：中华书局，2000：340.
③ 施坚雅著，王旭等译，中国封建社会晚期城市研究——施坚雅模式，长春：吉林教育出版社，1991：158.

构和形态的分析，可以明显发现现代地理学概念和理论的引入、比较和辨析，比如"城镇体系""城市体系"概念的引入，比如鲁西奇和刘景纯的研究中对"中心地理论"适用性的辨析。考古学的研究是直接面对聚落物质实体遗存的，但是其目的在于对社会关系的探索。人类学和城市史的研究中，聚落的"社会的""物质的"和"整合的"含义根据各项研究而不同，施坚雅的著名理论不苛求分辨史料，其巨区理论更注重规律的阐释。

3. 相关结论

对于传统聚落规模的衡量基本采用三种标准——城墙的周长、聚落的占地面积、所居人口的数量，建筑史和城市史的研究以城周的应用和分析为多。聚落层次的分析中，两个分析视角在不同学科中相当的普遍，一个是关于市场的层次结构，一个是关于行政等级的层次结构。而在具体的分析中，多以一种视角分析为主，综合分析行政和市场两者对于城市规模的影响的，仅有施坚雅的研究。

同时，也有不尽相同的观点，比如历史地理学对中心地理论是否适用于中国某一时期某一区域的分析，比如赵冈对于明清江南新型市镇的分析，都与施坚雅基于中心地理论而发展的观点有差异。这种不尽相同的观点，并非表现为冲突和抵牾，而是针对具体问题的具体分析，这是中国传统聚落现象丰富性和复杂性所必然导致的。

第三节 主要问题与研究方法

本书以聚落体系为研究对象，以空间层次结构为研究内容，以探索传统聚落空间特征为目标，面对这一主题必须将研究问题进行拆解，充分预计可能的难点，并选择适合的研究方法。

一、主要问题与研究难点

1. 主要研究问题

本书对于传统聚落空间层结构的研究，主要从以下三个方面展开：

对于传统聚落体系中层次划分的研究；

对于各层次中空间结构的研究；

对于各层次聚落空间结构与传统社会之间关系的研究。

第一个方面，需要对"聚落体系"的构成进行分析，并找到传统聚落体系中层次划分的具体描述方式，以此明晰空间研究的体系对象；第二个方面，需要建立适合应用于不同层次聚落的空间分析的方法，并通过该方法以具体的实例分析中国传统聚落的空间特征；第三个方面的内容是贯穿于前两个方面之中的，通过对社会与空间关系问题的探讨，辨析层次划分的方式和空间结构的异同是否存在某种规律。

2. 研究难点

第一，方法探索。本书关注于寻找到一种适合于分析中国传统聚落空间层次的方法。然而传统聚落体系所涉及的地域范围广、历史时间跨度长，使得任何方法都只能就其一个方面进行分析。本书从空间问题入手，建构一个分析传统聚落体系的方法，希望能够适应较为广泛的时空范围，并具有一定的理论意义。

第二，明确主题。对聚落层次问题的研究，不同于以层次为线索的聚落研究。前者关注的问题是聚落之间的关系，后者关注的是个体聚落本身。但是关系的研究离不开对个体的分析，所以本书既要以聚落的空间层次为研究对象，又必须以聚落的层次作为选择案例，分析案例的线索。因此，需要在论述的过程中特别关注研究对象（层次）的所在，防止迷失主题。

第三，案例选择。对于整体的研究总要以个体为代表，就研究主题来说，案例的选择既要能够作为聚落类型的代表，又要能够作为聚落层次关系的代表；既要个体内部的空间层次有代表性，又要其所在的聚落体系中的地位有代表性；既要其物质形态关系有较为明确的记录，又要有其社会构成和使用方式的记录。

第四，规律总结。对于庞大而纷繁的聚落体系，规律的总结往往是奢望，如要总结，需在确定某个或某几个影响因素，且排除其他影响因素之后，才能明确其适用价值，但是一旦排除了若干因素之后，聚落体系的鲜活性将受到较大的伤害。因此，本书首先注重不同案例中各自的特点，仅在适合的情况下，进行规律性问题的辨析。

二、研究方法与策略

（一）历史学方法与信息技术的局限

不同学科的聚落研究运用不同的方法，传统聚落研究的对象是过往事物，而研究过程中的原理、观点、价值判断和具体方法往往随时代而变，总是适应当下的。历史学的研究强调不同来源的资料互相参证，称为"两重证据法"或"三重证据法"，是能够尽量靠近历史聚落确切物质形态和真实使用状况的保证。在获得了历史对象的描述资料之后，现代信息技术提供的分析工具，如GIS（地理信息系统）[①]、SPACE SYNTAX（空间句法，研究软件有Confeego、Depthmap等），能够非常有效地支持大量的研究，可以说，技术手段正引领着研究潮流。

然而历史的研究和信息技术的应用并不能成为建筑学研究的常态，也不适于

---

① 针对历史信息的GIS称为HGIS（历史地理信息系统），CHGIS（中国历史地理信息系统）由复旦大学历史地理研究中心开发。

本课题的状况。对于聚落层次现象的研究，需要在众多的历史聚落中发现相互的关系，这就不能使每个聚落个体都成为考证确实的对象，施坚雅的研究受到历史学者的诟病就在于史料方面，因此对于历史聚落情状的了解难以进行一一考证，也难以全部运用第一手的资料，只能借用历史地理学、城市史、建筑史等相关研究的成果，或者记述不很确切和全面的地方志。

GIS的应用需要大量的数据作为支持，而要进行有效的分析，则要求对于不同聚落的相应信息尽量完备，这样历史数据的收集就转化为了史学问题。除去史料问题之外，GIS作为技术手段并不能成为研究的主导，在中国古代地方城市筑城简史研究[1]中，成一农只是运用GIS直观地表述历史考证，并且由于基础数据[2]的不足，只能以现代行政区划作为底图；在各种史料中也只有方志中的数据具有普遍性，王贵祥关于明清城周的研究[3]依旧只是依靠人工表格统计，虽然繁琐，但是无碍于分析。最重要的是，包括GIS在内的信息技术的作用在于数据处理，其本身并不构成对分析对象的解释，对研究问题的解释主要还是来自于研究者所采用的理论方法和对相关因素的推理和思辨。

对于建筑空间研究来说，空间句法建立了一种研究范式，意义非凡，依此对聚落和建筑个案的研究很多。从其核心思想空间组构理论来看，对于聚落空间抽象拓扑关系的分析，是基于知觉和行为与空间关系的数理计量方法，揭示了空间内在结构及其自足性，但目前还没有实例表明空间组构理论可以应用于地域范围的体系研究，也没有实例表明空间组构的原则可以同时分析"建筑—社区—城市"不同层次的空间。而空间句法的建立更是强化了聚落中道路（或可通行之地）所形成的结构，整合度作为计量指标可以显示出聚落空间结构中某种递变的规律性。这也可以视为一种层次关系，但是对于中国传统聚落来说，大量没有遗址（大多是被后代建设发展所淹没）却可以通过方志文献了解的古代聚落，确定其道路结构是根本不可能，所以这一方法难有用武之地，而且对于聚落空间层次研究来说，仅分析其道路结构所展现的层次也是不够充分的。

（二）聚落研究中的综合方法的运用

对于聚落这一复杂现象，结合多种方法综合运用是研究者最为普遍的选择。多种方法的综合运用往往被冠以一个称谓，如历史民居研究中的"缀合"（Conjunctive）式的研究方法，是指根据不同的研究材料和预期研究目标，进行

---

[1] 成一农，古代城市形态研究方法探新，北京：社会科学文献出版社，2009：160-226.
[2] 对于CHGIS来说，历代行政化和治所的位置需要依靠历史地理的研究确定，而且朝代更迭和各朝不同时期，行政区划多有变动，所以CHGIS是一项非常复杂的工程，目前数据对于中国历史和地域来说还非常有限。http://yugong.fudan.edu.cn/Ichg/Chgis_index.asp, http://www.fas.harvard.edu/~chgis/data/chgis/downloads/v4/
[3] 王贵祥，明代城池的规模与等级制度探讨，贾珺编，建筑史（第24辑），北京：清华大学出版社，2009：86-104.

不同学科方法的选择和运用[①]；再如，人居环境科学提出的同时，也提出了相应的"融贯的综合研究方法"（Transdisciplinary Research），是指在处理人类聚居这一复杂巨系统时，建筑学"从外围学科中有重点地抓住与建筑学有关的部分，加以融会贯通"[②]。在笔者看来，"缀合"的方法可以在具体的研究中为个体的研究者所用，而"融贯"的方法实质上是强调学科之间的协作关系，适合在面对实际建筑与规划问题时，形成以建筑（规划）牵头的多学科研究团队。在建筑学研究方法的专门著述中，提出了"解释性历史研究""定性研究""相关性研究""实验性研究""模拟研究""逻辑论证"和"案例研究"七种研究策略[③]，将其称为策略，意在强调思维方式和研究材料及理论基础共同形成的整体，其本身亦是一种综合的状态，各种策略方式也可以互相结合，形成综合的策略。这些研究策略之间又具有密切的相互关系[④]，值得注意的是"案例研究"作为一种对象选择策略的方式，被其他六种研究策略环绕而成为轴心，也就是说"案例研究"根据需要可以选择不同的具体研究方式。

本书以此为依据，选择并综合运用"逻辑论证""解释性历史研究"和"案例研究"三种策略方式，以逻辑论证的方法架构本书主体的观点，而在历史文献、民居实例和区域聚落体系的不同案例研究中通过解释性历史研究对主体观点进行深入分析。

（三）逻辑论证研究

逻辑论证的方法中可以分为原发逻辑（Primary Logical）和继发逻辑（Secondary Logical）[⑤]，原发逻辑系统属于范式层面的逻辑，以具有广泛解释力的视角架构出一个系统，并定义支持这个系统的专门术语及其联系，原发逻辑一旦确立就可以基于材料进行应用研究；应用研究就属于继发逻辑，继发逻辑通常不能拓展原发逻辑系统，只能在其理论范围内进行深入研究[⑥][⑦]。中国传统聚落的当代研究中多借用哲学和人文社会学科的理论建立框架对空间问题进行思考，从人类认识的整个范畴来看，属于继发逻辑，但是从对聚落空间的认识角度看，优秀的研究可以提出对中国传统聚落空间的新认识，所以就建筑学研究而言，属于原发的逻辑。

[①] 谭刚毅，两宋时期的中国民居与居住形态，南京：东南大学出版社，2008：11-18.
[②] 吴良镛，人居环境科导论，北京：中国建筑工业出版社，2001：106.
[③] Groat L.N., Wang D., Architectural Research Methods: John Wiley & Sons, Inc., 2005.
[④] Groat L.N., Wang D., Architectural Research Methods: John Wiley & Sons, Inc., 2005: 376. 原书在从理论到设计这一过程语境下，认为"综合策略"同"案例研究"一样位于轴心，本书认为在分析历史对象的研究中，"综合策略"是一种方法的组织方式，并不位于轴心。
[⑤] 现中译本译为"原始逻辑"和"次级逻辑"，本书参考创造学中"Primary Create"和"Secondary Create"分别译为"原发创造"和"继发创造"的译法。
[⑥] Groat L.N., Wang D., Architectural Research Methods: John Wiley & Sons, Inc., 2005: 304.
[⑦] 琳达·格鲁特，大卫·王，建筑学研究方法，王晓梅译，北京：机械工业出版社，2005：304.

朱文一对历史城市空间的分析中，先从舒尔茨的空间知觉的场所性质出发，建立起具有不同属性组合的六种空间类型，又从卡西尔的人类文化符号论出发，赋予六种空间类型文化符号的意义而成为符号空间，在此基础上对中西符号空间的发展模式和城市符号空间的原型进行比较研究，进而提出对北京城市空间历史和未来的认识[1]。段进在太湖流域古镇的研究中，从皮亚杰对三种基本结构（群、网、拓扑）的归纳中建立了分析古镇空间结构的方法[2]；张楠同样从这三种基本结构出发，分别分析中国传统社会的结构和传统聚落空间的结构，并依循皮亚杰提出结构体系的特征（整体性、转换性、自身调节性）探寻社会与聚落两者之间的关系[3]。王昀从心理学的身体像（Body Scheme）的概念出发，分析传统聚落（乡村）空间，结合环境心理学中个人空间和人际距离的内涵，提出聚落中居住（房屋）的方向和居住者的身体与坐标朝向相一致的观点，以此为基础对世界各地79个聚落的空间观念进行数理分析，来确定空间概念的内涵[4]。

以上四例研究都将一个或多个理论引入聚落空间研究，但具体的研究走向却不尽相同。朱文一的研究"试图建构一种适合分析、研究中国城市的城市设计的理论"[5]，是借由人文领域的体系建立建筑学的理论体系；段进的研究直接进入具体案例分析，是对三种结构类型的创新运用；王昀的研究理论依据十分具体，甚至带有"极端个人化的理解"[6]，却以广泛的数据基础构造了聚落研究十分精准的一个切面；在张楠的研究中皮亚杰的结构理论（三种基本结构、三个特性）是作为潜藏的一个逻辑线索，研究对象的庞杂使其必须依靠其他观点共同架构研究。

运用逻辑论证的方法中还有一类研究，不引用具体的某个理论，而是从某一哲学观念或价值体系出发，架构研究思路的。张玉坤在居住空间研究中以形态和功能分析为主题，建立了"人（社会）—环境—聚落"这一动态的、系统性的研究框架，这种研究思路的建立是从民居研究的实际问题出发，结合文化人类学中功能主义、结构主义的观念和价值取向而建立的；其对居住空间"结构—要素"的抽象分析方法，不同于建筑学的形态要素分析，既有结构主义分辨内在秩序的意图，同时又具有现象学的特征。

借鉴以上的研究实例，本书在整体研究思路上，首先建立聚落体系层次划分的描述方法（第二章）和空间特征的描述方法（第三章）。在不同学科对象中有不同聚落层次的划分，必须综合多种学科的视角才能建立起对于体系对象的较为

---

[1] 朱文一，空间·符号·城市：一种城市设计理论，台北：淑馨出版社，1995.
[2] 段进、季松、王海宁，城镇空间解析：太湖流域古镇空间结构与形态，北京：中国建筑工业出版社，2002.
[3] 张楠，作为社会结构表征的中国传统聚落形态研究[博士学位论文]，天津大学，2010.
[4] 王昀，传统聚落结构中的空间概念，北京：中国建筑工业出版社，2008.
[5] 朱文一，空间·符号·城市：一种城市设计理论，台北：淑馨出版社，1995：10. 在中国建筑工业出版社2010年第二版中，"城市设计"改为"城市空间"。
[6] 王昀，传统聚落结构中的空间概念，北京：中国建筑工业出版社，2008：前言.

全面的层次划分方法。提出不同以往的适于分析体系对象的空间描述方法，则需要在现有理论之外寻找新的支持，本书从语言学的理论中获得启示，从对汉语方位词的分析中建立了空间特征的描述方法。

（四）案例分析与解释性研究

解释性研究就是一般意义上的定性调查，专指在复杂的背景下对社会与自然现象[①]通过叙述方式就其整体进行的研究，如果研究对象是过往时段的，那么就是解释性历史研究。对于每一个案例研究来说，主要工作都是寻找、搜集、组织和评估有关研究对象的各种证据，并据此建立起完整可信的叙述方式，其中的关键就是进行解释说明[②]。

1. 案例的选择

就本书来说，聚落案例的选择就是层次结构证据的收集，因此必须选择多重案例[③]进行研究，也就是有一定的广泛性，才能对于聚落空间层次做出尽可能充分的解释。而广泛性在此不一定指数量而言，而是注意案例选择对于解释不同层次现象所具有的代表性，以及对于说明"社会—空间"关系的代表性；由此根据本书研究的目标拟定三类案例作为分析对象：其一，历史文献中记录的层次现象；其二，按照层次选取不同类型的建筑和聚落的个体案例分析其尺度层次现象；其三，区域聚落体系中的层次现象及其变迁。这一案例选择策略的特点在于：从纵览到细查，从观念到现实，从建筑到聚落，从聚落个体到地域聚落体系，形成对于中国传统聚落层次现象逐次展开的描述过程，希望对于不同的聚落层次现象和"社会—空间"关系问题，进行不同角度和层次的观察。

2. 案例分析中的史实问题

考察任何一个聚落在传统时期（前机械时代）的空间形态，都会面对复原其原貌的基本任务，对于空间层次结构的考察，历史聚落原貌的复原涉及两个问题，其一，复原到什么尺度的原貌；其二，历史聚落发展过程中的空间层次结构的变化。对于第一个问题，根据第二章所确立的"社会设备系统"的观点，以考察聚落中重要的职能空间要素为主，而忽略一般住宅的考察，这也适合方志中对于聚落情况的记载。第二个问题，在聚落发展的漫长历史中——长则几千年，短则几百年——聚落的物质形态和使用人群也一直处于变化的过程中，对于遗迹很少甚至遗迹无存的历史聚落，这些变化表现在不同时期方志的记录中，但是由于这些记录并不完备，几乎不能复原一个聚落历史变迁的过程，虽然以主要职能空

---

① 英文原文为 social-physical phenomena。
② Groat L.N., Wang D., Architectural Research Methods: John Wiley & Sons, Inc., 2005: 306-307.
③ Groat L.N., Wang D., Architectural Research Methods: John Wiley & Sons, Inc., 2005: 356.

间为考察对象,也难以做到。因此,本书拟以同一文献记载的状况作为同一时期的考量依据,在聚落具体形态上参考今人著述的研究结果,不同资料或有相悖之处,尽可能做出必要说明。

综上,本书研究思路和篇章构成见图0-10。

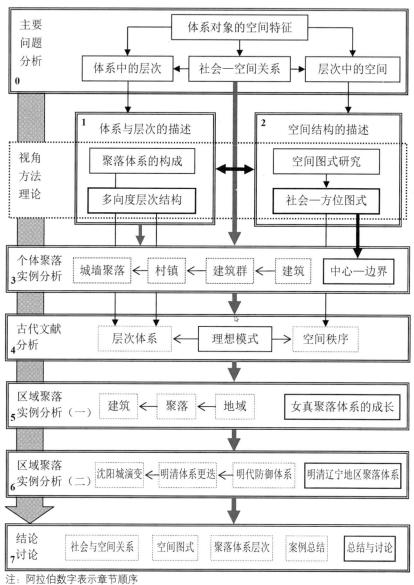

图0-10 研究思路框架示意图

三、创新成果简述

本书关于传统聚落空间层次结构的研究有两方面的创新成果,其一是能够涵盖全书总体问题的研究成果，其二是具体案例分析中获得的成果，分别以"创新点"和"新认识"简述如下：

创新点1：提出了"社会—方位"图式。

通过对1990年代出现的三类传统建筑空间图式研究进行梳理和分析，明确了空间图式研究的特点和意义，在此基础上独立提出了"社会—方位"图式，揭示出中国传统空间规划中社会关系与空间方位之间存在的对应关系。"社会—方位"图式由"内—外"群属关系的主图式以及人体方位和宇宙方位两个亚图式构成，通过主图式嵌套和亚图式重叠交叉的原理，解释社会关系中空间层次逐级产生的方式。

创新点2：建立了中国传统聚落多向度空间层次的描述框架。

有关聚落层次的划分方法分散在不同学科的研究之中，本书综合地理学、城市规划、建筑学的不同观点，建立了全面描述聚落空间层次的框架，界定了三类物质性层次类型（体系层次、尺度层次、规模层次）和三类社会性层次类型（等级层次、非等级层次、职能层次）。

创新点3：揭示了聚落空间层次结构多义叠加的特征。

不同学科对于聚落空间层次的划分大多依靠行政等级和市场等级来建立唯一的层次序列，本书通过对不同聚落实例的分析，印证了聚落的空间层次具有多种含义相互叠加的特征。

新认识1：对中心和边界的内涵提出了不同于前人的解释。

从"社会—方位"图式中"内—外"关系的主图式出发，提出了聚落的中心和边界在社会属性上具有共同性，在物质属性上具有唯一性，且这一特点区别于聚落空间其他要素。

新认识2：对周代乡遂制度下的聚落等级构成提出了不同于前人的解释。

从层次间包含和独立关系的分析入手，认为《周礼》六级乡遂组织中田制和邑制之间并不存在对应关系，并对各级组织成为独立聚落实体的可能性进行了分析，认为"族酂"一级成为独立聚落的可能性最大。

新认识3：对明代辽东军事聚落层次的形成提出了不同于前人的解释。

从物质性和社会性两方面对明代辽东军事聚落层次结构的形成进行分析，提出物质性层次向下发展，社会性层次向上发展的双向过程。

新认识4：揭示了清前期建州女真聚落空间结构发展的特征。

从地域空间、聚落空间、聚落内部主体建筑空间三个层面，揭示了清前期建州女真聚落从人体方位图式向宇宙方位图式发展的空间结构演进特征。

新认识5：发现了社会层次数量多于空间层次数量的现象。

对不同实例的社会与空间关系的分析，表明人类社会结构的层次数量要多于建筑和聚落物质空间的层次数量。

第一章 聚落体系及其层次结构的描述

前述相关研究的分析表明，建筑规划学科的聚落层次分析会涉及中国传统社会的不同层面，本章在对聚落体系及其层次进行描述之前，需要重新审视和强调建筑学在面对体系对象时所应具有的学科视角，以保证后续的研究能够具有区别于人文社会学科的思想路径。

第一节 空间研究的学科视角

已有的聚落空间层次研究中可以发现，不论是行政区划还是市场网络，都是人类社会生活所带来的聚落的层次，本书也将继续对社会与聚落空间的关系进行探讨，因此有必要对"社会—空间"理论进行简要分析，并提出自己介入这一问题的视角。由于不同学科关注的对象主体不同，各自对于社会与聚落关系的看法也就会存在一些差异，在此首先分析人文社会学科空间理论的特点，再从建筑学设计实务的角度辨析建筑学空间研究所应具有的视角，并尝试在建筑学和社会学理论中建立分析聚落问题的框架。

一、人文社会学科的空间理论

西方人文社会学对空间问题的关注，在经典社会理论（马克思、涂尔干、齐美尔和芝加哥学派）中就有片断式的表述，自1970年代开始诸多学者关注空间问题，形成了所谓的"空间转向"[1]（Spatial Turn）。在建筑学界我国最早关注西方这一理论动向的是台湾学者，夏铸九在1988年汇集相关理论译介成书[2]，王志弘于1998年将自己的相关研究结集出版[3]。大陆的海外学者在1990年对这一思潮影响所及的建筑空间研究亦有简介[4]，此后在大陆社会学者译介西方相关理论[5]的触发下，建筑学学者研究结合现象学、美学、近现代建筑理论开始重新思考空间的含义[6]，随后对西方人文社会中空间理论的研究也陆续出现[7][8][9]。

---

[1] 何雪松, 社会理论的空间转向, 社会, 2006, (02): 34-48+206.
[2] 夏铸九编译, 空间的文化形式与社会理论读本, 台北: 明文书局, 1988.
[3] 王志弘, 流动、空间与社会理论读本, 台北: 田园城市文化事业有限公司, 1998.
[4] 朱亚飞, 当代西方建筑空间研究中的几个课题, 建筑学报, 1996, (10): 42-45.
[5] 包亚明主编, 现代性与空间的生产, 上海: 上海教育出版社, 2001.
[6] 童明, 空间神化, 建筑师, 2003, (05): 18-31.
[7] 汪原, 生产·意识形态与城市空间——亨利·勒斐伏尔城市思想述评, 城市规划, 2006, (06): 81-83+87.
[8] 汪原, "日常生活批判"与当代建筑学, 建筑学报, 2004, (08): 18-20.
[9] 汪原, 亨利·勒斐伏尔研究, 建筑师, 2005, (05): 42-50.

建筑和规划的相关研究中对这些理论亦做过梳理。李志明在分析我国城中村空间政治问题时，重点分析了法国哲学家列斐伏尔（Henri Lefebvre, 1901—1991）和福柯（Michel Foucault, 1926—1984）空间政治理论和不同时期以人文地理学家为主的"空间性"的内涵。[1]张楠在中国传统聚落形态特征与社会结构关系的研究中，将"社会—空间"理论的范围拓展到人类学、地理学、考古学等学科，并进行了比较全面的梳理，尤其是就我国聚落研究中有关"社会—空间"关系的研究进行了梳理[2]。因此，本书不再赘述。张楠认为在西方社会研究的空间理论中，社会是其关注的主体，而空间只是用来研究社会的手段[3]，扩展开去，不仅社会学如此，人类学、考古学亦是如此。

人类学对于空间的关注最早可追溯至梅因（Sir H. Maine, 1822—1888）在《古代法》中将人类社会的组成分为血缘和地缘两种，而摩尔根（L. H. Morgan, 1818—1881）的《美洲土著的住房与家庭生活》则是开始了人类学对空间问题的研究，并奠定了民族志家屋研究和功能主义的基础；涂尔干（Emile Durkheim, 1858—1917）认为空间分类概念与社会分类之间密切相关，从研究人类知识系统的角度将空间问题赋予了理论意义；列维-斯特劳斯（Claude Lévi-Strauss, 1908—2009）认为人类社会分类来自心灵的分类，并将其视为社会现象背后的共同结构，在结构主义理论范式下，空间只是各种人类社会现象之一，而空间研究也必然落入抽象的形式分析之中；此后象征主义的发展试图找寻与其他社会现象背后的逻辑不同的空间组织的象征机制，而在对象征机制如何产生的追问下，布迪厄（Pierre Bourdieu, 1930—2002）发展了实践理论，强调空间现象背后的逻辑是由人来建构的，不同的人会产生不同的意义；纵观人类学空间研究的历程可以发现空间是社会和文化的建构这一观点贯穿始终，这就使得空间本身被化约为社会文化而没有它的独特性[4]。人类学中对于空间分类概念的热衷，就已经充分说明在人类社会和人类心智的研究中，空间问题的分析并没有完全脱离研究手段的地位，而成为研究的主题对象。

考古学与人类学研究密切相关，美国的考古工作者一般都是人类学系毕业的[5]，在美国的人类学分科之中更是将考古学视为文化人类学的分支，将其性质定义为"为描述和解释人类而研究物质遗存"[6]，我国将文化人类学与史前考古学

---

[1] 李志明，空间、权利与反抗：城中村违法建设的空间政治解析，南京：东南大学出版社，2009：29-50.
[2] 张楠，作为社会结构表征的中国传统聚落形态研究［博士学位论文］，天津大学，2010：6-26.
[3] 张楠，作为社会结构表征的中国传统聚落形态研究［博士学位论文］，天津大学，2010：24.
[4] 黄应贵，人类学的空间研究，郭肇立编，聚落与社会，台北：田园城市文化事业有限公司，1998：67-80. 原文在叙述人类学各个流派时使用"功能论""结构论""象征论"和"实践论"这样的用语。
[5] 张光直，考古学专题六讲，北京：文物出版社，1986：74.
[6] 威廉·W. 哈维兰，文化人类学（第10版），瞿铁鹏、张钰译，上海：上海社会科学院，2005：12.

并列，同属于人类学①。考古学的研究总是与实物的遗存相关，所以在考古学的研究中不常使用"空间"这类比较泛化的词汇，区别于以器物和单体建筑研究为主的方向，考古学将人类聚居地遗址的研究称为"聚落考古"。"聚落考古"以"聚落形态"研究为主旨，但其含义并非就物质形态而言，而是指社会。1930年代以前考古学主要关注于器物，1930年代开始越来越关注于文化生活方式的研究，第二次世界大战后考古学研究入手的基本单位从"器物"转变为"遗址"，进而在1960年代以后逐步形成了以文化生态学为理论基础，以系统理论和空间分析为方法的新考古学②。可以说，一旦遗址的考古发掘完成，遗迹的物质性转化为图形和报告，在考古学家关注于复原社会状况的聚落形态研究中，物质的存在就不再具有意义，物质空间已从考古的目标变为研究的手段了。正如张光直在分析戈登·威利（Gordon R. Willey, 1913—2002）对聚落形态所下定义时指出的："一个考古文化的聚落形态与其说是研究的目的，不如说是研究之手段，而其目的则是'史前社会的非物质与组织方面的解释'③"④。

在关注人类生存空间的学科中，地理学的研究难以脱离人们脚下的这片土地，但是人文地理学的研究也越来越关注社会，城市社会地理学作为一个学科分支，所关注的多是社会问题，并认为"城市不仅仅是物质的结构，它们也是人们想象的产物"⑤。在此种状况下，建筑学所关注的聚落空间研究，应当如何界定"空间"的含义，又该如何预设"空间—社会"之间的关系，应当是首先明确的问题。

二、建筑学空间研究的视角辨析

（一）建筑设计实务与物质空间观

诚然，"空间是社会的产物……社会关系必然在空间上构成，而空间也必然被社会地界定"⑥，但是空间并非是社会的对应物，也不是社会的镜像物，从社会中不能找到全部的空间法则，同样在空间中也不能反映社会的全部内容。

可以看到诸多对空间的理解、对空间本质的阐释⑦⑧，我的疑问是如果"空

---

① 林惠祥，文化人类学，北京：商务印书馆，1991: 12.
② 张光直，考古学专题六讲，北京：文物出版社，1986：76-78.
③ Prehistoric Settlement Patterns in the Viru Vally, Peru, Bulletin 155, Bureau of American Ethnology, Smithsonjan Institution, 1953: xviv.
④ 张光直，考古学专题六讲，北京：文物出版社，1986：75.
⑤ 保罗·诺克斯、史蒂文·平奇，城市社会地理学导论，柴彦威、张景秋等译，北京：商务印书馆，2005：4.
⑥ 李志明，空间、权利与反抗：城中村违法建设的空间政治解析，南京：东南大学出版社，2009：343.
⑦ 李志明，空间、权利与反抗：城中村违法建设的空间政治解析，南京：东南大学出版社，2009：26.
⑧ 童明，空间神化，建筑师，2003，(05)：18-31.

间"真的是那么不同,那么为什么都有一个共同的名称,叫作"空间"。既然已经有了共同的命名,那么就按照这个命名所能提供的最基本的信息理解空间就好了,这共同之处,就是具有长、宽、高三维度量的虚空,这种虚空也是一种物质。也就是说,在社会人文学科努力冲破"物质空间"对理论束缚的时候,本书认为建筑学科仍旧应当坚持"物质空间"的理论立场。

诸多的引申和阐释,对于社会人文研究来说,是对社会和观念的新的认知,而如果将对社会和观念的新认知应用到物质实体之中,恐怕更多的只能是冗余的认知,因为这些认知是否能构成建筑与规划实务的指导原则,实在是值得质疑。

建筑和规划专业中有些观点似乎已经成为业内人士普遍接受的观点,比如,认为建筑设计是创造人的生活方式,认为城市是自组织的,或者说有其自组织性。从设计实务的角度出发,这两种观点难以站得住脚。建筑设计中不可能规定人们从事什么工作,几点钟上下班,周末是否去购物,一周洗几次澡。抱有"创造生活方式"的观点无非是认为人们具有一定的行为模式,而建筑功能分区的思考适合了这种模式,这不能说是"创造生活方式",这只是满足了人们的生活方式,而满足生活方式的途径只能是对具体物质空间的创造。以自组织的观点分析城市这个复杂系统并没有问题,问题出在自组织只能用来分析,不能用来从事规划设计实践(如果用于实践也是社会运作,而非规划设计),道路、桥梁、管网、用地性质、建设密度都不会自行组织在规划设计图纸上,需要设计者去完成。对这两种观点的驳斥,是想将建筑与规划设计实务所面对的对象从复杂的社会背景中剥离出来,使其成为设计实务真正可以操控的东西,而不是从属于社会的附属物,这样才能有效地进行建筑与规划的研究,而不是重复相关社会人文学科观点。基于这些理论,对建筑和城市的物质实体已经进行了太多的诠释,这些诠释在丰富建筑理论的同时,难免使得建筑学成为哲学理论的注脚,成为社会研究的注脚,而失去了其学科理论自身的价值。

建筑设计的核心问题是创造物质空间环境,无论建筑学的理论和方法走得多远,最终都须落在可以掌控和描述的形态上,或者落在可以操控形态生成的方法上。只有空间是客观的和物质的,才能成为建筑与规划专业设计实务所操控的对象;作为具体物质空间的营造者,只有将空间理解为客观的存在,站在物质空间观的角度,才会更有助于思考影响空间形态形成的因素,而不是按照思考社会的方式,把空间变为分析社会的手段。

(二)人文社会的空间观与设计实务辨析

相关人文社会的空间理论具有其自身的价值,其学科的思辨性也使得理论具有相当的普遍意义,但是因为所面对的学科对象的不同,这些空间理论是否适合用来说明作为建筑和规划设计对象的物质实体,是非常值得思考的问题。人文社会学科的空间理论是适应其学科主题而提出的,在普遍性解释人类社会和空间的意义时是有效的,但是落实在建筑设计问题的解释上则并非如此。下面以三个重要的空间理论为代表略作辨析。

1. "空间三元辩证法"与设计实务辨析

列斐伏尔（Henri Lefebvre,1901—1991）的"空间生产"理论是从对空间"物质—精神"二元对立论的批判中建立了有关空间性的"三元辩证法"（图1-1），对于分析社会问题、认识社会来说，这一理论带来了新观点，当"空间生产"的观点从法语界引入英语理论界，仍旧有许多学者对其进行分析（表1-1上半部），如果将这一理论应用在建筑和规划领域（表1-1下半部），并对比社会领域的诸多分析，就会发现一些问题。

首先，社会学对这一理论的分析存在着差异和变化，这说明在社会学界这是一个被讨论和分析的理论，更重要的是差异和变化来自不同学者对于所关注问题的解释和分析，因此空间的"三元辩证法"与其说是一个固定不变的理论，不如说是一个认识社会问题的框架。如果把人文社会学科中的空间理论，从其社会问题论述的情境中脱离出来，重新纳入建筑和规划设计所关心的设计实务中看待，就会发现社会语境下复杂的论说变简单了许多（表1-1下半部），都是业务范围所熟识的事项，而这些事项在社会分析中被辩证地分解开来，并与社会组织和运作的其他方面综合在一起。在这个框架下，社会是完整的系统，而设计根本不具有独立性，必须在社会的运转中扮演其角色——这并不错，然而这并不适合建筑学分析专业的设计问题。因此空间三元辩证的理论框架虽然宽泛，但在分析设计实务问题时显得冗余而低效。

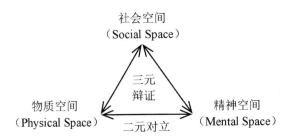

图1-1 空间的三元辩证法
（图片来源：《空间、权利与反抗：城中村违法建设的空间政治解析》[①]）

---

① 李志明，空间、权利与反抗：城中村违法建设的空间政治解析，南京：东南大学出版社，2009：33.

三元空间分析框架的不同诠释　　　　　　　　表1-1

领域			空间实践	空间的再现	再现的空间
哲学 社会学		Lefebvre（1991）	**感知的（Perceived）空间**：社会生活据以生产和再生产的时空惯例和空间结构（场所和回路等）	**构想的（Conceived）空间**：空间的概念，权利、知识和空间性的配布，支配性社会秩序铭刻其间且据以得到正当性	**生活经历的（Lived）空间**：对抗性空间，起源自社会生活的私密与隐蔽的空间，以及源自以想象挑战支配性空间实践与空间性的艺术
		Soja（1991）	—	**构想的空间**：知性、抽象、冷淡，遥远而有距离的	**生活经历的空间**：热情、炽热的，充满了感官上的私密与亲近
		Gottdiener（1993）	能够感知的物理环境（**外部的物质环境**）	一般人据以谈论空间以及使企业、规划师和政客等的空间具有意涵的抽象符号（**借以指引实践的概念模型**）	身体与其他身体的互动中，活出其生命时的中介（**使用者与环境之间生活出来的社会关系**）
		Gregory（1993）	（由空间再现指向再现空间的）商品化、官僚化和殖民化的过程和机制	抽象化、去处身体、可视化（奇观）与监控、空间科学与规划（**抽象空间、交换价值**）	日常生活世界、节庆与革命、后设哲学（**具体空间、使用价值**）
		Harvey（1989）	**经验层次**：人、事物、信息、货币的流动；**土地使用与环境营造**；国家和空间的管理划分；**物质性基础设施的生产**；社会基础设施的组织	**感知层次**：制图与视觉再现；距离的社会、心理与物理测量；空间的象征再现与论述；领域性；地缘政治学；民族主义与区域文化	**想象层次**：吸引/排斥；距离/欲望；心与家；纪念性的仪式空间；恐惧与压抑的空间；乌托邦；空间诗学；空间与地方的神话；科幻小说的本体论与空间
建筑学与城市规划		王志弘（1998）	空间里的人类行动，包括生产、**使用、控制和改造空间**的行动	空间的呈现方式，包括空间本身的样貌与意义，以及我们呈现它的种种方式，包括**模型、影像、文字、符号、概念、思维方式**等，是**空间之文化形式**	梦想、欲望、幻想、象征、潜意识、情感、日常生活难以言说的感觉、身体、嘉年华、节庆、狂欢、幽微、人类交往沟通的空间，是**文化之空间形式**
	设计（本书观点）	装修	买材料，找工人，签合同，选装修公司，做预算	选房型、格局改造（封阳台、砸隔墙）、家具布置	家，安全，舒适，日常生活
		建筑	设计者的脑力劳动，施工工人的体力劳作、招投标运作、设计施工资质、建设手续审批	任务书、标书、设计图纸、设计说明、地产广告、设计理论、设计哲学、业主意愿	好看、可达，就餐环境，商业氛围，建筑体验
		规划	招商引资土地开发	规划纲要、规划图纸、规划指标、领导意志	城市体验，交通感受，城市景观

（资料来源：上半部分哲学社会学中观点的整理来自王志弘，转引自《空间、权力与反抗：城中村违法建设的空间政治解析》[1]；王志弘的观点摘自《流动、空间与社会（1991—1997论文选）》[2]；表中加粗的字为本书所加，显示强调的内容）

---

[1] 李志明，空间、权利与反抗：城中村违法建设的空间政治解析，南京：东南大学出版社，2009：35-36.
[2] 王志弘，流动、空间与社会：1991—1997论文选，台北：田园城市文化事业有限公司，1998：73-75.

2. "社会空间辩证法"与设计实务辨析

地理学家对物质空间始终予以足够的重视,爱德华·索亚(Edward W. Soja)提出了"社会空间辩证法",认为"空间不能被简单地看作一个用于表述社会、经济和政治过程的媒介",空间是人创造的,并从居住于其中的人们那里获得了特性,人们在创造和改变城市空间的同时,又被他们所居住和工作的空间以各种方式控制着,在空间与社会之间存在一个连续的双向过程[①]。社会与空间互构的观点可以表示为图1-2。然而这种双向相互作用的视角,同样并不适用于建筑学的研究,这里的空间概念并非是独立于社会的,只要在社会所营造的空间中有人的活动存在,说到空间对社会的作用时,就很难分辨这种作用是来自于物质空间,还是来自于空间中人的活动,从未有研究分辨过空间作用于社会的这两种形式,而这种分辨可能根本是徒劳的,因为在人们活动的空间中,空间已然是一种社会性的存在了,这时提到的"空间"必然是从属于社会的概念。

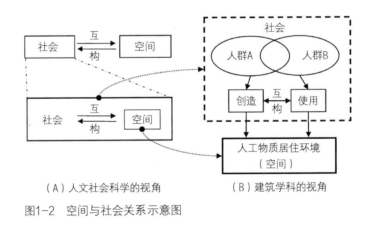

(A)人文社会科学的视角　　(B)建筑学科的视角

图1-2　空间与社会关系示意图

王志弘在分析了众多的人文社会空间理论和概念之后,对空间概念的理解抱有同样的观点,他认为:"空间乃是社会的一个切面,跨越社会的所有领域,是社会存在与运作的展现和结果,以及凭借和中介,我们无可想象一个没有空间而能存在的社会。对于社会的理解不能不包括空间的向度,但是,我们无法借由空间而完全地理解社会。空间一开始已然是社会的空间,即便是所谓的自然空间,假设不依存于人类社会的自然与宇宙星球之空间,当它们被提到时,已经进入了人类社会。自然和宇宙要呈现在我们面前,不是经过了论述和表意系统,就是通过我们那已经社会化了的感官和知觉,或者,因为我们是人类,所以在思索和接

---

① 有列斐伏尔(Henri Lefebvre)的"空间生产",哈维(David Harvey)的"时空压缩",柯司特(Manuel Castells)的"流动空间",索亚(Edward Soja)的"空间性",福柯(Michel Foucault)的"异质空间"等。

触自然和宇宙时，这思索和接触已经是人类的思索和接触，也就是已经有了社会性（或谓人类的集体性）。"[①] "空间"作为一个词汇，从来不是确指某一具体事物的，它本就是一个抽象的词汇，没有对应物，因此运用"空间"这一词汇的时候，必然包含了人的思维因素，也包含社会的因素，所以空间与社会的关系应当如图1-2A，则更为确切。

作为人居空间环境的设计者，建筑学的视角下必须明确：空间创造和空间使用是相异于社会空间概念的独立概念，进而应当明确创造空间和使用空间都是人的社会活动，而一旦空间（物质环境）被创造完成之后，其本身就成为一个脱离了社会的物质存在，其中的社会性是以人的使用表现出来的，而不是物质本身所具有，并能够自发显现的，见图1-2B。在这样的视角下，空间（人工物质居住环境）都是经由社会创造而成的，也就是其人工性和物质性被强调，而爱德华·索亚的社会与空间的互构的辩证作用被包含在创造和使用之间的互动过程中，强调互构是社会性的，其本质还是人的行为导致的。

为什么可以具有这样的视角呢？因为物质空间具有相对的长久性和稳定性，一个房子一旦建成，空间格局形成，在其中生活居住的人却可以变化，活动也同样可以变化，聚落和城市都是如此。中国古代规模巨大的城市，布局相同的里坊，却有着不同的使用命运，城墙限定了城市的范围，但是在风雨变迁的过程中，农业生产可以在城墙之内发展起来，城墙限定的空间依然存在，只是人们的使用方式发生了变化。另有将城外已发展起来的居住空间，以城墙包围形成外城或关厢的，这对于城市来说空间格局的确发生了变化，但是对于那些早已营建于此的建筑及其所构成的街市来说，还是原来的样子。物质空间的稳定性，除了自然风化力量之外，就是人为的破坏，没有人力的主动毁弃，人工物质空间只能缓慢地老去，正因如此，才能通过考古工作的发掘了解历史上存在过的聚落和城市。所以，"空间既是属于社会文化现象中不可或缺的基本要素而又有其独立自主性或内在逻辑的双重性质"。

3. "空间作为关键词"与设计实务辨析

大卫·哈维（David Harvey）认为：空间就其本身而言，既不是绝对的，也不是相对的，又不是有关系的，但是根据具体情境，空间却可以成为其中的一种，或者同时成为绝对的、相对的和有关系的，对空间概念的恰当界定需要通过人类与其相关的实践活动来解决[②]。哈维将对空间的这一理解与列斐伏尔空间三

[①] 王志弘，流动、空间与社会：1991—1997论文选，台北：田园城市文化事业有限公司，1998：11.
[②] Harvey D., Social Justice and the City, Oxford: Basil Blackwell, 1973.13. 原文为：Space is neither absolute, relative or relational in itself, but it can become one or all simultaneously depending on the circumstances. The problem of the proper conceptualization of space is resolved through human practice with respect to it.

元辩证的观点同时用在对"空间"这一词汇含义的解释上，并形成了矩阵表格（表1-2）。

"空间作为关键词"的可能含义　　　　　　　　　　表1-2

	物质空间 （体验的空间） （Experienced Space）	空间的再现（概念化的空间） （Conceptualized Space）	再现的空间 （有生命的空间） （Lived Space）
绝对空间 Absolute Space	墙，桥，门，楼梯，地板，顶棚，街道，建筑物，城市，山脉，大陆，水体，领域标记，物质边界和障碍物，封闭社区	地籍和行政地图，欧氏几何，景观描述，隐喻牢笼，开放空间，地理位置，布局和关系结构（掌控相对容易）——牛顿和笛卡尔	壁炉旁边满足的感觉，围合之下的安全感或被监视感，拥有、支配空间的权力感，害怕陌生人
相对空间 Relative Space（time）	能量流动和循环，水，空气，商品，民族，信息，金钱，资本，路程阻力的增减	专题地图和拓扑地图（如伦敦地铁系统），非欧几何和拓扑学，透视图，关于固有知识、运动、流动性、位移、加速度、时空压缩和时空延伸的隐喻（掌控困难，需要复杂的技巧）——爱因斯坦和黎曼	迟到带来的焦虑，对未知事物的紧张，交通堵塞时的失望，对于时空压缩、速度和运动的不安与兴奋
关系空间 Relational Space（time）	电磁能量流和电磁能量场，社会关系，租金与经济潜力的层面，污染浓度，能量位，声音，气味和微风飘来的感觉	超现实主义，存在主义，心理地理学，网络空间，力量和权力内在化的隐喻（掌控非常困难，混沌理论、辩证法、内在联系、量子数学）——莱布尼兹、怀特海德、德勒兹和本杰明	想象、幻想、欲望、挫折、记忆、梦想、幻象、精神状态（如：旷野恐惧症、眩晕、幽闭恐惧症）

（资料来源：根据SPACE AS A KEYWORD[①] Figure 14.1翻译而成，表格线条和底色为本书所加）

表1-2对于"空间"的含义做了全面的表述，就这个空间含义矩阵来说，"物质空间"和"绝对空间"的交叉处，正是人工居住环境和自然地景环境，恰好构成设计实务的完整对象。表格向右和向下扩展，空间的社会含义逐渐增加，表明建筑和城市在人类的不同活动中获得不同的意义。尽管空间和社会之间是相互关联的，从设计实务出发，只有区分了两者的含义，才能分析两者之间的关系。为了很好地区分人文社会学科对于空间的诸多观点，同时更确切地说明建筑和规划设计实务的对象，本书所指的空间，其含义是人工居住环境，以自然空间、社会空间、空间观念指涉相关含义。

建筑学对于聚居环境物质实体的兴趣来自学科作为物质环境设计者这一社会职业角色的内在需要，因此建筑学的聚落研究不能脱离这一基本的职业角色，我们不能脱离物质性谈论纯粹的社会空间；然而聚居的物质实体环境是因社会的存在而产生的，其中所具有的社会性质才是其实现功能目的所必须的，我们也不能脱离空间的社会内涵谈论纯粹的物理空间。

---

① Harvey D., space as a Key Word, Castree N., Gregory D. ed., David Harvey: a critical reader, Malden, Qxford, Victoria: Blackwell Publishing Ltd, 2006, 270-293.

三、作为人类社会设施系统的聚落

了解聚落空间与人类社会之间的关系，也许并不需要从社会学、人类学的理论话语中寻找依据，那些话语完全是为了搭建其学科自身价值的，建筑学的研究需要强调自身的视角，所以对于社会的一些基本分析，甚至算不上理论的观点，对于建筑学以自身视角切入社会来说可能更具价值。

在我国通行的基本社会学教材中，都对"社会制度"的概念、构成及功能做了专门的介绍。"社会制度"的内涵丰富，是运用领域广泛的理论范畴，具有三个层次上的含义[①]：宏观层次指人类社会不同发展阶段的社会经济形态，如资本主义制度和社会主义制度等；中观层次指社会各领域活动的行为规则和规范体系，如经济制度、政治制度、教育制度等；微观层次指特定社会群体中约束其成员的规则，如奖惩制度、考勤制度等社会学研究的主要是中观层次上的"社会制度"[②③]（为了明确社会学中"社会制度"与其他学科含义的差别，有观点认为"Social Institution"应译为"社会设置"[④]）。社会制度由价值系统、规则体系、组织系统和设施系统四个基本要素构成，价值系统是社会制度存在的意义系统，表明了某一社会制度存在的理由和价值；规则体系是人们在长期的共同生活中选择、积累起来的，被认为合理的，指导人们行为的准则；组织系统是社会制度实施中依靠的社会成员、群体和组织机构；设施系统是社会制度得以运行的各种物质手段[⑤]。

构成社会制度组成部分的设施系统，是社会价值和组织内容的实施者，是社会制度运行的物质资源，包括两方面的内容：其一是实用性的物质设备，指政府、军队、工厂、银行、神庙、学校、经书等等[⑥]；其二是象征性的符号标帜，指国旗、国徽、商标等等。虽然在上述社会学的论述中，见不到"聚落""建筑"等词汇，但是从社会学这一分类描述中可以推理，人类居住的物质环境属于社会制度的设施系统。在社会学的框架下，对社会制度的设备系统重要性也给予了强调，认为：人们的任何社会活动都有一定的物质性的依托，社会制度的设施系统是人们社会活动的场所和具体活动的载体，也是社会活动意义的体现者和相互传递意义的工具。这些设施对于社会制度的实施是必要的，舍此，社会制度的存在和运行就没有客观现实性[⑦]。在这并非理论阐述的话语中，可以明了设施系统的物质性和客观性，尽管设施系统也同样具有意义，但是与社会制度其他三个子系

---

① 王思斌主编，社会学教程（第二版），北京：北京大学出版社，2003.
② 宣兆恺编，新编社会学概论，北京：中国人事出版社，2000：136.
③ 王雪梅等编，社会学概论，北京：北京出版社，2005：136.
④ 郑杭生主编，社会学概论新修，北京：中国人民大学出版社，1994：330.
⑤ 王思斌主编，社会学教程（第二版），北京：北京大学出版社，2003：226-227.
⑥ 郭强主编，大学社会学教程，北京：中国审计出版社，中国社会出版社，2001：193.
⑦ 王思斌主编，社会学教程（第二版），北京：北京大学出版社，2003：228.

统相比较，物质性和客观性是其最为重要的特点。"聚落"和"建筑"作为社会制度的设施系统，物质性也同样是重要的特点，这与上文所设定的建筑学视角是一致的。

如果将"聚落"的物质实体看作诸多社会设施的聚集，那么这个设施将与其他设施不同，"聚落"不但是实用性的物质设备，也是象征性的物质设备。可以不急于论证这个判断，而对这一判断的语境略作分析：若将笼罩在"设施系统"之上的"社会制度"稍稍剥离，就会发现，关于设施系统的描述语境，是以"设施"为主体的——"设施"兼具实用和象征的意义——这与以建筑为主体分析建筑若干属性的建筑学语境是一致的，这一判断其实可以从一个社会学的问题转换为一个建筑学的问题，如此已无需论证"聚落"和"建筑"如何具有实用性和象征性，这就是建筑学入门教材中的内容。在社会学的视野下能够找到以"聚落"和"建筑"为主体的描述方式，并且这种表述方式又是置于对社会问题的分析之中，这就为以建筑学的视角分析"社会—空间"关系，提供了一个可资借鉴的方式，那就是把社会学分析社会制度构成的自上而下的方式（图1-3A）转换成分析设施系统与观念、规则、组织三个子系统相互关系的方式（图1-3B），从而可能建立起建筑学观点与社会学观点的衔接，为本书分析"社会—空间"关系提供了兼具社会学意义和建筑学意义的视角。

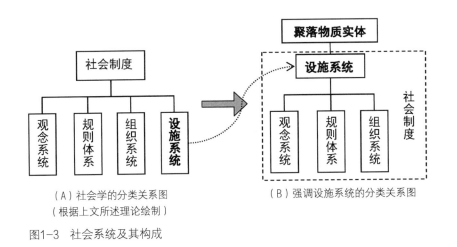

（A）社会学的分类关系图
（根据上文所述理论绘制）

（B）强调设施系统的分类关系图

图1-3 社会系统及其构成

因为在社会研究中需要面对的是社会这张网，而当视角转换后，就好比从这张网的一个结点去看待社会，这并不是一种智力游戏，而是专业研究应当抱有的视角，是不能被其他视角所替代的，建筑研究可以在社会这张网上走得很远，但必须从设计实务这个结点出发。

在社会学的研究中空间是抽象的，在建筑学的研究中社会是抽象的，这种由于关注对象所导致的学科间的差异，是难以弥补的。或者说，基于学科自身的性质，也是不需要弥补的。人类学在田野调查中，对社会和空间都建立了直感的体验，然而也不免陷入具体情境，而从具体情境走出的方式只有哲学思辨的形而上，也就是说，对于社会和空间都要抽象起来，表达为行为方式、观念信仰和心智的结构。这是一种必然，不同学科的研究综合在一起才能构成人类对于自身的理解，不论对于物质世界，还是精神世界来说，都是这样。社会学的研究在走向空间，而地理学的研究在走向社会。建筑学的聚落空间研究，不能完全遵从其他学科的空间理论，也不需要否定或超越其他学科的空间理论，在彼此的比照中才会显示各自的学科价值。

第二节　传统聚落体系的构成

人类营建的聚落、城镇和乡村，是一个巨大的体系，中国古代的聚落亦是如此，不单物质环境本身是一个体系，正如贺业钜所指出的，我国古代城市规划的制度已经形成一个体系，且一直延续达三千余年[1]，而物质环境作为客体所形成的体系，其不断发展的过程要长久得多。

一、聚落作为体系的观点

关于聚落体系的构成，不同研究者、不同学科有不同角度的分析和概括。道萨迪亚斯认为人类聚居环境是由自然、人、社会、建筑和网络组成的非常复杂的系统，这一自然、社会和人造物构成的系统可以从经济、社会、政治、技术和文化多个方面进行观察[2]。吴良镛进一步认为这五要素，构成了人居环境的五个子系统，并以排列组合的方式形成人居环境这个复杂的巨系统[3]。

乔尔·科特金（Joel Kotkin）在《全球城市史》中以神圣、安全、繁忙三个因素分析古今城市兴衰的规律，认为神圣的地点、提供安全的环境和对商业活动的激励，共同构成城市文化的兴盛[4]。美国考古学家欧文·劳斯（L. Rouse）在提出聚落形态（Settlement Pattern）是"人们的文化活动和社会机构在地面上分布的方式"这一概念的同时，认为这种分布方式"包含了文化、社会、生态三种系统，并提供了它们之间相互关系的记录"。[5]

以上考古学、城市史和城市规划三个学科的观点，分别涵盖了原始聚落、古代城市和现代人居环境，从古到今的聚落体系，虽然具体观点不同，却有着十分

---

[1] 贺业钜，中国古代城市规划史，北京：中国建筑工业出版社，1996：28.
[2] Doxiadis, Ekistics, the Science of Human, Science, 1970, v.170 (no.3956): 393-4043.93.
[3] 吴良镛，人居环境导论，北京：中国建筑工业出版社，2001：39.
[4] 乔尔·科特金，全球城市史，王旭等译，北京：社会科学文献出版社，2006：序言.
[5] 陈淳，文明与早期国家探源：中外理论、方法与研究之比较，上海：上海书店出版社，2007：184.

相近之处,都是针对聚落不同属性所进行的分析,可以分为自然属性和社会属性两类,其中对于社会属性的分析可与前文所述社会学对于"社会制度"的构成要素相参照,形成本书对于聚落体系的观点。这些观点对于自然属性的分析相对较少,而地理学的研究中城镇体系的概念可以作为补充。"城市(镇)体系,按其现代的意义来说,它是一个国家或一个地域范围内由一系列规模不等、职能各异的城镇所组成,并具有一定的时空地域结构、相互联系的城镇网络的有机整体。"[1] 城镇体系的概念更为直接地说明了聚落体系所具有的地域空间的含义,可以将如上的社会属性与地理空间这一自然属性相结合,从而使其具有地域空间分布的特征,如此更适合空间层次分析的需要。

二、传统聚落体系的构成

英国建筑理论家戴维·史密斯·卡彭(David Smith Capon)通过对西方古代、中世纪与现代哲学和建筑理论的分析,认为建筑理论存在三个基本范畴,即形式、功能和意义[2][3]。虽然所谈为纯粹的理论问题,但是概念在具体研究的应用中自然反映出其背后含义的差别和联系,因此本书认为聚落空间的研究属于形式的范畴,对其社会属性的分析则是属于功能和意义的范畴,可以将上述不同学科关于聚落体系社会因素的分析,分别按照功能与意义两个范畴进行划分,如此便形成了本书对于聚落体系构成的一种观察方式(表1-3)。

聚落体系构成的观点　　　表1-3

观点		社会属性		聚落	自然属性
聚居学	道萨迪亚斯	—	社会　人	人工物　建筑	自然
考古学	欧文·劳斯	—	文化　社会	聚落	生态
地理学	顾朝林	—	职能	城市	地域
本文观点		观念	功能	聚落	地景
社会学		观念	规则　组织	设施系统	—
城市史	乔尔·科特金	神圣	繁忙　安全	城市	—
建筑学	卡彭	意义	功能	形式	—

---

[1] 顾朝林等,中国城镇体系——历史·现状·展望,北京:商务印书馆,1992:1.
[2] 戴维·史密斯·卡彭,建筑理论(上):维特鲁威的谬论——建筑学与哲学的范畴史,王贵祥译,北京:中国建筑工业出版社,2007:179-198.
[3] 戴维·史密斯·卡彭,建筑理论(下):维特鲁威的谬论——以范畴为线索的20世纪建筑理论诸原则,王贵祥译,北京:中国建筑工业出版社,2007:1-17.

从表1-3中可以看到，聚落社会属性中的功能范畴是所有研究都关注的问题，但是由于研究目的的差异，有些观点忽略了聚落社会属性的意义范畴，还有些观点忽略了聚落的自然属性。总体来看，宏观性较强的学科（聚居学、地理学）比较关注自然属性而忽略意义范畴，而相对中观和微观一些的学科（城市史、建筑学）则忽略自然属性而关注意义范畴。对于本书以层次作为研究主题来说，应当包含微观、中观和宏观不同的尺度，所以必须兼顾意义范畴和自然属性。因此本书将聚落空间层次结构视为由"观念—社会—形态—地景"四个层面构成的综合体（图1-4）。这种分析方法适合对空间界定的多义性，同时又明确了建筑规划设计实务所面对的空间的物质性和人工性的特点。

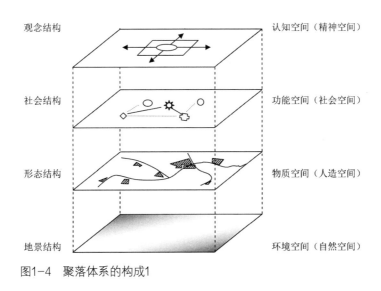

图1-4　聚落体系的构成1

同时应当注意到，构成聚落体系的这四个方面之间是相互联系、相互影响的，关于社会属性与聚落之间的关系，在前述社会人文学科空间理论中已经有所分析，两者形成互构的辩证关系。而从社会学的基本观点看，社会制度的观念系统又与其功能系统相互作用，因此，"观念—功能—聚落"之间形成两两相关的关系。再进一步，将这种关系置于地理空间之上，又会形成更为复杂的地理空间分布，因此可以将聚落体系的这四个方面看作一个四面体，地理空间作为基础是其放置面，四面之间又两两相关形成四面体的棱，同时每三个面又有相互关联，形成四面体的顶点，而四个方面则共同构成一个整体（图1-5）。

这样的综合视角的建立，可以在自然环境

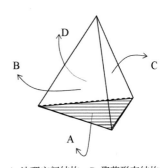

A　地理空间结构　B　聚落形态结构
C　社会功能结构　D　观念逻辑结构

图1-5　聚落体系的构成2

的基础上，将物质形态的研究置于文化观念和社会职能的系统之中，分别论述各个层面的特征和发展，并分析相互间的互动和消长关系。然而，这一体系构成相当庞大，对于探寻中国传统聚落体系整体的运动状况是恰当的，而对于以空间层次为主题的研究来说，可以在这个体系之下根据具体问题有选择地关注其中的某个侧面，比如在分析建筑的空间层次时，可能不会涉及地景的问题，而分析地域空间层次时也少有适合的观念分析，也就是说在不同学科的对象范畴中依旧遵循原有体系构成的认知框架。另外，由于施坚雅的完善理论和观点目前还无人可以超越，因此本书对于中国传统聚落经济职能的层次不做分析，对于自然属性中的生态因素以及资源与聚落的关系也不进行讨论，而是将自然作为聚落展开的地理空间，只关注其空间形态。

三、个体与体系：聚落体系的空间视角

在建构了聚落体系的含义之后，还需要明确体系中的个体，对于案例研究来说是通过不同个体的研究形成了对体系的认识，而最重要的是从物质空间分析的角度对于聚落个体的界定，这与其他观点中的界定是不同的。从聚落职能角度出发的研究会强调将具有完备功能的聚落视为一个独立的个体，因此城镇体系的研究中是不会将村落视为一个个体而包含其中的；对于以行政区划为标准的研究，可能忽略自然村落和行政村之间的差别，人口等因素的统计以行政区划为基本单位；在此已经显示了社会空间与物质空间存在着某种分歧，因此有必要对于聚落个体予以界定。

本书认为作为聚落体系中个体聚落应具有如下三个特征：其一，有其独立的形态和边界；其二，有其自身与地景发生关系的方式，或曰影响地景的方式；其三，有其与外界进行联系的方式，有其与其他个体进行联系的方式。特别要说明的是，独立的边界，可能有人工形成的明确的物质边界，如壕沟、城墙等，也可能只是被地景所包围的状态，也就是说以人工构筑的居住环境是否被自然所割裂为判断标准。只要是连续的人工环境，就视为一个个体，而被自然分割的就视为不同的个体。

因此具有独立空间和物质存在的人类聚居地，不论其绝对面积多大，都可以视为一个个体，小到山坳中的一户或几户人家，大到国际化的都市，功能单纯到边哨驻地，复杂到集工业、信息、政治、文化、交通于一体的城市，都视为个体。而一个城市的卫星城，仅有交通方式与母城相连，那么卫星城与其母城应分别视为不同的聚落个体。这种划分方式与道萨迪亚斯的人类聚居单元（表1-2）的划分不同，以人口规模划分的人类聚居单元强调的是聚居的规模，其中邻里、住宅组团等小规模聚居单元，是位于城镇和城市等大的地理单元之中的，因此并不具有独立的空间特性，并不能视为个体，而城市连绵区中通过便捷的交通方式

相互联系的城市群，每个城市之间仍旧是被自然环境所分割，应当视为不同的聚落个体。

根据这样的界定，对于一些材料的适用性需要详加分辨。比如，在明清方志中有人户里甲的资料，然而其作为乡村基层组织的方式，在多大程度上反映了实际的村落的情况，是缺乏判别依据的，因此很难作为分析空间内涵的材料。

多个聚落个体，有相互联系，就可以认为其构成了一个体系。聚落体系从不同的角度其内部的联系不同，紧密与松散的状态也不同。从聚落的自然属性角度看，聚落物质形态作为人类安置自身的方式，来自自然并在一定程度上改变了自然地景，从地景的角度看就构成了一个体系，这一体系更多地反映人类索取自然资源以及能量转化与流动的关系，从空间角度分析仅涉及聚落选址中的地势地形利用和地景对于聚落物质形态的影响两个方面。然而从聚落的社会属性角度看，聚落物质形态是所谓人类社会生活的物质化空间化的反映，这一体系具有多种多样的内在联系，表1-1即是说明，不再赘述。而聚落选址中虽然是直接与地景发生联系，但是出于政治、经济、军事等不同的目的，选址在很大程度上是受到社会因素制约的，因此，聚落体系这一概念更多地是反映了聚落的社会属性。

聚落体系的形成与聚落个体数量的多少无关，只要有两个及两个以上的聚落个体就可以形成一个聚落体系。例如，陕西韩城村寨中为了防御需求，每个村庄都建有防御匪患的堡寨，堡寨多选有利地势营建，因此常常形成与村庄分离的情况[①]，这样一村、一寨的聚落就构成一个体系。这种体系的观点也是考察聚落空间层次体系的需要，中国传统聚落体系是由范围大小不同的体系所共同组成的。

第三节 聚落空间层次的描述

"层次"的释义反映出层次是兼具社会属性和物质属性的，聚落空间的层次更是如此。正因为两种属性的存在，使得不同学科聚落空间层次的划分之间并不能够很好地进行对话和衔接，因此必须在明确的物质空间观的视角下进行梳理，才能形成统一的描述方式。然而统一的描述方式并不等于聚落空间层次的划分仅具有一种解释，由于人类使用活动的社会性使得聚落空间层次也具有多义和模糊的特性。

---

① 周若祁、张光主编，韩城村寨与党家村民居，西安：陕西科学技术出版社，1999.

一、聚落空间层次的社会性和物质性

（一）等级与非等级：空间层次的社会性

人类社会中的成员有社会地位和社会分工的区别，阶级、政府、宗教团体、血缘组织、军事组织、行业组织中都会有不同性质的等级，等级是掌握不同权力和具有不同社会地位的表现；除了某一等级组织的最高层之外，在其他等级中不同的成员之间又有着分工的差别，分别从事着不同的具体工作，实践着各自的社会角色；等级和分工是社会的普遍现象，甚至在社会性的动物群体中也是如此。

聚居空间可以按类型和层次两个角度进行分析，空间的类型和层次与社会的分工和等级之间存在着复杂的交错关系。社会等级可以通过空间表现出来，也可能不会，比如在军队的营房组织中，班长与战士同室起居，而连长却有单独的休息办公空间，班长区别于战士的等级并没有在建筑空间中表现，而是表现为不同铺位的空间类型关系，而连长的等级却通过建筑空间有所表现。从社会角度观察，可以认为连长的单独空间形成了空间的等级，而且与更高级别的将官空间共同形成了一个空间的等级体系，对城市按照行政等级进行分析，也是同样的思路。空间本身并不具有等级，等级是社会的组织方式，空间的等级是空间社会属性的表达。没有社会等级，就没有空间等级，社会等级变化，空间等级也随之变化。同样的，社会分工和不同的活动常常与空间类型相对应，如工厂、学校、医院、商场、写字楼等等，也可能与不同的空间层次相对应，如以上类型建筑在城市中的不同分布，距离市中心的距离具有某种层次性。

因此，对于聚居空间来说可以区分两种空间层次现象，具有等级性的层次和非等级的层次，而且两种层次都是社会性的。同时应当强调，地景也是具有空间层次的，如开篇所述的河流的干流与不同级别支流之间就是一种明晰的空间层次，山脉同样具有这样的特性。人类聚众而居，落成家屋村舍，与自然地景联系紧密，也就同时位于这种地景的自然空间层次之中，但是没有一处人类聚落和任何一个聚落体系，其层次特征完全由地景所支配，在聚落体系之中人类能动地选择居住地，已经使地景具有了某种程度上的社会性。

（二）包含与独立：空间层次的物质性

再进一步分析空间层次的物理特点，会发现层次之间存在着两种不同的空间关系，一种是上一层次在物质空间范围上包含了下一层次，另一种是上下层之间在物质空间范围上相互独立。也就是说，一种层次是在物质空间范围上具有总体和个体的关系，最高的层次就是总体；而另一种层次是在物质空间范围上表现为各自独立的个体关系，最高的层次仅是个体，只有全部集合才能构成总体（图1-6）。这种两种物质空间差别可以存在于不同的层次体系之中、不同的观察视角下，也可以同时存在于同一个层次体系之中（表1-4）。

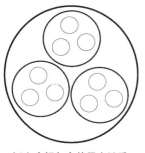
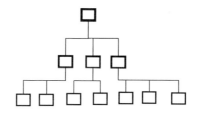

(A) 空间包含的层次关系　　(B) 空间独立的层次关系

图1-6　聚落体系的构成3

空间层次的两类关系　　　　　　表1-4

层次体系	包含关系（规模层次）	独立关系（功能/职能层次）
城镇体系	国域—省域—市域—县域—镇域	首都—省会—城市—县城—镇
军事体系	分区—军—师—旅—团—营—连—排—班	司令—军长—师长—旅长—团长—营长—连长—排长—班长
市场体系	一级市场区—二级市场区——三级市场区	一级市场—二级市场—三级市场
河流体系	干流流域——级支流流域—二级支流流域—三级支流流域	干流——级支流—二级支流—三级支流
道路体系	—	干路网—次干路网—支路网
文化体系	文化圈—亚文化圈—文化丛—文化簇	—

从表1-4所示的不同层次体系的两种空间关系来看，在物质空间范围上相互独立的层次要素，往往强调其所在层次的职能，其中等级性的含义比较突出，区别于前述社会性的划分，称其为功能层次或职能层次；而在包含关系中，则更强调其空间的范围的物质性，可称其为规模层次。

二、聚落空间的多向度层次结构

（一）聚落空间的双向度层次结构

从空间的社会性和物质性两个方面对聚落空间层次的划分，仍旧不是我们看到聚落体系中层次的全貌。在相关的研究中，可以发现关于聚落体系层次的划分存在着两种不同方式，第一种，如施坚雅的市场体系、地理学研究的城镇体系，在这些研究中，不考虑聚落内部空间的构成，不论聚落自身的等级和规模，只将其视为一个点，考虑其在地域上的空间分布和相互之间空间关系的特征；第二种，如舒尔茨所提出的地理、景观、城市、住宅和用具五个阶段的存在空间，日本集落研究中提出的家屋、居住群、居住域、集落域、集落间五个居住层次，以及张玉坤提出的居住空间的区域形态、聚落、住宅及住宅的组成部分四个层次，这些层次划分针对任何一个聚落个体都适用，是对聚落内外不同尺度空间层次的划分，而不考虑聚落之间的关系。可以说，前一种层次划分是针对聚落体系的，而后一种层次划分是针对聚落个体的（或者说将某一个聚落本身视为一个体系）；前一种划分在物质空间上是互相独立的，后一种划分在物质空间上是有包含关系的；前一种是地理学、经济学、区域规划的划分方式，而后一种常常是城市地理学、城市规划、建筑学的划分方式。以往的研究都是分别研究这两种层次关系，本书尝试将这两种关系放在一起来思考聚落层次现象：体系的划分方式是对每一个个体的定位，而每一个个体又都具有不同尺度的空间包含关系，参考其他研究的观点，选取"家具陈设—房间—建筑—聚落—区域"这五个层次作为"微观—中观—宏观"不同尺度个体聚落的划分方法，从体系的角度选取"村屯—乡镇—县市—都市"这四个级别，由此可以在这两者之上形成一个聚落空间层次的矩阵表格（表1-5）。

聚落体系双向度空间层次结构（尺度层次与功能层次）　　　表1-5

功能/规模 \ 尺度	宏观——中观——微观					尺度 \ 规模/功能
	区域	聚落	建筑	房间	家具陈设	
高层	省域	都市	多路院落	明间次间	床榻	上层
中层	市域	县市	多进院落	槅扇分隔	几案	中层
	县域	乡镇	单进院落	帷幔分隔	棋盘	
低层	镇域	村屯	单栋建筑	架子床	棋子	下层

表1-5中选取了两种层次划分，表格中间白色部分是按照这种划分意图，在不同的尺度下进一步详细划分层次所得，说明聚落的空间层次是在不同水平上都有着具体的体现的。表格中间各竖向列的层次又是对聚落各个尺度层次的详细划分，分析这些内容会发现，有些倾向于等级、功能的区分，有些倾向于规模大小的区分，但更多的是两者兼而有之。比如，建筑从单栋单进到多进多路，字面上是规模大小的描述，但是在实际的社会使用中必然反映了其间居住者的政治和经济地位状况，而如果换成"民宅—府邸—王府—皇宫"，这在字面上说的是社会等级，同时其规模也一定不同，因此视不同情况，可以称这个层次为等级层次或者规模层次。

这种双向度的描述矩阵也存在一个问题，表中间白色部分的横向行各个单元之间是缺乏必然联系的，比如"都市—多路院落—明间次间—床榻"并不能构成一个自圆其说的层次关系。具体分析会发现，这个问题是由于将个体聚落层次描述和聚落体系的层次描述放在一起所导致的。表中（白色底部分）仅有竖向的列有意义,而横向的行没有意义,因此有必要对个体聚落的空间层次和聚落体系的等级层次之间的关系进行说明。

从聚落个体和聚落体系的相互关系出发,考虑空间层次结构可以形成如图1-7的分析。聚落体系中相互独立的个体由等级和功能的不同形成了体系层次,而每一个个体又都是由规模不等的具有包含关系的尺度层次所构成的,只是由于体系层次中独立个体的预设,尺度层次到聚落为止不包含区域层次。在不同的体系个体的内部,各个尺度层次之间是相互独立,不再构成层次关系,彼此是不同类型的关系。因此表1-5表明在体系层次的架构下展开尺度层次,或言,每个尺度层次的集合构成体系层次的一个部分,由此同样也形成了一个对于聚落体系空间层次描述的双向度层次结构。

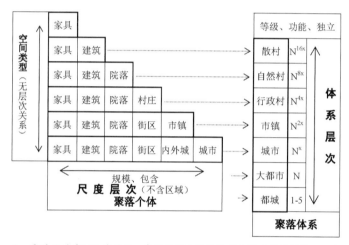

注:聚落体系中N及其幂数,表示聚落个体的数量之间可能的差异,不表示任何理论预设以及对任何实际情况的描述。

图1-7 聚落体系双向度空间层次结构(体系层次与个体层次)

(二)聚落空间的多向度层次结构

如上两种关于聚落体系的双向度空间层次结构描述,前一种虽然以表格形式表达,但是其内涵近乎一个十字结构形态(加粗字表示的),而后一种虽然不完整,但其内涵是一种经纬网格的形态。两种描述虽然具有类似的视角但是具有各自的具体表述内容,不能相互取代。从对聚落体系的整体描述出发,仍旧需要构造一个更全面的描述方式,才能更为贴切地显示聚落体系的空间层次结构。从以上两种双向度层次结构中,可以找到不相统属的三个维度,其一为体系层次的维度,其二为个体尺度层次的维度,其三为个体尺度层次上规模层次的维度。前两个维度是构成表1-5和图1-7的主要框架,最后一个维度是图1-7中间后半部分所展现的,如此必然形成一个三向尺度的描述框架图(图1-8)。

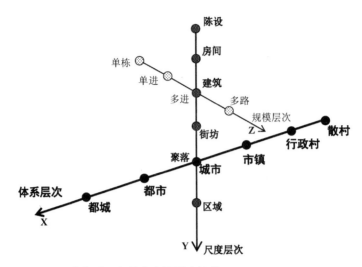

图1-8 聚落体系三向尺度空间层次结构

上图所示X方向上每个体系层次的节点都可以沿Y方向发展出各自的尺度层次，而Y方向上每个尺度层次的节点也都可以沿Z方向发展出规模层次，形成一个三维的网状结构。但必须指出有两个层次发展的例外：其一，尺度层次中，聚落作为个体不再有沿着Z方向发展的规模层次，聚落作为群体其规模层次沿X方向发展，具有体系层次；其二，区域的规模层次也是沿X方向与体系层次平行发展的（其原因在表1-5和图1-7中层次的物质性分类中已经说明）。虽然这个描述方式并不是严格意义上的三维网格，但是却适合于聚落体系的实际情况，将其称为"三向尺度空间层次结构"可能更为恰当。

综上，已经发展出多种描绘聚落空间层次的用语，有必要将这样用语的含义和相互关系进行界定。

体系层次：指构成聚落体系的聚落个体在体系中所处的层次位置。

尺度层次：指聚落个体内外空间中处于不同尺度范围下的层次关系。

规模层次：指聚落内部各个构成要素之间大小的相对关系。在不同的语境中也指由于人口多少、面积大小而引起的规模上的差别。

等级层次：指人类社会关系中的等级差异在空间使用中带来的空间层次关系。

非等级层次：指不具有等级使用差异的任何空间层次。

功能/职能层次：某一空间在体系中所具有的作用与其他空间作用之间的关系，对于聚落个体在聚落体系中的作用属于职能层次，而对于聚落内部各要素的作用属于功能层次。

体系、尺度、规模三种层次关系更加强调空间的物质性，而等级、非等级、功能/职能三种层次关系更加强调空间的社会性。社会性和物质性的两类层次类型之间存在如表1-6所示的关系。

不同聚落空间层次之间的关系　　　　　表1-6

物质属性		社会属性	社会性为主的描述		
			等级层次	非等级层次	功能/职能层次
物质性为主的描述		体系层次	上下层之间	同层之间	上下层及同层之间
		尺度层次	不是	是	有，同层之间
		规模层次	有	有	有

因为在尺度层次中上层包含下层，所以在区域和聚落尺度上的体系，既有规模层次结构，又具有职能层次结构。在聚落尺度上，建筑的集合形成聚落，聚落内部的职能结构即由不同建筑的职能集合所体现；在区域尺度上，区域的职能结构由不同聚落的职能集合所体现。而在尺度演进的过程中，空间结构的法则，有其始终如一的全尺度的控制原则，如交通在空间结构中的作用；然而也有适应不同尺度的各自的空间结构法则，比如：建筑空间中的多层立体的构成，在聚落尺度只是刚刚开始，而在区域角度却从未被提及——这之间的不同是由于人的尺度是唯一不变的因素所导致的。

三、聚落空间层次的多义性与模糊性

模糊性和多义性是聚落空间层次复杂性的体现，不合规律因素的体现。同一系统对象，从不同的角度看，可能具有不同的层次结构，此为层次的多义性；层次的模糊性是指对于同一系统对象难以确定标准区分出明晰的层次关系。

（一）空间层次的多义性

层次本身就是一种体系的结构关系，而这种关系对于复杂系统来说，可能不只是一种客观的可以观察的物理结构关系（就如物质的层次），而要依靠观察和分析的视角来确定其层次的构成，更多的是一种认知的存在，虽然有其现实物质的对应物，但认知的角度和方式的不同会直接导致层次结构的差异。

对于聚落体系这一复杂的系统来说，从不同的角度观察，可能会发现不同的现象，也可能会得出不同的结论。前述有关中国传统聚落层次现象的研究中，可以发现，有关注于人类行为和心理去分辨空间层次结构的，有依据行政级别和社会管理方式划分聚落层级的，也有通过市场规模和配置区分聚落层级的；有努力将市场和行政级别因素综合考虑的研究，也有认为市场服从于行政级别的观点，这在说明聚落地区差异和时代差异的具体现象之外，也说明了聚落层次是可以采取不同视角进行划分的。

空间层次的多义性是人类聚居的物质环境，在社会活动和观念中产生的不同人群之间的多样关系所导致的。因此，聚落层次的多义性，其实质是在空间层次研究中对社会性的思考，多义性实质是来自空间的社会属性，后续将结合"社会—空间"问题对聚落层次的多义性进行深入的实例分析。

（二）空间层次的模糊性

前文努力建构的"三向尺度空间层次结构"，这个看似清晰的观察方式中却包含着诸多的不确定性。与道萨迪亚斯所提出的15个等级的人类聚居单元（表0-2）相比较，可以发现：根据空间进行聚落层次划分与根据聚居规模进行划分不同，由于空间的物质性，对聚落空间层次的划分不像规模划分，在一个标准下就可以形成明确的层次次序，即便有多个标准，也只能按照相同的次序规律同步变化。全面考察聚落体系的空间层次，必须要通过彼此不同步的衡量标准，因为空间实体不能简单地转化为数字，只能以相对抽象的方式呈现。按照"三向尺度空间层次"来分析道萨迪亚斯的聚居单元层级，会发现：表0-2中7~15居住单元可以对应体系空间层次，情况比较简单；也可以将"2房间"和"3住所"对应尺度层次的"房间"和"建筑"，然而"4住宅组团""5小型邻里"和"6邻里"既可以看作尺度层次的递增，同时也可以看作在"邻里"这一尺度层次下，分别有三个规模层次。其实，规模层次在某种程度上与尺度层次之间并不具有明确的界限，比如里坊、院落和建筑，在里坊制时期由于有明确的物质边界，所以层次还是很好区分的，我们可以将里坊和建筑视为两个尺度层次，而院落是建筑所产生的规模层次，但是从空间关系上多组院落就形成了一个里坊，如此里坊也成了建筑的规模层次，而把院落单独视作一级尺度层次，也完全是可以的，只要适合于所要分析的主题——因为层次划分毕竟只是一种认识方式。但是面对具体的里坊却不那么简单，如果整坊之内都属于一处府邸，那么在社会层面就自然联通了尺度层次和规模层次；如果整坊之内有几处府邸，那么建筑的规模层次并不能上沿至里坊，尺度层次和规模层次还是分别存在的；如果整坊之内多是散乱住宅，规模小、数量多，那么建筑的规模层次就没有多少可谈，尺度层次和规模层次区分得泾渭分明。看似问题又解决了，实则不然，因为这几种里坊的形态很可能同时存在于一座城市之中，面对共同的背景，没有办法适合整齐划一的规律，只能根据具体情况分析。

以上的例子说明，空间层次的划分并不具有一个处处适用的明晰法则、一个可以充分计量的标准，即便设定了一个标准，也只能反映空间层次一个方面的特点，比如空间句法对聚落的研究。从任何一张关于聚落道路轴线的模型图中，循着表达整合度高低的色彩关系由暖到冷的变化，都可以发现个体感知规律作为统计元素所表达出的聚落中一种空间联通关系上的层次变化。这样的图形仅从外观上看，好似被击中而裂纹的玻璃，很适合对聚落个体和尺度层次上任何一个节点进行描述（区域研究还未见发表），尽管其中反映了某种内在的规律，然而作为设计师来说，不能将所有的聚落都理解成一块块破裂的玻璃，设计师还需要对聚落有更为丰富的理解。

　　空间层次的模糊性带来了丰富性，也带来了必要的冗余。模糊性不仅来自于聚落本身的复杂，而且来自于人们对其多义性的不同认知。多义性是对聚落空间层次不同侧面的观察，反映了社会构成中不同社会存在的空间特点，而当这些特点集中在一起时，综合起来看待聚落的空间层次，很可能就不便于形成清晰的结构，如此便产生了模糊性。因此，从某种程度上讲，模糊性又可以统一于多义性，在后续的实例分析中将重点对空间层次的多义特征进行分析。

第二章　空间图式与空间特征的描述

对于传统建筑空间特征的总结，一直伴随着中国古代建筑研究的发展而发展，从物质形态到建筑技术再到历史文化，研究成果丰富。但是并非所有的特征总结都适于对体系对象进行描述，本书需要重新建构聚落空间特征的描述方式，以适应聚落层次划分的框架。

在20世纪末中国传统建筑的研究中，有一些学者运用"图式"概念描述和分析传统建筑空间的特点，有的研究借用相关学科"图式"概念[1]，有的研究明确使用"空间图式"[2]"居住图式"[3]的概念，也有些研究虽然使用"原型"[4]"意象"[5]的概念，但其研究内容与前者有很多共同之处。这些研究都是不同学者各自独立进行的，不论对于众多的传统民居和建筑历史的研究，还是对于学者个人全部的研究来说，似乎只能显示学者们零散的兴趣，但是如果将这些有共同特点的研究，从学者们各自的研究中剥离出来，并综合在一起进行分析，会发现这些零散研究已构成了关于传统建筑空间研究的一种方式，并且一直延伸到21世纪。这些起始于1990年代的研究具有共同的审视研究对象和分析空间问题的方式，本书将这些志趣相近的研究称为传统建筑的空间图式研究。下面，首先辨析"图式"的不同含义，进而明确"空间图式"的内涵，由此能了解到这些研究的某些共同特点，在对这些研究的分析方法进行分析之后，本书参考这些研究的思考方式，提出了"社会—方位"图式。

第一节　1990年代的传统空间图式研究

一、不同话语下的"图式"概念

图式（Schema）作为理论概念，与人类认知的研究密切相关。康德在批判经验论和唯理论时，通过先验图式的概念揭示出认知主体的能动作用[6]；皮亚杰在研究个体认识发生时，通过不同水平运算图式的转换描述人类基本思维形式的

---

[1] 朱文一，空间·符号·城市：一种城市设计理论，台北：淑馨出版社，1995：13-15.
[2] 王贵祥，空间图式的文化抉择，南方建筑，1996，（04）：8-14.
[3] 王其亨，官蒐，礼乐复合的居住图式，规划师，1997，（03）：19-23.
[4] 史箴，"井"的意义：中国传统建筑的平面构成原型及文化渊涵探析，建筑师，1997，（79）：71-81.
[5] 张玉坤，居住解析，建筑师，1993，（49）：31-37.
[6] 温纯如，康德图式说，哲学研究，1997，（07）：32.

发生和发展[1]；认知语言学也运用意象图式分析经验意象和抽象概念之间关联的建立[2]。

（一）西方理论译介中"图式"的使用及其含义

在现代汉语中，"图式"作为一个词组，在译介西方理论的时候用来指称不同的概念，而不同译者对于是否选用"图式"一词，也颇不一致。

学界最早将西方哲学、心理学中"Schema"的概念译为"图式"。德国哲学家康德（Immanuel Kant，1724—1804）在其1780年代的著作[3]中使用了"Schema"和"Schematismus"的概念，在英文译本中分别译为"Schema"和"Schematism"[4][5]。该书共有六种中译本，1930年代的最早译本质量欠佳[6]，流传不广，1950年代至21世纪初大陆的四种译本[7][8][9][10]均译为"图型"和"图形化"，1980年代的台湾译本[11]译为"规模（或图形化）"和"规模性（图式性）"，同时也有许多学者在其研究中以"图式"和"图式化"来指称康德的概念。1932年英国心理学家巴特利特（Sir Frederic Charles Bartlett，1886—1969）运用"schema"的概念建立有关记忆理论[12]。瑞士心理学家皮亚杰（Jean Piaget，1896—1980）运用"schéma"的概念研究发生认识论，著述颇多，1970年代著作[13]的英文版为"Schema"[14]，该书中文版译为"格局"[15]，而皮亚杰其他著作的中文版中也有将"Schema"译为"图式"的[16]。在1970年代后期对认知心理学的研究在人工智能研究的推动下建立了"Schema Theory"[17]。目前国内心理学界将"Schema"通译为"图式"[18]，将"Schema Theory"通译为"图式理论"[19]。

译文的选择必有考虑汉语本义的因素，但理论术语的内涵更由其相关理论所

---

[1] 袁晖，试论皮亚杰与康德的图式观念，山东大学学报（哲学社会科学版），1987，(02)：81-83.
[2] 赵艳芳编著，认知语言学概论，上海：上海外语教育出版社，2000：67-72.
[3] Kant I., Kritik Der Reinen Vernunft: Felix Meiner Verlag, 1998.
[4] Kant I., Critique of Pure Reason (Meiklejohn J.M.D.), London: J. M. Dent, 1855.
[5] Kant I., Critique of Pure Reason (Smith N.K.), London: Macmillan and CO. Limited, 1929.
[6] 黎业明，关于康德《纯粹理性批判》的汉译，中华读书报（评论版），2002-8-28.
[7] 康德，纯粹理性批判，蓝公武译，北京：商务印书馆，1960.
[8] 康德，纯粹理性批判，韦卓民译，武汉：华中师范大学出版社，2000.
[9] 康德，纯粹理性批判（第二版），李秋零译，北京：中国人民大学出版社，2004.
[10] 康德，纯粹理性批判，邓晓芒译，北京：人民出版社，2004.
[11] 康德，纯粹理性的批判（上、下），牟宗三译，台北：学生书局，1983.
[12] Bartlett F.C., Remembering: A Study in Experimental and Social Psychology, Cambridge: Cambridge University Press, 1932.
[13] Piaget J., L'épistémologie Génétique, Paris: Presses Universitaires de France, 1970.
[14] Piaget J., The Principles of Genetic Epistemology (Mays W.), London: Routledge & Kegan Paul Ltd, 1972.
[15] 皮亚杰，发生认识论原理，王宪钿等译，北京：商务印书馆，1985.
[16] 皮亚杰，发生认识论，范祖珠译，北京：商务印书馆，1990.
[17] 葛维莉，图式理论视角下的汉语广告英译研究［硕士学位论文］，西南大学，2009：7.
[18] 心理学名词审定委员会审定编，心理学名词，北京：科学出版社，2001：23序码01.0788.
[19] 心理学名词审定委员会审定编，心理学名词，北京：科学出版社，2001：23序码01.0789.

界定。在康德的先验论哲学中把"知性概念在其运用中限制于其上的感性的这种形式的和纯粹的条件称为这个知性概念"的图式[1];在巴特利特的记忆研究中运用图式"这一概念来说明存储在人的记忆系统中的有组织的知识"[2];皮亚杰的发生认识论中的图式"可以说是认识结构的起点和核心"[3],用来指称动作的结构,而在其叙述中"图式"常常成为"结构"概念的代称[4];认知心理学中"图式是指人脑中有组织的知识结构,它涉及人对某一范畴的事物的典型特征及关系的抽象,是一种包含了客观环境和事件的一般信息的知识结构"[5]。在理论界定下的这些"图式"概念中,康德与皮亚杰"两种图式观念的本来含义相去甚远,缺乏内在联系"[6],而巴特利特是从神经学家那里借用了"图式"概念,与康德和皮亚杰无关,只有巴特利特的概念与现代认知心理学的概念存在着联系[7]。由此可见,在不同学科分支中,"图式"具有各自表述的内涵,因此辨析以上各种"图式"概念之间的关联并无助于建筑问题的探讨。

近期在建筑学理论的研究中,有研究将艾森曼(Peter Eisenman)著述中通常译为"图解"的"diagram"概念改译为"图式",并援引法国哲学家德勒兹(Gilles Deleuze, 1925—1995)的哲学理论进行解读[8],意图明确"建筑学图式"的话语含义。然而在德勒兹的哲学著作中"diagram"并非作为独立观念提出,必须在"'axiomatic','black hole','fold','Foucault + fold','plateau','semiotics' and 'virtual/virtuality'"[9]概念中获得具体解释,而德勒兹在其众多的著作中也都使用了"schema",并以"Arborescent schema"来描述不同理论概念之间逻辑的组织[10]。"diagram"与"schema"含义的不同,也许会直接导致建筑学话语中"图式"概念的不同,用语含义的差别也许有理论源流的影子,但是研究对象自身的差异可能更为重要,只有从理论所关注的具体问题中才能明确用语的确切内涵。

(二)本土语境下"图式"的使用和"空间图式"的含义

从理论译介的时间先后看,中文"图式"更早具有了康德哲学和心理学的含

---

[1] 康德,纯粹理性批判,邓晓芒译,北京:人民出版社,2004:140.
[2] 梁宁建,当代认知心理学,上海:上海教育出版社,2003:206.
[3] 皮亚杰,发生认识论原理,王宪钿等译,北京:商务印书馆,1985:中译者序P 6.
[4] 陈英和,皮亚杰学派与现代认知心理学关于儿童认知发展观点之比较,北京师范大学学报(社科版),1995,(01).
[5] 梁宁建,当代认知心理学,上海:上海教育出版社,2003:206.
[6] 袁晖,试论皮亚杰与康德的图式观念,山东大学学报(哲学社会科学版),1987,(02):81.
[7] Schema (Psychology) – Wikipedia, the Free Encyclopedia, http://en.wikipedia.org/wiki/Schema_(psychology), 2011-1-21.
[8] 胡友培、丁沃沃,彼德·艾森曼图式理论解读——建筑学图式概念的基本内涵,建筑师,2010,(146):28.
[9] Parr A. ed., The Deleuze Dictionary, Edinburgh: Edinburgh University Press, 2005: 71.
[10] Parr A. ed., The Deleuze Dictionary, Edinburgh: Edinburgh University Press, 2005: 13-14.

义,然而以上各种理论中"图式"含义多样,却都不能用来说明本书所关注的研究①。事实上,1990年代中国传统建筑空间研究中的"图式"概念,并非来自于西方哲学和心理学的"schema",也不是来自于西方哲学和建筑学的"diagram"。从概念的使用上看,1990年代的传统建筑研究中"图式"一词的选用是出于中文的使用习惯,与"schema"和"diagram"概念的译介无关,因此有必要在考察本土话语中"图式"含义的基础上,明确本书所关注的"空间图式"的内涵。

现代汉语辞书将"图式"的基本含义解释为注记的符号,而在古代汉语中"图式"也有同样的含义,指通过图画的方式表达一种样式和做法,如《清史稿·卷一百四十六》在"政书类考工之属"收录了《河工器具图式》四卷和《筑圩图式》一卷。深入分析会发现古代汉语中"图式"所传达的意义则更多。《说文》记载:"图,画计难也。""式,法也。"《康熙字典》又载"图"有"谋""度""计"的意思,并可指"河图""版图""图谶";而"式"有"用""度""制"的意思。古代图式绘制对象有器物、工具、服饰、礼仪活动等,但文献中记载最多的是有关礼制的各种规定,如《大明会典》中记载的郊社、丧礼、乡饮酒礼等图式,又如清代的《皇朝礼器图式》等,这些"图式"在指称图画记录方式的同时,也更加强调其中包含并意图宣示的社会法度的意义,这些"图式"本身就是一种具有明确内涵的指导性的原则,而在中国传统文化中"河图""太极图"等观念图式本身就是一种秩序的体现。

传统建筑空间研究中"图式"概念的使用,就有揭示传统建筑空间秩序的含义,虽然学者们对什么是"空间图式"并没有一个共同的界定,然而从其研究主旨中可以发现,空间图式研究关注的问题是传统建筑的共同特征,或者是发展变化的共同原理,又或者是形态现象的共同来源,再或者是空间营造的共同意图等等。在探索传统建筑共同特征的过程中,学者们所采取的方法比较一致,都是通过建立一种传统空间的结构关系,来说明或表征传统建筑的共同特点。这种结构关系的提炼,不同于条分缕析的、分门别类式的总结,而是更强调一种整体性的说明和解释。这种解释性的结构关系,并不是对物质形态的简单抽象,而是与人的感知,与社会文化观念有着密切的联系;同时这种结构关系也不是一个抽象的观念,而是与建筑形态的变化、空间方位的意义和居住的理想等密切相关。这样的既有高度的概括性,又富有丰富内涵的,能够代表建筑空间形态某一共同特征的结构关系,就是建筑空间图式。不论学者的研究是否使用了"图式"的概念,只要在传统建筑空间研究中以探索某种共同结构关系为目标,或者应用这种结构关系进行传统建筑分析,都可以被认为是空间图式研究。

同时,学者们所关注的不仅仅是传统建筑空间的特征,其研究兴趣更在于探究传统建筑空间产生的规律和原则,"空间图式"既可以表明空间所具有的特

---

① 在"schema"和"diagram"两个英文概念中,本书关注的"图式"含义在表明一种结构关系上,与皮亚杰的概念更接近一些,因此英译为"schema"。

征，同时又可以表明形成空间的目的和诉求。在某种程度上，传统建筑空间的图式研究，也是传统建筑空间营造策略和思想的研究，正因为遵循着共同而明确的目的进行居住空间的营造，才使得传统空间具有了典型的共同结构特征，从这个角度上讲，"图式"的概念正应和了"图"和"式"两个单字"谋划"与"法度"的本义。

二、1990年代的三类传统空间图式研究

1990年代初，"空间图式"的研究开始在民居研究[①]和建筑历史研究[②][③]中展开，近20年来有关传统建筑的原型与类型的研究并没有超越那时建立的图式研究的理论范围，只是增加了一些个案的分析和应用。不同学者研究传统建筑空间过程中均有其关注的具体建筑现象和问题，按其各自的研究内容很难分析图式研究的特点，因此以各种图式研究的特征内容，即所提炼出的"某种共同的结构关系"的内涵为依据，可以将传统建筑空间的图式研究分为"身体—环境"图式、"空间—数字"图式和"历史—文化"图式三类。"身体—环境"图式关注人类感知自身和认识环境时心理结构与其出发所进行的环境营造之间的关系；"空间—数字"图式关注人类"时—空—数"一体认知所赋予人居环境的有特定意义的空间结构；"历史—文化"图式关注人类社会历史进程中所形成的文化特点在人居环境营造中形成的空间规律和意义。

（一）"身体—环境"图式

"身体—环境"图式，共同关注于人在感知自身和认识环境过程中所形成的心理空间，认为"建筑空间是人的心理空间的外化，对人的内心世界的分析或许能为其寻找不同建筑空间的本质特征、了解其形成的过程，找到一个途径。"[④]基本的观点可以分为两类"人体安全图式"与"心理组织图式"。

"人体安全图式"认为，人类是按照自身的身体意象对人工居所进行营造的，这个身体的意象并非象形的比拟，而是由人类身体结构和人类的感知特征，以及在此基础之上发展出的对自身安全围护的需求所共同构成的，并认为人类的空间营造正是起源于保护自身安全的防卫意识；而这个图式的形态（图2-1A）是心理围护的圆形、人体结构的方形的叠合，并在前后和两侧由于感知能力的差

[①] 张玉坤，居住解析，建筑师，1993，（49）：31-37.
[②] 王贵祥，空间图式的文化抉择，南方建筑，1996，（04）：8-14.
[③] 王其亨、官嵬，礼乐复合的居住图式，规划师，1997，（03）：19-23.
[④] 张天宇、张玉坤、王迪，建筑空间组织与心理组织图式，华中建筑，2006，（03）：65-67.

异而有不同程度的安全围护强度,围护强度与感知能力构成互补状态①②。

"心理组织图式"分析了人类对于环境认知的心理组织,认为存在着向心性、连续性和领域性三个最为基本的空间心理组织图式,向心性图式由中心和地点构成,可以是实体的存在,也可以是虚空的中心;与中心相对的感受是不同的方向,路径连通了中心和各方向之间的联系,提供了连续性图式,中心、方向和路径构成了环境的整体结构;领域性是一个具有层次性的心理安全需求,可能会以不同的边界形态表现出来,向心性和连续性也共同建构了领域范围;而更为重要的是,如上三种图式之间结合成一个整体,整体的特征受到宗教、禁忌等文化因素和地理气候等自然条件的制约,可能形成完全不同的物质形态③④。

"人体安全图式"中的感知图式,与环境心理学中的个人空间(图2-1)理论在图形表述上很相似,但却具有非常不同的意义。心理学研究可以用不同的方法获得数量化的个人空间描述⑤,但从视、听、嗅、触四种感觉体认所总结出的图式⑥,更能够反映出空间体验的总体特征。更为重要的是,两者所关注的问题截然不同,个人空间的概念与人际距离关系紧密⑦,关注人与人、人与环境互动关系下的人的行为和心理感受⑧,而"身体安全图式"则是在分析人与环境关系过程中,强调了对维护的心理需求,以及由此所必然产生的围护结构的特征。

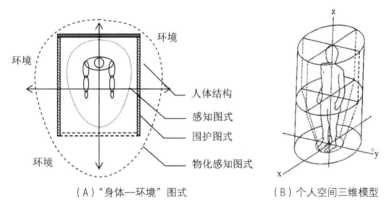

(A)"身体—环境"图式　　(B)个人空间三维模型

图2-1 "身体—环境"图式与个人空间比较

(图片来源:A根据本书所述人体安全图式理论综合绘制,B引自《环境心理学》⑨)

---

① 张玉坤,居住解析,建筑师,1993,(49):31-37.
② 张天宇、张玉坤,人体安全意象的表达——居住空间生成的原型,天津大学学报(社会科学版),2007,(01):67-71.
③ 张天宇、张玉坤、王迪,建筑空间组织与心理组织图式,华中建筑,2006,(03):65-67.
④ 张玉坤,聚落·住宅——居住空间论[博士学位论文],天津大学,1996.
⑤ 林玉莲、胡正凡,环境心理学,北京:建筑工业出版社,2000:103-105.
⑥ 张玉坤,居住解析,建筑师,1993,(49):35图4.
⑦ 张玉坤,居住解析,建筑师,1993,(49):260.
⑧ Nagar D., Environmental Psychology: Concept Publishing Company, 2006: 135.
⑨ 林玉莲、胡正凡,环境心理学,北京:建筑工业出版社,2000:104.

"心理组织图式"与凯文·林奇在《城市意象》中提出的人们认知城市的心理要素也是不同的,"心理组织图式"是通过对历史聚落的分析揭示人类营造居所的心理法则,而"城市意象"是通过现代的心理调查技术,分析现代城市物质环境的可识别性及其对人的意义。"舒尔兹在林奇等人的基础上把存在空间的要素归纳为中心—场所、方向—路线、区域—领域,并将这些特征赋予地理、景观、城市、住宅(用具)等各层次。"[①] "心理组织图式"的观点认为舒尔兹"提出的环境构成图式与人的心理组织图式不谋而合",都"反映了人的心理空间与外界环境构成的关系"[②]。如具体分析,可以看到两者有着非常不同的哲学诉求和学科背景,"心理组织图式"的提出具有批判文化决定论的意味,认为建筑与文化同属于一个系统,因而溯源至心理结构作为解释[③],其意图在探索人居环境的内在规律;而"存在空间"恰恰是在进行文化建构,"论述中力图阐明,人的存在的成立关系到具有意义作用的紧密环境形象,亦即'存在空间'的确立。"[④] 再有,在"存在空间"的讨论中人是绝对的主体,地理、景观、城市和住宅都是相对人而存在的不同尺度的客体;而在"心理组织图式"中人和人居空间是两个相对并存的主体,人为主体时,人居空间为环境条件,而人居空间为主体时,地理和景观就成为环境条件,因此空间是具有层次结构的,这个"层次所体现的是整体与部分的相对关系"[⑤],这种相对性是以人为绝对主体的"存在空间"所不具备的,但却是建筑环境营造者必须关注的。

林奇的城市意象研究在格式塔心理学中获得了解释,而格式塔心理学又深受结构主义的影响[⑥];舒尔兹的"存在空间"研究虽然立足于现象学,但直接应用皮亚杰发展心理学的理论,也必然带有结构主义的认识倾向;"身体—环境"图式是在解释原始建筑形态中提出的,所以深受人类学研究的影响,意图在探寻原始思维的过程中找到原始建筑发展的机制,而人类学也是结构主义发源之一。应该说,"城市意象""存在空间"和"身体—环境"图式研究共同具有的结构主义特征,才是这几个理论具有相似性的根本原因。

(二)"空间—数字"图式

"空间—数字"图式的研究是在人类学原始思维和神话研究的基础上展开的,共同关注数字与空间观念的关系[⑦]。"空间—数字"图式的研究共同认为,在我国传统文化中"1、2、3、4、5、8、9"是二维平面数字空间,而"6、7、

---

① 张玉坤,聚落·住宅——居住空间论[博士学位论文],天津大学,1996:27.
② 张天宇,张玉坤,王迪,建筑空间组织与心理组织图式,华中建筑,2006,(03):66.
③ 张玉坤,居住解析,建筑师,1993,(49):36.
④ 诺伯格·舒尔兹,存在·空间·建筑,尹培桐译,北京:中国建筑工业出版社,1990:149.
⑤ 张玉坤,聚落·住宅——居住空间论[博士学位论文],天津大学,1996:21.
⑥ 林玉莲,胡正凡,环境心理学,北京:中国建筑工业出版社,2000:127.
⑦ 原始思维研究中有"时—空—数"一体思维的观点,本书暂不涉及时间观念的问题。

10"是三维立体数字空间①②③④，然而，不同学者对抽象空间概念和数字概念的起源及意义的阐释却有着两种不同的观点，其一是源自人类学对原始思维的考察，其二是源自历史文化的阐释。

以人类学视角进行考察的研究从原始互渗思维入手，强调移情通感的思维，认为原始人类的"空间意向与数之直觉交相辉映，发乎人体，施于建筑，推及宇宙"，中国人的宇宙时空观念是由原始房屋推演出来的，古体"六"字即是"空间—数字"一体协调思维下的象形创造；在这种思维下，偶数数列表征着方位和空间，奇数数列表征着空间及其中的实体⑤⑥。以历史文化阐释进行考察的研究，通过对历史典籍和文物的分析，详尽梳理了各个方位所具有的不同观念，说明其所代表的文化内涵，强调中国传统五方、八方、九方等平面观念内在的文化因素，并结合我国古代天文观念分析了传统建筑以南北为主要方向的文化原因⑦⑧。

两种观点更为主要的差别在于，对于奇数意义的不同理解。历史文化考察认为"任何一种文化中，都有很强烈的'中心'的观念，并影响到该文化中建筑空间的创造"⑨。而在传统文化中当偶数变化为奇数时，就意味着中心的存在和对中心的强调。而原始思维考察认为空间数列的奇偶之变，"也就是实体—空间、空间—实体的不断更替和转换的过程"⑩，这个过程实则是思维尺度变化带来的一种相对认知，居住空间是具有不同尺度层次的，不同层次上局部和整体的关系是相对的，空间和实体的关系也是相对的，"居住空间的诸多层次从外到内是一个空间—实体—空间—实体……的变换过程，从内到外则是一个实体—空间—实体—空间……的变换过程。"⑪简单地说，前者认为奇数代表着空间的中心，而后者认为奇数代表着位于中央的实体（图2-2）；后者的"空间—实体"层次变换的观点与"心理组织图式"所探讨的问题结合在一起了，或者说两种图式都有一个思考居住环境的层次体系这样一个背景，这种背景使得对"空间—数字"关系的解释添加了一些冗余信息，对具体问题的解释力受到了一些干扰，但是从图式建立

---

① 王贵祥，空间图式的文化抉择，南方建筑，1996，（04）：8-14.
② 张玉坤，聚落·住宅——居住空间论［博士学位论文］，天津大学，1996.
③ 张玉坤、李贺楠，原始时代神秘数字中蕴含的时空观念，建筑师，2004，（05）：30-35.
④ 王贵祥，东西方的建筑空间：文化空间图式及历史建筑空间论，北京：中国建筑工业出版社，1999.
⑤ 张玉坤，聚落·住宅——居住空间论［博士学位论文］，天津大学，1996.
⑥ 张玉坤、李贺楠，原始时代神秘数字中蕴含的时空观念，建筑师，2004，（05）：30-35.
⑦ 王贵祥，空间图式的文化抉择，南方建筑，1996，（04）：8-14.
⑧ 王贵祥，东西方的建筑空间：文化空间图式及历史建筑空间论，北京：中国建筑工业出版社，1999.
⑨ 王贵祥，空间图式的文化抉择，南方建筑，1996，（04）：9.
⑩ 张玉坤、李贺楠，原始时代神秘数字中蕴含的时空观念，建筑师，2004，（05）：30.
⑪ 张玉坤，聚落·住宅——居住空间论［博士学位论文］，天津大学，1996：24.

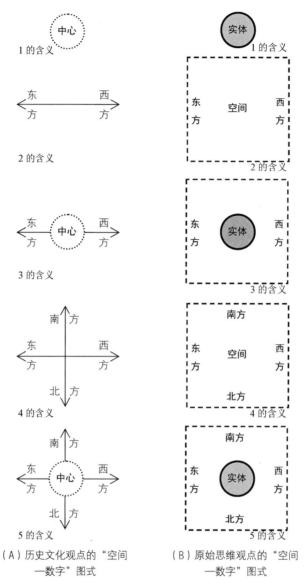

图2-2 两种"空间—数字"图式的比较
（图片来源：根据本书所述"空间—数字"图式综合绘制）

的目标上看，这正是研讨"时空观念对中国传统建筑和居住空间观念的形成"的重要意义[①]所必须具有的视角。

（三）"历史—文化"图式

"历史—文化"图式的内容丰富，涉及许多现象和思想，但不论其中的文化观念延展到什么领域，都需要围绕人居空间的特点，而且与空间规划的方式或

---

① 张玉坤．聚落·住宅——居住空间论［博士学位论文］．天津大学，1996：55．

意图相关。代表研究有三个[①]内容：其一，文化抉择图式；其二，"井"字图式；其三，礼乐图式。

文化抉择图式，是在"空间—数字"图式文化观念的比较中发展起来的。文化抉择图式，主要关注于两个问题："7"所代表的垂直宇宙空间图式和"5""9"所代表的水平宇宙空间图式是在怎样的文化因素下走向分途的，以及在大地上营建房屋又是什么因素导致产生南北主导和东西主导两个不同主导方向的。文化抉择的观点认为：中国文化对于中心的关注，强调世间人本伦常，没有发展起来唯一神的信仰，所以在大地上建立秩序，选择了五方和九方的水平宇宙空间图式，而形成唯一神信仰的文化则选择了垂直宇宙空间图式（图2-3）；对北斗、北极确定农时作用的重视，使得星相成为世间伦理的代表，因此产生尊北的文化，同阴阳的思想结合，共同影响了中国文化从太阳崇拜的东西主导方向转变为南北主导方向[②③]。

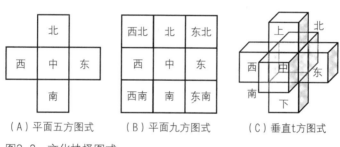

（A）平面五方图式　　（B）平面九方图式　　（C）垂直t方图式

图2-3　文化抉择图式
（图片来源：根据本书所述"文化抉择"图式综合绘制）

"井"字图式的研究，汇集了与井有关的庞大的信息资源，运用语源探寻和古籍文献综合的分析的方法，认为"从农田到国土，从村社到城邑，从明堂到宅院，从市井到陵墓，从楼台到天花，从规划到设计"，都隐含着来自井及井田制度的"井"的平面形态；具体分析了"画井为田"的土地区划、"营国制度"的城市规划和"从明堂到天井"的建筑设计中"井"字形态的具体反映及其文化内涵；并认为这个图式同丰富的文化观念相结合，伴随着中国文化的发展而不断发展，升华为"洛书九宫和太极的宇宙图式"；此图式研究构成了一个丰富而庞杂的体系，涉及技术、社会、文化和观念各个层面，具有存在空间、经纬网络、结

[①] "曼荼罗"也是一个重要图式。虽然精神分析心理学将其视为人类内心的原型，但在建筑考察中，曼荼罗作为一种远古文化，只能利用其作为分析建筑环境的工具，不是学者个人观点的体现，不能反映出图式研究的特点，即便做分析研究也常常局限于藏传佛教建筑，范围有限，固不列出。类似的还有仅仅简单提出"九宫""八卦"等，都不在本书所定义的图式研究范围之列。
[②] 王贵祥，空间图式的文化抉择，南方建筑，1996，（04）：8-14.
[③] 王贵祥，东西方的建筑空间：文化空间图式及历史建筑空间论，北京：中国建筑工业出版社，1999.

构形态、形式美以及数理和宇宙观念多层次的图式意义。①

中国传统礼乐文化与传统建筑的关系早有学者关注，有学者从儒家核心思想的角度进行文化阐释，从原则上提出礼乐"在建筑总体布局中，仍是不可忽视的重要因素"②；也有学者从具体建筑类型出发，分析北京四合院中的儒家礼乐思想③；在这些研究中存在一个普遍的现象，就是将"礼"和"乐"常常简单地理解为"礼"④，没有认识到"礼"和"乐"在文化内涵上的并存和互补，更没有归纳出文化精神与空间营造的内在联系，因此不具有图式的意义。"礼乐复合图式"的提出，强调"礼"和"乐"反映了中国传统文化的互补性，将礼乐视为一对社会范畴，由此认为传统建筑宅园结合、宫苑结合的空间结构，是"传统文化礼乐互补精神在居住问题上的物态化表现"⑤。

三种"历史—文化"图式，从不同角度分析了传统空间的内在结构特征，文化抉择图式提出了平面发展、南北主轴的空间模式，"井"字图式提出了普遍形态，"礼乐复合"图式提出了人居空间营造的理想模式；同时，这三种图式又具有内在的联系，强调中心方位、南北主轴，就是礼的思想，也就"井"字九宫的中宫，可以说这三种图式共同构成对传统建筑空间文化意蕴较为完整的描述。

三、空间图式与传统聚落空间研究

"图式"是富有观念和形态意象的结构，所以"图式"既是对传统建筑空间特征剖析所获得的一种理解和认识，同时又为解析传统建筑空间提出了框架和参照，不同的图式会引出对传统建筑空间研究的不同思路和方法。

（一）作为传统建筑解析方法的空间图式

通过空间图式分析研究对象并建构理论的努力，在学者们完整的研究中表现得更为明显。"文化抉择图式"同"空间—数字"图式的文化阐释密切相连，为明堂制度的历史考察提供了可资参照的框架，从而梳理出上启三代、下讫明清的中国天子起居、祭祀、布政的空间演变过程⑥。"井"字图式明确指出中国传统社会中，"在土地区划、城邑聚落、街巷、宫宅、园囿、墓葬，以及构造、装修

---

① 史箴，"井"的意义：中国传统建筑的平面构成原型及文化渊涵探析，建筑师，1997，（79）：71-81.
② 余卓群，建筑·文化·文学，四川建筑，1994，14（2）：2-4.
③ 钱圣豹，儒家礼乐思想与风水学对北京四合院型制的双重影响，时代建筑，1991，（04）：43-44.
④ 画晓，"礼"与中国古代建筑文化，装饰，1996，（04）：62-63.
⑤ 王其亨，官鬼，礼乐复合的居住图式，规划师，1997，（03）：19-23.
⑥ 王贵祥，东西方的建筑空间：文化空间图式及历史建筑空间论，北京：中国建筑工业出版社，1999.

等方面"都有"井"字图式的反映①,按照现代学科标准涉及国土、城市、建筑、装饰等不同尺度的空间规划和形态设计,可谓确立了一个纵向贯穿的体系脉络;而从"画井为田"出发,分析整理古籍中古代国土规划的理论和方法②,正是与这一图式直接相关的研究成果。

"礼乐复合图式"的意义不在于说明宅园、宫苑的建筑格局,早有学者指出"有宅必有园……是我们的传统"③,也有学者在园林产生的分析中意识到了住宅和园林之间的结构意义④。但是只有建立整体的图式观念,对内在结构进行分析,才能明确传统建筑的共同特征,于是传统建筑空间才具有一种在整体图式下的分类方式。

"人体安全图式"认为人类的居所是"一个富有弹性的机体,在适应着不同的环境、不同的文化、不同的宗教"⑤。利用这个图式,学者解释了风水选址的合理性,认为"风水环境模式在物质与精神、生理与心理上都十分适于先民的生存与繁衍"⑥;解释了合院的生成机制,认为"传统四合院建筑文化中所包含的阴阳风水观、伦理序位观,乃至宇宙秩序观,归根结底都是为了维护自身安全的需要而衍生出来的"⑦;尤其重要的是,解释了原始住宅形式由圆形转变为方形的内在动因:根据考古资料将史前居住建筑分为圆形与方形前后两个阶段,认为"建筑是人与外部世界相沟通的思维框架"⑧,圆形阶段"是人类对自身空间框架的明确",方形阶段"是人类自身框架与宇宙框架的叠合"⑨,人类将对自身和宇宙方位的认识赋予房屋,或者说"借助方形房屋这一载体"⑩发展了方位认识,才形成史前建筑的方圆之变,并将这一变化定义为"历史上一次形态学上的革命"⑪。

从以上分析中可以看出,在学者们的研究中,空间图式既是一种传统建筑空间特征的描述性结论,又是进行具体研究的一种理论手段。

---

① 史箴,"井"的意义:中国传统建筑的平面构成原型及文化渊涵探析,建筑师,1997,(79):71.
② 张慧,王其亨,中国古代国土规划思想、理论、方法的辉煌篇章——《周礼》建国制度探析,新建筑,2008,(03):98-102.
③ 彭一刚,中国古典园林分析,北京:中国建筑工业出版社,1986:13.
④ 王鲁民,正统居住方式与中国古典园林的产生//高介华编,全国第三次建筑与文化学术讨论会,武汉:华中理工大学出版社,1996,121-125.
⑤ 张天宇、张玉坤,人体安全意象的表达——居住空间生成的原型,天津大学学报(社会科学版),2007,(01):70.
⑥ 张天宇、张玉坤,人体安全意象的表达——居住空间生成的原型,天津大学学报(社会科学版),2007,(01):70.
⑦ 张玉坤、李贺楠,中国传统四合院建筑的发生机制,天津大学学报(社会科学版),2004,(02):105.
⑧ 张玉坤,居住解析,建筑师,1993,(49):35.
⑨ 张玉坤、李贺楠,史前时代居住建筑形式中的原始空间观念,建筑师,2004,(03):88.
⑩ 张天宇、张玉坤,人体安全意象的表达——居住空间生成的原型,天津大学学报(社会科学版),2007,(01):68.
⑪ 张玉坤,聚落·住宅——居住空间论[博士学位论文],天津大学,1996:52.

(二）空间图式研究与传统人居环境的层次体系

图式的提出揭示了空间形态与相关文化社会因素内在的结构关系，因此一个图式理论往往不仅局限于对民居、住房等建筑尺度问题的解释，往往可以适用于不同层次的空间环境，而各家学者都同样注意到了这个问题。

"人体安全图式"的研究认为，"凡为维护人体安全需要而产生的一切人类文化都可以用安全图式予以解答"，人们用"与人的生存攸关的，代表着人的最高利益"的东西占据中心位置，这样就形成对住宅建筑和聚落城市等不同尺度对象的解释[1]。如前所述，也正是由对空间层次体系的关注，"心理组织图式"才区别于"存在空间"理论，而表现为在不同尺度、具有不同的安全主体——人、住宅、聚落或城市，而非一个绝对的感知主体——人。

"空间—数字"图式中的两个理论的差别也体现在是否关注空间的层次体系，历史文化阐释途径强调唯一中心，没有涉及层次问题；而原始思维途径，通过移情通感的思维，使得奇偶数字获得了不同层次上空间与实体之间相对性的解释。

"井"字图式尤其明确地指出，中国传统社会中，"在土地区划、城邑聚落、街巷、宫宅、园囿、墓葬，以及构造、装修等方面"[2]，都有"井"字图式的反映，按照现代学科标准涉及国土、城市、建筑、装饰等不同尺度的空间规划和形态设计，可谓确立了一个纵向贯穿的体系脉络。

"礼乐复合图式"的研究也认为，"这种图式不仅体现在宫殿和民宅的平面构成中，城市规划中也有这样的意象"[3]而关于室内设计[4]、关于住宅[5]、关于特定类型的建筑[6]，以及城市[7][8]中的礼乐因素的研究，正可以看作这一中国传统文化与空间的关联结构，正在被越来越多地关注和认识。

希腊学者提出的聚居学、日本学者提出的住居学、国内学者提出的人居环境科学，都同样关注居住空间的层次体系。可以说，面对当代的和历史的居住空间，这些都是学者们无意识的一种理论呼应，反映了对古今人居环境的客观认识。

---

[1] 张玉坤，居住解析，建筑师，1993，（49）：31-37.
[2] 史箴，"井"的意义：中国传统建筑的平面构成原型及文化渊涵探析，建筑师，1997，（79）：71.
[3] 王其亨、官嵬，礼乐复合的居住图式，规划师，1997，（03）：23.
[4] 王茹、立于礼，成于乐——礼乐精神对中国传统居住建筑室内环境艺术的影响，建筑师，2006，（05）：70-74.
[5] 田银生、陶伟，"家世界"构成中的庭园价值——中国传统居家环境结构的"二元对立统一律"分析，新建筑，2001，（05）：15-17.
[6] 陈新民，礼乐相成 斯文宗主——书院建筑文化初探，南方文物，2001，（03）：92-93+103.
[7] 宋树信、田银生，中国古典城市的礼乐精神，中州建筑，1998，（02）：8-9.
[8] 田银生，中国传统城市结构的"二元对立统一律"，城市规划学刊，2005，（01）：72-74.

（三）1990年代图式研究作为分析方法的局限

1990年代传统空间的图式研究试图解决的是三个问题：其一，起源问题，即形态和观念的起源；其二，空间形态所遵循的组织原则问题；其三，建筑营造的意义问题。如果分析三类图式研究对三个建筑问题的解答，会发现对于起源和意义问题的探讨很多，几乎每一类图式研究都涉及了这两个问题。而对于传统空间的组织来说，多较为笼统地谈及空间围合的特征。"身体—环境图式"提出了合院的发生机制，及人体象征意义，合院中如何组织生活不能经由原型而涉及；"空间—数字图式"论及观念，谈及各个方位及中心的意义，与具体形态无涉；历史文化比较图式，经由天象的研究，落脚在对明堂制度和国外宗教建筑的历史比较上，不再涉及更多类型建筑的阐释；礼乐复合图式强调传统居住的精神价值，认为礼乐复合的文化观念与宫（宅）苑（园）复合的空间营造相对应，而宫室与园林空间形态的差异正是来自礼乐互补精神的不同物化表现。

从哲学范畴的概念来看，图式分析所涉及的这三个问题，可以大略对应"形式""功能"和"意义"三个建筑理论最基本的范畴[①][②]。对于建筑研究来说，形式和意义的研究可以扩展出丰富的内容，而对于功能的研究往往显得单调而乏味，但是作为建筑研究来说，是不能缺少功能的，因为这是人类营造建筑的基本需求。

"类型也可以被理解为一种工具，它包含着一种有效的方法，引导着某个空间的创造，并且赋予它一种既定的符号意义。"[③]借鉴建筑类型学，图式研究同样可以思考有关空间创造的方法，从传统建筑空间分析走向历史主义的空间创造。虽然"文脉"说在设计中非常流行，但是中国传统建筑留存至今的文脉到底是什么，不同的设计视角和不同的观察传统的视角可以给出不同的答案。图式研究本身即是对传统空间特点的一种描述方法，1990年代图式研究给出了答案，只是这样的解答将问题归结为理论思考，而不是方法探索。比如，"人体安全图式"作为原型解释人们认知及空间形态的本源很有效，但对于分析更为细致的空间组织方式来说，人体的类比方式不能解决略微细致的空间和社会的分析问题，也就是说正因为原型意义的普遍性，使其不具有分析特殊具体问题的工具性。再如，"礼乐复合图式"解释了人群社会活动的空间特征，尤其适合对作为历史文化建设者的社会上层的居住空间进行分析和研究，但并不能很好地描述一般住宅、手工业和商业文化下的空间形态。

综上，1990年代的空间图式研究对功能范畴的分析不够，并且不能够提供有关传统空间规划操作方法的详细理解。虽然这些空间图式中有些内容不同程度地

[①] 戴维·史密斯·卡彭，建筑理论（上）：维特鲁威的谬论——建筑学与哲学的范畴史，王贵祥译，北京：中国建筑工业出版社，2007：179-198.
[②] 戴维·史密斯·卡彭，建筑理论（下）：维特鲁威的谬论——以范畴为线索的20世纪建筑理论诸原则，王贵祥译，北京：中国建筑工业出版社，2007：1-17.
[③] 童明，罗西与《城市建筑》，建筑师，2007，（05）：33.

涉及了空间层次问题，但是这些图式的建立并非以分析传统聚落空间层次问题为目标，因此本书有必要建立更为适合分析层次主题，并且能够揭示传统空间特征的空间图式。

第二节 "社会—方位"图式的建立

人类的生活离不开对空间方位的认知，以方位表述事物之间的空间关系并运用空间的隐喻含义，这都是人类的基本生存能力[1]。空间方位现象遍布人类社会的方方面面，因此"有关方位的研究涉及人文科学的许多领域，包括语言学、心理学、认知科学、人类学、文化学、社会学、哲学等。"[2]建筑学者梳理了中国历史上营国制邑所需的"辨方正位"之法[3]，分析原始思维特点以辨析空间方位与数字的关系[4][5]，并进行了空间方位观念产生及演变的跨文化比较研究[6][7]。

对于空间方位与中国传统社会之间相互关系的问题，不同学科学者也多有探索，从建筑角度分析民居建筑实例[8][9]，辨析文献典籍所记载的空间模式[10]，总结传统建筑的伦理功能[11][12][13]；从城市角度研究城市礼制制度[14]、城市和都城规划[15][16]，分析都城规划布局的思想[17]，研讨伦理观念对城市形态的影响[18]；如上研究虽然涉及不同学科，运用多种研究方法，却将结论共同指向传统的"礼制"文化，而在具体结论上则集中在轴线、朝向、形状和方位的意义的论述上。

本书从汉语方位词和含有方位词的词组分析入手，尝试分辨空间方位与传统

---

[1] 蔡永强，汉语方位词及其概念隐喻系统[博士学位论文]，北京语言大学，2008：1.
[2] 方经民，汉语空间方位参照的认知结构，世界汉语教学，1999：(04)：32.
[3] 史箴，从辨方正位到指南针：古代堪舆家的伟大历史贡献，风水理论研究，天津：天津大学出版社，1992，215-221.
[4] 张玉坤，聚落·住宅——居住空间论[博士学位论文]，天津大学，1996.
[5] 张玉坤、李贺楠，原始时代神秘数字中蕴含的时空观念，建筑师，2004，(05)：30-35.
[6] 王贵祥，空间图式的文化抉择，南方建筑，1996，(04)：8-14.
[7] 王贵祥，东西方的建筑空间：文化空间图式及历史建筑空间论，北京：中国建筑工业出版社，1999.
[8] 钱圣豹，儒家礼乐思想与风水学对北京四合院型制的双重影响，时代建筑，1991，(04)：43-44.
[9] 张静，论民宅建筑的伦理意蕴——以乔家大院为例，濮阳职业技术学院学报，2008，(04)：98-99+120.
[10] 唐启翠，圣俗之间：《礼记·明堂位》的礼仪空间探讨，百色学院学报，2009 (01)：17-28.
[11] 黄珂峰、陈纲伦，中国传统建筑的伦理功能，华中建筑，2004 (04)：3-7.
[12] 陈万求、郭令西，人类栖居：触痛建筑伦理，自然辩证法研究，2009 (03)：61-66.
[13] 彭晋媛，礼——中国传统建筑的伦理内涵，华侨大学学报（哲学社会科学版），2003，(01)：13-19.
[14] 贺业钜，考工记营国制度研究，北京：中国建筑工业出版社，1985.
[15] Steinhardt N.S., Chinese Imperial City Planning: University of Hawaii Press, 1999.
[16] 贺业钜，中国古代城市规划史，北京：中国建筑工业出版社，1996.
[17] 黄建军，中国古都选址与规划布局的本土思想研究，厦门：厦门大学出版社，2005.
[18] Golany G.S., Urban Design Ethics in Ancient China, Canada: The Edwin Mellen Press, 2001.

社会之间关系中更为详细一些的内容，并分析这些关系中所反映的空间规划的思想和观念。

一、方位词及其造字意象分析

汉字作为一种自源文字，经历数千年的发展，一脉相传，是承载华夏文明的重要工具，更重要的是作为语素文字，汉字自身的结构中包含着丰富的文化因素，显示了先民的生活和意识[①]，从中可以分析古代的宗教、婚姻、家庭伦理等观念，以及衣食住行葬等方方面面的生活图景[②]。而方位词中也必然蕴含着丰富的远古信息，负载了汉民族的空间认知体验[③]，能够为分析传统空间观念提供一些启示。

"汉字是属于表意体系的文字，每一个字都是形、音、义的结合体……从理论上说，字的作用可以等于词的作用。"[④]从语言学的角度讲，方位词是能普遍地附在其他词的后面，表示方向或位置意义的词[⑤]。在汉语方位词中有单音节方位词和双音节方位词，前者为单纯方位词，后者为复合方位词[⑥]。

在汉语方位词发展中，首先出现了单纯方位词，《古代汉语词汇学》中列出7对14个反向对举的单纯方位词（东西、南北、上下、左右、表里、内外、前后）[⑦]，再加上"中"字，表2-1列出了这15个单纯方位词的一些基本信息。

单纯方位词简表　　　　　　　　　　　表2-1

方位词	造字法	本义	词性	造字意象
前	会意	前进	〈动〉，转〈名〉〈形〉	足，立于舟头
後	会意	迟到，走在后	〈动〉，转〈名〉〈形〉	足，走路
左	会意	辅佐	〈动〉，转〈名〉〈形〉〈副〉	手
右	会意	手口相助也	〈动〉，转〈名〉〈形〉〈副〉	手、口
东	会意	日出方向	〈名〉，转〈副〉	日在木中
西	象形	栖息	〈动〉，转〈名〉	鸟入巢息止
南	象形	乐器	〈名〉，转〈动〉〈副〉	钟镈之类的乐器
北	象形*	相背违*	〈名〉，转〈动〉	二人相背
上	指事	高处、上面	〈名〉，转〈形〉〈动〉	某一事物之上

---

① 董琨编著，中国汉字源流，北京：商务印书馆，1998：7.
② 李梵编著，汉字的故事，北京：中国档案出版社，2001：9.
③ 张美云，试析汉语"东南西北"方位词的文化内涵及其所反映的认知规律，山花，2009，（4）：140.
④ 赵克勤，古代汉语词汇学，北京：商务印书馆，1994：14.
⑤ 邹韶华，语用频率效应研究，北京：商务印书馆，2001：83.
⑥ 蔡永强，汉语方位词及其概念隐喻系统［博士学位论文］，北京语言大学，2008：7.
⑦ 赵克勤，古代汉语词汇学，北京：商务印书馆，1994：157.

续表

方位词	造字法	本义	词性	造字意象
下	指事	下面	〈名〉,转〈形〉〈动〉〈量〉	某一事物之下
内	会意	入	〈动〉,转〈名〉	事物被蒙盖
外	会意	外面	〈名〉,转〈动〉〈形〉	夜晚占卜
表	会意	外衣	〈名〉,转〈动〉	皮毛外衣
裏	会意	衣服的里层	〈名〉	衣服
中	指事	中心	〈名〉,转〈形〉	有旌旗和飘带的旗杆

注:1. 本表内容由汉典在线词典整理而来,有*上标的表示汉典缺少相应说明,为作者个人之判断。
   2. 在古汉语中,"後"与"后","裏"与"里"都是不同含义的字,并非现代汉语中简体与繁体字的关系,"后"为王后之意,"里"为居住之意,只有"後"和"裏"是方位词,在此表中特别标出,后文所述仍旧以简体字体为主。
   3. 后文根据需要亦会涉及"旁""侧""边"三个方位词,此表未列出。

　　查对《古文字类编》,会发现表2-1中15个字早在甲骨和金文中就已经出现①。而在甲骨文中大部分已经作为方位词使用,有观点认为甲古文中有"东、西、南、北、上、中、下、左、右、后"10个单纯方位词②,有观点认为有"东、西、南、北、中、上、下、左、右、卜(外)、人(内)"11个单纯方位词③,在有些研究机构收录的甲骨文检索数据库中,可以查到12个方位词(表2-2),而其余的方位词在金文中也已经出现,这些产生于几千年以前的文字直到现在仍旧构成了现代汉语单纯方位词的绝大部分。因此,对这些包含着远古信息的文字进行分析,能够对中国传统的空间方位观念获得一些基本的理解。

甲骨文中出现的单纯方位词　　　　表2-2

左	右	东	西	南	北	内	旁	前	上	下	中

(资料来源:中国甲骨文艺术网(www.86jgw.com)所收录的甲骨文方位词)

　　分析表2-1中15个字的本义会发现只有"上、中、下、东、外"这5个字是方位含义的名词,其余10个字本义并不表示方位;而从造字的意象上看,只

---
① 高明,古文字类编,台北:台湾大通书局,1986.
② 甘露,甲骨文方位词研究,殷都学刊,1999,(04):1.
③ 黄天树,说殷墟甲骨文中的方位词,中国殷商文化学会编,2004年安阳殷商文明国际学术研讨会,2004.

有"上、下"两个字是抽象的方位意象,其他字的造字意象都是另有所本。语源学研究认为方位词来自身体部位、外界标志和动态概念三种基本的语源模式(Heine: 1997)[①],因此"东、南、西、北、左、右表方位均跟其古字本义无直接关系"[②],而是经历了引申才成为抽象的方位概念的。在具体分析汉字方位词中隐含的造字特点时,语源模式的总结显得有些粗率,因此本书通过字形所反映的造字意象进行分析。

造字所用的意象可以分为身体的、活动的、人工物的、自然的和抽象关系的五个方面(表2-3)。从表2-1的字义和表2-2字形中可以发现:"中、表、裏"三个字是具体事物的意象,而且是人工物的意象;"内、外"两个字的意象是人的活动;"上、下"两个字是抽象的关系意象。使用身体意象的字是"前、後、左、右","前、後"中都有"足"的意象,"左、右"中都有"手"的意象,最初"前、後"表示行动,而"左、右"都有"手"的意象,表示助力,都跟身体有关,正反映出这4个字是以身体为中心来表征方位的。然而,表示自然方位的"东、南、西、北"4个字的意象却不一致,"东、西"两个字所用为自然意象,太阳从林中升起的方向正是东方,而鸟儿归巢正值日垂西方之时,人类对于太阳升落规律的认识与方向的确定密切相关;"南、北"两个字的意象却反映出明显的人文特点,"南"是南方族人所用乐器,"北"是二人相背相反,但《说文》言:"南,草木至南方有枝任也",认为"南"也是取诸自然意象,也有观点认为"北"意为正午时人的影子指向北方[③],也是取诸自然意象。不论"南、北"的原初含义如何,身体方位和自然方位在造字之初就已经明确区分了身体意象的由来和自然意象的由来,身体方位由肢体的活动和身体运动的意象而表现,自然方位以自然事物生发的规律而表现。

单纯方位词的语源模式和造字意象分析　　　　表2-3

语源模式	单纯方位词	本书对造字意象的分析	
身体部位	左、右	身体的意象	手
动态概念	前、後		足
	内、外	活动的意象	出入、占卜
外界标志	东、西、南、北	自然的意象	自然现象和规律
	中、表、裏	人工物的意象	旗、衣物
	上、下	抽象关系的意象	指示替代

---

① 吴福祥,汉语方所词语"後"的语义演变,中国语文,2007,(06):494.
② 张德鑫,方位词的文化考察,世界汉语教学,1996,(03).
③ 唐汉,唐汉解字,汉字与日月天地,太原:书海出版社,2003.

二、方位词对社会关系和空间关系的表述

在实际的语言环境中方位词表达抽象的方位概念[①]，在描述生活环境时运用非常普遍，比如老北京曾有"东直门外南后街"[②]这样的街巷名称，除去"街"这个中心词，六个字的界定词中就有"东、外、南、后"四个方位词。在汉语中方位词也常常用于表述社会人群的活动和人与人之间的相互关系，比如，反映活动的"前歌后舞""里勾外连""东奔西走"，反映人群之间关系的"左辅右弼""左邻右舍""内亲外戚"，还有成为称谓的"皇上""臣下""外甥""房东"等（表2-4）；而对于城市和建筑空间的描述就更多了，早在《周礼·考工记》匠人篇中就有"左祖右社，面朝后市"，《礼记》中载"前堂后室"，历代宫殿"前朝后寝"，商业市镇"前店后宅"，等等（表2-5）。

这种方位词既能表述空间关系，又能表述社会关系的现象，在认知语言学中给出了解释。认知语言学认为，人类语言的习得和语言的发展有着类似的过程，这个过程中一个最重要的特点就是，对自身熟悉的形象事物进行抽象，建立意象图式，然后再通过形象隐喻的方式，经由具体事物的概念建立起抽象事物的概念[③]。下面分别就方位词所反映的社会关系和空间关系进行分析。

（一）方位词对社会关系的表述

社会关系是指人们在社会生活中从事共同活动建立的相互关系的总称，包括广义的生产关系、阶级关系，以及狭义的人际关系、亲属关系、工作关系等[④]。正如前述语言学的理论一样，社会中各种关系，包括人的社会角色、社会地位，人与人之间的社会关系，人的社会生活和活动，经由形象隐喻的方式，可以通过方位词，也大量地通过方位词来进行表述（表2-4）。

社会关系多种多样，表2-4对方位词描述的各种社会关系进行了分类。这种分类不是按照任何人文学科对社会关系的界定进行的，而是根据词语所表达含义进行分类。方位词对社会关系进行描述时，常常使用反向对举的一对方位词来表述（如左邻右舍、上闻下达）因此按照词义所表达的相对关系进行分类。如此可以看出，方位词所表达的最基本社会关系只有一种，就是群属关系，表达是否具有某种共同特征的人群的集合，其中有血缘关系（如外甥）、民族关系（如南蛮）、职权关系（员外）、政治关系（内疏外亲），等等。在某群属内部的成员之间和各个群属之间会存在不同的身份和地位，方位词同样也描述各种平等关系和等级关系。不论在什么关系中，人都是要进行生活、生产等活动的。所以可以将

[①] 蔡永强，汉语方位词及其概念隐喻系统［博士学位论文］，北京语言大学，2008.
[②] 张清常，北京街巷名称中的14个方位词，中国语文，1996，（01）：15.
[③] 赵艳芳编著，认知语言学概论，上海：上海外语教育出版社，2000：67-79.
[④] 时蓉华主编，社会心理学词典，成都：四川人民出版社，1988.

方位词表述社会关系   表2-4

社会关系		方位词代称社会角色、社会地位、社会关系及与方位词有关的活动	所用方位词
群属关系		内忧外患、内亲外戚、内疏外亲、内圣外王、安内攘外、里通外国、里勾外连、里应外合、衙内、员外、内子、外甥、东夷、西戎、南蛮、北狄	内—外，里—外 东—西，南—北
等级关系	绝对等级	面南背北，圣人南面而治天下（《周易·说卦》）；上帝、圣上、皇上、祖上、堂上；天子中而处	南—北 上 中
	等级明确	上行下效、上勤下顺、上闻下达、上谄下渎、陛下、殿下、阁下、麾下、门下、膝下、足下、属下	上—下 下
平等关系	主从关系	东道主、做东、股东、房东、西席、西宾、东贵西富	东—西
	平等关系	左邻右舍、左图右史、左辅右弼、北门南牙、东食西宿、东邻西舍、左派、右派	左—右 东—西，南—北
社会活动	生活生产	前歌后舞、鞍前马后、东猎西渔、东奔西走、南船北马	前—后 东—西，南—北
	心理精神	上下求索、左倾、右倾	上—下 左—右

"群属、等级、平等"看作三种人与人之间的社会关系，同时社会主体在社会关系的约束之下进行着生产和生活活动。

方位词表意的精确性还可以在上述的几种社会关系中区分出更为细致的社会关系，等级关系可以分为绝对至上的最高等级和明确的上下级关系；平等关系可以区分为带有主次色彩的主从关系和完全平等协作的关系；而社会活动又有生产、生活的基本活动和为满足人的心理和精神追求所进行的活动。所有这些平等、不平等的关系，又都与不同的群属密切相关，因为群属是相对的一种存在，具有不同的层次性（图2-4），某一群属内的成员之间会存在不同程度的"等级—

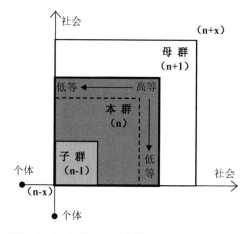

图2-4 社会群属的层次结构

平等"关系，群内的等级关系又构成了下一层次的群体关系，群属与群属之间也会存在不同程度"等级—平等"关系；而群属的划分，又是多种多样的，地缘、血缘、业缘等各种群体既相互平行，又相互交叉、相互包含，大群体中有小群体。

不论社会本身如何纷繁复杂，为数不多的方位词都可以对不同的群属关系和等级关系进行描述。而进一步分析会发现，并非所有的方位词都可以用来描述某种社会关系，某种社会关系的表述常常使用某一对或两对反向对举的方位词来表述，如群属关系多用"内—外"表述，等级关系多用"南—北"和"上—下"表述，平等关系多用"左—右"表述，这种现象是语言修饰功能导致的，还是语言作为社会文化的载体，对传统社会生活的一种切实反映呢？这就需要与方位词对空间关系的描述进行比较分析才能明确。

（二）方位词对空间关系的表述

方位词对空间的描述很繁杂，必须经过分类辨析才能看清其中一些规律性的东西，按照社会关系表述中反向相对的六组方位词，可以对方位词的空间描述进行分类，而对于空间描述来说"中"及与其相对的"边、旁、侧"这4个方位词也是不可少的（表2-5）。

从表2-5的分类中，可以非常清晰地看到，方位词在描述空间和地点时，都涉及地域、城市和建筑不同尺度层次的空间现象。从造字的意象和方位词的本义看，不论是自然事物、人工物件，还是人的活动和身体意象，都不具有与不同层次尺度同时相关的联系，那么为什么不同的原初意象，尤其是近体尺度的身体意象的方位词"前、后、左、右"，会适用于表述各个尺度层次的空间方位现象呢？

研究语言的学者认为"方位参照是一种认知结构"，不过其提出的"方位参照的结构类型"[①]并不十分适合分析这个问题。本书寻此思路通过空间表述的情境进行分析。当用方位词进行空间表述时，由表述者、表述对象和方位参照对象三者构成一个表述情境。表述者是表述的主体，就是运用语言和词汇的人；表述对象是表述的客体，就是语言和词汇所描述的空间和地点，如表2-5中出现的"堂、门、房、巷、山、海、河、原"等；而方位参照对象，有两层含义，一是确定方位的原点，如谁的左右、什么的南北，二是确定描述的范围，即多大范围的中心和边界。这三个要素间的不同关系，决定了不同的表述情境，而不同的表述情境必然需要由不同方位词来表达。通常这三个要素之间有如下四种关系，即四种表述情境：

1. 表述者、表述对象和参照对象相互独立；

---

① 方经民，汉语空间方位参照的认知结构，世界汉语教学，1999，（04）：32，35-37.

2. 以表述者为参照对象；
3. 以表述对象为参照对象；
4. 表述者、表述对象和参照对象合而为一。

方位词所反映的不同尺度的方位与空间规划　　　　表2-5

方位布置	空间尺度	带有方位词的空间和地点描述			空间之间的关系
		地域尺度	城市尺度	建筑尺度	
对举方位关系	前—后	前线、后方 前敌、后防	前朝后寝、前门面朝后市、后海 前街后巷	前堂后室、前店后宅 前场后院、前堂后寝	空间中进行不同的活动
	左—右	陇右、江左	左祖右社 左安门、右安门	左昭右穆 左钟右鼓、左庙右学	并列的空间
	东—西	江东、江西 山东、山西	东关、西关 东市、西市	东瓶西镜、东序 东西厢房、西序	并列的空间
	南—北	漠北、江南、湖北 河南、河北、湖南	南关、北关、北海	北壁、北堂、南轩	并列的空间
	上—下	上京	上寨下村、上林苑	上房、下屋	空间等级 垂直方位
	内—外	海内、海外	大内、内城、外城	内宅、内门、外门	空间的归属 空间等级
中		中国、地中、中土 关中、汉中、中京 中都、中原	中街、中海	中堂、中门 中庭、闺中	领域范围的中心
边、旁、侧		九边、边关、边塞	边门	侧室、侧门、旁门	非领域范围的中心

具体分析表2-5中的词语对空间和地点方位的表述，由于表述者作为运用语言的人，不可能与被表述的空间和地点相重合，所以仅涉及第一种和第三种表述情境，也就是说问题仅涉及表述对象是否与参照对象重合。首先看表述对象与参照对象相互独立的情境："山东、河北"等，是以自然环境为参照对象，来表述地理区域；"左祖右社，面朝后市"是以宫殿为参照对象，来表述城市布局。而表述对象与参照对象相重合的情境，也有两种情况：一种情况是以表述对象的整体作为参照，如"前店后宅"就是将整所住宅本身作为参照，说明前后的，"东瓶西镜"是将"瓶"和"镜"视为一个整体而分列东西的；另一种情况是把表述对象视为一个整体环境的一部分，而从整体环境去定位表述对象所在的局部，如"中都、中原"是以整个华夏文化和国家疆域为参照对象，定位地区和城市的，"南关、东关"等是以整个城市为参照，说明城关位置的，"北堂、南轩"是以整个宅园为参照，说明单体建筑的位置的。在明确存在中轴线布局时，参照对象很难分清是哪种情境，如"东西厢房"可以看成是以正房为参照，也可以看成是以整个院落为参照。

正是因为在表述情境中，可以使用陈设物品、住宅院落、自然地貌甚至是疆域等不同尺度的参照对象，才使得身体方位的"前、后、左、右"和自然方位的"东、西、南、北"，都能够表述区域、城市和建筑不同层次的空间和地点。

在表2-5中所列词语中，方位词所表述的主旨内容并不相同：有的强调主体在不同空间中进行不同的活动，如"前朝后寝、前堂后室、北堂、南轩"等；有的强调空间和地点在地位上是等同的，是并列的空间，如"左祖右社、左钟右鼓、东西厢房、南关北关"等；有的强调空间具有等级性，如"上林苑、上房、大内"；有的强调空间具有的归属性，如"海内海外、内城外城、内宅"等；有的强调空间在参照对象的中心与否，如"中原、中门、边关"等。进一步分析，会发现在描述特定空间关系时，往往使用特定的方位词，不同空间进行不同活动常用"前—后"来表述；空间的并列性常用"左—右""东—西"和"南—北"来表述；空间的等级性常用"上—下"来表述；空间的归属性常用"内—外"来表述；空间范围是否位于中心常用"中—边、旁、侧"来表述。

三、"社会—空间"关系中的传统空间规划观念

对于空间研究来说，我们不能先验地认为社会与空间（城市形态）之间存在着一一对应关系，跨文化比较的历史研究已经证明这一点[1]，但是在同一文化内，在一定的社会制度下，对于某种社会礼仪性很强的活动，也不能否定社会与空间对应关系的存在。不论东西方在饮食文化中都是对座次有要求的，虽然中西方的座次具体排布方法不同，但是在西方和中国各自文化范围内，人们都遵守同样的空间排布规则，这种在同一文化内的社会与空间的对应关系，还应该在更广泛的人居空间中存在。

（一）空间方位与社会关系的对应

结合表2-4和表2-5的内容分析，会发现在描述空间特征和描述社会关系时，方位词的使用方式和表达的含义具有很高的一致性，社会的群属和空间的所属性都用"内—外"来表述；社会的等级关系和空间的等级关系都用"上—下"来表述；社会的平等关系和空间的并列关系都用"左—右"和"东—西"来表述；社会活动和空间的功能都用"前—后"来表述。这样的语言表述的一致性，一定是社会和空间现实关系的一种反映，说明了中国传统文化中空间方位和社会关系之间存在着相互对应的现象（表2-6）。

---

[1] [美]斯皮罗·科斯托夫，城市的形成：历史进程中的城市模式和城市意义，单皓译，北京：中国建筑工业出版社，2005.

方位词表述中空间方位与社会关系的对应分析　　　　表2-6

方位词的社会关系描述		方位词的空间描述	
社会关系	可用方位词	空间方位	空间的性质
群属关系	内—外，里—外 东—西，南—北	内—外	归属
等级关系　绝对等级	南—北，上，中	南—北	权力
等级明确	上—下，下，内	上—下	等级
平等关系　主从关系	东—西	东—西	等同性
平等关系	左—右，东—西，南—北	左—右	等同性
生活、生产活动	前—后，东—西，南—北	前—后	空间中的活动

表2-6表明，这种社会关系和空间方位的对应，并不是绝对的，但又明确地体现出一种相对主导的对应关系，将这主导的对应关系抽取出来，会发现这些对应关系构成了考虑社会因素进行空间规划的一套基本原则。图2-5所绘图示对这种空间规划原则进行了解析：当以"内、外"表述群属关系时，必然有一个明确的界限来划分出不同的类属，所以群属关系反映在空间上时，也必须有一个明确的边界来界定空间的"内、外"（图2-5A）；当以"上、下"表述社会等级关系时，在空间上并不一定要区分出上下，"上、下"等级往往以中央和四周旁边的空间关系来安排，如"上京"和"上房"，不是所处的位置一定高，而是必然处于中心或靠近中心地位置，而这个中心也是在一定范围内的中心，这个范围同样也由边界来限定（图2-5B）；身体方位必然有一个参照对象，人或者拟人的，这个参照对象是其可以影响到的范围的中心，如果参照对象是人，这个影响范围就是其所能感知到的范围，如果参照对象是一个环境的整体，那么这个影响范围就是其自身，因此"前、后、左、右"的空间是有中心和边界的，在中心参照下"左、右"方位同时又是两"侧"、两"旁"的方位，并肩而立是平等的表示，故"左、右"方位是平等社会关系的空间表述，人的行动多为前进、后退，绝少横向行走，固"前、后"方位常与人的不同活动相关联（图2-5C）；自然宇宙方位是绝对的方位，不依靠人为的参照而有任何改变，是没有中心，亦无边界的，而当以其表述一定整体空间环境时，才有了范围，有了中心和边界（图2-5D），中国传统社会选择"面南背北"为权力的体现（图2-5D2），而东西相配两侧，又以东略为主导（图2-5D1）。

（二）身体方位与宇宙方位

从造字所反映的意象的特征，将方位划分为身体方位（前、后、左、右）和自然方位（东、西、南、北）。语言的研究者也有类似的观点，有观点用相对方

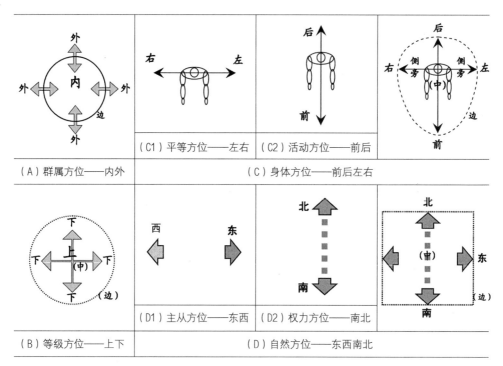

图2-5 社会关系与空间方位对应解析图

位和绝对方位区分①，有观点用微观定位和宏观定位来区分②，由于所研讨问题的不同，不同学者选用了不同的表达方式，但所指对象都是一种依靠身体本身作为参照对象的方位和一种以自然地理环境作为参照对象的方位。身体方位随着身体朝向的变化而变化，而自然地理方位对于人来说是永恒不变的，又由于与天象、天时、节气、农耕密切相关，所以具有宇宙象征的含义，也可以称为宇宙方位。

身体方位系统在表述自身的方位时非常明确，而在地域、城市和建筑尺度上运用"前、后、左、右"表述方位时，是将参照对象比拟成人体，并且所比拟的人体的方向相同，才会形成一致的方位表述。比如，当以"左、右"论空间方位时，就是把参照对象（不论是地域、城市，还是建筑）比拟为一个面南背北的人，如此才有"江左"即是"江东"，"左钟右鼓"就是"东钟西鼓"，形成了身体方位与宇宙方位重合的两套方位表述模式。然而，两种表述方式又分别具有其各自的含义。"江东"是一个典型的地域描述，是依靠自然地理特征进行命名的，所以也仅仅具有地域描述的含义，与其相对的是长江中上游的地名；而当用身体方位"江左"来表述时，似乎暗示着一个身体中心的存在，而这个暗示同样

---

① 方经民，汉语空间方位参照的认知结构，世界汉语教学，1999，（04）：36.
② 孙蕾，方位词语义辨析，外语学刊，2005，（04）：73.

具有政治领域范围的含义,也就是说"江左"表示这一地区仅是一个整体范围中的一部分:一个偏左侧的区域,这个区域与整个地域有着不可分割的关系,而且是从属于这个整体的。我们看"左祖右社、左钟右鼓、左昭右穆"都具有同样的意义,祖庙和社稷坛共同构成了国家礼制建筑,是一个整体;钟鼓楼在寺院中是一对共存的形制,有其一必有其二,是一个整体;昭穆次序更是分列在始祖两侧,共同构成了享有后嗣祭祀的一个整体。

同时,是否按照宇宙方位规划空间,也成为一种重要的空间规划法则,自然地理方位代表着宇宙秩序,而人世间并不是所有的人、所有的建筑都需要按照宇宙秩序的空间方位来规划的,只有在人间代表着上天的礼制建筑和代表着权力的宫殿建筑在兴建之时才要充分考虑与宇宙秩序保持对应(图2-6B)。而大量的民居则更多地根据气候和地文条件来规划,不必一定取正向东西南北(图2-6A)。

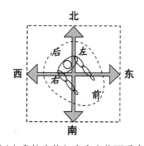 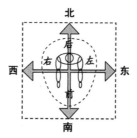

(A)身体方位与宇宙方位不重合　　(B)身体方位与宇宙方位重合

图2-6　身体方位与宇宙方位

四、"社会—方位"图式:空间规划中的集体意识

在中国传统文化中,源自身体和宇宙的方位,只有在社会现实当中才能获得意义。建设城市和建造房屋从古至今都是极为重要的社会现实问题,其中必然包含,也必定需要处理各种各样的社会关系,因此非常有必要将图2-5和图2-6中不同的"社会—方位"关系结合在一起来分析传统城市和建筑的空间特征,图2-7表示了各种"社会—方位"所共同构成的一种空间的内在逻辑,可以将其命名为"社会—方位"图式。

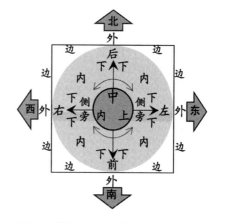

图2-7　"社会—方位"图式

（一）"社会—方位"图式与伦理序位

在新文化下反观中国传统社会的大儒，认为中国是伦理本位的社会[①]，而我国第一代建筑史学者就已经提出"受道德观念之制裁"，"着重布置之规制"是中国建筑的特征[②]，前述当代学者在研讨伦理社会的空间营造时，也都继此路径从"礼制"中探寻究竟，有学者明确提出伦理序位格局来说明"礼"在建筑中的反映[③]。

社会学的研究认为"礼"在中国传统社会中，包括"民风""民仪""制度""仪式"和"政令"等含义[④]，从《三礼》开始到历代的《会要》《会典》中的礼制典章都是作为国家和社会的法度而存在的。与此同时，在等级制度下的各种建筑"标准都是作为一种国家的基本制度之一而制定出来的。建筑制度同时就是一种政治上的制度，也就是'礼'之中的一个内容，为政治服务的，作为完成政治目的的一种工具"[⑤]。与"礼"的这种社会功能相比较，"社会—方位"图式并不具有社会制度的意义。

从表2-4、表2-5的词语中，可以看出"前朝后寝、左昭右穆"等词中包含着礼制的因素，而"前场后院、东市西市"所言不牵涉礼制，仅是空间的功能而已。"社会—方位"图式中南北权力方位、上下等级方位和东西主从方位，虽然包含了"伦理序位"的内容，但是其中所表述的等级空间关系，并不指向社会地位、官职尊卑、辈分高低等具体的社会等级和社会现象，只是强调一种相对存在的人与人之间、人群与人群之间的差别关系，可以代称任何具体的有差别的社会关系。同样，虽然身体方位和宇宙方位之间的重合具有天赐人伦的含义，但并不只具有君权神授的意义，同时也有对良好自然环境的认知与追求。再有，社会活动中，有被礼法严格约束的，如敬天祭祖、婚丧嫁娶等活动，但也有生意买卖、作坊当铺、井池洗淘等日常的生活、生产活动，以方便为准，而与礼法无关。

因此，一个环境的营造不仅要满足伦理的要求，还要满足更多的基本功能需要，而群属的划分更是伦理问题的前提：东南西北的夷蛮羌狄"被发左衽"是不讲伦常的；江湖之义与庙堂之礼也是千年来各行其道，江湖和庙堂从来都是并存的社会空间；富家千口自有主仆宾客、妻妾儿女之间的次序，平民之家仅有男耕女织、小儿绕膝；可以认为不同层面上社会群体所需的空间内外之别是"伦理序位"的基础。

[①] 梁漱溟，中国文化要义，上海：上海人民出版社，2005.
[②] 梁思成，中国建筑史，天津：百花文艺出版社，1998.
[③] 刘瑞芝，有机·整体·模糊——试论传统空间意识特征，建筑师31期，1988：78.
[④] 李安宅，《仪礼》与《礼记》社会学的研究，上海：上海人民出版社，2005：3.
[⑤] 李允鉌，华夏意匠：中国古典建筑设计原理分析，天津：天津大学出版社，2005：40.

（二）"社会—方位"图式与集体意识

如果从现代设计的角度来看，可以将"礼"的伦理序位观视为一种空间规划的原则和思想。"社会伦理"的背后，是具体的个人和具体的社会群体的存在，都有其各自的社会角色和社会活动的方式与需求，而对个人和社会群体的"序位"安排，就是对社会活动的安排，就是对社会生活需求的满足，就是确定了不同的功能空间之间的关系。这样的"序位"安排与现代设计所遵循的"洁污分离""动静分离"等设计原则，从空间规划的层面看，同样是在解决空间的使用功能问题，只不过在传统社会中，有了很明显的社会等级痕迹，并被赋予了"礼"的文化精神。

"社会—方位"图式在更广泛的层面上表达了传统社会空间规划中的一种普遍原则，那就是：将不同的社会关系处理在不同尺度的空间方位关系中，或者说在以空间方位的排布来建构不同含义的社会秩序，因而在空间规划中形成了一定的社会关系和一定的空间方位关系相对应的基本规划思想。

在传统社会中并不存在一处建筑，与图2-7所示的结构一模一样，图式仅是将不同的关系要素集合在一起，同其他空间图式一样，"社会—方位"的观念图式，并不属于哪个阶层和社会团体所专有，也不仅属于哪个王朝和历史时期，而是中国传统文化中的一个普遍观念，这种普遍的被一个社会所共同认同的观念，可以从社会学研究中的"集体意识"获得解释。

"集体意识"是社会学三大奠基人之一埃米尔·涂尔干（Émile Durkheim, 1858—1917）[1]在1893年发表的《社会分工论》中提出的[2]，用以论证"社会是建立在一种共同道德秩序而不是理性的自我利益之上"[3]。"集体意识"又译为"集体良知"[4]是"社会成员平均具有的信仰高规格和感情的总和"[5]，具有普遍性和特定性、历史遗传性，经由中介权威进行解释和维护，并起到社会整合作用[6]。

可以看到中国传统文化中的"礼"，具有如上"集体意识"的全部含义。而"社会—方位"图式本身不是社会道德，不具有社会整合的作用，也正因为如此，才使其区别于社会功能明确的礼制思想，而成为传统社会中比伦理序位更为基本的一种空间规划的观念。同时我们也能看到，这一空间规划观念，在中国城

---

[1] 又译为埃米尔·迪尔凯姆。
[2] ［法］埃米尔·涂尔干，社会分工论，渠东译，北京：生活·读书·新知三联书店，2000：译者前言P1.
[3] ［美］兰德尔·柯林斯、［美］迈克尔·马科夫斯基，发现社会之旅：西方社会学思想述评，李霞译，北京：中华书局，2006.
[4] 法语原文为"la conscience collective"，英译有"collective consciousness"和"collective conscience"两种，汉译分别译为"集体意识"和"集体良知"。
[5] ［法］埃米尔·涂尔干，社会分工论，渠东译，北京：生活·读书·新知三联书店，2000：42.
[6] 周修研，浅析涂尔干集体意识理论——以《社会分工论》中的集体意识为例，中国电力教育，2010，（2010年管理论丛与技术研究专刊）：241.

市和建筑的营建中与礼制有着密不可分的关联。"社会—方位"图式在处理传统社会成员（群体）的空间关系时适用于不同的社会情境和需求，具有较为广泛的普遍性，其中南北权力方位和内外群属方位等原则明确具有特定性，在漫长的历史时期中的作用反映了其具有一定的历史遗传性，而如上作用之所以成为一种规划原则，则与礼制作为社会制度的权威性有关，从这几点看"社会—方位"图式是具有集体意识的诸多内涵的。更重要的是，这一观念图式一直为社会成员所共有，并延续传承，因此将"社会—方位"图式，视为一种传统社会的集体意识，则更加能够表明其作为思想观念的特点。

第三章　中心与边界：聚落个体案例分析

从"社会—方位"图式的构成来看，空间的边界和空间的中心是聚落空间构成的主要内容，也是分析聚落空间层次的必要依据。因此，在本章中从边界和中心入手进行实例分析。

第一节　边界与中心

一、中心和边界的多重含义

有关聚落空间构成的研究将聚落划分成不同的组成部分：凯文·林奇对城市认知的研究认为城市意象由道路、边界、区域、结点、标志物五个要素所构成；进而舒尔兹的现象学研究总结了空间的三种特征：中心—场所、方向—路径、区域—领域[1]；斯皮罗·科斯托夫在对城市历史的分析中采用了边界、功能分区、公共场所、街道的划分方法[2]；张玉坤在聚落空间本体描述中运用边界、结点、中心、结构（道路、街巷、水街）、要素（强调整体与部分的关系）[3]的划分方法；朱文一在对中西城市空间的理论架构中分别建立了边界原型、地标原型、街道亚原型和广场亚原型[4]。

以上研究具体观点各有不同，但是具有一个潜在的共识，那就是不论怎样分析一个聚落空间的构成，各要素之间都是相互联系的，要素间的共同作用才能形成一个完整的聚落空间。因此可以对如上观点进行概括，将不同构成要素划分为边界、中心、道路三个方面（表3-1）。边界的主要功能是划分出一个区域，或者说一个区域不论是心理认知上的，还是城市功能运作中的，也都有一个范围的限定，这个限定就是边界，边界上处理区域内外沟通联系的点就构成了结点，因此可将区域和结点含义纳入边界之中进行分析。不论是体量足够庞大或高耸的物质实体（地标），还是人的行为聚集的空间（广场、结点、场所），其知觉的、心理的、行为的和社会的意义都可以纳入中心的概念进行分析。道路的含义相对明确，不论是物质形态，还是心理的分析，都指向可以提供交通需求的功能，并且是一个聚落形态构成的基本框架结构。

---

[1] 诺伯格·舒尔兹，存在·空间·建筑，尹培桐译，北京：中国建筑工业出版社，1990.
[2] ［美］斯皮罗·科斯托夫，城市的组合：历史进程中的城市形态的元素，邓东译，北京：中国建筑工业出版社，2008.
[3] 张玉坤，聚落·住宅——居住空间论［博士学位论文］，天津大学，1996：24-27.
[4] 朱文一，空间·符号·城市：一种城市设计理论，台北：淑馨出版社，1995.

聚落空间构成分析　　　　　　　　　表3-1

学者＼观点	边界	中心	道路
凯文·林奇	边界、区域	节点、标志物	道路
舒尔兹	区域—领域	中心—场所	方向—路径
斯皮罗·科斯托夫	边界、功能分区	公共场所	街道
张玉坤	边界、结点	中心	结构
朱文一	边界	地标、广场	街道

在边界、中心、道路三种聚落空间的基本组成之中，"社会—方位"图式的分析可以很好地与边界和中心的聚落空间组成相呼应，而对道路要素的研究已经很多，尤其以空间组构理论最为突出。空间组构理论落实在空间句法上，对于轴线整合度分析的实质就是对道路结构进行的一种描述，以此对比社会因素进行分析得出相应的结论。空间组构理论对于聚落道路结构的分析建立了一个原发逻辑系统[1]，并且运用其进行中国传统聚落案例研究，也获得了重要的成果，比如对北京[2]和苏州等城市[3]的研究。因此，本书重点对中心和边界进行分析。

从上述观点中可以看到，中心和边界作为对空间的描述，其内涵主要指物质环境，但也包括人的感知和心理因素，本书由此进一步分析中心和边界的含义。

中心和边界都是针对一个空间体系而言的。空间体系是人在使用环境和营造住所的过程中，形成的由物质环境和人，以及人的各种活动所共同构成的总体，因此空间体系可以分别从物质环境和人的活动（社会组织）两个角度分析，同一个物质环境在不同的使用状态下，空间体系的内涵会发生变化。

在某一空间体系下的"中心"应当具有如下两个特性：其一，共同性，是指在各种活动过程中与体系内的全部或大多数社会成员发生联系；其二，唯一性或少数性，是指在物质形态上一个空间体系中仅有一个或少数几个。共同性是"中心"的社会属性，唯一性是"中心"的物质属性，两者必备才能成为一个空间体系的中心。需要说明的是"唯一性"是对于不同社会活动分别而言的，因此一个空间体系中可以有视觉的中心、行为活动的中心、精神心理的中心和权力统治的中心等，视觉中心就是可以被大多数人看到的物质存在，并能够成为标志或定向的参考物，比如城市中的高塔；体系中的成员相对固定地聚集在一处进行某种活动，就成为活动中心，比如交易的市场、举行集会的广场；在体系成员的精神生活中有重要的心理寄托作用，被广泛认同的道德秩序并规范人们行为的社会文化

---

[1] 琳达·格鲁特，大卫·王，建筑学研究方法，王晓梅译，北京：机械工业出版社，2005：304-305.
[2] Jianfei Z., Chinese Spatial Strategies: Imperial Beijing 1420—1911, London: Routledge, 2004.
[3] 段进，比尔·希列尔等，空间句法与城市规划，南京：东南大学出版社，2007.

观念，在人面对生死、面对自然伟力等永恒性问题时的思想和仪式，这些活动和心理的物质形态表征构成了精神中心，比如孔庙、教堂等；在空间体系内的世俗社会中具有主要权力的，就构成了权力中心。如上的各种中心可能独立存在，也可能几个类型重合为一处，比如在政教合一的社会，精神中心和权力中心合二为一，世俗权力所带来的财富可以建造辉煌的建筑，成为视觉中心，人们的宗教仪式活动又在此举行，因此四个类型中心重合在一起。

这样理解空间体系中心，将其与一个物质形态的形心区分开来，中心与是否位于图形的形心无关，可以处在一个空间体系中任何一处。但是，中心与形心的远近关系也许构成一种空间语言，会传递出不同的信息。

在某一空间体系下的"边界"，也同时具有共同性和唯一性，共同性必然是社会属性，但是对于边界来说唯一性可以是物质的也可以是社会的。物质性边界有非常明了的围墙、壕沟，也有不那么明了的人工环境与自然之间形成的过渡区域，这一过渡区域在某种程度上与空间体系成员的心理认知有关，并不完全由物质形态所决定。而在某种信仰的支配下，划分神圣与邪恶、避免邪魔侵扰的边界，虽然会有物质标志，但其已完全是观念上的边界了。因此，边界可以分为具有明确物质实体的硬性边界，以及以相对模糊的地段区分的柔性边界，还有完全为了实现精神需要的观念边界。

二、边界与中心对空间层次的描述

（一）中心和边界关系下的空间层次

一个空间体系形成于物质环境与人类社会之间共同的功能运作，因此存在不同规模，这与聚落空间的尺度层次是相对应的，一个房间及其内部的使用活动，一座建筑及其内部的使用活动，一个聚落及其内部的使用活动，可分别构成不同层次的空间体系，在上层空间体系中可以包含多个下层空间体系。上层与下层之间的关系就是整体与部分的关系[①]，从中心和边界的角度分析，上层的中心和边界对于空间体系中全体成员具有共同性，下层的中心和边界在空间体系中的各部分成员内部分别具有共同性，如此也就形成了中心与次中心、主体边界与局部边界的层次划分。中心和边界的层次划分与"社会—方位"图式结合，可以对空间层次进行更为细致的描述。

（二）"社会—方位"图式的空间层次描述

从图2-4和图2-7所示的"社会—方位"图式中可以看到"内—外"的社会群属划分是作为整个图式的基本框架的，其中方位上的"边"，构成了空间体系

---

① 张玉坤，聚落·住宅——居住空间论[博士学位论文]，天津大学，1996：21.

中成员所共同认识的边界；方位上的"中"在指定的空间范围内是形心意义上的"中"，所指是形心周边一定的区域，而如果在左右或东西方位的参照下，更可以将"中"理解为南北和前后的线性存在，是某种对称关系的轴线。不论哪一种方位的"中"的含义与前面界定的空间体系的中心的含义都是不同的，以方位的"中"为参照，分析一个空间体系的中心所处位置的特点，恰恰能够获得这个空间体系有关方位的一些观念。

空间大小有规模和尺度，中心和边界有主有次，因此图式也划分为主图式与亚图式。"社会—方位"图式中"内—外""中—边"的关系就是主图式，而前后左右、东西南北两类四方中每一对相对相反的空间关系就构成了一个亚图式（图2-5C、D），亚图式是在主图式下较为细致的方位观念描述，于是也就形成了图式的层次关系。对于主图式来说，中心和边界主次的层次关系中呈现嵌套和并置两种状态：嵌套是"内—外"的群属划分和空间方位的"中—边"划分之间具有的包含关系，也就是整体包含局部的关系；并置是各个次中心和边界之间相互独立并列的关系，也就是整体内局部和局部之间的关系（图3-1），

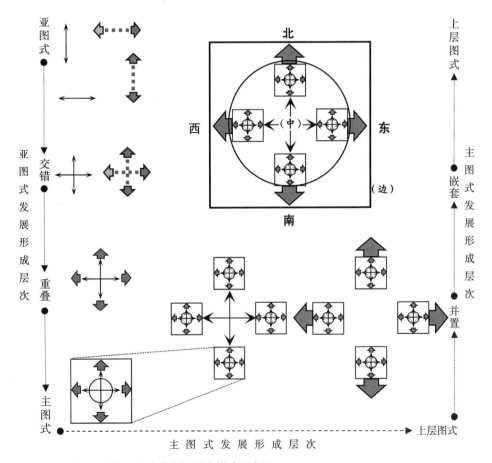

图3-1 "社会—方位"图式的空间层次描述示意图

两种关系中嵌套导致空间层次结构的出现，而并置构成各空间层次内的要素。主图式内的不同亚图式之间也形成交错和重叠两种关系，前后与左右、东西与南北在方位上本身就是十字相交的，在此方位基础上区分社会地位的差异就构成了亚图式之间的交错关系（图3-1）；在前述讨论中身体方位与宇宙方位重合就是一种重叠关系（图2-6B），另外在同一方位关系上有多种社会含义也构成一种重叠的关系（图3-1）。主图式区分"内—外"的划分是比较清晰的空间层次关系，而亚图式之间交错和重叠也构成了细微的空间层次关系，亚图式的层次主要来自于社会因素的分析，也反映了空间层次所具有的模糊性和多义性。

一个相对的空间关系就可能构成一种层次划分的亚图式，亚图式通过交错和重叠的方式构成了一个主图式的内部结构，多个主图式并置在一起构成一个更大的层次，在这个层次中又会有独立的主图式和亚图式的控制，上层的主图式内嵌套着下层的主图式，如此可以形成多层的嵌套包含关系。因此可以说以"社会—方位"图式进行空间层次结构的分析，即建立了一种空间语言的方式，并以此对空间层次构成进行描述。

（三）适宜空间层次分析的实例选择策略

第一章中将聚落的层次结构划分为三类：体系层次、尺度层次和规模层次（图1-8），并且根据空间层次中包含与独立的两种拓扑关系（图1-6）可知体系层次是个体间相互独立的层次关系，尺度和规模层次是上层包含下层的层次关系。图3-1所示"社会—方位"图式的层次描述方法以嵌套为层次产生的基础方式，适合于分析尺度和规模层次，而不适合用于分析个体间并无包含关系的体系层次问题，因此需要将体系层次的问题转化为对其中个体聚落内部空间层次的分析。通过市场等级和行政等级对体系层次进行的划分已经被普遍接受，不再就体系层次的划分方式进行讨论，以对体系层次的共识（图1-7）为基础，在每个体系层次中选取个体实例，分析其内部空间层次，然后比较其间异同，就构成了对体系层次的分析。也可以说，全部实例分析的总体就是对体系层次的一种分析。

在实例的选择上首先以尺度层次为依据选择建筑和聚落两个层次为主要对象。建筑实例中又按照规模区分出一般建筑和大型的建筑群，建筑实例主要分析住宅，并通过边界的复杂程度将其分为独栋单室、独栋多室和多栋多室三个次级规模。聚落个体实例按照有无明确硬性边界分为城墙聚落和非城墙聚落两类，非城墙聚落根据中心的特点分为无中心、单中心和多中心三个规模，城墙聚落分为一般防御、治所和都城三个体系层次（图3-2）。

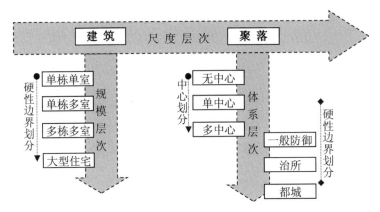

图3-2 聚落空间层次分析的实例选择策略示意图

第二节 中国传统住宅建筑的空间层次

从原始社会直到今天，家庭都是人类社会最基本的组织单位，也是拥有共同生活空间最小的人群。不同地域、不同文化的中国传统住宅建筑正是人类社会中这一基本单位的物质表现。如果从住宅物质空间的复杂性来说，可以将住宅划分为三种类型：其一，一处住宅仅有一幢建筑，住宅内部又仅有一个空间，而再无墙壁对空间进行划分；其二，一处住宅虽仅有一幢建筑，但住宅内部又通过墙壁划分出两个到多个功能不同的居室；其三，是一处住宅由两幢到多幢建筑组成。一幢建筑的区分标准是具有相对明确的外墙和独立的屋顶，不论其是多层，还是单层，因此三类住宅分别是独栋单室住宅、独栋多室住宅和多栋多室住宅。对于住宅物质空间的三种分类，是在不考虑社会因素的情况下对于住宅空间层次的一种预设，也就是从空间边界的角度入手，认为在一个基本的空间体系之内，不同成员所具有的空间通过物质边界的方式进行了划分，其中的社会因素结合具体实例进行综合分析。

由于我国各地域各民族传统住宅的丰富性，如上划分方法也很难适用于所有的住宅建筑，因此下面实例分析中所涉及的住宅仅以人的生活空间为主，仅在对空间格局说明必要的情况下涉及储藏、畜舍等功能空间。

一、独栋单室的居所

在我国多室的住宅最晚在父系氏族的仰韶文化中已经出现[①]，由于游猎和游牧的生活方式的延续，我国一些民族长期使用着单一空间的居所。

---

① 潘谷西主编，中国建筑史（第六版），北京：中国建筑工业出版社，2009：19.

（一）鄂伦春族的游猎居所

鄂伦春人的定居生活才不过60余年，在长期游猎生活中的居所与很多原始部族相近，以直木杆搭起圆锥形的支架，再覆以桦树皮或狍子皮而形成的居所，叫"斜仁柱"（或称仙人柱、撮罗子等）。"斜仁柱"内居中设火塘，正对着入口的铺位叫"玛路"，左右（以面对"玛路"来分）两侧的铺位叫"奥路"。"玛路"是老年人和男客人的席位，"玛路"正中高1米处左侧的几根"斜仁"（木杆）上悬挂着四五个盛有"博如坎"（木制神偶）的圆形桦树皮小盒；在"玛路"右侧供奉着"昭路博如坎"（马神）；"玛路"里侧以桦皮箱和皮口袋储藏老人和小孩的物品；"玛路"两侧放猎枪、子弹和枪架。鄂伦春人认为妇女不洁，严禁妇女到"玛路"席位。右侧的"奥路"是年长夫妇的席位，左侧"奥路"是青年夫妇的席位，"奥路"里侧放桦皮箱和皮口袋储藏衣物和食品，青年夫妇一侧"斜仁柱"上搭横木，可吊摇篮。进门右侧放马具，左侧放食具①（图3-3B）。

图3-3所示的鄂伦春"斜仁柱"居住方式，主要是来自1950年代以后的调查②，有材料显示了更为原始的社会状态下"斜仁柱"内的空间方位，虽然记述简略，但对比之中可以发现空间方位意识的变化。"玛路"是神位，也是长辈的席位，火塘左右是男子和客人的位置，称为"贝"，而靠近门的两侧是妇女的位置，同时存放物品，被称为"琼阿拉"③，如图3-3A。

"斜仁柱"内空间方位的使用，已经出现了神与人、男与女、长与幼的划分，对比两种"斜仁柱"，可以发现对于性别空间的划分更加严格，而这种种划分的依据是不同群属，包括辈分和性别，所反映的是社会秩序上下高低的关系。

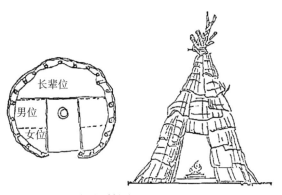
（A）"斜仁柱"平面和立面

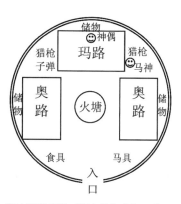
（B）鄂伦春族"斜仁柱"空间示意图

图3-3 鄂伦春族"斜仁柱"
（图片来源：A引自《内蒙古民居的多元文化特色》，转自《两宋时期中国民居与居住形态》④）

---

① 赵复兴，鄂伦春族游猎文化，呼和浩特：内蒙古人民出版社，1991：170-171.
② 赵复兴，鄂伦春族游猎文化，呼和浩特：内蒙古人民出版社，1991：前言1.
③ 陈喆，多元文化影响下的呼伦贝尔民居，新建筑，1997，（4）：30-31.
④ 谭刚毅，两宋时期的中国民居与居住形态，南京：东南大学出版社，2008：111.

（二）蒙古包里的社会方位

蒙古包在南向或东南向设门（门的方向叫南，相对叫北）。中央同样设火灶，被称为"高勒木图"，有"发源地""家业""有子孙继嗣"之意，"高勒木图"被认为是火神的位置，受人尊重。正对门，"高勒木图"北侧是"怀穆日"位置，也就是上首之位。上首靠"哈纳"（围合蒙古包的栅栏墙）供奉佛龛、成吉思汗像，前面是正座，为男主人的位置。"高勒木图"西侧是男人们的席位，靠门放置马鞍等马具，西"哈纳"上挂弓箭、猎枪。"高勒木图"东侧是女人们的席位，靠门放置碗橱、炊具。蒙古民间格言称"即便是格斯可汗来做客，男主人还要坐上座"。随着佛教信仰的引入，习惯也有所改变，在待客时，上首和西侧也是尊贵客人的位置，而东侧则是主人的位置①（图3-4）。

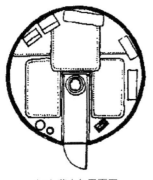 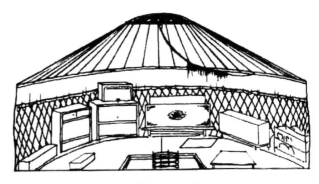

（A）蒙古包平面图　　　　　　　　　（B）蒙古包室内陈设

图3-4　蒙古包的室内空间
（图片来源：A引自《云南民族住屋文化》②；B引自《蒙古族传统文化图鉴》③）

"斜仁柱"和蒙古包的共同特点是其中方位的观念意义已经凸显，而职能意义还较弱。人类学的研究表明，神圣空间和世俗空间之间的划分，是人类空间意识分化的开始，性别空间的划分则是世俗空间分化的开始，空间分化的基本目的是建立社会和家庭的秩序④（图3-5）。

虽然还没有证据说明从"斜仁柱"到蒙古包存在着进化的过程，毕竟是同时代两个不同民族的居住形态，但是从中可以发现方位意识具有不同的复杂性和秩序性，如果按照复杂程度排序，也许可以看到一个图式发展的可能过程。这个过程中典型的意义是图式从身体意象，或者说是身体占有空间的意象，开始与宇宙方位产生某种联系，只是此时宇宙方位还没有更多的观念意义。

---

① 乔吉、马永真主编，蒙古包文化，呼和浩特：内蒙古人民出版社，2003：25-26.
② 蒋高宸编，云南民族住屋文化，昆明：云南大学出版社，1997：318.
③ 哈斯巴特尔编绘，蒙古族传统文化图鉴，呼和浩特：内蒙古人民出版社，2002：37.
④ 陈喆，女性空间研究，建筑师，2003，（105）：80.

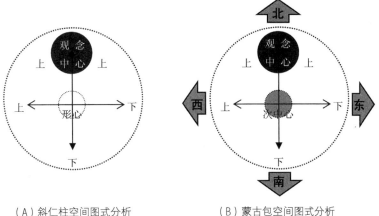

（A）斜仁柱空间图式分析　　　　（B）蒙古包空间图式分析

图3-5　斜仁柱与蒙古包空间图式分析

（三）定居的单一空间住所

单一空间的住宅不仅在游居的情况中出现，云南一些少数民族也建有单一空间的住宅，只不过平面形态都呈方形。图3-6两例实例中，在缺少分隔的单一空间中也有不同民族的家庭生活其中，同样有火塘和铺位，但是大小、开门的位置等不尽相同。需要指出的是，对于定居生活的民族来说，虽然存在着单一空间的居住形态，但是并非整个民族仅有这一种类型的住宅，与游居生活对于居所的要求不同，如上佤族和拉祜族也同样具有多室的住宅形制，单室居所的出现应该主要是社会地位和经济能力导致的。

（A）云南澜沧拉祜族的"挂墙"房　　　　（B）云南佤族木板房实例

图3-6　云南佤族木板房实例
（图片来源：《云南民族住屋文化》[①]）

二、独栋多室的居所

独栋多室住宅与一定的营造方式和生活方式相联系，以土石建造的生土住宅和碉房住宅常常形成独栋多室的形态，而将居住平面抬高的干阑式住宅也是如此。

---

① 蒋高宸编，云南民族住屋文化，昆明：云南大学出版社，1997：326，323.

（一）侗族的干阑住宅

侗族主要居住在贵州、湖南和广西的交界地区，住宅有干阑式的，也有地面式的，不论哪一种在住宅内都设有火塘。火塘间在侗族的生活中非常重要，在功能上集照明、取暖和炊事于一体，在精神上是一个家庭的象征，当一个家庭人口增多的时候，就要分出火塘，一幢住宅中有几个火塘，就有几个家庭。火塘间中设有祖先的灵位，是侗家祭祀祖先和神灵的地方①。地面式住宅受到汉族文化影响较多，形成院落，在此仅分析干阑式住宅。

干阑式住宅一层为仓库和畜舍，二层是生活起居空间，图3-7显示了一处完整的传统侗族住宅，经由楼梯到前廊，并列三间火塘间，再由火塘间进入后面的卧室，根据侗族的生活习惯可知，这幢住宅中住有三个家庭。更为基本的侗族干阑如图3-8所示，仅有两个开间，从前廊分别进入火塘间和卧室，仅为一个家庭所使用。而规模大的侗家（图3-9），有15个开间，面阔可达26米，空间格局仍旧是从前廊分别进入火塘和卧室，这里火塘和卧室内还套有卧室（图3-7），同

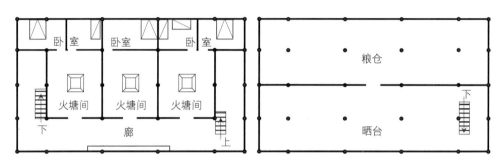

图3-7 传统侗族住宅平面图（左一层，右二层）
（图片来源：《黔东南地区侗族村寨及建筑形态研究》②，作者改绘）

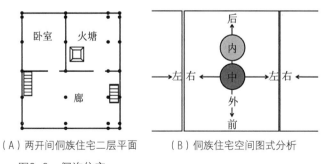

（A）两开间侗族住宅二层平面　（B）侗族住宅空间图式分析

图3-8 侗族住宅
（图片来源：A改绘自《侗族聚居区的传统村落与建筑》③）

---

① 蔡凌，侗族聚居区的传统村落与建筑，北京：中国建筑工业出版社，2007：130-131.
② 周振伦，黔东南地区侗族村寨及建筑形态研究［硕士学位论文］，四川大学，2005：56.
③ 蔡凌，侗族聚居区的传统村落与建筑，北京：中国建筑工业出版社，2007：88.

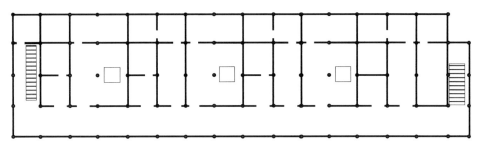

图3-9 榕江县保里大寨吴宅平面图
（图片来源：《黔东南地区侗族村寨及建筑形态研究》[1]，作者改绘）

样的三个单元并列而成。一些侗族受到汉族文化的影响，起居空间除了保留火塘间之外，还引入了汉族的堂屋，并将祖先灵位从火塘边转移到堂屋，形成了两个起居活动中心，而堂屋往往居中起到组织流线的作用。

（二）开平碉楼住宅

为适应东南沿海台风带来的水灾，在匪患频繁的年代保全生命财产，广东华侨出资引进现代的建筑技术，形成了19世纪初开平地区碉楼兴建的高潮[2]。碉楼的建造技术虽然大量运用钢筋混凝土，装饰风格也被誉为中西合璧，但是其所处的环境还是中国农业社会的村落，而且没有现代交通工具引入，因此也属于传统住宅。开平的碉楼大体上可分为众楼、居楼和更楼三类，更楼用于报时和瞭望，不属于住宅；众楼是全村或多户人家共同集资兴建的，按入股多少享有不同数量的房间，平时用作储藏，灾害和匪患来临时用来躲避居住；居楼是富裕人家独资兴建供全家居住的住宅[3]。两种居住功能的碉楼在空间格局上颇有不同，试看两例。

众楼是在平等共有的基础上建设的，平面形态也表现出均质化的情况，唯一可称为中心的是一层入口的门厅，其形成还是来自于流线功能需要。居楼中既有家庭成员各自的空间，又有待客起居的厅，更重要的是起居厅设祭祖神台，在精神上表明共居一楼的原因，而且主要生活空间在前，楼梯厨厕等附属空间在后的布局非常清晰。所以从直观上看，众楼好似宿舍，居楼好似别墅（图3-10）。

---

[1] 周振伦，黔东南地区侗族村寨及建筑形态研究[硕士学位论文]，四川大学，2005：57.
[2] 程建军，开平碉楼——中西合璧的侨乡文化景观，北京：中国建筑工业出版社，2007：67-75.
[3] 程建军，开平碉楼——中西合璧的侨乡文化景观，北京：中国建筑工业出版社，2007：84-93.

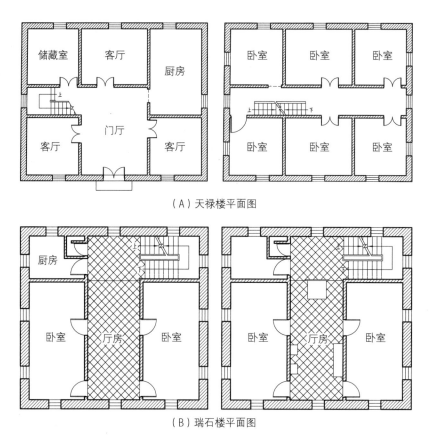

图3-10 开平天禄楼和瑞石楼平面图
（图片来源：《开平碉楼——中西合璧的侨乡文化景观》[1]，作者重绘）

三、多栋多室的居所

多栋多室的住宅主要是合院式建筑，四合院和三合院是基本合院单元，由一正两厢三个单体建筑围合而成三合院，再加上倒座形成四合院。合院单元沿纵深重复布置形成中轴对称的多进院落，根据每一进院落的具体使用功能，院落尺度或有变化。多进院落向左右发展出拥有各自轴线的多路院落，根据每一路的使用功能，各路的开间尺度或有变化。从基本院落单元到多进院落和多路院落的发展，就是合院建筑规模层次发展的方式，这种发展方式可以适应中国传统社会从农家住宅到皇宫禁地的使用要求，并且从南到北地域分布广泛，是最为普遍的一种住宅形态。

总体来看，四合院式的住宅建筑有如下特征：第一，内向封闭。围合院落

---

[1] 程建军，开平碉楼——中西合璧的侨乡文化景观，北京：中国建筑工业出版社，2007：88，102.

的各单体建筑都朝向院落中心开设门窗,外墙很少开窗,或在外围再加一圈围墙,硬质的边界使得住宅作为一个社会群属的私密领域具有非常明确的内外划分。第二,空间方位的功能布置。不论是东北的大院、江浙的天井院、北京的四合院,还是云南的"一颗印",合院式建筑都将位于中心位置的正房作为最重要的使用空间,而两厢次之,倒座更次之。具体的使用功能根据地域风俗可能不同,但是这个总体原则却是一致的,比如典型的三进北京四合院,正房为长辈居处,两厢为子辈居处,后罩房为厨房和女仆居处,倒座待客并为男仆居住,形成了明确的社会空间秩序。东北地区远离政治和文化中心,受到礼制的影响较少,但是即便一般农家也是以正房为居中空间,厢房为柴房和家畜圈舍。自晋世南渡到宋以后,汉民族逐步南迁,并一致保持了耕读传家的文化传统,使得江浙、湘赣、徽州等南方地区都形成了以厅堂为中心的天井院落布局,并遵循社会空间秩序安置空间功能,比如湘赣民系民居以厅堂为中心,按照"前公后私""前下后上"的空间位序原则安排家庭不同成员的居住空间[①]。第三、院落尺度适应地景条件。具体表现为院落尺度随着纬度升高呈现逐步增大趋势。一是因为不同纬度的日照状况所决定的南北房屋间距,二是因为可用耕地资源与人口密度。

四、大型住宅

单栋多室的住宅和多栋多室住宅规模扩大发展都会形成大型的住宅建筑群。住宅规模扩大适应了两种社会需求,一种是社会地位相同的人共同居住的情况,另一种是占有财富、社会地位较高的人对居住质量的追求。

(一)传统集体住宅

传统集体住宅的代表就是"客家土楼",这是一个形象的描述,言之墙坚楼高,"客家"是对其社会性的描述,表明居住的构成。总体来看客家土楼同围龙屋和五凤楼一样,是一个具有乡土味道的称谓。相关研究通过"家族性集体住宅"[②],或者"客家聚居建筑"[③]等称谓,界定了土楼的重要特征,那就是满足人数众多的家族共同居住需求的大型住宅建筑。

1. 高墙边界的意义

家族聚居的方式很多,之所以要建高墙同住一楼的原因在于集体防御。对

[①] 郭谦,湘赣民系民居建筑与文化研究,北京:中国建筑工业出版社,2005:185.
[②] 李秋香,中国村居,天津:百花文艺出版社,2002:151.
[③] 潘安,客家民系与客家聚居建筑(一~五),建筑师,(61-65).

于福建土楼的研究表明，历史上漳州地区不论是"客家"与"福佬"两大民系的矛盾、地方义军与朝廷的对立、沿海倭寇的侵扰，还是家族内部的械斗，或是山区猛兽出没盗贼猖獗，都表明土楼的产生与发展，无论在闽西山区，还在闽南沿海，都是内外交患的社会环境所致的，具有优秀防御性能的土楼是当地居民安全居住的必然选择[①]。这段分析中不仅说明了客家土楼的成因，也说明了闽南人土楼的成因，因此并非居住者的文化习惯导致了高墙壁垒。此外，在闽西山区一些客家村落土楼在清代社会相对稳定的时期，所建的土楼也有外向的倾向以改善居住环境[②]，而广东梅州地区的围龙屋早期是开放的，没有专门的防御设施，到民国时期在祖宗内部社会分化矛盾和匪患不宁的情况下，才出现了封闭性的防御设施[③]，这两向变化的过程充分说明高大坚固的硬性边界的意义。

2. 楼内的层次与中心

客家人聚族而居，祠堂是族属的标志，祠堂空间也就成为土楼的中心。不同的土楼中，祠堂的位置不同，有在整个聚落布局中心区域的，比如在围龙屋，在方楼、圆楼的围合空间中再建院落作为祖堂；有在与主入口相对的位置将楼的底层一间或几间作为祖堂的，分为两种情况，一种是前面再接建院落，另一种是不接院落。祖堂空间是否显赫，并不说明其作为精神中心的重要程度，很可能只是兴建土楼时家族的经济实力状况导致的。楼内住宅从底到顶为一个单元，供大家族中一个小家庭使用。单元的分配方式也不同，在闽西地区方楼中也会分为正房、两厢和倒座，家有长辈的居住正房，一般家庭在两厢，而年轻人处倒座，后世人口增加与房屋买卖会打破这样的格局，甚至形成不同房派共居一楼的情况，被称为"梅花间"；而圆楼的形态更为均等，以抽签的方式分配单元[④]。客家楼内仅在关键处设置公共楼梯，二层以上形成通廊，一家上下对应的居住单元都要通过公共楼梯和通廊联系，说明家族中个体家庭之间日常生活的联系非常紧密。与客家土楼不同，闽南人的土楼中并不都有祠堂，而且常常在各单元内布置楼梯，使各单元自成一体，这种土楼没有共同的精神中心，只有人为的虚空中心，或有井眼位于其中，成为日常活动的中心，闽南人的土楼各家之间也没有差别，是均质的状态（图3-11）。

---

① 黄汉民，福建土楼——中国传统民居的瑰宝，北京：生活·读书·新知 三联书店，2009：213-216.
② 李秋香，中国村居，天津：百花文艺出版社，2002：183.
③ 李秋香，中国村居，天津：百花文艺出版社，2002：327-328.
④ 李秋香，中国村居，天津：百花文艺出版社，2002：178-179.

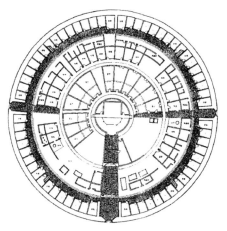
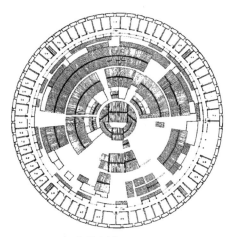

（A）承启楼一层平面图　　　　　　（B）承启楼二层平面图

图3-11　开平承启楼平面图
（图片来源：《客家土楼与客家文化》[①]）

（二）藏族庄园的主楼

西藏的庄园按照归属可以分为三类，寺庙庄园、政府庄园和贵族庄园，前两类通过代理人管理，建筑布局与村落相近，贵族庄园中庄园主的居所高大豪华，往往成为庄园的中心[②]。

1. 囊色林庄园主楼

囊色林是西藏古老的贵族，在吐蕃时期就建有庄园，位于今西藏山南扎囊县扎囊乡，囊色林庄园隔雅鲁藏布江与桑耶寺相望。庄园的主楼供庄园主居住，主体五层，八开间五进深，东部另附一开间四进深，主入口位于二层，首层是粮仓，二层用于储藏，三、四两层，西面分别是佛堂和藏经阁，东面是管家、仆人住所及手工操作间，五、六层供庄园主起居生活，厨房在东部北侧，六层是敞廊，供户外活动，东侧有居室[③]。从平面秩序看，这一住宅没有一个明确的中心，通过垂直划分社会等级，并且呈现了方位尊卑的意识。庄园主居上、奴仆在下是社会等级的划分；宗教空间在西边也是尊卑的体现。三、四层中如果在其中一层布置佛堂和藏经阁，另一层布置仆人和生产空间，在功能上没问题，但是不符合文化观念。西部四开间要比东部四开间略大，而且在西部从三层到五层居中两开间一进深设天井，改善采光通风，充分说明西部三到五层空间的重要性，可将其视为竖向布局的中心（图3-12）。

[①] 林嘉书、林浩，客家土楼与客家文化，台北：博远出版有限公司，1999：31-32.
[②] 郑宇，从帕拉庄园看江孜地区庄园建筑//贾珺编，建筑史（23），北京：清华大学出版社，2008：144.
[③] 潘谷西主编，中国建筑史（第六版），北京：中国建筑工业出版社，2009：106-107.

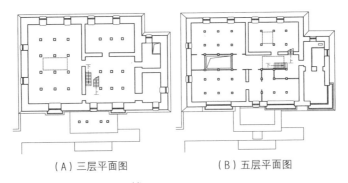

（A）三层平面图　　　　（B）五层平面图

图3-12　囊色林庄园主楼
（图片来源：《西藏囊色林庄园》[①]，作者重绘）

2. 帕拉庄园主楼

帕拉是帕觉拉康家族的简称，原是不丹一个部落的酋长，因不丹内乱迁到西藏，并取得西藏地方政府官衔。帕拉庄园现为江孜地区保存最完好的庄园，兴建于20世纪40年代[②]。帕拉庄园的主楼，是带有庭院的藏式碉楼，环庭院北部三层，东、南、西三面两层，集储藏、生产、生活功能于一幢建筑之中。一层用于储藏和圈养牲畜；二层有各种作坊和库房，管家、护卫和奴仆的生活空间，北部居中布置议事厅；三层是庄园主的起居空间，中间日光室是待客之处，东边是居室，西边供佛[③]。帕拉庄园主楼在竖直方向和东西方向区分尊卑的方式与囊色林庄园一致，不同在于高度仅止于三层，而向平面围合发展，形成了虚空的庭院中心，并初步具有了中轴意象，表现在二层的议事厅和三层的日光室，居中的位置和公共性的使用方式，都暗示着中轴的存在（图3-13）。

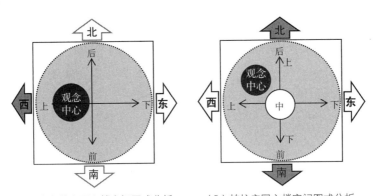

（A）囊色林庄园主楼空间图式分析　　（B）帕拉庄园主楼空间图式分析

图3-13　藏族庄园主楼空间图式分析

[①] 陈耀东，西藏囊色林庄园，考古，1993，（6）. 转引自：潘谷西主编，中国建筑史（第六版），北京：中国建筑工业出版社，2009：107页图3-35.

[②] 徐平、郑堆，西藏农民的生活：帕拉村半个世纪的变迁，北京：中国藏学出版社，2000. 转引自：郑宇，从帕拉庄园看江孜地区庄园建筑//贾珺编，建筑史（23），北京：清华大学出版社，2008：145.

[③] 潘谷西主编，中国建筑史（第六版），北京：中国建筑工业出版社，2009：148-149.

合院式住宅通过多进多路的扩展也会形成大型院落住宅，乡绅富贾的大院、王府的宅邸乃至宫殿建筑莫不如此。宅院中都会按照家庭成员的长幼次序进行空间分配，规模更大的会为不同的活动设置专门或专属的院落，甚至有独立的私家园林。宅院主人的社会地位或（和）经济地位较高，家中多有下人仆役，因此院落空间中必然包含阶层的划分，主人的空间一般居中，家长的居住空间或礼仪性的厅堂会形成院落的中心。大型院落住宅的实例很多，不再赘述。

综上，大型住宅分为两个类型，一类是社会下层家族聚居所形成的集体住宅，在客家土楼中虽然有宗法次序，但总体上是平等的；另一类是社会上层贵族占据财富所建造的大型住宅，有家族共同居住的因素，也是其社会和经济地位的表现，在这样的住宅中仆众等社会下层人也共同聚居，所以尊卑次序明显。

第三节　中国传统聚落的空间层次

按照是否有明确的硬性物质边界，可以将聚落划分为两类，一类是传统村镇，一类是城墙聚落。传统村镇可以是农业生活的乡村，也可以是市井交易的小镇，甚至是民族地区统领一方的重要城镇；依据聚落内中心的情况可以分为无中心（包括弱中心）、单中心和多中心三类，以此为线索分析村镇聚落实例，并兼顾不同边界的现象。将带有围墙和城墙的聚落统称为城墙聚落，除防御性村落和军事聚落之外，大部分是各级的治所城市，以分析其城墙边界产生的层次关系为主，并兼顾有关中心的现象。

一、无中心和弱中心聚落实例

（一）游居下的聚居点

1. 鄂伦春的营地

鄂伦春族举行集体狩猎的组织叫作"乌力楞"，一个"乌力楞"共同栖居一处，营地一般有3~5个"斜仁柱"一字排开，"斜仁柱"前有树干搭起的晒架，"斜仁柱"后面的小树上悬挂桦皮盒以供奉神偶。营地周围没有栅栏或围墙，各家之间也没有明确的界限（图3-14）。早期的"乌力楞"中都是同一家庭公社的成员，到中华人民共和国成立前往往几个氏族的成员杂居，已经演变成了地域性的村社[①]。

[①] 赵复兴，鄂伦春族游猎文化，呼和浩特：内蒙古人民出版社，1991：171.

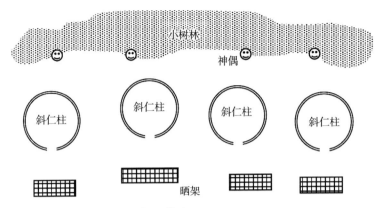

图3-14 鄂伦春族"乌力楞"营地
（图片来源：作者根据《鄂伦春族游猎文化》自绘）

2. 蒙古族的营地

蒙古族的游牧生活设有"禹儿惕"，即游牧的营地，12世纪以前蒙古社会处于血缘氏族阶段，全氏族共同生活，数百毡帐围成圆环，氏族长老的毡帐居于中央，这样的环列营地被称为"古列延"，12世纪后氏族社会瓦解，形成了以那颜（封建主）为中心的努图克（村屯）①，而"古列延"布局仍旧在军事中使用②。早在12世纪蒙古社会中就出现了"筑室而居"的定居生活，但是直到蒙元之后，经明清逐步形成半农半牧的生活方式③，游牧生活的营地规模也相对较小。一个蒙古包一般仅供一对夫妻及其子女居住④，几个家庭在一起的营地被称为"浩特艾勒"，蒙古包的排列方式同室内空间的观念一样，以西边为尊⑤，长辈或年长的人家的蒙古包坐落在西边。蒙古包外往往围上篱笆墙（或用勒勒车），院内设仓库，院外设畜圈⑥。比起鄂伦春族的"屋力楞"，蒙古族的"浩特艾勒"是具有弱中心的一个实例（图3-15）。

（二）农耕的散村

出于防御目的选择在地势险峻之处营建聚落的，也会不强调中心，湘西就有很多这样的村寨。吉首的吉斗寨是坐落在悬崖绝壁上的苗族村寨⑦。龙肱村是万溶江沿岸诸多山寨中的一个，寨居江岸山顶，距河谷有几十米，寨民都以农业为

---

① 王迅、苏赫巴鲁编，蒙古族风俗志（上），北京：中央民族学院出版社，1990：27.
② 乔吉、马永真主编，蒙古包文化，呼和浩特：内蒙古人民出版社，2003：27.
③ 蔡志纯、洪用斌、王龙耿编，蒙古族文化，北京：中国社会科学出版社，1993：449.
④ 王迅、苏赫巴鲁编，蒙古族风俗志（上），北京：中央民族学院出版社，1990：26.
⑤ 乔吉、马永真主编，蒙古包文化，呼和浩特：内蒙古人民出版社，2003：27.
⑥ 王迅、苏赫巴鲁编，蒙古族风俗志（上），北京：中央民族学院出版社，1990：27.
⑦ 魏挹澧等编，湘西城镇与风土建筑，天津：天津大学出版社，1995：80.

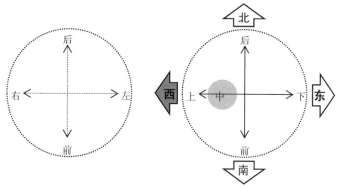

（A）鄂伦春族营地空间图式分析　　（B）蒙古族营地空间图式分析

图3-15　游居营地空间图式分析

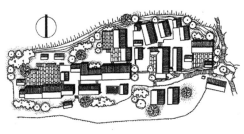

（A）湘西龙肱村平面图　　　　　　（B）湘西吉首吉斗寨平面图

图3-16　湘西散村实例

（图片来源：《湘西城镇与风土建筑》①）

生，取水要下到河谷②。弱中心往往与生产、生活必需的取水和翻晒粮食的户外空间有关，也与村落中规模较大的住宅建筑有关（图3-16）。

二、单中心聚落实例

这里的单中心聚落是指聚落中只有一个明确的主中心，并不排除可能存在次中心的情况。

（一）自然的中心

广东省高要市有两个"八卦村"，如果剥离其中很多易数的说道，无非是村址刚好选择在水泊环绕的小岛上，小岛近似圆形或正多边形，中央地势略高，四周近水地势低，岛上建宅要实现最大的密度，并最少地平整土地，办法就是顺着等高线绕着岛中央一圈一圈地建设，出入小岛的便捷路径必是由岛中心放

---

① 魏挹澧等编，湘西城镇与风土建筑，天津：天津大学出版社，1995：111，80.
② 魏挹澧等编，湘西城镇与风土建筑，天津：天津大学出版社，1995：111.

射开来，这样就更加强调了中心。因此形成了以自然为中心的聚落，并且自然中心与形心重合，具有一个完形的形态。蚬岗镇蚬岗村就是这样的情况，小岛近似椭圆，东西向长轴约400米，南北向短轴约320米，岗中海拔11米，临水高度4~8米不等[①]（图3-17A）。龙岗镇黎槎村的情况略有不同，小岛海拔12米，临水处11米，地势比较平缓，形亦近似椭圆，东西向长轴约200米，南北向短轴约180米，自然地势中心的特征并不十分突出，但其形状更为完整，特别是在村内不同方位建有16座祠堂[②]，社会组织的中心在此成为次级中心（图3-17B）。

（A）蚬岗镇蚬岗村

（B）龙岗镇黎槎村

图3-17　广东省高要市的"八卦村"
（图片来源：卫星地图引自谷歌地图）

（二）人工的中心

对于农业村落来说，农业生产和取水是最为主要的活动，因此住宅也会围绕晒坝或者人工池塘建造，形成日常生产生活的中心（图3-18）。而在较大的村落中，这些日常空间会成为邻里间的次级中心。

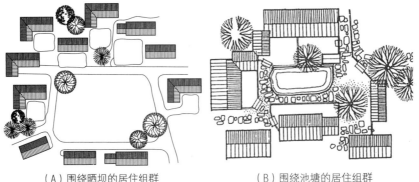

（A）围绕晒坝的居住组群　　（B）围绕池塘的居住组群

图3-18　晒坝和池塘形成中心
（图片来源：《湘西城镇与风土建筑》[③]，A作者重绘）

---

① 海拔高度和长宽尺度数据来自谷歌地图。
② 新华网：http://news.xinhuanet.com/travel/2006-08/16/content_4966876.htm
③ 魏挹澧等编，湘西城镇与风土建筑，天津：天津大学出版社，1995：67，107。

三、多中心聚落实例

（一）石桥村：福建土楼村落

石桥村位于福建省南靖县，自古属漳州之地，是一个客家村落。开基祖张念三郎自明代初年定居于此，经十几代人的发展形成了望前、门口垟、溪背崎、长篮和洪坑坝五个居住片区。石桥村的主体在山中的一个小盆地上，三团溪南来在小盆地内画了个半圆然后向东流出小盆地，转弯处有西面山谷的支流汇入三团溪，将小盆地划分成三部分。盆地内地形多变，为了保证较为平整的土地用于耕作，房屋大都沿盆地边缘和溪边坡地建造（图3-19A）。门口垟（a）是最早定居的地方，在小盆地北半部，北依大寮岽，南面三团溪，地势较平坦适于耕作，东南和西南三团溪来去之处视野开阔，南风无阻，近有溪背崎为案山，远有蝙蝠山为朝山，景观绝佳。到第四代时村中人口增多后，为了保留耕作土地，分别在小盆地南部三团溪环抱处（溪背崎b），两溪交汇的狭长地带（长篮c），和三团溪下水口处（前望d）建楼，到第七代又在西面山谷台地（洪坑坝e）建楼，从这几点开始又经过几代分房派建楼，发展为成片的住宅区，村落格局逐步形成①②。

石桥村的几个片区，完全依靠地势条件所形成小的地理单元而发展，以溪流和陡坡作为边界的限定，而盆地形态作为较大一层的地理单元又限定了整个村子的空间范围，前望不在小盆地内，好像一个卫星村。最早定居地门口垟的地势，又是一个典型的风水格局（图3-19B）。

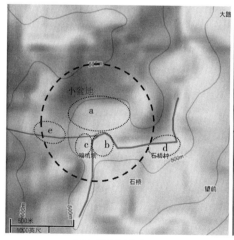
（A）石桥村地势图

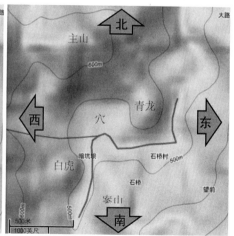
（B）石桥村风水意象

图3-19 福建省漳州南靖县石桥村地形地势
（图片来源：地理底图引自谷歌地图）

---

① 李秋香，中国村居，天津：百花文艺出版社，2002：166-170.
② 黄汉民，福建土楼——中国传统民居的瑰宝，北京：生活·读书·新知 三联书店，2009：195-199.

从第四代分房派起,地势单元也就具有了社会意义,在分房派的同时,在门口坪东侧建起东山祠祭祀开基始祖张念三郎,成为整个村落的精神中心。各方派也都有祖祠,祭祀各房的开基祖,形成次中心,有的在楼内,前望和长蓝又单独建设祖祠。在清末受到太平军的劫掠,村落经济衰退,房派意识也逐渐淡化,近代以来外出经商富裕后回乡再建土楼,已经不按照房派了,而是以集资的方式,于是土楼内原来放置房派开基祖祠堂的地方转而祭祀观音或土地[1],祭祀活动都在东山祠举行。南靖县最大的圆楼顺裕楼就是这样建起的,并且位于门口坪的中间,形成了一个视觉中心。早期各房派分散居住,村中并无建筑可以成为视觉中心,但是宗法观念占主导,精神中心及其层级关系明确,近代以来宗族渐趋没落,血脉的层次关系开始模糊,却形成视觉中心。

对于其他客家土楼村落来说也有近似的情况,在土楼密集的地方,土楼周边有前院,并被不同地势环绕,道路系统很不发达。祠堂为村子的精神中心,在楼内或单独建设,体量都不大。仅在村中有超过其他土楼的大体量土楼时,才有视觉中心。

(二)双凤村:湘西村落

湘西永顺县的双凤村是一座以田、彭两姓为主的土家族村落。村子坐落在海拔600多米的山上,分为大小两部分,"大凤凰"的部分沿着一条东西向的山冲,各家住宅在山溪两侧随地势划分台地,面溪背山而建(图3-20)。村口建有摆手堂,土家语称"社巴措",是用来祭祀祖先的地方,堂前有土坪(或称摆手坝),祭祀活动(跳摆手舞和茅古斯舞)就在这里举行[2][3]。

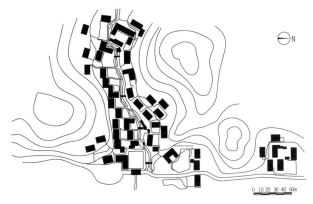

图3-20 湘西永顺县双凤村平面布局图
(图片来源:《湘西历史城镇、村寨与建筑》[4],作者重绘)

---

[1] 李秋香,中国村居,天津:百花文艺出版社,2002:192.
[2] 魏挹澧等编,湘西城镇与风土建筑,天津:天津大学出版社,1995:140.
[3] 湖南省建设厅编,湘西历史城镇、村寨与建筑,北京:中国建筑工业出版社,2008:59-60.
[4] 湖南省建设厅编,湘西历史城镇、村寨与建筑,北京:中国建筑工业出版社,2008:59.

土家族择居自古有"散处溪谷,所居必择高峻"的习惯。住宅面溪背山形,取水方便,于是成了以溪水为中心的格局。祭祖在古时是每个土家村落都要进行的活动,因此摆手堂形成精神中心,堂前的坪坝形成活动的中心。

(三)江孜:藏族城镇

江孜位于西藏自治区南部,雅鲁藏布江支流年楚河上游西北东南走向的河谷平坦地带,聚落西南距离年楚河几百米,东北1公里有山麓陡起,东南不到2公里一条支流从山麓南侧的峡谷中汇入楚年河,在山麓和年楚河之间,连接北面的山麓有一列高低起伏小丘,基本呈南北走向卧在这片平地中间。

在历史上,江孜是古代苏毗部落的都城,松赞干布的父亲囊日松赞降服了苏毗,江孜便成为贵族的封地。吐蕃王朝(公元7~9世纪)灭亡后,群雄割据,到10世纪末赞普后裔班古赞于公元967年建立宗山宫堡以便防御,1365年,萨迦王朝末期宗山堡重新修建形成现在的规模。14世纪末始建吉祥轮大乐寺,15世纪前半叶建城"万佛塔",后改称"白居寺"。[①]宗山宫堡和白居寺的选址分别占据着平地上起伏小丘的南北两个端点,成为江孜的两个中心。首先建起的宗山宫堡凭借南侧小丘陡峭的地势而起,成为贵族的居所,而普通百姓则环绕在宫堡下向心布局。白居寺建成后,随着政教合一体制的确立,尤其是有专门的人口劳役供奉寺庙,平民百姓的住房开始围绕着白居寺建造,于是形成了两个中心(图3-21)。

(A)江孜卫星地图

注:白色表示第一阶段,灰色表示第二阶段。
(B)古江孜城平面示意图

图3-21 江孜卫星地图及古城平面示意图
(图片来源:A引自谷歌地图,B引自《线描西藏》[②])

---

① 江孜历史根据:黄凌江编,线描西藏——边境城市·集镇·村落·边贸市场探访,北京:中国电力出版社,2008;赵慧民编,西藏宫殿寺庙史话,北京:中国大百科全书出版社,2000;以及百度百科江孜、白居寺词条综合整理。
② 黄凌江编,线描西藏——边境城市·集镇·村落·边贸市场探访,北京:中国电力出版社,2008.

（四）开平村落

开平的村落规划成严整的棋盘式，这样的布局来自于广东社会较早对股份制的认同，村内住宅用地被方格网格划分为同样大小"踏"，"踏"的四面都有巷道，每"踏"宅地可以理解为一股，根据财力可以入单股和多股，即便多股也不能占用巷道，只能在每块"踏"内建住宅①。但是宅地划分尺度上的均等并不等于空间意象也是均等无差别的：村前第一排的中间或者两端，常常设祠堂、灯寮、书室等公共活动场所；村口设闸楼（门楼）或牌坊，成为标志；周边设保护神神位，常有社稷神位、玄武神位、大将神位，构成村落的精神区域；村前有晒谷场和池塘，池塘多为半月形或矩形②。

开平的村落提供了一个有趣的实例，现代的制度影响下的物质空间形态和传统的精神空间意象相互叠合，又是一个说明空间多义性的实例。开平的村落表明聚落房屋作为物质财产，那么财产的分配方式较精神需求更直接影响物质形态。当然，方格网的形态不仅来自财产的股份划分，岭南地区至少在明代出现了权力控制下的棋盘式村落布局③（图3-22）。井田制的方格网也是权力控制下的结果，西方的方格网城市形态从埃及的卡洪城到希腊的米利都再到美洲新大陆城市的规划，方格网形成的原因都来自于权力，只不过权力的形态有所不同，有社会等级带来的具体个人掌控的权力，有社会制度下人人遵从的抽象的权力，或是先行先为者所具有的时序权力。

（A）百合镇马降龙永安村总平面图　　（B）锦江里村总平面图

图3-22　开平村落实例
（图片来源：《开平碉楼——中西合璧的侨乡文化景观》④）

---

① 程建军，开平碉楼——中西合璧的侨乡文化景观，北京：中国建筑工业出版社，2007：29-31.
② 程建军，开平碉楼——中西合璧的侨乡文化景观，北京：中国建筑工业出版社，2007：24-27.
③ 程建军，开平碉楼——中西合璧的侨乡文化景观，北京：中国建筑工业出版社，2007：24，33.
④ 程建军，开平碉楼——中西合璧的侨乡文化景观，北京：中国建筑工业出版社，2007：88，102.

（五）侗族村落

湘西侗族的寨子选择依山傍水之地，前有溪水，跨溪建造风雨桥，风雨桥既是平日里村民休息聚集的场所，也是集日的市场所在地，有些村子也在桥上设神位。过桥经寨门进入村寨就是村头的广场，广场上兼有侗寨的标志鼓楼，这里是全村寨公共活动的中心，由此分道路通达村内各户[1]（图3-23）。

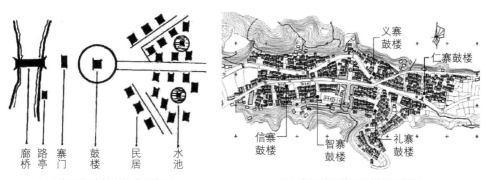

（A）湘西侗族村寨构成示意图　　　　　（B）贵州黎平肇兴大寨总平面图

图3-23　侗族村寨
（图片来源：A引自《湘西民居》[2]，B引自《"斗"的聚居和衍生——解读贵州黎平肇兴大寨》[3]）

传统侗族的乡土社会主要由家庭、家族（补拉）、房族（斗）、村寨、小款（小侗）和大款（大侗）层级组织而成，聚居的形态是村寨，村寨内主要的构成单位是房族，临近的村寨组成小款、大款等以地域为纽带的联盟[4]。贵州省黔东南州黎平县肇兴乡的侗族大寨是完整地保留了侗族原生社会结构的村寨。村中人主要以陆姓为主，但是侗族的姓与汉族不同，迁入的人家寻求庇护会认祖归宗而改姓，姓并不代表血缘关系，代表血缘关系的是"斗"。肇兴的大寨共有13个血缘的"斗"，其中有五个"斗"势力最强，分别建造鼓楼并按照其"斗"名来命名鼓楼，"斗"内的住宅围绕在鼓楼周边，形成了大寨的五个部分，并在1980年代以仁、义、礼、智、信来命名。五个鼓楼前都留有鼓楼坪，除智寨外每个鼓楼都临水而建，每寨都有风雨桥，仁寨、义寨和礼寨的风雨桥临近钟鼓楼，礼寨和信寨鼓楼后设有萨坛，萨坛边设水井[5]。

因此，肇兴的侗家大寨没有一个全寨的中心，但却有五个分中心，而且每个中心都是一个汇集了多种功能的区域，鼓楼形成了视觉中心，鼓楼坪和风雨桥形成了不同活动的活动中心，萨坛是原始信仰的中心。不同性质的中心在可能的条件下都要集中在钟鼓楼周边，强调了各"斗"，形成五个平等的聚居区域。

---

[1] 何重义，湘西民居，北京：中国建筑工业出版社，1995：87.
[2] 何重义，湘西民居，北京：中国建筑工业出版社，1995：87图6-1.
[3] 蔡凌，"斗"的聚居和衍生——解读贵州黎平肇兴大寨，南方建筑，2005，（3）：33页图3.
[4] 蔡凌，侗族聚居区的传统村落与建筑，北京：中国建筑工业出版社，2007：45-47.
[5] 蔡凌，侗族聚居区的传统村落与建筑，北京：中国建筑工业出版社，2007：76-85.

（六）傣族村落

　　傣族的村落与其宗教文化关系密切，傣族的宗教信仰包括两方面，一方面是远古社会延续下来的多神信仰的原始宗教，一方面是外来的小乘佛教。傣族的村寨要供奉社神，是村寨的保护者，也就是寨神，各寨有各寨的社神，一个至多个数量不一。社神一般供奉在村边的小树林里，以小草棚或竹篾围着的土堆为标志。傣族还有祭祀寨心的活动，寨心是一个村寨的灵魂，不同村寨寨心的象征物不同，如大树、木桩、卵石等[①]。寨心同寨神一样起到保护村落的作用，寨神往往是历史上某个人物死后的化身，而寨心是一种普遍性的象征[②]。小乘佛教在公元6~8世纪传入傣族社会，小乘佛教佛法与王法一致的教义符合统治者的需要，很容易获得扶持，而在世俗权力的支持下，佛寺也就具有了等级关系。比如西双版纳的佛寺就存在着上下的隶属关系，最底层的是村寨中的寺院，以行政区形成全陇的中心寺院，以上又有全勐的中心寺院，勐上是统辖全西双版纳的最高寺院，而僧侣也有严格的等级[③]，佛教与世俗社会的结合使得傣族社会村寨中都建有佛寺，可谓一村一寺，一方一塔[④]。与佛教具有普遍性不同，寨神只为本寨人所供奉，勐海县有曼缘、曼法、曼来三个寨子共有一个寺庙，一同举行佛会，但是寨神祭祀是要严格分开的[⑤]。

　　傣族建立村寨遵从原始宗教信仰，首先立寨心，然后选神林（寨神），再立寨门[⑥]，寨门虽然仅为简单的门框，但有些地区傣族寨门的木料要求精心选择，东、南、西、北四面所用木料各不相同，各有名称，东门所用木料要与寨心相同[⑦]。佛寺要建在村寨地势较高的坡地上，或是村寨的入口，或是村寨外的空地上[⑧]。由于两种宗教的并存，傣族村寨也存在两类中心，佛教虽然具有精神功能，但是与聚落的关系较弱，更多是权力的体现；原始宗教信仰为村寨提供了精神中心——"寨心"和"神林"，"寨门"标志了村寨的入口，象征一个精神守护的区域。寺庙是聚集举行佛事活动的地方，寨心的物质象征物虽小，但祭祀活动往往需要空场，于是也就形成了活动中心（图3-24、图3-25）。

---

① 张公瑾，傣族文化，吉林：吉林教育出版社，1986：130-134.
② 张公瑾，傣族宗教与文化，北京：中央民族大学出版社，2002：14.
③ 张公瑾，傣族文化，吉林：吉林教育出版社，1986：144-153.
④ 石克辉、胡雪松主编，云南乡土建筑文化，南京：东南大学出版社，2003：62.
⑤ 张公瑾，傣族宗教与文化，北京：中央民族大学出版社，2002：13.
⑥ 石克辉、胡雪松主编，云南乡土建筑文化，南京：东南大学出版社，2003：61-62.
⑦ 赵世林、伍琼华，傣族文化志，昆明：云南民族出版社，1997：102.
⑧ 石克辉、胡雪松主编，云南乡土建筑文化，南京：东南大学出版社，2003：62.

图3-24 傣族村寨印象
(图片来源：出自枯巴勐《论傣族诗歌》，转引自《云南民族住屋文化》①，作者重绘)

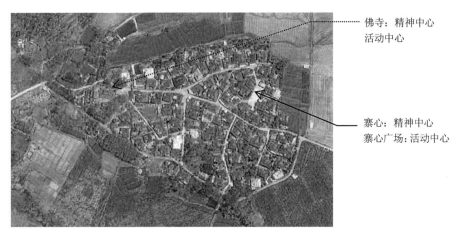

图3-25 勐腊县么粉村卫星地图
(图片来源：卫星图引自谷歌地图)

四、城墙聚落实例

城墙聚落的最大特点就是具有非常明确的硬性物质边界。人类历史上出现最早的聚落物质边界是壕沟，此后才出现筑墙为城的聚落，目前在我国发现的最早的具有城墙的聚落，是属于仰韶文化末期的郑州西山城址，距今五千年左右②，在史前时期城墙聚落的平面就出现了方、圆两种形态（图3-26）。此后，城墙成为我国防御聚落和各级治所的基本组成部分，并且逐步发展出城套城的多重格局，相套的城墙本身就构成空间层次划分的重要物质方式。

---

① 蒋高宸编，云南民族住屋文化，昆明：云南大学出版社，1997：146.
② 马世之，中国史前古城，长沙：湖北教育出版社，2003：20-24.

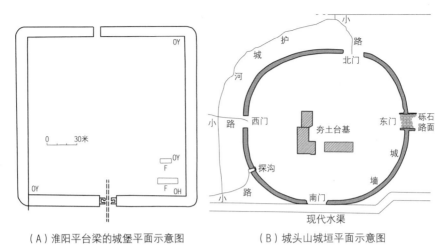

(A）淮阳平台梁的城堡平面示意图　　（B）城头山城垣平面示意图

图3-26　史前城墙聚落实例
（图片来源：《中国古代文明与国家形成研究》①，作者重绘）

（一）防御性城墙村落

筑城防御来自紧张的社会关系，明代山西、陕西地区的村落为防止蒙古南下侵扰常常建有堡寨，也有的是在明末义军蜂起之时筑城自保，南下的客家人除了建土楼大厝之外，在有些地区也将村落围在高墙内，称为某某围。

1. 郭峪村

山西晋城郭峪村位于樊河谷地，樊河西岸，地势西高东低。郭峪村的城墙是在明末为防范李自成余部劫掠而建的，其时散居周边樊河谷地的人家多聚集在此共同防御，所以与南方常常聚族而居不同，郭峪村是一个典型的杂姓村落，清代人口最多时有46姓之多，其中有陈、王、张三个大姓，都是仕宦富商之家，三姓人各自临近居住，形成了村中三个居住片区，其他姓氏人家掺杂其间。村中的管理机构是社，社首由成年男性村民共同推选，三个居住片区分别划分为一坊以便管理。村中的防御设施除城墙之外，还有一座供瞭望和据守的豫楼，高达30余米，是全村的最大建筑。东门和南门内的街巷是村中重要的道路，两路丁字相交，路口处建有"申明亭"，是村中唯一的公共中心，村中重要的事情都要在此公布。清代时商业发展，东门内到申明亭的街巷两侧开设各种店铺，并成为往来商贾的留宿之地。由于商业发展在城中居住的都是相对富裕人家，并不许从事抬轿子、办丧事等低等职业人在城内居住。②

从如上分析中可知，郭峪村具有一个公共中心——申明亭；一个高大的视觉中心——豫楼，同时也是临战时绝对的中心；一个商业街市，不仅仅是郭峪村的中心，也是周边地域的一个中心。三个中心功能各异，各自独立。由于硬性边界

---

① 李学勤主编，中国古代文明与国家形成研究，昆明：云南人民出版社，1997：63，64.
② 李秋香，中国村居，天津：百花文艺出版社，2002：62-71.

的存在，郭峪村的内外群属划分明确；由于杂姓居住，村中三个居住片区内很难形成次级中心。

2. 八卦围

广东省韶关市翁源县是客家人的聚居地，这里的客家人用围墙将村子环绕起来，葸岭村八卦围所居全部为张姓，据称为张九龄后裔①。同姓居住具有非常明确的中心，就是张氏宗祠。祠堂正门居正南，穿过几处庭院是位于中心偏南的祠堂。在村落后部中央，有一空场名为葸茅墩，应当为村民举行公共事务的地方。南门、祠堂和葸茅墩共同构成了一个南北轴线，前为精神中心后为活动中心，村落中房屋布局形成左右环绕之势，更加强了中心的意象（图3-27）。

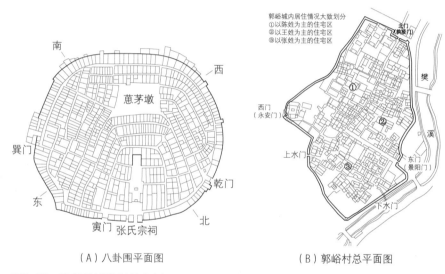

（A）八卦围平面图　　（B）郭峪村总平面图

图3-27　防御性城墙村落实例
（图片来源：A《广州日报》转引自新华网，作者重绘；B引自《中国村居》②，作者重绘）

（二）作为治所的城墙聚落的空间层次

作为治所的城墙聚落是具有行政等级的，也就是有明确的社会层次，因此以明清时期藩王驻地、州府城、县城和一般市镇为线索分别进行分析。治所都是以各级的行政机构形成聚落的权力中心，因此下面重点比较城墙边界。

1. 重城格局：藩王驻地

明初朱元璋分封自己的儿子到各地为王，依靠血脉稳固统治。蜀王封在成都，晋王封在太原。成都和太原都有旧址，在明代成为藩王驻地，修建了两重城

---

① 新华网：http://news.xinhuanet.com/society/2006-05/09/content_4524442.htm
② 李秋香，中国村居，天津：百花文艺出版社，2002：69.

墙，内城为王府所在。清代时，成都王府成为贡院，并在城中另筑满城；太原城明王府毁于火患，满城也因水患而前后易址①（图3-28、图3-29）。

在明代内外两圈城墙之间是社会等级的差异，在清代满城为八旗军驻地，其社会性质既有军事防御的作用，又有民族划分的作用，在清代统治序列之下，民族划分也是社会等级的划分。

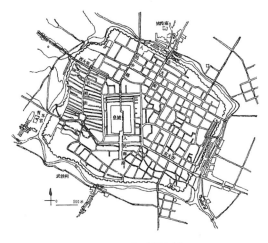

（A）1955年成都老城

a 明王府（皇城）清贡院
b 清满城

（B）明清成都示意图

图3-28　成都城
（图片来源：A引自《中国城市建设史》②）

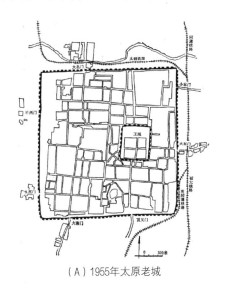

（A）1955年太原老城

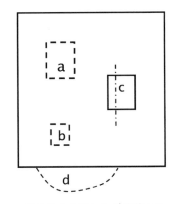

a 明王府（皇城）　b 清满城初址
c 清满城　　d 南关

（B）明清太原示意图

图3-29　太原城
（图片来源：A引自《中国城市建设史》③）

---

① 董鉴泓主编，中国城市建设史（第三版），北京：中国建筑工业出版社，2004：143-146.
② 董鉴泓主编，中国城市建设史（第三版），北京：中国建筑工业出版社，2004：144图7-5-1.
③ 董鉴泓主编，中国城市建设史（第三版），北京：中国建筑工业出版社，2004：147图7-5-3.

2. 形态各异：府、州、县城

明代州府县城大都为前代所设，在明代重新修筑了城墙[①]，因为多在旧址上兴建，各级治所城池之间的社会等级并没有表现在城墙的格局中，但是共同的特点是都不具有藩王驻地的双重格局，以此表明等级差异。城墙的平面形态有方正的，如安阳城，也有以方正为主根据地理条件略作适应的，如保定城，也有按照自然条件而成的完全自由形态，如遵义城。城内的衙署等行政空间和商业街市一般集中在城中某一区域，居民往往也根据贫富差别相对集中地居住，比如在南通城中曾有"穷东门，富西门，叫花子住南门"的说法[②]（图3-30）。

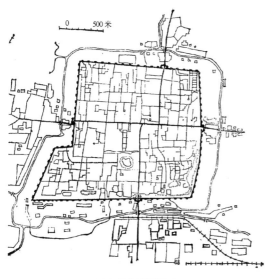

（A）保定城平面图　　　　　（B）淮安城平面图（1905年）

图3-30　保定城和淮安城
（图片来源：《中国城市建设史》[③]）

3. 关厢和连城：府、州、县城的发展

治所城市虽然没有重城结构，但是根据城市发展的需要，往往会将城外发展起来的地方用城墙围起来形成关厢，如图3-31所示明清时期南通城的关厢发展。此外，治所城市发展也有另建新城的方式，淮安城就是在旧城北建起新城，此后为防止倭患而将新旧两城连接起来，称为夹城，这样实质上形成了一个整体。天水城在明代也经过同样的发展过程，只不过天水城是分别从东西关城开始，然后通过中城连接为一体（图3-32、图3-33）。

[①] 董鉴泓主编，中国城市建设史（第三版），北京：中国建筑工业出版社，2004：173．
[②] 董鉴泓主编，中国城市建设史（第三版），北京：中国建筑工业出版社，2004：176．
[③] 董鉴泓主编，中国城市建设史（第三版），北京：中国建筑工业出版社，2004：174图7-7-1，179图7-7-6．

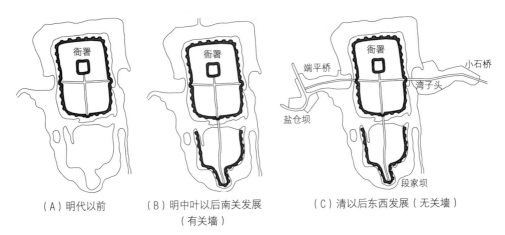

（A）明代以前　　（B）明中叶以后南关发展　　（C）清以后东西发展（无关墙）
（有关墙）

图3-31　南通城明清时代的关厢发展
（图片来源：《中国城市建设史》[①]，作者重绘）

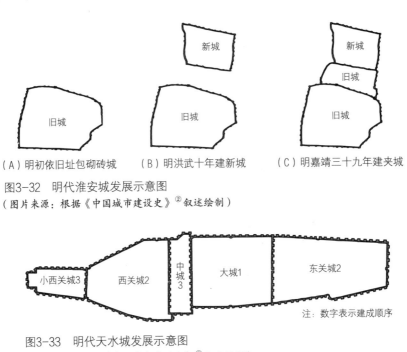

（A）明初依旧址包砌砖城　　（B）明洪武十年建新城　　（C）明嘉靖三十九年建夹城

图3-32　明代淮安城发展示意图
（图片来源：根据《中国城市建设史》[②]叙述绘制）

图3-33　明代天水城发展示意图
（图片来源：根据《中国城市建设史》[③]叙述绘制）

4. 西安：一个综合的实例

明代在西安封秦王，建有秦王府，成为内城，内外城均方正，四面四门，各门外都建有关城，以东关城最大。城内南北大街将城分为东西两部分，清代占据东部三分之二的面积建筑满城（图3-34）。

---

① 董鉴泓主编，中国城市建设史（第三版），北京：中国建筑工业出版社，2004：176图7-7-3.
② 董鉴泓主编，中国城市建设史（第三版），北京：中国建筑工业出版社，2004：177-178.
③ 董鉴泓主编，中国城市建设史（第三版），北京：中国建筑工业出版社，2004：178-180.

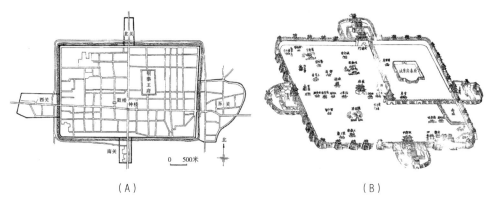

图3-34　明清西安城格局
（图片来源：A引自《中国建筑史》①；B引自《敕修陕西通志》②）

（三）中国古代都城多重城墙格局的发展

都城是中国历代聚落体系中最上层的聚落，不论是面积规模，还是人口规模，首位率都是很高的③。对于都城的研究是我国城市史的重要课题，在此本书仅就都城的物质边界所直接带来的空间层次做简要分析。在都城规制中，城墙之间的关系最重要的一点，就是宫殿区与城市的关系，也就是宫城关系。虽然《周礼·考工记》记录了古代王城的规划模式，但是对于其成书年代的质疑以及至今未有发现符合"匠人营国"描述的先秦城市，所以将其视为一种理想形态更为恰当。从考古资料可以看出，先秦时期的都城还没有形成完善的规制，宫城关系并不确定，始皇推行郡县制之后，历代王朝开始了都城规制的不断尝试。

1. 城套城的完善

从秦以降都城的城墙关系大致经历了几个阶段，秦代都城宫殿各自独立建设，位置分散没有形成共同的外城；在汉代宫殿区集中用城墙围起来，但是城中以宫殿为主，大量居民还是住在城外，并且没有中轴线格局；曹魏邺城开始将宫殿区域布置在城市中轴的北端，南北朝时期形成了内外相套的三套重城结构，隋唐长安在新址规划综合了以上两种形式，中轴对称，宫城、皇城、都城北城墙相重，依次向南形成三套城的格局；两宋依旧建新，虽然是三套重城，但是平面形态不甚规则，辽金都城则较为方正，但是宫城多位于都城一侧，轴线不相重合；元的大都不但方正，宫城、都城中轴完全重合，但是宫殿仍不在都城的形心区域；直到明洪武时期对其改造才使得宫城靠近了都城形心，在嘉靖时期于城南加筑外城之后，则环卫宫城的重城格局就更加明显了（图3-35）。

---

① 潘谷西主编，中国建筑史（第六版），北京：中国建筑工业出版社，2009：80图2-15.
② 刘於义修，沈青崖等纂，敕修陕西通志（卷七），会城图，清雍正十三年（1735年）.
③ 赵冈，中国城市发展史论集，北京：新星出版社，2006.

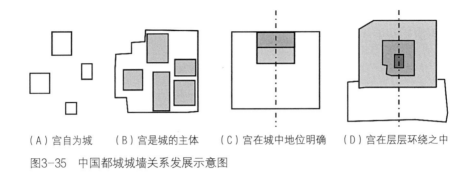

（A）宫自为城　　（B）宫是城的主体　　（C）宫在城中地位明确　　（D）宫在层层环绕之中

图3-35　中国都城城墙关系发展示意图

从都城重城格局的发展过程中可以发现，城墙所建立起来的城市空间内外秩序总体上是一个不断加强的过程，表现在宫城、皇城、都城，或还有郭城，城圈数量的增加，以及相互之间的内外相套和轴线关系。

2. 坊墙、牌坊和栅栏

古代都城内空间的层次格局与重城关系的明确正好相反，是一个物质边界逐渐消失的过程，这就是里坊制向街市制的转变。这一转变为城市商业发展所推动，坊墙消失，原来坊门也变为标志性的牌坊，使里坊制下单调的城市街道景观变成了富有生机的生活空间。但是这也许正是诱发都城圈成格局逐步加强的原因：里坊制时期实行宵禁，城市居民的行为受到限制，是一项保证都城安全的制度，而当这项制度随着坊墙的消失而不再是常设的制度时，统治者的安全必然转向对自身的防护，所以套城格局在宋以后成为普遍情况。而在没有坊墙的情况下，加强保障安全还是需要硬性的物质边界，于是栅栏发挥了作用。明弘治时期为了防止盗贼隐藏在大街小巷之内，朝廷批准在北京很多街巷道口建立了木栅栏，另据清代《钦定令典事例》中记载，雍正七年批准的外城栅栏440座，乾隆十八年批准的内城栅栏1919座，皇城内栅栏196座[①]。

都城中坊墙、牌坊、栅栏的转变，说明空间层次中硬性物质边界的存亡，在于保卫和限制的双重需要，而物质边界所分隔开的正是不同的社会阶层，也就是群属的划分总是要以一定的物质空间形态表现出来。

---

① http://baike.baidu.com/view/101058.htm

第四章　理想模式不理想：古籍文献的再解读

由于汉代经学繁荣，对先秦古籍进行编订、注释、补遗，甚至有假托古人之作，加之上古殷周距两汉已远，所以使得诸多记录先秦制度典籍的成书年代甚是纷乱和复杂，史学界对其中一些典籍的成书年代至今意见相左。然而如果不将这些古籍视为历史考证的依据，而是当作古人对社会制度和城邑营造的设计，分析其思想观念，那么就可以适当回避对于信史的追问。

下文将要引用的典籍多讲述先秦制度，从历史发展的进程看，殷周的分封时期是主体，上溯至尧舜传说，下启春秋战国的郡县制初兴，从历史发展的角度看十分复杂。从本书关注的问题入手，以聚落空间层次和方位意义为纲考察这些文献的内容，并不试图对应相应的社会发展阶段。

第一节　从古籍看先秦聚落空间层次的理想模式

城邑营造与人民组织、土地规划密切相关，因而是国家制度中的重要组成部分，空间层次明确也是社会运作所必需的物质条件。

一、聚落体系的构成及层次度量

（一）地、邑、民：聚落系统的构成

将聚落视为一个系统的观点并非今人的专利，古人对于人、人工居住环境以及自然资源之间关系的认知也具有系统的意识。

> 凡居民，量地以制邑，度地以居民。地邑民居，必参相得也①。无旷土，无游民，食节事时，民咸安其居，乐事劝功，尊君亲上，然后兴学。（《礼记·王制》）

《礼记·王制》中的这段话讲的是社会治理，刚好可以从中分析聚落在古人观念中的含义以及聚落体系的构成。"居民"动宾结构，意为安置人民，安置人民的方式是"制邑"与"度地"，也就是要在划定的地域内营造聚落，根据土地资源的情况安置人民，并且要使得土地、聚落和人民这三者之间相配得当，相配的标准是没有荒弃的土地，也没有无土耕种的人民，同时还要实行社会教化。不到50个字已经包含了聚落物质实体的"邑"、聚落地景系统的"地"和社会功能系统的"民"。

---

① 基于对"参"的理解，此句可以有不同的句读方式，前两种将"参"视为"叁"的异体字，可断句为"地、邑、民居，必参相得也"，也可断句为"地、邑、民，居必参相得也"；"参"理解为"参验"则可断句为"地、邑、民、居，必参相得也"。

（二）礼器：居所的社会意义

礼，在中国文化中是一个非常丰富的概念。在社会史的研究中，认为"礼"字包含了"民风""民仪""制度""仪式"和"政令"等内容，范围大而近似于"文化"的概念，范围小仅指"礼节"①。因其中有"制度""政令"之意，所以常常被称为"礼制"。从历史发展上看，原始社会的宗教仪式在阶级社会中发展成调节社会关系的行为规范就形成了早期的"礼"，夏、商、周三代之"礼"几经"损益"，在周公时代系统化、规范化，其时"礼制的本质是体现和保障宗法等级社会中形成的尊卑贵贱等级秩序。"②持性恶论的荀子也在《礼论》中指出："礼者，贵贱有等，长幼有差，贫富贵贱皆有称者也。"

宗法社会的等级划分是否会产生空间的等级层次呢？不从实例中分析这个问题，而是从文化观念中考察，会发现《礼记》中有一篇名为《礼器》，已经明确了社会制度的"礼"和物质实物层面的"器"两者之间的关系，并将"宗庙""宫室""堂""封丘"等不同类别的建筑（空间和形态）纳入器物的范畴。"礼"需要社会物质条件的支持，必然以"器"的形式表现出来，"礼器"二字的内涵与前文分析社会学中"社会制度的设施系统"的内涵是如此一致。更重要的是《礼器》一篇提出了与社会等级"贵"相配合的若干区别器物等级的标准，列表如表4-1。

贵贱之说即言社会等级，从表中可以看出，"贵"由四组相对的标准构成，即多—少、大—小、高—下、文—素，看似"礼"所规定的社会等级在器物层面的规定上没有一致性，等级高的人所使用的器物可能大，可能多，也可能小，可能少，然而分辨每一项规定所指的具体内容之后，会发现其间还是存在着规律的。以"多""大""高""文"为贵者指的都是实用之物，"多"是指宗庙的规模，"高"是指居住空间的规模，"大"是指生前死后阴阳两界中居所和生活用度的规模，而"文"是对服饰上装饰的规定。而"以少为贵"是指诸侯对天子就如天子对上天，"以小为贵"是指祭天时酒器的大小，"以下为贵"是指天子祭天的条件可以简单，"以素为贵"同样也是说祭天时的服饰，可以看出这里"少""小""下""素"有两层含义，其一是指人与"天"的距离，等级越高的人距离"天"越近，其器物也就"少""小""下"；其二是指与"天"相对，人使用的器物等级要低，所以就表现为"素"。因此，如果我们把"天"当作最高等级排在人类社会之上的话，那么"少、小、下、素"就转变为"多、大、高、文"了。两者的区分在于，"多、大、高、文"更强调现世活动的等级，而"少、小、下、素"是强调祭天活动的等级，前者更具有实物规模层次的意义，而后者更具有观念层次的意义。也就是说"多、大、高、文"是从正面说等级，而"少、

---

① 李安宅，《仪礼》与《礼记》社会学的研究，上海：上海人民出版社，2005：3.
② 李玉福，论中国古代礼刑互动关系，法学论坛，2004，（4）：21.

小、下、素"是从反面说等级，所以这看似相反的规定，其实质是一样的，因此社会的等级与器物之间也是存在着某种相对应的等级差别的。

社会等级制度（礼）下设施系统（器）的等级规定　　表4-1

等级标准	原文示例	说明	备注
以多为贵	天子七庙，诸侯五，大夫三，士一	规模	宗庙祭祀的范围
以少为贵	天子无介；祭天特牲	观念	上对下的礼节
以大为贵	宫室之量，器皿之度，棺椁之厚，丘封之大	规模	生活用度（生死）
以小为贵	宗庙之祭，贵者献以爵，贱者献以散	省力	祭祖饮酒多少
以高为贵	天子之堂九尺，诸侯七尺，大夫五尺，士三尺	规模	居住空间
以下为贵	至敬不坛，扫地而祭	观念	祭天的条件
以文为贵	天子龙衮，诸侯黼，大夫黻，士玄衣纁裳	装饰等级	服饰
以素为贵	至敬无文，父党无容	观念	祭天时的妆容

（资料来源：根据《礼记·礼器》文字①整理，文字释义参考梁鸿选编《礼记》）

二、长度单位的物质性与社会性

空间的物质性表现在具有一定的范围和一定的数量，尤其作为资源的土地，空间的社会性又要求对这范围和数量的规模大小进行足够精度的度量，不论是在赋税征收，还是在商业交换中，都是如此②。赋税所代表的行政系统和商业所形成的市场系统，正是聚落社会等级空间层次产生的重要内容，因此可以从度量单位开始来考察空间的层次结构。

度量衡史的研究认为，度量衡的标准来源于自然之物或者人造之物，自然之

---

① 礼，有以多为贵者：天子七庙，诸侯五，大夫三，士一。天子之豆二十有六，诸公十有六，诸侯十有二，上大夫八，下大夫六。诸侯七介七牢，大夫五介五牢。天子之席五重，诸侯之席三重，大夫再重。天子崩，七月而葬，五重八翣；诸侯五月而葬，三重六翣；大夫三月而葬，再重四翣。此以多为贵也。
有以少为贵者：天子无介；祭天特牲；天子适诸侯，诸侯膳以犊；诸侯相朝，灌用郁鬯，无笾豆之荐；大夫聘礼以脯醢；天子一食，诸侯再，大夫、士三，食力无数；大路繁缨一就，次路繁缨七就；圭璋特，琥璜爵；鬼神之祭单席。诸侯视朝，大夫特，士旅之。此以少为贵也。
有以大为贵者：宫室之量，器皿之度，棺椁之厚，丘封之大。此以大为贵也。有以小为贵者：宗庙之祭，贵者献以爵，贱者献以散，尊者举觯，卑者举角；五献之尊，门外缶，门内壶，君尊瓦甒。此以小为贵也。
有以高为贵者：天子之堂九尺，诸侯七尺，大夫五尺，士三尺；天子、诸侯台门。此以高为贵也。有以下为贵者：至敬不坛，扫地而祭。天子诸侯之尊废禁，大夫、士棜禁。此以下为贵也。
礼有以文为贵者：天子龙衮，诸侯黼，大夫黻，士玄衣纁裳；天子之冕，朱绿藻十有二旒，诸侯九，上大夫七，下大夫五，士三。此以文为贵也。有以素为贵者：至敬无文，父党无容，大圭不琢，大羹不和，大路素而越席，牺尊疏布冪，樿杓。此以素为贵也。（《礼记·礼器》）
② 丘光明，中国古代度量衡，天津：天津教育出版社，1991：11-27．

物有人体、丝毛和谷子，人造之物有律管、圭璧和货币①，这充分说明度量单位的物质性的一面。人体作为物质存在，是使得社会具有物质性的重要基础，而建筑空间的规划亦是以人体需求为重要标准的，所以下面主要看以人体为标准建立起来的长度度量单位。

（一）身体：度量的物质性

在度量器具没有发明之前，人类进行原始计量的方式就是以人为标准，以人体各部位之长短度量长度，以人手所盛的多少度量容积，以人身所负和人手所提度量重量②。而且人类学（民族志）的研究也证明这是人类社会的一个普遍现象，1980年代以前的调查表明云南诸多少数民族中都保留了以拳高、扎长、前臂和两臂侧平举等人体部位度量长度的方式③。中华主体文明在初期亦是如此，《说文》释尺有言："周制：寸、尺、咫、寻、常、仞，诸度量，皆以人体为法。"明确指出周代之时，长度度量标准仍旧来自人体尺度。

清代段玉裁《说文解字注》曰："十发为程，一程为分，十分为寸。"将度量单位延伸到人体中可见的最小尺度了，以头发粗细70～100微米计算，一分为700～1000微米，即0.7～1.0毫米，一寸即为0.7～1.0厘米，不合中国古代最小的寸制单位（2.3厘米），固此一推算，实为清人臆测，但是"以人体为法"的宗旨却是一以贯之的。

《孔子家语》中载有："布指知寸，布手知尺，舒肘知寻。""布指知寸"也有称为"案指为寸"。（《春秋·公羊传·僖公三十一年》："肤寸而合"，何休注："案指为寸。"④⑤）有观点认为"寸"即中医针灸所用"同身尺"，也就是食指第一、二关节之间的距离⑥，而参考民族学研究的观点却认为"寸源于一指之宽"⑦。任何人伸出手一比便知，两者大略相当，而前者稍长。

《说文》："中妇人手长八寸谓之咫，周尺也。"也就是中等身材女子的手掌跟到指尖的长度，合八寸。而"尺"作为身体度量，很可能反映在前臂"尺骨"⑧的命名中，"尺"相当于一"肘"之长，即肘弯到手腕的距离。也有观点认为"尺"是中等身材人张开手的拇指和中指间的距离，也就是通俗讲"一扎"的长度，并符合出土商代古尺16～17厘米的长度⑨。

---

① 吴承洛，中国度量衡史（上海书店1984年影印本），上海：商务印书馆，1937：10.
② 汪宁生，从原始计量到度量衡制度的形成，考古学报，1987，（3）：318.
③ 汪宁生，从原始计量到度量衡制度的形成，考古学报，1987，（3）：294-295.
④ 汪宁生，从原始计量到度量衡制度的形成，考古学报，1987，（3）：307.
⑤ 张良皋，匠学七说，北京：中国建筑工业出版社，2002：19.
⑥ 张良皋，匠学七说，北京：中国建筑工业出版社，2002：19.
⑦ 汪宁生，从原始计量到度量衡制度的形成，考古学报，1987，（3）：307.
⑧ 《匠学七说》19页中误称为"上臂的'尺骨'"。人体上臂一根骨头，名为"肱骨"，前臂两根骨头，小指一侧称"尺骨"，大拇指一侧称"桡骨"。而《匠学七说》中认为一尺为"肘弯到拳头端"的长度，也不合于实际测量，因此本书认为一尺是肘弯到手腕的距离。
⑨ 丘光明，中国历代度量衡考，北京：科学出版社，1992：10-11.

《说文》:"度人之两臂为寻,八尺也",《小尔雅·广度》:"度寻舒两肱也",可知两臂侧向伸开两指尖之间长度即为一"寻"。《小尔雅·广度》:"倍寻谓之常。"《仪礼·公食礼》注约:"丈六尺曰常,半常曰寻。"因此有观点认为"倍寻为常"是导出单位,"常"并非以人体为度量①②,实则不然,两人并立伸臂为十字,指尖相接就是一"常"了。关于"寻"和"仞"的关系,在《史记·张仪传》唐司马贞的索隐中叙述非常细致:"……度广曰寻,度深曰仞。皆伸两臂为度。度广则身平臂直,而适得八尺;度深则身侧臂曲,而仅得七尺。其说精巧,寻仞皆以两臂度之,故仞亦或言八尺,寻亦或言七尺也。"

另有以四指之宽为度量的"扶",《礼记·投壶》郑注"铺四指为扶",也就是云南少数民族的一拳之高,四指相握有把扶之意,因此称为"扶"③。以上度量都是以手臂为标准,还有以下肢尺度为单位的,《小尔雅·广度》:"跬,一举足也,倍跬谓之步",跬步之量亦可以以尺计,《类篇》司马法:"凡人一举足曰跬。跬,三尺也。两举足曰步。步,六尺也。"然而历代尺的标准不同,《礼记·王制》载:"古者以周尺八尺为步,今以周尺六尺四寸为步。"固《正字通》对"寻""仞""步"的关系做了最为清晰的说明,"古以周尺八尺为仞,中人之身长八尺,两臂寻亦八尺,两足步之亦八尺,度高深以仞,度长短以寻,度地以步。"可以说恰好形成了人体活动的一个正立方体④。

如上寸、咫、尺、寻、仞、步的关系表明,人体作为占有空间的物质实体,其本身也有层次递进的关系。指宽为寸,四指并拢手掌平身,即为一掌之宽,双掌并排即可成为一咫,这一咫就是八寸(指)。若以一掌之宽,度量另一手掌之长,会发现巴掌心和中指的长度,各为一掌,也就是一掌之长也是一咫。以一手拇指按住另一手掌根,并令两手中指相合,可知常人的一扎长度往往大于掌根到指尖的距离,而一扎之长也往往小于一肘之长。展臂为寻、为仞,行走为步,然臂展大小,下肢长短也因人而异,固只能取"中人"为度量。寸、咫、尺是人手和前臂尺度的一种层次关系,仞、寻、步是人体活动中形成的一种尺度关系,中国历史上以哪一部分、哪一种活动作为长度度量都是借用了人体这一基本规律,但是由于个体之间存在差异,所以人体度量也逐渐被更为客观的标准所取代。

(二)进制:度量的社会性

《周礼·考工记·匠人》描述周宫廷时曰:"室中度以几,堂上度以筵,宫中度以寻,野度以步,涂度以轨。"如果说"度高深以仞,度长短以寻,度地以

---

① 汪宁生,从原始计量到度量衡制度的形成,考古学报,1987,(3):309.
② 张良皋,匠学七说,北京:中国建筑工业出版社,2002:20.
③ 汪宁生,从原始计量到度量衡制度的形成,考古学报,1987,(3):307.
④《说文》:"周制八寸为尺,十尺为丈。人长八尺,故曰丈夫。""人长八尺"与"舒两肱"为八尺之寻,刚好形成人体的正方,与"维特鲁威人"的人体比例一致。对尺度本身的认识没有差异,而中、西方在尺度的运用以及对建筑的度量上却采取了不同的方式。

步"还是人体行为与物质空间相互匹配的话,那么在这里"寻""步"也成为与"几""筵""轨"一样的以物度物的工具。因此,把长度与实物(筵席)联系起来,不再以人体部位和动作为度量标准,是尺度统一化、标准化的一大进步[①]。这种变化既是度量标准的实物化,也是度量标准抽象化的开始。人体本身作为物质度量标准,其误差很大,不可能形成整齐划一的进制单位。历代文献中对于八寸、十寸为尺,八尺、六尺、五尺为寻的说法,对于八尺、七尺、五尺六寸、四尺为仞的说法[②],正表明尺作为近体尺度的一个常用度量单位,脱离了人体尺度自行发展的过程,而"步""寻"仍留有人体尺度的痕迹,这才产生了以标准度量单位衡量人体尺度的不同差异。

表4-2中列出了先秦时期各种长度单位的换算关系,从中可以看出度量单位有十六种之多,进制关系有二进制、五进制、八进制和十进制四种之多,各个单位因所用范畴而定,所以之间的换算关系多样。只有完全脱离天然的人体标准,才能制定出进制比例关系严格的十进制度量系统[③]。始皇统一度量衡之后,我国从汉代开始制定了以十进制为主的长度单位,咫、寻、常、仞等不合十进制的度量单位逐渐退出历史舞台[④]。《汉书·律历志》云:"度者,分、寸、尺、丈、引也,所以度长短也。本起于黄钟之长,以子谷秬黍中者,一黍之广度之,九十分黄钟之长。一为一分,十分为寸,十寸为尺,十尺为丈,十丈为引,而五度审矣。"汉代定此"五度"后,尺之大小虽有变化,然而十进制的关系始终不变。

中国先秦时期长度命名及进制关系表　　　　　　表4-2

系统类别	名称		进位	进制关系
尺制	通用名称	寸	十分之一尺	10进制
		咫	八寸	8进制
		尺	十寸	10进制
		丈	十尺	10进制
		寻	八尺	8进制
		常	二寻,十六尺	2进制
	非通用名称	幅	二尺七寸	
		墨	五尺	5进制
		端	二丈,二十尺	2进制
		两	二端,四十尺	2进制
		匹	四丈,四十尺	2进制
		疋	二两,八十尺	2进制

---

① 张良皋,匠学七说,北京:中国建筑工业出版社,2002:21.
② 张良皋,匠学七说,北京:中国建筑工业出版社,2002:21.
③ 吴承洛,中国度量衡史(上海书店1984年影印本),上海:商务印书馆,1937:89-90第二十二表.
④ 吴承洛,中国度量衡史(上海书店1984年影印本),上海:商务印书馆,1937:93.

续表

系统类别	名称	进位	进制关系
仞制	通用名称	仞		
		寻	二仞	2进制
		常	二寻，四仞	2进制
		索	十寻，二十仞	10进制

（资料来源：根据《中国度量衡史》[①]，重新整理而成，进制关系为本书所加）

中国历代十进制的长度度量单位　　　　表4-3

朝代	十进制长度单位	备注
汉	分、寸、尺、丈、引	
汉以后	忽、秒、毫、厘、分、寸、尺、丈	
宋以后	忽、丝、毫、厘、分、寸、尺、丈	
清初	忽、丝、毫、厘、分、寸、尺、丈	
清末	毫、厘、分、寸、尺、丈、引	另有5尺为步，18引为里
民国市用制	毫、厘、分、寸、尺、丈、引	另有15引为里
民国标准制	公毫、公厘、公分、公寸、公尺、公丈、公引、公里	

（资料来源：根据《中国汉字中表示传统长度单位文字之释义探讨》[②]重新整理）

表4-3中度量单位的变化包括两方面的内容，其一是具体度量标准的统一，其二是度量单位进制关系的明确。不论哪一种变化都是适应社会发展的需要，因为只有在较大规模的人类社会组织中，在不同地域的人的频繁交换活动中，才会暴露身体度量的缺欠，进而产生对一致精确度量的要求。在中国古代，部族社会日益的紧密联系，使得统一度量成了一种权力的象征。《尚书·舜典》载舜巡守四方时曾"协时、月，正日；同律、度、量、衡"。说明岁时、法令、度量在社会管理中的意义已经十分重要。《史记·夏本纪》也记载禹"声为律，身为度，称以出……左准绳，右规矩，载四时，以开九州，通九道，陂九泽，度九山"。有研究认为大禹治水和划分九州已经使用统一的长度标准[③]，即便如此，在中国古代缺乏集权力量的情况下，到春秋战国时期也是度量纷乱的，只有在秦汉一统的王朝之下才可能形成统一的度量标准。这充分说明了其社会性的内涵，可以说，度量标准的确立和使用范围的逐步扩大，正是与华夏民族部族凝成、中国早期国家形成以及统一王朝建立的历史是同步的。

[①] 吴承洛，中国度量衡史（上海书店1984年影印本），上海：商务印书馆，1937：89-90第二十二表.
[②] 曾启雄、曹志明，中国汉字中表示传统长度单位文字之释义探讨，高雄：国际华文设计教育研讨会，2003：表5.
[③] 丘光明，中国古代度量衡，天津：天津教育出版社，1991：10.

进制单位就是一种度量标准的层级结构。十进制的确立就是完全脱离自然界的尺度层次关系而建立的度量层级，不论是人体，还是自然界事物，我们找不到以10递进的尺度关系，研究自然的形态常常得出黄金分割比、根号二、根号三，或者更为复杂的数学表达，因为自然数和十进制易于掌握而被人类社会普遍采用，这也就使得度量的层次关系不再与人体尺度层次关系相对应，而成为一种独立的观念系统。这一观念系统的确立过程，也是逐步脱离实物而建立抽象标准的过程，确切地说，是脱离人的感知。《汉书·律历志》中确立五度的方法是：选择中等大小的秬黍与标准黄钟律管的长度相比照，九十粒排在一起的秬黍总长等于律管长度时，一分的尺度就确定为一粒秬黍的长度。谷物为食物，然而把中等大小的秬黍并排排在一起却非惯常的感知对象，而成为抽象标准的物化代表了；音高也是可以感知的，但是声音在空间尺度上成为标准，也已经超出了惯常感知的范围。现代米制的确定，是以通过巴黎的地球子午线四千万分之一长度为标准[①]，虽然是来自物质世界的尺度，但已经完全不是能被人所亲身感受到的一种度量制定方法，因而可以说是抽象的。人类建立抽象度量系统的目的正是保证其在社会上的通用性，不论是在现代，还是在古代，抽象度量系统的建立都是在满足日益联系紧密的人类社会，在技术、商业和税收等社会活动中的需要。

《大戴礼记·主言》曰："布指知寸，布手知尺，舒肘知寻，十寻而索；百步而堵，三百步而里，千步而井，三井而句烈，三句烈而距；五十里而封，百里而有都邑。"这段话说明了从人体尺度一直扩展到地域尺度的连续层次关系，也正道出了本书从建筑到地域的空间层次研究作为整体对象的必然性。

三、划分在土地上的多样层次结构

对于先秦土地划分的文献记载，多指向井田制，而如果比较土地与水利道路网之间的关系，会发现其中的不一致，这种不一致恰恰是空间层次社会性和物质性分别在土地划分上的体现。

（一）土地划分：安民的社会性层次

理民之道，地著为本。故必建步立亩，正其经界。六尺为步，步百为亩，亩百为夫，夫三为屋，屋三为井，井方一里，是为九夫。八家共之，各受私田百亩，公田十亩，是为八百八十亩，余二十亩以为庐舍。（《汉书·食货志》）

这段话说明了井田制最基本的单位构成，在规定的体制下，作为物质性的土地的最小单位是"百亩为夫"，而作为一个社会组织的最小单位是"八家共之"的"井方一里"，这"一里"的社会功能在孟子看来是"公事毕，然后敢治私事，

[①] 另一对1米之长的定义为：在1/299792458秒的时间间隔内，光在真空中的形成距离。这一定义则更为抽象。

所以别野人也"(《孟子·滕文公下》)。因此,"井田制"不只是方格网形的土地划分,更有人民与土地之间相互匹配的关系,这从以"夫"指称土地的用语上就可以看出,不论是土地还是劳力,都处于社会的严密组织之中。

> 九夫为井,四井为邑,四邑为丘,四丘为甸,四甸为县,四县为都,以任地事而令贡赋,凡税敛之事。(《周礼·地官司徒第二·小司徒之职》)

《周礼》中描述了这个方里的基本单位的发展方式,在土地面积和人户数量上都是以2的平方的形式进行增长的,社会管理和组织正是随着土地和人口规模的增长而形成不同级别(表4-4),邑、丘、甸、县、都,既是土地规模的称谓,同时也是社会组织的称谓,组织的主要功能就是管理农业耕作事物,传达政令和收取税赋。值得注意的是,一律四倍按照方格网的方式扩展的地域空间在物质手段上是缺少层次界定的,就如围棋棋盘一样,是一种完全均质的状态,其间的层次是劳作于土地上人的关系,是社会组织的关系,而非土地作为物质存在的自身的属性。

土地划分与社会组织的层次　　　　　　表4-4

层次名称	基本单元		层级扩展方式(2^2)					
	夫	井	邑	丘	甸	县	都
原文的关系		九夫	四井	四邑	四丘	四甸	四县
人户	1夫	9夫	36夫	144夫	576夫	2304夫	9216夫
面积	亩	100	900	3600	14400	57600	230400	921600
边长	步	100	300	600	1200	2400	4800	9600
	里		1	2	4	8	16	32
土地	划分是均质的,层次由社会组织所决定							

(资料来源:《周礼·地官司徒第二·小司徒之职》及周代长度单位绘制)

(二)田制不同于邑制

有观点或许不认为田制仅是社会性的层次划分,如果每个层次的土地范围内有相应规模的城邑建设,那么这个层次就有了非常明确的人工物质标志,也就是聚落所形成的规模层次结构。比如,宋代的《六经图》中在"邑、丘、甸、县、都"的每一层级中都画一方块,表示是有聚落建于每一地域的中心,现代学者也有人认为田制与邑制相对应,因此可以有"四井之邑、一丘之邑、一甸之邑、一县之邑、一都之邑",并有数量以2的平方相应增加的"室数"[①]。然而这样的观点忽略了一个基本的事实,那就是层次关系中有包含的关系,也有相互独立的关系。编户的组织和土地的划分,都是上层包含下层的层次关系,而聚落个体间形

---

① 张慧、王其亨,中国古代国土规划思想、理论、方法的辉煌篇章——《周礼》建国制度探析,新建筑,2008,(03):100-101表7.

成体系层次，上层聚落在物质属性上并不能包含下层聚落，所以居住在一个级别聚落的人，不可能同时居住在其他级别的聚落中，"邑、丘、甸、县、都"各有对应级别聚落的观点，根本无法解释各级别聚落中所居人员是从何而来的。仅举"邑、丘"两个层次为例：一井九室，四井三十六室为一邑，这说的都是相应的土地上分配人户的数量，四邑构成了一丘的大小，在这一丘之内的人户数量就是144（图4-1A）；然而，如果邑内集中居住形成36室的聚落，丘内再集中居住形成144室的聚落（图4-1B），那么总人户数量就会翻倍成为288室，这是不可能的，如此类推，以上各层均不可能。将包含关系的人口放入包含关系的土地之中正相匹配，但是将包含关系的人口放入独立关系的聚落中就会造成人口翻倍，而不符合实际情况。因此田制与邑制并不能相对应，也根本无法对应起来，在"九夫为井，四井为邑，四邑为丘"的语境中，"邑"并非指聚落，而是指土地，而"邑、丘、甸、县、都"的土地层次划分，是依赖社会组织形成的，并没有物质形态的支持和保证。如果将"邑"理解为聚落，那么从事农业生产的人口都居住在"邑"中，其上各层次将不必要再建聚落，如果有其他的聚落，也不是为从事农业生产的人口而建的。

（A）田制的规模等级　　　（B）不可能的邑制规模等级

图4-1　井田制下聚居规模的分析

（三）水网道路：多义的物质性层次

《周礼》中有两段文字描述了井田制下的灌溉水网和道路的规划情况，其规划方式也是以"九夫一井"为基本单位，结合田制中对于土地和人户的分配关系，可整理成两个表格，见表4-5、表4-6。

匠人为沟洫。耜广五寸，二耜为耦。一耦之伐，广尺深尺谓之畎。田首倍之，广二尺、深二尺谓之遂。九夫为井，井间广四尺、深四尺谓之沟。方十里为成，成间广八尺、深八尺谓之洫。方百里为同，同间广二寻、深二仞谓之浍。专达于川，各载其名。（《周礼·考工记·匠人》）

134

水网边界与土地划分　　　　　　　　　　　　　　　　　　表4-5

事项		层级关系				
		基本单元之内	基本单元	层级扩展方式（10^2）		
水网灌溉	名称	畎	遂	沟	洫	浍
	广	尺	二尺	四尺	八尺	二寻
	深	尺	二尺	四尺	八尺	二仞
土地	名称		夫	井里	成	同
	面积 方里	一夫之内	一夫	九夫	万十里	方百里
	亩		100	900	90000	9000000
	边长 里		1/3	1	10	100
人户	夫		1	9	900	90000

（资料来源：根据《周礼·考工记·匠人》及周代长度单位绘制）

道路边界与土地划分　　　　　　　　　　　　　　　　　　表4-6

事项			层级关系				
			基本单元之内	基本单元	层级扩展方式（10^2, 10）		
灌溉			遂	沟	洫	浍	川
人户			夫间	十夫	百夫	千夫	万夫
道路	级别		径	畛	涂	道	路
	宽度		牛马	人车	一轨	二轨	三轨
土地	情况A	面积 亩	100	10000	1000000	100000000	10000000000
		边长 里	1/3×1/3	10/3	100/3	1000/3	10000/3
	情况B	面积 亩	100	1000	10000	100000	1000000
		边长 里	1/3×1/3	5/3×2/3	10/3	50/3×20/3	100/3

注：1. 情况A中"十、百、千、万"理解为长度描述，面积的扩展是10^2形式增长，情况B中"十、百、千、万"理解为面积描述，面积的扩展是10形式增长。

2. 道路宽度参考《周礼注疏（上、下）》[①]。

（资料来源：《周礼·地官司徒第二·遂人》及周代长度单位绘制）

凡治野，夫间有遂，遂上有径；十夫有沟，沟上有畛；百夫有洫，洫上有涂；千夫有浍，浍上有道；万夫有川，川上有路，以达于畿。——《周礼·地官司徒第二·遂人》

在毫无差别的土地上，水网和道路为土地的空间层次提供了明确的物质性界定。"畎、遂、沟、洫、浍"五级水渠各自的深广尺度不同，可以灌溉的范围不

---

① 十三经注疏整理委员会整理，十三经注疏·周礼注疏（上、下），北京：北京大学出版社，1999：392.

同，所形成的物质边界划分强度也就不同；"径、畛、涂、道、路"五级道路的宽窄不同，通行能力不同，同样所形成的物质边界划分强度也就不同。水网和道路相应的尺度，配合相应的土地面积，形成了由物质空间本身内在机制所限定的一种空间层次，这个空间层次不依赖于社会组织，却有着明确的物质边界。如果按照《遂人》篇中水网与道路的对应关系，则会形成如图4-2的层次关系；如果将"十夫、百夫、千夫、万夫"视为对长度的描述，也就是道路设置之间的间距，则会形成如图4-3的层次关系；如果将"十夫、百夫、千夫、万夫"视为对面积的描述，则会形成如图4-4的层次关系。

当水网与道路两套系统层次关系一致时，两者的基本单元都是"井"，而当把"夫"作为道路的基本单元时，由于对量词单位理解的不同可以有两种情况（图4-3、图4-4），但是两种情况都与水网系统不一致；对于土地划分的层次来说，一致时形成单一的层次结构，而不一致时形成了相互叠加的层次结构。两套层次是否一致，可以不作为争论的问题，因为面对物质边界形成划地层次的分析，一致的单一结构虽然精巧，但是不一致的情况可能更为符合复杂的人类聚居现象，水网灌溉和道路交通共同遵守同样法则的情况恐怕只能是特例。古籍中的记述，不论是原文还是注释，经过历代流传或有遗漏和发展，存在矛盾差异也属正常，然而抛去这一层，将其视为一种规划思想的流传，这种不一致的存在也充分说明了即便在理想化的模式分析中，将两个系统纳入统一模式下的尝试也是困难的。因此，水网和道路系统重叠的空间层次结构，正是空间层次多义性的一个例证。

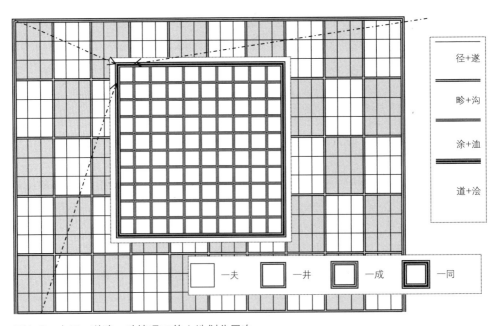

图4-2 水网、道路一致情况下的土地划分层次

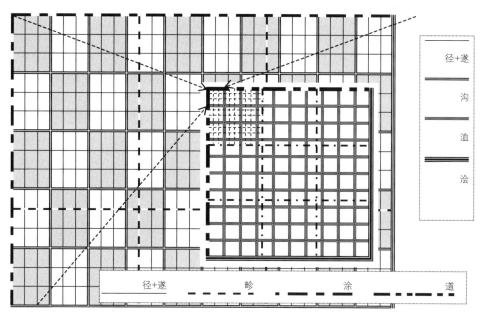

图4-3 水网、道路不一致情况下的土地划分层次1

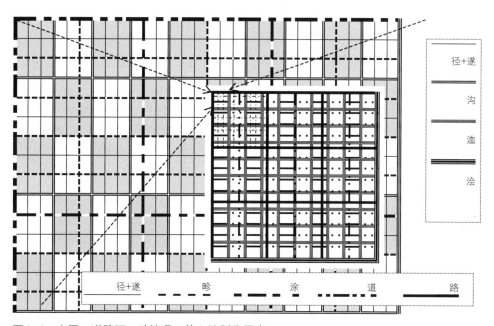

图4-4 水网、道路不一致情况下的土地划分层次2

（四）主要层次：社会性与物质性的结合

不同系统会形成不同空间层次的叠加，在各自不相关的情况下相互交织，观察层次问题只能就一个系统而言，而当两个系统在某一层次上形成一致，那么这个层次由于在两个系统中都起作用，所以会成为主要的层次，而其他的仅在一个系统中的层次就退而成为次级层次。在《周礼·遂人》的注疏中，将土地划界的

社会性层次和水网的物质划界层次进行了分析,原文如下:

> 甸方八里,旁加一里,则方十里,为一成。积百井,九百夫。其中六十四井,五百七十六夫,出田税;三十六井,三百二十四夫,治洫。四甸为县,方二十里。四县为都,方四十里。四都方八十里,旁加十里,乃得方百里,为一同也。积万井,九万夫。其四千九十六井,三万六千八百六十四夫,出田税;两千三百四井,二万七百三十六夫,治洫;三千六百井,三万二千四百夫,治浍。——《周礼·地官司徒第二·小司徒之职(注疏)》

土地划界的一甸之地边长8里,而水网的一成之地边长10里,所以在一甸之地的四面各加1里,就刚好是一成之地了;同理在四都之地四面各加10里,就形成了边长100里的一同之地(图4-5)。在"邑、丘、甸、县、都"的连续层次中,"甸"和"四都"的层次就形成了主要的层次,主要层次的出现是社会性层次和物质性层次在某一层次水平上享有共同秩序的结果,使得空间层次具有了更为明晰的结构。社会组织由于人体的物质性,必然是会占有一定空间的,并且可以与一定地域相对应,但是并不是任何级别的社会组织都会以人工物质形态将其社会性的层次表现为物质空间的层次,这一实例从原理上说明,当社会性层次与物质性层次相重合时,空间层次结构将会更加明晰。

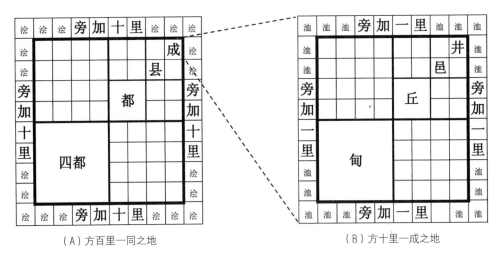

(A)方百里一同之地　　　　　　　(B)方十里一成之地

图4-5　土地划界层次与水网层次中"甸"和"四都"两个主层次
(图片来源:作者根据《周礼·地官司徒第二·小司徒之职(注疏)》[①]自绘)

四、社会组织中的空间层次

如上对土地划分的分析,虽然是通过社会组织而具有空间层次的,但是仍旧是生产组织问题,尽管提及赋役教化却没有细致的说明,因此土地的层次划分中

---

① 十三经注疏整理委员会整理,十三经注疏·周礼注疏(上、下),北京:北京大学出版社,1999:279.

还没有涉及社会等级在其中的反映,下面将要分析的内容则完全是从社会制度出发,对土地、城邑、民众进行的层次性组织,其中哪些可以形成空间的层次,哪些不能,是需要进行分辨的。

(一)土地分配和管理中的层次

在社会的组织管理中,土地在三个方面表现出具有层次特点,其一,是分封制下贵族的等级与相应的土地规模相匹配(表4-7);其二,在赋税征收上呈现出由近及远的递变规律(表4-8);其三,对于劳作生产的土地,考虑地力的等级因素进行赋役的差别化管理(表4-9)。这些制度的设计中使得土地进一步具有了社会性,但是都不涉及对于物质空间的具体营造规定。

分封制下土地分配的规模等级　　　　　表4-7

事项	等级划分				
封疆等级	诸公之地	诸侯之地	诸伯之地	诸子之地	诸男之地
封疆规模	方五百里	方四百里	方三百里	方二百里	方百里
数量	四公	六侯	十一伯	二十五子	百男
食地比重	其食者半	食者参之一		食者四之一	
食地数量	250方里	133方里	100方里	50方里	25方里

(资料来源:根据《周礼·大司徒》[①]和《周礼·职方氏》[②]相应文字整理,食地数量为本书计算所得)

地域土地的分配与赋税　　　　　表4-8

区域	国中	场圃	近郊	远郊	甸地	稍地	县地	疆地	漆林地
用途	廛里	园地	宅田 士田 贾田	官田 牛田 赏田 牧田	公邑之田	家邑之田	小都之田	大都之田	
赋税	无征	二十而一	十一	二十而三	十二				二十而五
距离政治中心	近　　　　　　　　　　　　　　　　　　　→　　远								
税赋比例	低　　　　　　　　　　　　　　　　　　　→　　高								

(资料来源:根据《周礼·地官司徒第二·载师》[③]文字整理)

---

① 凡建邦国,以土圭土其地而制其域:诸公之地,封疆方五百里,其食者半;诸侯之地,封疆方四百里,其食者参之一;诸伯之地,封疆方三百里,其食者参之一;诸子之地,封疆方二百里,其食者四之一;诸男之地,封疆方百里,其食者四之一。(《周礼·地官司徒第二·大司徒之职》)
② 凡邦国千里,封公以方五百里,则四公;方四百里,则六侯;方三百里,则十一伯;方二百里,则二十五子;方百里,则百男。以周知天下。(《周礼·夏官司马第四·职方氏》)
③ 载师:掌任土之法以物地事、授地职,而待其政令。以廛里任国中之地,以场圃任园地,以宅田、士田、贾田任近郊之地,以官田、牛田、赏田、牧田任远郊之地,以公邑之田任甸地,以家邑之田任稍地,以小都之田任县地,以大都之田任疆地。凡任地,国宅无征,园廛二十而一,近郊十一,远郊二十而三,甸、稍、县、都皆无过十二,唯其漆林之征二十而五。凡宅不毛者,有里布。凡田不耕者,出屋粟。凡民无职事者,出夫家之征。以时征其赋。(《周礼·地官司徒第二·载师》)

地力等级与土地分配及赋役　　　　　　表4-9

周礼篇章	事项	等级		
	土地等级	上地	中地	下地
大司徒造都鄙	耕作方式	不易之地	一易之地	再易之地
	分配	家百亩	家二百亩	家三百亩
小司徒	每家人数	七人	六人	五人
	劳役	家三人	二家五人	家二人
遂人治野	宅地	一廛	一廛	一廛
	田地	百亩	百亩	百亩
	菜地	五十亩	百亩	二百亩
大司马	赋	食者参之二	食者半	食者参之一
	劳役	家三人	二家五人	家二人
土地生产力		高 ──────────────→ 低		
人口密度		高 ──────────────→ 低		
赋役比重		高 ──────────────→ 低		

（资料来源：根据《周礼》文字①②③④整理）

　　三种土地分配的设计都可以形成空间层次，公侯伯子男五等爵的土地分封规模形成了体系的等级层次；轻近重远的税赋方式形成了一个从中心向四方递变的层次，这个中心就是王城所在地，在整个疆域内形成了唯一的一个中心；而根据地力分配土地的方式则直接导致了人口密度的变化，土地肥沃之地出产多，分地少，人口密度大，赋役也相应的重，反之土地贫瘠之地出产少，分地多，人口密度小，赋役轻，从而也造成了"中心—边缘"的层次结构，只是这个中心是由土地的生产力状况决定的，因而不是单一的中心，而是会形成不同的人口聚集的中心。每一种空间层次的建立都是非常简单的原则，把这三种空间层次（表4-10）叠加在一起，就会出现多种可能而形成较为复杂的层次现象：生产中心是否与政

---

① 凡造都鄙，制其地域而封沟之。以其室数制之：不易之地，家百亩；一易之地，家二百亩；再易之地，家三百亩。乃分地职、奠地守、制地贡，而颁职事焉，以为地法而待政令。（《周礼·地官司徒第二·大司徒之职》）
② 乃均土地以稽其人民，而周知其数：上地家七人，可任也者家三人；中地家六人，可任也者二家五人；下地家五人，可任也者家二人。（《周礼·地官司徒第二·小司徒之职》）
③ 凡治野：以下剂致甿，以田里安甿，以乐昏扰甿，以土宜教甿稼穑，以兴锄利甿，以时器劝甿，以彊予任甿，以土均平政。辨其野之土——上地、中地、下地，以颁田里：上地，夫一廛，田百亩，菜五十亩，余夫亦如之；中地，夫一廛，田百亩，菜百亩，余夫亦如之；下地，夫一廛，田百亩，菜二百亩，余夫亦如之。（《周礼·地官司徒第二·遂人》）
④ 凡令赋，以地与民制之。上地，食者参之二，其民可用者家三人。中地，食者半，其民可用者二家五人。下地，食者参之一，其民可用者家二人。（《周礼·夏官司马第四·大司马》）

治中心重合而形成明晰的层次结构,还是相互分离形成叠加的格局(贺业钜认为是一致,而施坚雅的研究告诉我们,从总体上看,不考虑行业因素,直到清代中国的各级行政治所也并非都是生产和商业的中心),而次级政治中心与国家赋役征收之间并无联系,基本是依循各自需求设计的。在没有明确的地理条件和政权组织的情况之下,如上分析仅仅作为一种逻辑推演,说明面对土地时的一种空间层次规划的理想模式。

与土地有关的三种社会层次结构　　　　　　　　　表4-10

文献记载	赋税的"中心—边缘"层次	体系等级层次	地力的"中心—边缘"层次
层次类别	政治中心	次级政治中心	生产、人口中心

(二)生产生活中的空间层次与社会层次

《周礼》中的"乡遂"属于王畿之地,是周王室直接统辖的区域①。"乡遂"的具体作用是对人民进行组织,承担一定的社会功能,所以要设立官员进行教化管理,因此"乡遂"的本质是统一规划下的社会组织。其规划的最小单位是"家",而"家"同样也是聚居的最小单位,是需要一定的物质空间支持其居住行为的。前文提到《周礼·遂人》中地力不同,分配田地和菜地的大小也不同,但是不论是上、中、下哪种土地都是"夫一廛"(表4-9),也就是说一个主要的劳力(代表一家)是分配土地用以建房的,这些房地如何规划,多少人集中在一起可能形成多大规模的聚落,就没有详文记载了。杨宽、贺业钜、张玉坤、李阿琳等学者,根据文献对先秦闾里城邑做过研究,这些研究或是分析存在"里""邑"为名的聚落,或是确定了"里""邑"为聚居单元(独立聚落或者聚落内封闭的里坊)而分析其具体的形态构成。本书的分析与以上研究不同,并不先明确物质形态出现在哪一层次,而是假设社会组织层次与聚居的物质形态完全对应,以一家之廛为单位,以社会层次组织为规模,进行空间排列,分析各个层次可能存在的空间组合方式,然后再判断某种空间组合方式作为聚落形态的可能。下面以"乡遂"为例进行分析,《周礼》中关于"乡遂"社会分层组织的描述,以及总结的表格见表4-11、表4-12。

正月之吉,始和布教于邦国都鄙。乃县教象之法于象魏,使万民观教象,挟日而敛之。乃施教法于邦国都鄙,使之各以教其所治民。令五家为比,使之相保;五比为闾,使之相受;四闾为族,使之相葬;五族为党,使之相救;五党为州,使之相赒;五州为乡,使之相宾。——《周礼·地官司徒第二·大司徒之职》

---

① 李建国,周礼文化与社会风情,北京:人民教育出版社,1995:52.

《周礼》中"乡"的社会组织　　　　　　　　　　　表4-11

事项		层次构成					
社会组织		比	闾	族	党	州	乡
关系		五家	五比	四闾	五族	五党	五州
人户	规模	5家	25家	100家	500家	2500家	12500家
	社会	相保	相受	相葬	相救	相赒	相宾
官员	名称	比长	闾胥	族师	党正	州长	乡大夫
	职责	治	征令	戒令政事	政令教治	教治政令之法	政教禁令
	级别	下士	中士	上士	下大夫	中大夫	卿
乡师	供器	吉凶二服	祭器	丧器	射器	宾器	吉凶礼乐之器
聚落		可能的物质空间层次结构			社会层次结构		

(资料来源：根据《周礼·地官司徒第二·大司徒之职》及相关文字①②整理)

以土地之图经田野，造县鄙形体之法。五家为邻，五邻为里，四里为酂，五酂为鄙，五鄙为县，五县为遂，皆有地域，沟树之。使各掌其政令刑禁，以岁时稽其人民，而授之田野，简其兵器，教之稼穑。——《周礼·地官司徒第二·遂人》

《周礼》中"遂"的社会组织　　　　　　　　　　　表4-12

事项		层次构成					
社会组织		邻	里	酂	鄙	县	遂
关系		五家	五邻	四里	五酂	五鄙	五县
人户	规模	5家	25家	100家	500家	2500家	12500家
官员	名称	邻长	里宰	酂长	鄙师	县正	遂大夫
	职责			政令	政令、祭祀	教治政令之法	政教禁令
	级别		下士	中士	上士	下大夫	中大夫
边界		皆有地域，沟树之					
聚落		可能的物质空间层次结构			社会层次结构		

(资料来源：根据《周礼·地官司徒第二·遂人》及相关文字③整理)

"乡遂"组织的社会层次结构完全一样，可以一同分析其可能的聚落空间构成。"乡"的社会职能记录得较多，然而并不涉及任何物质环境的记述，对"遂"

---

① 乡大夫，每乡卿一人。州长，每州中大夫一人。党正，每党下大夫一人。族师，每族上士一人。闾胥，每闾中士一人。比长，五家下士一人。(《周礼·地官司徒第二》)
② 正岁，稽其乡器，比共吉凶二服，闾共祭器，族共丧器，党共射器，州共宾器，乡共吉凶礼乐之器。(《周礼·地官司徒第二·乡师之职》)
③ 遂大夫，每遂中大夫一人。县正，每县下大夫一人。鄙师，每鄙上士一人。酂长，每酂中士一人。里宰，每里下士一人。邻长，五家则一人。(《周礼·地官司徒第二》)

第四章　理想模式不理想：古籍文献的再解读

的记述中有"皆有地域，沟树之"这七个字说明了占有土地并有物质边界，但是"皆有"的含义也不明确，是"邻、里、酂、鄙、县、遂"六个级别都有，还是仅指各个"遂"都有，从以壕沟和树木进行分界的方式看，还是对土地进行的划界，仍旧没有关于聚落物质形态的描述。在此不参考其他文献，仅以"乡遂"的社会层次为依据，分别考虑各层次聚居在一起所形成的聚落空间形态的可能性。图4-6是对可能的聚落形态进行的推想，推想的逻辑前提条件有两条：其一，一廛之地是矩形；其二，各层次空间组合方式有很多种，选择最为方正的为可能的聚落形态，同时列出作为上一层次组成单元的形态。

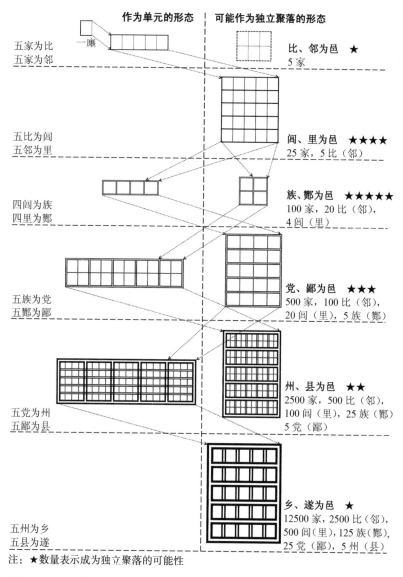

图4-6　闾里城邑空间层次概念推想图

从图4-6中可以看到，在"乡遂"的社会层级中，理论上讲各个层次都可以有完全与其对应的聚落空间层次结构，但是从体系的角度看这些层次的聚落不一定都会存在。首先，由于土地和人口层次的包含性，如果一乡遂之人同居一邑，那么只有最高一级"乡遂"为邑就可以了，其他的聚落形态一概不需要，因此可能性最弱。其次，从农业生产的角度看，从居住地到最远一处田地的距离，决定了人口聚集的程度，《汉书·食货志》载九夫之内有"二十亩以为庐舍"，实为方便耕作的临时居所，即便有"冬夏两栖"的居住方式①，也要考虑聚居规模和耕作范围之间的关系。如果土地为方形，聚落位于土地边缘以边长计聚落到最远土地的距离，如果聚落位于土地中心以边长的一半计聚落到最远土地的距离，从表4-13中可以看出这个距离的最大值为37.3里，最小值为不到0.5里，因此可对便于耕种的人口聚居规模作出判断，距离小于5里的较为方便。因而比（邻）、闾（里）和族（酂）的可能性最大，党（鄙）次之，州（县）又次之，乡（遂）距离太远不太可能。

乡遂土地规模和人口规模　　　　　表4-13

事项		单位	比（邻）	闾（里）	族（酂）	党（鄙）	州（县）	乡（遂）
聚集人口		家	5	25	100	500	2500	12500
土地	面积	夫	5	25	100	500	2500	12500
	最接近的正方形	夫	2×3	5×5	10×10	22×23	50×50	112×112
		里	1	1.6	3.3	7.6	16.6	37.3
距离	最远的农田	里	0.5	0.8	1.7	3.8	8.3	18.6
		步	150	240	330	1140	2490	5580
庐地	面积	亩	12.5	62.5	250	1250	6250	31250
		夫	0.13	0.63	2.50	12.50	62.50	312.50
	方里（约）	里	0.01	0.07	0.28	1.39	6.94	34.72
可能性	距离土地		☆	☆☆☆	☆☆☆	☆☆☆	☆☆	☆
	一乡遂之内		☆	☆	☆☆	☆☆	☆☆	☆
	综合		★	★	★★★★	★★★★★	★★★	★★	★

注：1. 一家按一夫之地计算。距离计算以聚落位于田地中心，计到边缘的距离，为边长一半。
　　2. 庐地面积按一家2.5亩计算，25家62.5亩，贺业钜认为加上公共用地合计100亩为一夫之地，因此庐地规模以此为依据推算。

（资料来源：作者根据《周礼》中乡遂制度自绘）

在考虑不同人口总量的时候，对于各层次聚落存在与否的判断也不同，如果仅就一乡遂"12500家"而言，不可能存在"乡遂"为邑的情况，"州县"为邑的

---

① 张玉坤，聚落·住宅——居住空间论［博士学位论文］，天津大学，1996：59.

情况也很少，即便有，数量也非常有限，就如上表所示，要合理进行人口的聚集；但是如果就更大范围而言，还要包括不从事农业生产的手工业者以及贵族，那么相应人口聚集规模的聚落都是会有的，按照廛地占地规模来算，"乡遂"聚居一地的城邑面积约35方里，约6里×6里的规模①，照比王城9里×9里，81方里的规模，是可以作为下一层次的聚落的，而参照王城6万人②的聚集规模，也几乎是以5倍为递进的，因此在理论上不能完全否定"乡遂"这一级人口聚集规模聚落的存在。再从聚居管理的角度分析，比（邻）和闾（里）的人口规模很小或较少，都不便于组织管理，而"族酂"100户的聚居规模能有效提高管理效率，同时3.3里的耕作距离也不过远，非常好地兼顾了聚居管理与耕作的关系，因此"族酂"是最可能的独立聚落的形态。

如果我们再从聚落的空间形态分析，会发现"闾里"的格局是由五列廛地前后排列而成，中间可能有巷道（图4-6闾里为邑），结构过于简单。而"族酂"由四"闾里"构成，中间可以形成十字形街巷，四面可开门，一个独立城邑的结构非常完备（图4-6族酂为邑）。更值得注意的是，在社会组织的所有进制中除了"闾里"进"族酂"是4倍关系，其他都是5倍关系。比较其他各层级空间形态的概念推想图，可以发现只有"族酂"的格局与实际的城邑形态最为接近，只有这一处的4倍关系可以形成十字路旁一门的格局，因此这一4倍关系的独特之处可以从聚落的物质形态上获得解释，这也是社会组织适应空间构成规律的一种表现。

将"族酂"100人聚居的规模视为最为可能的独立聚落形态，可以从《周礼》中如下两段记叙中找到间接的支持：

司稼：巡邦野之稼，而辨穜稑之种，周知其名，与其所宜地，以为法而县于邑闾。——《周礼·官地官司徒第二·司稼》

掌国之五禁之法，以左右刑罚：一曰宫禁，二曰官禁，三曰国禁，四曰野禁，五曰军禁。皆以木铎徇之于朝，书而县于门闾。——《周礼·秋官司寇第五·士师之职》

这两段话都是说将规定的法令公布出去，公布的方式是悬挂在"邑闾"或者"门闾"，这说明"闾"是一处物质空间的存在。"邑闾"可以理解为"邑之闾"就是"邑中的闾"，因此"闾（里）"是作为聚落中的一个主要单元而存在的，那么其上一层次的"族酂"就当为独立的聚落。《吕氏春秋·仲夏》中有"门闾无闭，关市无索"。高诱注文曰："门，城门；闾，里门也。"也是说，城有城门，城内的闾里亦有门，因此"闾里"是单元，而"族酂"可以是聚落。

此外，关于"族"之长官"族师"的职责，也可以参照。

五家为比，十家为联；五人为伍，十人为联；四闾为族，八闾为联；使之

---

① 此处只是概略分析，聚落中有些公共空间规模不详，不能准确地计算面积。
② 贺业钜，考工记营国制度研究，北京：中国建筑工业出版社，1985：119.

相保相受，刑罚庆赏，相及相共，以受邦职，以役国事，以相葬埋。——《周礼·地官司徒第二·族师》

如上说明，"人、家、闾"可以作为一种单位，并在原来的组织层次上加倍就可以成为"联"，而这样的组织方式是在"族师"的管理之下，这也说明了"闾"不处于独立地位，而"八闾为联"则必须经两个"族师"完成。"伍""联"之说与军事管理有关，因此有必要再从军事的角度进行分析。

凡制军，万有二千五百人为军。王六军，大国三军，次国二军，小国一军。军将皆命卿。二千有五百人为师，师帅皆中大夫。五百人为旅，旅帅皆下大夫。百人为卒，卒长皆上士。二十五人为两，两司马皆中士。五人伍，伍皆有长。——《周礼·夏官司马第四》

五人为伍，五伍为两，四两为卒，五卒为旅，五旅为师，五师为军，以起军旅，以作田役，以比追胥，以令贡赋。——《周礼·地官司徒第二·小司徒之职》

从表4-14中可以看到军事组织的层次进位关系与乡遂完全相同，只不过基本单位不是"家"而是"人"，可以说乡遂的六级社会组织也是与军事组织密切联系在一起的。乡遂中每家一人便可形成一军，王置六军，六乡六遂不必家家出人，两家一人即可，所以才有"五家为比，十家为联……四闾为族，八闾为联"的组织需要（见表4-15），以保证六军建制。而且族师与酂长之职中有一点与六个层次组织中其他"士"和"大夫"不同，在军事上有特殊的职责。乡的族师与军队的卒长级别同位上士，很可能为一人兼任，固有"合其卒伍，简其兵器，以鼓铎、旗物帅而至"（《周礼·族师》）的任务；遂的酂长为中士，不能兼有卒长之职，但是也"以旗鼓兵革帅而至，若岁时简器，与有司数之"（《周礼·酂

《周礼》军事组织的层次　　　　表4-14

事项		层次构成					
军事组织		伍	两	卒	旅	师	军
关系		五人	五伍	四两	五卒	五旅	五师
规模		5	25	100	500	2500	12500
官员	称谓	伍长	两司马	卒长	旅帅	师帅	军将
	等级	下士	中士	上士	下大夫	中大夫	卿

（资料来源：根据《周礼·地官司徒第二·小司徒之职》和《周礼·夏官司马第四》整理）

社会组织与军事组织的关系　　　　表4-15

社会/军事组织		层次构成			
层次构成	基本单位	五人为伍	五家为比	四闾为族
	倍之为联	十人为联	十家为联	八闾为联

（资料来源：根据《周礼·地官司徒第二·族师》整理）

长》)。可见族师与酂长都有"简兵器"和"帅而至"的职责。军事管理的特点更应该是集中的，因此又可证明"族酂"为独立聚落。

综上，从聚落的空间形态及其社会管理、农业生产和军事组织等职能的角度，综合分析认为"族酂"成为独立聚落的可能性为最大。聚落个体的名称各异，而"闾里"作为独立聚落中下一层次的空间单元的称谓，却被一直保留着，乃至聚落个体规模扩大百千倍，其下一级空间单元仍旧称谓"闾里"，这其中固然有编户制度秩序存在的社会因素，然而物质空间的相对层次关系的存在，也为社会制度的实现发挥着必要的支撑作用。所以，比起具体的聚落形态和某一时期的社会制度，物质空间的相对层次关系和社会组织的层次结构可能是更为普遍和更为稳定的一种存在。

再从管子的两项规划方案中对不同社会组织层次下，可能的独立聚落的空间结构进行分析。不论军政组织还是社会组织，都是层次分明的，只不过层次间的进位关系与《周礼》不同，其中特别值得注意的是作为军事组织和作为社会组织的"卒"。军政组织中的"卒"与下一级的进位关系也是4，下级的名称也是里（表4-16），层次关系与《周礼》中"族酂"相同，只是规模翻了倍，为200人（或户）。社会组织中"卒"三倍于"族酂"的规模，与下一级是10进位关系（表4-17）。军政组织所言是"制国"，社会组织所言为"制鄙"，国鄙之别更多的是生产性质的差别，农人分散利于农事（考虑到春秋时期可能的社会变化），因而制鄙以30家为邑，而非耕作活动可以更多人聚居，所以"五家为轨……十轨

管子制国的军政层次组织　　　　　　　　表4-16

事项	层次构成				
社会组织	轨	里	连	乡	帅
关系	五家	十轨	四里	十连	五乡
社会规模（家）	5	50	200	2000	10000
官员	轨长	里有司	连长	良人	
军事组织	伍	小戎	卒	旅	军
军队规模（人）	5	50	200	2000	10000
独立聚落的可能性	★	★★	★★★	★★	★

注：独立聚落的可能性都是指在没有固定人口规模时的可能性。
（资料来源：根据《国语·齐语》[①]相关文字整理）

[①] 管子于是制国：五家为轨，轨为之长；十轨为里，里有司；四里为连，连为之长；十连为乡，乡有良人焉。以为军令：五家为轨，故五人为伍，轨长帅之；十轨为里，故五十人为小戎，里有司帅之；四里为连，故二百人为卒，连长帅之；十连为乡，故二千人为旅，乡良人帅之；五乡一帅，故万人为一军，五乡之帅帅之。三军，故有中军之鼓，有国子之鼓，有高子之鼓。春以蒐振旅，秋以狝治兵。是故卒伍整于里，军旅整于郊。内教既成，令勿使迁徙。（《国语·齐语》）

管子制鄙的社会层次组织　　　　　　　　表4-17

事项	层次构成					
社会组织	邑	卒	乡	县	属	国
关系	三十家	十邑	十卒	三乡	十县	五属
官员	邑有司	卒帅	乡帅	县帅	大夫	
			下政	牧政	正	
规模（家）	30	300	3000	9000	90000	450000
独立聚落的可能性	★★★	★★	★	★	☆	☆

注：独立聚落的可能性都是指在没有固定人口规模时的可能性。
（资料来源：根据《国语·齐语》① 相关文字整理）

为里……四里为连"，规模增加了。如果可以认可国中"连"为基本独立聚落，而鄙中"邑"为基本独立聚落，那么30户和200户的规模差异也提示了聚落体系层次的存在。而有研究也指出有四井之邑②，即36户规模的聚居，若此依据《周礼》的规划，也存在井邑36户和"族鄗"之邑100户的体系层次。200户"连"和100户"族鄗"之上的聚落在理论上仍可能有，但仅依文献难以推断可信的空间形态，如此可以得到先秦时期可能的独立聚落形态与其内部的尺度层次，及其组成的体系层次（图4-7）。

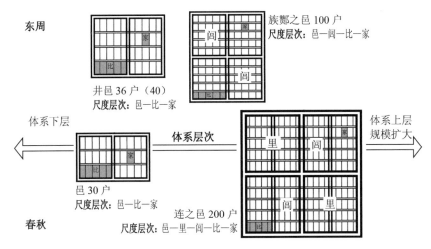

图4-7　先秦文献聚落体系双向度层次分析

---

① 桓公曰："定民之居若何？"管子对曰："制鄙。三十家为邑，邑有司；十邑为卒，卒有卒帅；十卒为乡，乡有乡帅；三乡为县，县有县帅；十县为属，属有大夫。五属，故立五大夫，各使治一属焉；立五正，各使听一属焉。是故正之政听属，牧政听县，下政听乡。"桓公曰："各保治尔所，无或淫怠而不听治者！"（《国语·齐语》）
② 李阿琳，聚集到分散：浅析村出现前后的居住形态与聚落特征//贾珺编，建筑史（第26辑），北京：清华大学，2010，77-88.

第四章　理想模式不理想：古籍文献的再解读

从文献所记述的内容看，图4-7也包含了东周和春秋两个历史时期的情况，这从上下列进行了区分。在此本书并非探究历史发展，只是根据文献记载进行的沙盘推演，是否符合历史发展的实际并未进行足够的证明，不过这种模拟并不对本书关注的问题造成影响。如上引用文献的成书年代在史学界尚有争论，将其视为历史的记录不如当作历史上曾经存在过的国家和社会规划的思想，而本书以其为素材推演的目的，在于分析社会组织层次与物质空间层次之间可能存在的关系，这种关系来自于"远古的理想"①，就如思想对于社会潜在的影响一样，这种关系也必然在具体的历史聚落中有所表现。从社会层次与物质空间层次关系的角度上看，图4-7中按从左到右的顺序排列，就构成一个聚落体系中较为完备的双向度层次结构：由人口规模决定的体系层次和以"邑—里—闾—比—家"为内容的个体聚落的尺度层次，并且体系层次和尺度层次存在十分一致的整体变化。不论是人口规模的递进关系，还是"邑—里—闾—比—家"的空间结构关系，在中国聚落发展的历史过程中都可以找到，甚至是一以贯之的层次现象，只是在不同时期具体的物质空间呈现方式和所承载的社会内容不同。然而也应注意到，虽然从空间组合的可能性上讲，社会层次可以和空间层次一一对应，但是由于人口和土地的因素，以及聚落各种社会职能的要求，即便在理想的理论情况下也难以存在社会层次与空间层次一一对应的情况，这就是为什么"乡遂"中六级组织，管子"制国鄙"中的五级和六级组织不能在理论上确定其都有聚落形态的原因，也是图4-7中为什么只能有不同时期四个聚落形态的原因。

再回到乡遂制度下聚落层次的分析，在人口总量固定的情况下，聚落作为容纳人口的物质实体不可能具有社会管理的全部层次，我们可以将人口以任意的聚居方式进行分配（表4-18），形成不同规模的聚落等级，但聚落的等级数量总是会少于社会管理的层次数量。

"乡遂"可能的聚落体系层次结构　　　　表4-18

模式框架	分析事项	层次构成						人口总量固定
	社会组织	比（邻）	闾（里）	族（酂）	党（鄙）	州（县）	乡（遂）	
	聚集规模（户）	5	25	100	500	2500	12500	12500
聚落层次A	聚落数量	—	200	25	5	1	—	
	各级家户	—	5000	2500	2500	2500	—	12500
聚落层次B	聚落数量	—	—	100	5	—	—	
	各级家户	—	—	10000	2500	—	—	12500
聚落层次C	聚落数量	—	200	50	5	—	—	
	各级家户	—	5000	5000	2500	—	—	12500

---

① 冯绍霆，周礼：远古的理想，上海：上海古籍出版社，1997.

五、国域空间层次的发源

在前面的论述中只能看到与土地密切关联的聚落形态，反映了华夏自古农业立国的特点，但是从具体分析中还没有涉及整个国家疆域的空间格局。有研究认为，中华的统一在传说时代就已经开始[①]。《尚书》中关于尧舜的记录说明地域的划分与其间的统属关系已经存在（表4-19）。

帝曰："咨！四岳！朕在位七十载，汝能庸命，巽朕位？"岳曰："否德忝帝位。"——《尚书·尧典》

"肇十有二州，封十有二山，浚川。"——《尚书·舜典》

月正元日，舜格于文祖。询于四岳，辟四门，明四目，达四聪。咨十有二牧，曰：食哉，惟时！柔远能迩，惇德允元，而难任人；蛮夷率服。——《尚书·舜典》

最早的地域-社会层次　　　　　　　　　　表4-19

时期	层次		
尧	帝尧	四岳	
舜	帝舜	四岳	十二牧（十二州）

（资料来源：根据《尚书》整理）

尧舜之时是否有国家形态？四岳是具体的谋臣，管理一方事物，还是一级确切的地域组织？不论这些问题的答案是什么，都不能否认这样一个事实："帝—岳—牧"的设置是一种自上而下的对于大地域范围的一种设计框架。"封十有二山"说明宗教活动神权地位的确立，"柔远能迩"说明影响所及范围已很广泛，"蛮夷率服"说明发展差异可以形成等级差异。及后世十二州变为九州，远迩蛮夷发展为五服、九服，地域格局的层次划分就更加分明了。

（一）九州的地理意义

《尚书·禹贡》有载："禹别九州，随山浚川，任土作贡。"详见表4-20。

禹贡九州　　　　　　　　　　表4-20

名称	冀州	兖州	青州	徐州	扬州	荆州	豫州	梁州	雍州
土质	白壤	黑坟	白坟	赤埴坟	涂泥	涂泥	下土坟垆	青黎	黄壤
田等	中中	中下	上下	上中	下下	下中	中上	下上	上上
赋等	上上错	贞	中上	中中	下上、上错	上下	错上中	下中三错	中下
贡物		漆丝	盐、絺	土五色	金三品	羽、毛	漆、枲	璆、铁	球、琳

（资料来源：根据《尚书·禹贡》整理，"贡物"一行仅列出原文首项）

---
① 程念祺，中国上古的统一趋势，探索与争鸣，2000，（6）：44-47.

关于九州还有很多说法①，其中《周礼》所记载的甚为完备（表4-21），各州的山川河流、物产人民、作物禽畜都记述详备，其内容相当于今日自然地理与经济地理所研讨的对象，九州之划分具有资源普查的意味，其背后必然是有一个普查行动的主体存在，这个主体如果不是国家，也应当是具有相当统属能力的社会组织。《尚书·禹贡》被认为是我国最早的地理文献，然而《禹贡》所出"任土作贡"是其重要的目的，因此土的自然特性经过田等的区分，才具有了贡赋差别的社会内涵，由贡赋可见九州之分是自上而下的行为和观念。人类利用自然资源的过程中赋予其社会意义，九州的由来也很可能有地域集团的痕迹，但是九州的目标不在于区分社会内容，而是从一个总体的视角按照统一的方式，根据自然资源的状况对不同地域特点进行的划分和描述，因此九州不具有理想化的网格形态，而是根据地域确定的自然形态。

《周礼》所载九州　　　　　　　表4-21

名称		扬州	荆州	豫州	青州	兖州	雍州	幽州	冀州	并州
方位		东南	正南	河南	正东	河东	正西	东北	河内	正北
自然	山镇	会稽	衡山	华山	沂山	岱山	岳山	医无闾	霍山	恒山
	泽薮	具区	云瞢	圃田	望诸	大野	弦蒲	貕养	杨纡	昭余祁
	川	三江	江、汉	荥、雒	淮、泗	河、泲	泾、汭	河、泲	漳	虖池、呕夷
	浸	五湖	颍、湛	波、溠	沂、沭	卢、维	渭、洛	菑、时	汾、潞	涞、易
物产	利	金、锡竹、箭	丹、银齿、革	林、漆丝、枲	蒲、鱼	蒲、鱼	玉石	鱼盐	松柏	布帛
民	性别比	二男五女	一男二女	二男三女	二男二女	二男二女	三男二女	一男三女	五男三女	二男三女
生产	畜	鸟兽	鸟兽	六扰	鸡狗	六扰	牛马	四扰	牛羊	五扰
	谷	稻	稻	五种	稻麦	四种	黍稷	三种	黍稷	五种

（资料来源：根据《周礼·夏官司马第四·职方氏》相关文字整理）

---

① 《吕氏春秋·有始览·有始》："何谓九州？河、汉之间为豫州，周也。两河之间为冀州，晋也。河、济之间为兖州，卫也。东方为青州，齐也。泗上为徐州，鲁也。东南为扬州，越也。南方为荆州，楚也。西方为雍州，秦也。北方为幽州，燕也。"《尔雅·释地》："两河间曰冀州，河南曰豫州，河西曰雝州，汉南曰荆州，江南曰杨州，济河间曰兖州，济东曰徐州，燕曰幽州，齐曰营州。"《淮南子·地形训》："何谓九州？东南神州曰农土，正南次州曰沃土，西南戎州曰滔土，正西弇州曰并土，正中冀州曰中土，西北台州曰肥土，正北泲州曰成土，东北薄州曰隐土，正东扬州曰申土。"《后汉书·张衡传》注引《河图》："天有九部八纪，地有九州八柱。东南神州曰晨土，正南卬州曰深土，西南戎州曰滔土，正西弇州曰开土，正中冀州曰白土，西北柱州曰肥土，北方玄州曰成土，东北咸州曰隐土，正东扬州曰信土。"

（二）五服、九服的社会—空间层次

与九州的自然形态不同，五服、九服的形态是理想化的方形，从对五服、九服的不同记录中（表4-22～表4-24）也可以清晰地发现，与九州的思想不同，五服、九服的划分更强调在地域空间上对社会进行的安排。

《禹贡》所载五服的地理空间层次与社会层次　　　　　　　　　　表4-22

事项	社会—空间层次												
区域空间	甸服					侯服			绥服		要服		荒服
空间范围	百里	二百里	三百里	四百里	五百里	百里	二百里	三百里	三百里	二百里	三百里	二百里	三百里	二百里
纳赋职责	总	铚	秸服	粟	米	采	男邦	诸侯	揆文教	奋武卫	夷	蔡	蛮	流

（资料来源：根据《尚书·禹贡》相关文字整理[①]）

《国语·周语上》所载五服的社会层次结构　　　　　　　　　　表4-23

事项	社会—空间层次				
区域空间	甸服	侯服	宾服	要服	荒服
人众	邦内	邦外	侯、卫	蛮、夷	戎、狄
祭祀对象	日祭	月祀	时享	岁贡	终王

（资料来源：根据《国语·周语上》[②]相关文字整理）

《周礼》所载九服的地理空间层次与社会层次　　　　　　　　　　表4-24

篇章	事项	社会—空间层次									
	地域范围	方千里	其外方五百里	又其外方五百里	又其外方五百里	又其外方五百里	又其外方五百里	又其外方五百里	又其外方五百里	又其外方五百里	又其外方五百里
大司马	物理地域	国畿	侯畿	甸畿	男畿	采畿	卫畿	蛮畿	夷畿	镇畿	蕃畿
职方氏	政治地位	王畿	侯服	甸服	男服	采服	卫服	蛮服	夷服	镇服	藩服

---

① 《尚书·禹贡》：五百里甸服：百里赋纳总，二百里纳铚，三百里纳秸服，四百里粟，五百里米。五百里侯服：百里采，二百里男邦，三百里诸侯。五百里绥服：三百里揆文教，二百里奋武卫。五百里要服：三百里夷，二百里蔡。五百里荒服：三百里蛮，二百里流。东渐于海，西被于流沙；朔、南暨声教，讫于四海。禹锡玄圭，告厥成功。
② 夫先王之制：邦内甸服，邦外侯服，侯、卫宾服，要服，戎、狄荒服。甸服者祭，侯服者祀，宾服者享，要服者贡，荒服者王。日祭、月祀、时享、岁贡、终王，先王之训也。（《国语·周语上》）

续表

事项		社会—空间层次								
大行人	觐见频次	岁壹见	二岁壹见	三岁壹见	四岁壹见	五岁壹见	六岁壹见			世壹见
大行人	贡物	祀物	嫔物	器物	服物	材物	货物			所贵宝

（资料来源：根据《周礼》相关文字整理①）

不论五服还是九服，都形成了一个围绕王畿的四方同心结构，在这个层层相套的结构中，越靠近中心，王朝对其控制力越强，越靠近边缘，王朝的控制力越弱，如《禹贡》中仅在最内的"甸服"中有纳赋规定，其外"侯服"为封地，再外"绥服"也还能施教化、布防卫，而最外的"要服"和"荒服"很可能只是名义上的关系。在《国语》和《周礼》中这种较弱的控制依然存在，但是从社会礼制划分中赋予了地位高低的不同，越靠近中心王朝，社会地位越高，反之地位越低。比如《国语》中对祭祀对象的规定，《周礼》中对觐见频次和纳贡的规定，都有贵贱不同的差异。不论是控制力强弱，还是社会地位的高下，四方同心结构的设计都是将社会层次关系与地域空间相对应，形成的是"社会—空间"的层次结构，若脱离了社会控制因素和社会地位的差别，四方同心结构将不复存在。

（三）周公作雒：一个规划的例子

周代商后营建洛邑，从《逸周书》的描述看，周公的工作可以说是一个区域规划的例子，虽然范围不是周的全部势力所在，但是正因直属，所以才有具体的规划方案，也可以与《周礼》中"乡遂"规划进行比较。《逸周书》原文如下：

> 周公敬念于后，曰："予畏同室克追，俾中天下。"及将致政，乃作大邑成周于中土。城方千七百二十丈，郭②方七十里。南系于洛水，北因于郏山，以为天下之大凑。制郊甸，方六百里，国西土，为方千里。分以百县，县有四郡，郡有四鄙，大县城方王城三之一，小县立城，方王城九之一。都鄙不过百室，以便野

---

① 《周礼·夏官司马第四·大司马》乃以九畿之籍，施邦国之政职。方千里曰国畿，其外方五百里曰侯畿，又其外方五百里曰甸畿，又其外方五百里曰男畿，又其外方五百里曰采畿，又其外方五百里曰卫畿，又其外方五百里曰蛮畿，又其外方五百里曰夷畿，又其外方五百里曰镇畿，又其外方五百里曰蕃畿。《周礼·夏官司马第四·职方氏》：乃辨九服之邦国，方千里曰王畿，其外方五百里曰侯服，又其外方五百里曰甸服，又其外方五百里曰男服，又其外方五百里曰采服，又其外方五百里曰卫服，又其外方五百里曰蛮服，又其外方五百里曰夷服，又其外方五百里曰镇服，又其外方五百里曰藩服。《周礼·秋官司寇第五·大行人》：邦畿方千里。其外方五百里谓之侯服，岁壹见，其贡祀物。又其外方五百里谓之甸服，二岁壹见，其贡嫔物。又其外方五百里谓之男服，三岁壹见，其贡器物。又其外方五百里谓之采服，四岁壹见，其贡服物。又其外方五百里谓之卫服，五岁壹见，其贡材物。又其外方五百里谓之要服，六岁壹见，其贡货物。九州岛岛之外谓之蕃国，世壹见，各以其所贵宝为挚。

② 《春秋公羊传》载："齐侯侵我西鄙，遂伐曹，入其郭。郭者何？恢郭也。"因此"郭"为外城之意。

事。农居鄙,得以庶士,士居国家,得以诸公大夫。凡工贾胥市臣仆州里,俾无交为。——《逸周书·作雒解第四十八》

与前述分析的文献不同,周公作雒对物质实体的规模多有记载,王城、大县、小县各有规定,"郡""鄙"之说未直接说明大小。"都鄙不过百室,以便野事"是对聚居规模的限制,由此可知"鄙"是有物质实体的聚落,"郡"未有详述,可能是地域范围,也可能是聚落,本书暂将其作为聚落的含义,将此段文字归纳为表4-25。

周公作雒的规划　　　　　　　表4-25

区域	中土	郊甸(方六百里,国西土,为方千里)			
聚落	大邑成周	县		郡	鄙
		大县	小县		
社会关系	天下之大凑	分以百县,县有四郡		郡有四鄙	不过百室
规模	城方千七百二十丈郛[20] 方七十里	王城三之一	王城九之一		
	1	100		400	1600
社会地位	王	诸公大夫		庶士	农

(资料来源:根据《逸周书·作雒》整理,社会关系一行与聚落的对应关系为作者所加)

周公的规划从隶属关系上看有"王城—县—郡—鄙"四级,从聚落的规模看,县分大、小两等,则至少五级聚落。《周礼》"乡遂"规划中社会组织有六级,加上王城则可有七级,但社会组织并不能一对一地落在聚落实体上,周公的规划层次比"乡遂"要少两级,而其规划的对象如确是聚落实体的话,恰能说明人口规模一定的社会组织在对应物质空间时,必然出现层次减少的现象,正如表4-18中对"乡遂"可能的聚落体系层次的推测一样,聚落层次数量总会少于社会组织的层次数量。当然这种推测的前提是周公对洛邑社会的规划与《周礼》"乡遂"是相同的,在这个前提无法证实,亦无法证伪的情况之下,本着沙盘推演的逻辑做这样的推断也有其合理性。

另外,本着"凡工贾胥市臣仆州里,俾无交为"的社会管理原则,物质空间成为社会隔离的手段,因而不同社会地位的人居住在不同级别的聚落中,物以类聚、人以群分的普遍性一直贯穿人类历史,不论古今中外,只是物质手段和社会聚类的标准在更迭变化而已。

六、《礼记·王制》中的理想模式

《礼记·王制》中对地域、土地、社会等级组织,有一个概要而完备的描述,可以视为一个典型的例子进行分析。并不按原文的顺序,首先看对于"西不尽流沙，南不尽衡山，东不近东海，北不尽恒山"的地理范围的描述。

自恒山至于南河，千里而近；自南河至于江，千里而近。自江至于衡山，千里而遥；自东河至于东海，千里而遥。自东河至于西河，千里而近；自西河至于流沙，千里而遥。——《礼记·王制》

图4-8反映出一个由地理标志划分的九州格局，《礼记》中并没有对其资源物产进行详述，而是对土地面积进行了数量化的计量（表4-26）。

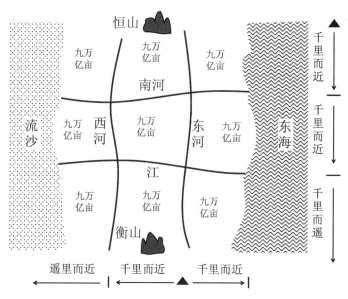

图4-8 《礼记·王制》中的九州
（图片来源：作者根据《礼记·王制》内容自绘）

《礼记·王制》中的土地计量　　　　表4-26

土地范围	方一里	方十里	方百里	方千里	方三千里
规模统计	九百亩	九万亩	九十亿亩	九万亿亩	八十万亿一万亿亩
耕地数量			六十亿亩		

（资料来源：根据《礼记·王制》内容整理）

凡四海之内，断长补短，方三千里，为田八十万亿一万亿亩。方百里者为田九十亿亩；山陵、林麓、川泽、沟渎、城郭、宫室、涂巷，三分去一，其余六十亿亩。——《礼记·王制》

方一里者为田九百亩。方十里者，为方一里者百，为田九万亩。方百里者，为方十里者百，为田九十亿亩。方千里者，为方百里者百，为田九万亿亩。——《礼记·王制》

土地计量的本身就是资源普查，只不过都是按照方形进位的方式计算，比较粗略，也比较概念化，但是从"断长补短"及"三分去一"而最后确定耕地面积的思路上看，还是十分完备的，而且对于土地肥沃程度的划分更加细致，可达五等。

百亩之分：上农夫食九人，其次食八人，其次食七人，其次食六人；下农夫食五人。——《礼记·王制》

最大的土地范围是方三千里，"天子之田方千里"，那么刚好是九个方千里，构成了九州之全部土地。了解土地资源的目的是进行社会组织，将社会的等级结构与土地的规模大小联系起来。

王者之制禄爵，公侯伯子男，凡五等。诸侯之上大夫卿，下大夫，上士中士下士，凡五等。天子之田方千里，公侯田方百里，伯七十里，子男五十里。不能五十里者，不合于天子，附于诸侯曰附庸。天子之三公之田视公侯，天子之卿视伯，天子之大夫视子男，天子之元士视附庸。——《礼记·王制》

社会等级有两个序列，一个是贵族的爵位"公侯伯子男"五等（表4-27），一个是家臣的等级划分（表4-28）。这两个等级都有不同规模的土地，贵族的等级加上天子和附庸，一共七等，而封地的等次只有五等，公、侯合为一等，子、男合为一等，又是一个社会层次比物质空间等次少的例子。规定土地的等级规模之后，就在九州之内进行封国的设置（表4-29、表4-30）。

凡四海之内九州，州方千里。州，建百里之国三十，七十里之国六十，五十里之国百有二十，凡二百一十国；名山大泽不以封，其余以为附庸间田。八州，州二百一十国。天子之县内，方百里之国九，七十里之国二十有一，五十里之国六十有三，凡九十三国；名山大泽不以昕，其余以禄士，以为间田。凡九州，千七百七十三国。天子之元士、诸侯之附庸不与。——《礼记·王制》

社会等级与土地规模　　　　　　　　　　　表4-27

事项	社会等级					
社会等级	天子	公	侯	伯	子	男	附庸
		天子之公		天子之卿		天子之大夫	天子之元士
土地规模	方千里	方百里		方七十里		方五十里	不能五十里

（资料来源：根据《礼记·王制》内容整理）

公卿等级及数量　　　　　　　　　　　　表4-28

宗主的等级	公卿等级及数量			
	公	卿	大夫	士
天子之国	三公	九卿	二十七大夫	八十一元士
大国	无	三卿（皆命于天子）	下大夫五人	上士二十七人

续表

宗主的等级	公卿等级及数量			
	公	卿	大夫	士
次国	无	三卿（二卿命于天子）	下大夫五人	上士二十七人
小国	无	二卿（皆命于其君）	下大夫五人	上士二十七人

（资料来源：根据《礼记·王制》相关文字①整理）

九州封国的规模层次　　　　　　　　　　　　　　　　　　表4-29

事项	层次构成			
国之规模	百里之国	七十里之国	五十里之国	凡（合计）
社会等级	公、侯	伯	子、男	
天子之县内	9	21	63	93
八州各州内	30	60	120	210
合计 八州	240	480	960	1680
合计 九州	249	501	1023	1773

（资料来源：根据《礼记·王制》内容整理）

九州土地分配总体状况　　　　　　　　　　　　　　　　　表4-30

事项		层次构成				
国之规模		百里之国	七十里之国	五十里之国	天子直属	凡（合计）
天子之县内	封国数量	9	21	63		93
	面积	方百里者九	方百里者十方十里者二十九	方百里者十五方十里者七十五	方百里者六十四方十里者九十六	方百里者百
	方里	90000	102900	157500	649600	1000000
八州各州内	封国数量	30	60	120	名山大泽、间田	210
	面积	方百里者三十	方百里者二十九方十里者四十	方百里者三十	方百里者十方十里者六十	方百里者百
	方里	300000	294000	300000	106000	1000000

（资料来源：根据《礼记·王制》相关文字②整理）

---

① 天子：三公，九卿，二十七大夫，八十一元士。大国：三卿；皆命于天子；下大夫五人，上士二十七人。次国：三卿；二卿命于天子，一卿命于其君；下大夫五人，上士二十七人。小国：二卿；皆命于其君；下大夫五人，上士二十七人。（《礼记·王制》）

② 方千里者，为方百里者百。封方百里者三十国，其余，方百里者七十；又封方七十里者六十，为方百里者二十九，方十里者四十；其余，方百里者四十，方十里者六十；又封方五十里者百二十，为方百里者三十；其余，方百里者十，方十里者六十。名山大泽不以封，其余以为附庸间田。诸侯之有功者，取于间田以禄之；其有削地者，归之间田。天子之县内：方千里者为方百里者百。封方百里者九，其余方百里者九十一。又封方七十里者二十一，为方百里者十，方十里者二十九；其余，方百里者八十，方十里者七十一。又封方五十里者六十三，为方百里者十五，方十里者七十五；其余方百里者六十四，方十里者九十六。（《礼记·王制》）

尽管没有详细的地域说明，从如上描述和统计表格中也能看到一个结构分明的地域空间层次的框架，而且对于土地的分配具有全局的规划。这个框架之下有社会地位的差异，但并不是社会管理组织的全部。

天子百里之内以共官，千里之内以为御。千里之外，设方伯。五国以为属，属有长。十国以为连，连有帅。三十国以为卒，卒有正。二百一十国以为州，州有伯。八州八伯，五十六正，百六十八帅，三百三十六长。八伯各以其属，属于天子之老二人，分天下以为左右，曰二伯。千里之内曰甸，千里之外，曰采、曰流。——《礼记·王制》

在分封制下，千里之内的一州之地是天子直属区域，和其他八州的封地区域在管理上是不同的（表4-31），但是在八州之地"国属帅正伯"及至"天子之老二人"治理方式又在贵族等级之上设置了另外一套五等级管理的模式（表4-32）。封国的等级表现在土地规模的大小差异上，而管理的等级应该表现在权力高低的差异上，前者与后者相比更是物质空间的层次，而后者则完全是社会组织的层次。没有文字说明两者之间的关系怎样，下面通过逻辑推演的方式，分析一下两者之间可能存在的关系。

分封制下的治理方式　　　　　　　表4-31

地域范围	百里之内	千里之内	千里之外
治理方式	共官	御	设方伯
名称	—	甸	采、流

（资料来源：根据《礼记·王制》内容整理）

九州封国社会管理的层次　　　　　　　表4-32

管理的层次		州	卒	连	属	国
统辖范围		210国	30国	10国	5国	
官员设置	各州	1伯	7正	21帅	42长	210国
	合计八州	8伯	56正	168帅	336长	1680国

（资料来源：根据《礼记·王制》内容整理）

比较建立在两个基本条件之上：其一，各州的各级管理层次均应有治所，治所就在各个封国之内；其二，高等级治所首先选择高等级封国。在具体对比之前，还需要说明一个与空间有关的问题，这就是一个封国（聚落）之内会存在高低级别的治所，所以官员与行政单位的数量必然要多于治所的数量。以州内"1卒30国"为例，说明治所数量的计算方法，一国之内包含1卒治、1连治和1属治，为卒治之地，有1国；一国之内包含1连治和1属治，为连治之地，有2国；一国之内只有1属治，为属治之地，有3国；其余24国为非治所之地（图4-9）。这

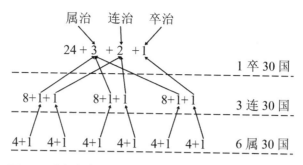

图4-9 空间包含关系下治所数量的计算原理

种一处空间中包含各级社会层次的情况是一个十分普遍的现象，比如首都又是直辖市，比如一县辖四镇，县治和其中一个镇治同在一地，这种情况使得治所数量比社会等级要少。同理可以计算出一州之内有1州治、6卒治、14连治和21属治，共计42个治所，其余168国为非治所之地。将封地的规模层次与社会治理的等级层次相互比照，以一州为例可得表4-33。

规模层次和等级层次之间的关系　　　　　　　　　　表4-33

分封的规模层次							
百里之国				七十里之国			五十里之国	合计
30				60			120	210
1州	6卒	14连	9属	12属	48国	120国	210国
			21属			168国	
社会治理的等级层次							

表4-33非常清晰地表明规模层次和等级层次之间并不具有对应关系，在最高规模的百里之国内几乎集中了四分之三的治所。如果按照治所的等级描绘一州各国的层次结构的话，将与封地规模的结构层次有很大的区别，前者五级，后者三级，前者基础宽阔并具有唯一的塔尖，而后者是平稳的台阶（图4-10）。这其中是否存在有异于分封体制的二元政治，还是仅仅反映了公侯贵族与天子间的亲疏差异，抑或史料本身的错乱与不羁，这些具体问题的解答超出了本书的范围。从概念分析的角度看，两种社会等级所带来的不同层次结构，就是聚落层次的多义性的一种体现，多义性是聚落本身作为社会存在的复杂性的反映，即便是在古代的理想模式之下，这种复杂的多义也是不可避免地存在着。因而对于聚落层次的分析结果，更多地依赖于分析切入的视角，而且不能忽略与物质空间层次的比较，显然并非所有的社会层次结构都与物质空间的层次结构相匹配。

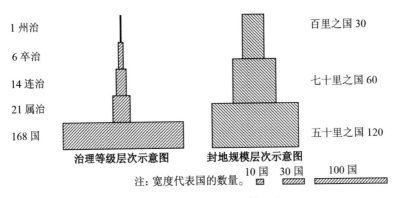

图4-10 《礼记·王制》中的治理等级与封地规模层次

经过如上对于古籍文献的分析，可以了解空间层次结构的各种类型，然而我们仍旧不能确切地知道任何一处历史聚落体系中的层次结构关系，对于文献的分析就好比在分析设计原理，它的价值不在于给我们提供一个真切的对象，而在于让我们了解在分析具体对象中应当注意的若干问题。

第二节　从古籍看先秦聚落空间的"社会—方位"

甲骨文作为时代记录的留存，是殷商社会的真实记录，也是反映商人观念的最直接材料。后世追述传说时代的人物事迹，历代文献浩繁，前有信古、疑古之争，近又有走出疑古时代的呼声。如若不从辨真伪的角度看待，而是分析古人具有怎样的方位认知和方位观念，以及方位在社会组织中具有怎样的作用，也就是说关注的对象从历史事实转移为人的思想观念，那么即便并非信史的记录，也是同样能够反映其时人们的思想意识的。古代文献庞大浩瀚，仅择其中典型的事例以说明方位意识和聚落空间层次的一些问题。

一、甲骨卜辞中的方位意义

在殷商甲骨的卜辞中可以找到我国最早的方位记录，发现汉语中大部分方位词语在甲骨文中都已经出现了，而且关于中华文明延续千年的有关空间与方位的一些观念，也已经明显表现出来。

1. 宇宙方位与地域中心

01南方？西方？北方？东方？商？（屯1126［历二］）

02戊寅卜，王贞：受中商年？十月。（合20650［𠂤小字］）①

03己巳王卜，贞……岁商受……？王占曰吉。东土受年？南土受年？西土受年？北土受年？吉。（合36975［黄组］）

04癸卯卜，今日雨？自西来雨？其自东来雨？其自北来雨？其自南来雨？②

从如上卜辞中可以看到"东西南北"四方和"商"并称，尤其是和"中商"并称，非常清晰地描绘了一个在宇宙绝对方位下，地域中心与其周边的空间关系。这种空间关系中可能包含怎样的社会内容，与社会发展的程度密切相关，无论是统一的局面③，还是军事同盟性质的由大共同体形成的联邦④，有关商代社会的史学争论都是地域尺度讨论的问题。不论中央之国和四方邦国的关系如何，在中央与四方的结构之下，宇宙的绝对方位具有了地域的和社会特征，也就具有了核心的观念，华夏文明一统的走向也许与这种空间认知不无关系。

2. 身体方位与军事狩猎

05丁酉贞：王作三师右、中、左？（合33006［历一］）

06右戍不雉众？中戍不雉众？吉。左戍不雉众？吉。（屯2320）

07丙申卜，贞，肇马左右中人三百？六月。（5825）

08翌日，王其令右旅暨左旅𢦔见方？（屯2328）

09惠右隻（获），䍙？惠左隻（获），吉？（合37520［黄组］）

如上五条卜辞谈及"师""戍""马""旅""获"，都是与军队战争和狩猎有关的占卜记录，军队、战马都是以左中右的方式分为三部分，也有不论"中"，仅说"左、右"的。在军事和狩猎行动中，不使用绝对方位而是使用身体方位，与军事和狩猎行动必然需要依靠人体的运动来完成有必然的关系，在军事指挥中也就依靠身体方位编列军马。这一发端，或者说是人体方位运用的普遍规律，一直延续到明清之际。

3. "上、下"中的祖先与神祇

10祷其上自祖乙？祷其下自祖乙？（合32616［历二］）

11贞，上甲祟王？（6122）勿告于中丁？（13646正）贞，侑下乙？（1665）乙丑卜，其告在后祖丁，王受佑？（27320）

12贞，勿唯王往伐邛方，下上弗若，不我其受佑？（6220）⑤

商代将"上、中、下、后"等方位词放置在祖先名称的前面，以显示次序的

---

① 甲骨文01, 02引自：黄天树，说殷墟甲骨文中的方位词，中国殷商文化学会编，2004年安阳殷商文明国际学术研讨会，2004.
② 甲骨文03, 04引自：甘露，甲骨文方位词研究，殷都学刊，1999，(04): 1.
③ 李学勤，失落的文明，上海：上海文艺出版，1997: 107.
④ 王家范，中国历史通论，上海：华东师范大学出版社，2000: 48-55.
⑤ 甲骨文06，07，08，11，12引自：甘露，甲骨文方位词研究，殷都学刊，1999，(04): 3.

高低，如（10）和（11）；而上、下也可专指天帝和地祇之神①，如（12）。这与后世将"上、下"视为社会等级的运用方法也是相同的。

4."卜、入"的群属划分

13 庚辰卜：于卜（外）勺（？）土？庚辰卜：于入（内）勺（？）土？（合34189=安明2331［历一］）②

14 其自卜（外）有来🀅（合32914）"防🀅在卜（外）"、"在（外）有🀅"，"防在入（内），亡至🀅"

15 丁丑卜，王贞：另竹求𠂤（伐）于卜（外）……（合20333［𠂤小字］）③

在甲骨文研究中，将"卜"释为"外"，而将"入"释为"内"。这从"卜、入"并举的情况，如（13），可以看出其相对的含义；而在卜辞中常常明辨忧患（🀅，释为"忧"④），这忧患也来自于内、外两个方面，如（14）。（15）是说王派了一个叫竹的人去"外"寻找𠂤，也就是祭祀用的人牲⑤。从猎首活动针对族外人的特点可见殷商之时的内、外之别，不仅是空间上的划分，还具有是否同属于一个社会群体的意思。

二、地域、聚落和建筑中的空间方位意义

古之王者择天下之中而立国，择国之中而立宫，择宫之中而立庙。——《吕氏春秋·慎势》

上面这句递进句式充分说明了：在区域、聚落和建筑的不同空间尺度之下，同样存在着方位观念，并且可以一以贯之。这是同时分析聚落空间层次和聚落空间方位的一个视角，下面就从三个层次入手分析空间方位的观念及其在社会组织中的作用。

（一）地域空间中的方位

1. 宇宙方位中的观念意义

《尚书》中记录尧时已有"四岳"，而到舜时才出现了与"东、南、西、北"

---

① 甘露，甲骨文方位词研究，殷都学刊，1999，（04）：3.
② 甲骨文05，9，10，13引自：黄天树，说殷墟甲骨文中的方位词，中国殷商文化学会编，2004年安阳殷商文明国际学术研讨会，2004.
③ 甲骨文14，15引自：黄天树，说殷墟甲骨文中的方位词，中国殷商文化学会编，2004年安阳殷商文明国际学术研讨会，2004.
④ 黄天树，说殷墟甲骨文中的方位词，中国殷商文化学会编，2004年安阳殷商文明国际学术研讨会，2004.
⑤ 黄天树，说殷墟甲骨文中的方位词，中国殷商文化学会编，2004年安阳殷商文明国际学术研讨会，2004.

四方相对应的"四岳",并且是以很隆重的"巡守"方式出现的(图4-11)。舜的"巡守"并不是简单的视察,首先,时间是与方位相对应的,二月仲春巡守东方,五岳仲夏巡守南方,八月仲秋巡守西方,十一月仲冬巡守北方;其次,每到一地都要举行宗教活动,燔柴祭天并依据秩次望祭名山大川①;然后明定历时,统一律法(音律)度量衡,确定重要的礼仪规范。天时与方位的对应不是任何实际功能的需要,完全是出于对抽象的宇宙秩序的一种认识,宗教活动正是对宇宙秩序的掌握者神祇的敬拜,并以祭拜神明的方式确立人世间治理的合法性。因此,巡守活动中四

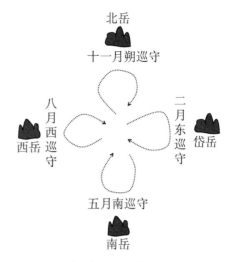

图4-11 舜巡守四岳示意图
(图片来源:作者根据《尚书·舜典》自绘)

岳既是地理的存在,也是宇宙秩序和人世间秩序的体现,是非常重要的观念承载物,而这一观念的空间体系有一个默认值,就是四方交汇的中心。华夏地域空间中一直存在这样一个观念的框架,时代不同,统一所依据的条件也不同,中国历代帝王并不都行巡守之礼,然而以四岳所标志的地域空间观念却一直延续着。

> 岁二月,东巡守,至于岱宗,柴;望秩于山川,肆觐东后。协时、月,正日;同律、度、量、衡。修五礼、五玉、三帛、二生、一死贽。如五器,卒乃复。五月,南巡守,至于南岳,如岱礼。八月,西巡守,至于西岳,如初。十月一月,朔巡守,至于北岳,如西礼。归,格于艺祖,用特。五载一巡守,群后四朝;敷奏以言,明试以功,车服以庸。——《尚书·舜典》

2. "绝对和相对"中的地理意义与观念意义

现实的地理环境之下,并不都是观念上的空间结构。

> 昔者三苗之居,左彭蠡之波,右有洞庭之水,文山在其北,而衡山在其南。恃此险也,为政不善,而禹放逐之。夫夏桀之国,左天门之阴,而右天谿之阳,庐、睪在其北,伊、洛出其南。有此险也,然为政不善,而汤伐之。殷纣之国,左孟门而右漳、釜,前带河,后被山。有此险也,然为政不善,而武王伐之。且君亲从臣而胜降城,城非不高也,人民非不众也,然而可得并者,政恶故也。从是观之,地形险阻,奚足以霸王矣!——《战国策·卷二十二·魏一》

上面这段话中战国名将吴起对于三苗和夏商的地理标界做了描述,参照有关研究可以确定"三苗之居"和"夏桀和殷纣之国"的地理界标,比照其绝对的方

---

① 十三经注疏整理委员会整理,十三经注疏·尚书正义,北京:北京大学出版社,1999:60.

位关系可以了解在空间认知描述上所强调的内容。"三苗之居"中洞庭自然是今日的洞庭湖，有研究认为彭蠡就是今天的鄱阳湖，衡山是古代的南岳，在今湖南衡山西北，文山即岷山，在四川松潘北川甘交界地区①。没有证据证明上古三苗之民远到川甘地区，那样就包括了中原大部的炎黄地区，不可取，而江西九江县内亦有一岷山，"三苗之居"应北界于此。"夏桀之国"的天门即天井关，在今山西晋城南（今尚有天井关村），天谿指黄河和济水，庐在今太原、交城一带，伊、洛即伊河、洛河②。"殷纣的国都，左有孟门险隘，右有漳、滏二水，前有黄河环绕，后有太行遮蔽"③，"前带河，后被山"所指不详。根据如上定位，将"三苗之居""夏桀之国"和"殷纣之国"地理界标的大致方位标在地图上（图4-12）。

吴起的描述中既使用了身体方位的"左、右"，也使用了宇宙方位的"南、北"，这种现象往往被认为"左、右"指代的就是"东、西"。以身体方位指代宇宙方位，必然对于地域范围有一个拟人化的类比，这在前面已经分析过，这段

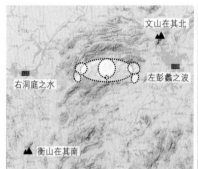

（A）三苗之居的地理界标

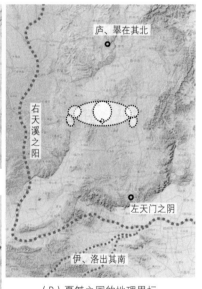

（B）夏桀之国的地理界标

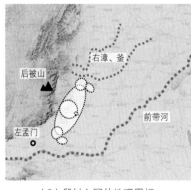

（C）殷纣之国的地理界标

图4-12 三苗之居、夏桀之国和殷纣之国的地理界标

（图片来源：地形底图引自腾讯地图和天地图）

---

① 缪文远等译注. 战国策：中华书局，2007：305.
② 缪文远等译注. 战国策：中华书局，2007：305.
③ 王华宝注译. 国学经典丛书第2辑. 名家注译本 战国策[M]. 武汉：长江文艺出版社，2019：253.

话中吴起表述了地理屏障并不能代替行善政的国家治理的观点，对于可以依靠的山河之险正是从军事的角度看待才会出现宇宙方位和身体方位的转换。值得注意的是，拟人的方式在这里似乎并没有形成一个统一的对应关系，"三苗之居"和"夏桀之国"是左东而右西，而"殷纣之国"则是左西而右东。

对照地理上的绝对方位，可知"东西南北"完全是对现实空间关系的记录，因此地理界标的选择根据实际情况，可能是山，可能是河，可能是湖水，可能是关隘，也就是说点（关隘、山峰）、线（河）和面（山脉和湖）都可用以标志地域范围（表4-34）。这样的标志方式与其说是确切的地域范围不如说是四至，也就是某一地域在某一方向的最远之地，而这某一方向也只有正交四方，而没有斜交的"东北、西北、西南、东南"方向，如图4-12所示"三苗之居""夏桀之国"和"殷纣之国"，其中完全可以分别出东北、西南、东南等更为详细的方位，但是仅止于正交四方而不再有更为明确的界定。这不是史书撰写中的文辞之事，之所以如此，是因为在描述自然地理方位时，仍然有一个观念方位包含在其中，或者说四方观念影响了自然地理的描述的方式，才形成了四至的描述方法，而且这一方法一直在中国方志地域描述中延续至明清。

地域描述的地理标志　　　　表4-34

	左	右	南	北
三苗	彭蠡（面）	洞庭（面）	文山（面）	衡山（面）
夏桀	天门（点）	天谿（线）	伊、洛（线）	庐、峄（面）
殷纣	孟门（点）	漳、釜（线）	前带河（线）	后被山（面）

（资料来源：根据《战国策·卷二十二·魏一》整理）

3. 地域的边界和中心

人体方位自然具有一个参照中心，而宇宙方位的正向相交也会出现一个中心。第二章对于"五服""九服"的分析更多强调了其中的社会性，如若从空间方位来看，"五服""九服"构成的是一个由内渐次向外的结构，这一结构很可能在商代就确定了：

越在外服，侯、甸、男、卫、邦伯；越在内服，百僚、庶尹、惟亚、惟服、宗工，越百姓里居，罔敢湎于酒；不惟不敢，亦不暇。——《尚书·酒诰》

《尚书》中直接以"内、外"区分，而对其解释也多认为内服为商的直接统治区域，而外服为分封贵族的统治区。结合前面对甲骨卜辞中"卜、入"的释义，可知"内、外"之分亦是属于不同社会集团的区分，而势力强大的集团就可以将自身的"内、外"格局安置在整个影响到的区域，形成了对地域空间的描述。而这种人类集团在地理空间上的分布方式及其内部关系，经过文化的渲染就不只是物质空间格局，而具有了很强的观念上的意义：

> 以土圭之法测土深、正日景，以求地中。日南则景短多暑，日北则景长多寒，日东则景夕多风，日西则景朝多阴。日至之景，尺有五寸，谓之地中：天地之所合也，四时之所交也，风雨之所会也，阴阳之所和也。然则百物阜安，乃建王国焉，制其畿，方千里而封树之。——《周礼·地官司徒第二·大司徒之职》

《周礼》中对于"地中"，从"天地""四时""风雨""阴阳"四个角度赋予了意义，这个意义中虽然包含有"暑、寒、风"的自然因素，但这自然是从属于"天地""阴阳"秩序的自然，对这一自然的选择已经是带有浓厚的文化观念了。"地中"的重要必以"天地"

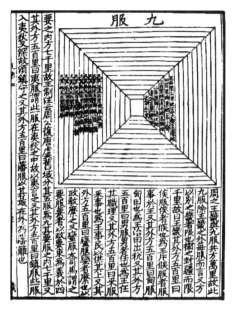

图4-13 《周礼》中地域空间的理想结构
（图片来源：引自《三礼图》[①]）

的规律求取，然而《周礼》中所述之法只能求南北之中，不能求东西之中，从自然规律来看规定日影长度的确可以确定一个纬度位置，但是日影的长度是不能确定经度位置的。因此，这段文字是以"天地"秩序附会自然规律，其意义不在于对自然进行全面客观的了解，而是经由"天地""阴阳"的认知建立起人类社会的现实秩序，这也就形成了一种中央之国的文化观念。考古和历史学对商代地域空间格局的揭示区分了中心区、分布区和影响区三个层次，不论是商早期，还是商晚期，这三个区域总体上呈现内外相套的格局，其地域空间是自然的地理形态。而《周礼》中的九服之图（图4-13）却是方方正正，正是因为观念的强调才使得地理区域的自然形态成为一个明确的四方同心的理想形态。

与强调中心相对应的是对边界的强调，前文有言"方千里而封树之"，就是说以人工（封）和自然（树）的方式标志"方千里"的边界。《周礼》中专设"封人"之职掌管这方面的事物：

> 掌设王之社壝，为畿，封而树之。凡封国，设其社稷之壝，封其四疆。造都邑之封域者亦如之。——《周礼·地官司徒第二·封人》

从上文可以看出，不论是宗教设施的"社稷"，还是所管辖地域的"畿"，都有其物质形态边界，"社稷"有"壝"，"畿"有"四疆"，并需要"封而树之"，王、诸侯封国和都邑都是如此。可见，在分封时代边界之重要。

[①] 聂崇义. 三礼图：宋淳熙二年刻本.

第四章 理想模式不理想：古籍文献的再解读

（二）聚落空间秩序与方位观念

1. 空间方位群属划分的意义

物质边界对于聚落来说就是城墙，其功能就是围合空间，《说文》认为"城，所以盛民也"直接道出了物质空间的本质；而对于社会存在来说，"城为保民为之也"（《谷梁传·隐公七年》），"城者，可以自守也"（《墨子·七患》），物质边界成为人类社会间冲突的一个界面，而聚落就是不同群属各自的聚居之地。不仅一处聚落的物质空间与人类社会相对应，聚落内部也出现社会和空间的分化。

鲧筑城以卫君，造郭以守民。——《吴越春秋》

统治者居住在"城"中，而被统治者居住在"郭"中。《说文》言："郭，外城也"，《管子·度地》也说："城外为之郭"，《礼记·礼运》中有："城郭沟池以为固"，而孔颖达疏曰："城，内城；郭，外城也"。《孟子·公孙丑下》中说："三里之城，七里之郭，环而攻之而不胜。"从规模上给出了内城外郭的可能性。可见文献中一致的描述都认为城与郭是内外相套的格局①，然而这并不完全符合考古所发现的先秦时期的城市形态，比如春秋战国时期的赵邯郸和齐临淄都不是相套格局。如果要分析这种差异出现的原因，会涉及复杂的城市历史和文献的考证，在这里本书更愿意将这种差异视为观念和现实之间的差距，内、外的空间关系可以更好地对社会关系的划分进行物质化的安排，正因为有这样的思想，才影响了此后中国历代城市建筑，形成了非常明确的城套城的空间格局。

对于"卫君"的城来说，也会有进一步的划分，《周礼·考工记·匠人》载有："内有九室，九嫔居之；外有九室，九卿朝焉。"无需把这段描述的内容与哪一座都城相对应，"内"为帝王之家，"外"为国政之廷，这内外的区别对于"嫔""卿"来说是群属的划分，而对于帝王来说就是进行不同活动的空间，在这一层次上，社会群属的差别和社会活动的差别形成了相互配合的关系（图4-14），这样的空间所具有的社会内涵，贯穿了中国传统社会中的各类型空间。

但是也应当看到，并非所有的社会群属和社会活动都通过明确的空间秩序来表达，明确的空间秩序更多的是在强调等级差别，当处于同一社会等级时，社会群属关系依旧明确，但是方位空间秩序就不存在了。

桓公曰："成民之事若何？"管子对曰：

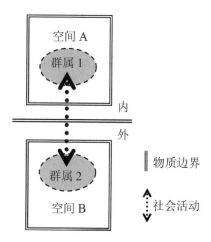

图4-14 群属划分与社会活动

---
① 董鉴泓主编，中国城市建设史（第三版），北京：中国建筑工业出版社，2004：18-20.

"四民者，勿使杂处，杂处则其言哤，其事易。"公曰："处士、农、工、商若何？"管子对曰："昔圣王之处士也，使就闲燕；处工，就官府；处商，就市井；处农，就田野。"（《国语·齐语》）

管子的思想中具有明确的分区意识，分区的理由是不同人从事不同事情，不能相互杂处，也就是要在空间上划分群属的所在，然而这里"就闲燕"、"就官府"、"就市井"、"就田野"的空间区分便于活动展开，更看重空间的功能性而非等级性，因而也就不强调方位秩序。

2. 空间方位的观念意义

同地域空间方位一样，在宗教活动中聚落的方位也具有不同的观念意义，并且在不同的情况下空间的秩序性也有差异。下面以三个例子做简要说明。

匠人营国。方九里，旁三门。国中九经九纬，经涂九轨。左祖右社，面朝后市，市朝一夫。——《周礼·考工记·匠人》

掌建国之神位，右社稷，左宗庙。兆五帝于四郊，四望、四类，亦如之。兆山川、丘陵、坟衍，各因其方。——《周礼·春官宗伯第三·小宗伯之职》

《月令》立春后丑日祭风师于国城东北；立夏后申日，祀雨师于国城西南；秋分日享寿星于南郊；立冬后亥日，祀司中司命司人司禄于国城西北。——《战国会要·通典·礼四·风师雨师及诸星等祠》

可以将如上三段文字中所反映的空间方位用示意图表示（图4-15）。在《周礼》匠人营国的描述中使用的身体方位，这种方式的意图在于身体方位所隐含的中心，这个中心就是宫城，但也许更为重要的是前后对应的具体的内容与宗教祭祀无关，是世俗生活的"朝、市"，所以身体方位在观念上也同样可以形成明确秩序（图4-15A）。《周礼》小宗伯的描述以身体方位说明城内，而以"四郊"概说城外方位（图4-15B），这里"四"应专指"东南西北"的宇宙方位，因为祭祀对象的众多并未一一说明其方位，仅是概要地将其纳入宇宙方位系统，实际中不可能都位于正方位，如要建立明晰的空间秩序，还需要引入更多的描述。《战国会要》中使用了八方宇宙的方位描述，并且将方位与时间相对应，这样在观念上则形成明确的秩序（图4-15C）。由此可见"空间秩序"既是物质形态的，同时也是观念的，物质形态秩序有时是对某种观念的表达，观念具有明确的秩序，那么形态就具有秩序，对于宗教祭祀的设施来说这一点表现得尤其明确。而这些中国文化中很早就发源了的祭祀活动及其设施，也在中国几千年的城市建设中占据着重要的地位，在城市的空间方位格局中扮演着明确的角色。这是后世的佛教建筑、道教建筑所不能相比的。

冢人：掌公墓之地，辨其兆域而为之图。先王之葬居中，以昭穆为左右。凡诸侯居左右以前，卿、大夫、士居后，各以其族。——《周礼·春官宗伯第三·冢人》

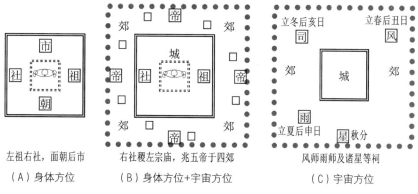

（A）身体方位　　　　（B）身体方位+宇宙方位　　　（C）宇宙方位

图4-15　聚落空间秩序中方位观念

上文的描述同样采取了身体方位，但是在严格的社会秩序框架下，空间方位在观念层面也具有明确的秩序，而且由于陵墓的集中，更是贵族社会等级次序的最佳体现（图4-16）。

（三）建筑空间的"社会—方位"

1. 空间秩序的社会组织功能

建筑空间与人体的尺度更为接近，方位的社会功能更加具体，看《礼记》中的两个例子：

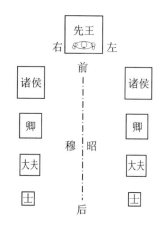

图4-16　墓茔兆域昭穆次序示意图

> 礼，始于谨夫妇，为宫室，辨外内。男子居外，女子居内，深宫固门，阍寺守之。男不入，女不出。——《礼记·内则十三》

> 子生，男子设弧于门左，女子设帨于门右……三月之末，择日剪发为鬌，男角女羁，否则男左女右。——《礼记·内则十三》

上文说明空间方位与性别之间的关系，性别本身也是社会群属的一种划分，前一段文字中生活空间上的差异正表明了这种区分；进行空间区分的同时，所从事的事情也就具有很大的差异，所以《礼记》还有"男不言内，女不言外"的说法；而性别的空间差异从一出生就已经确定了，"弧"与"帨"已经有了性别的区分，但还是要在设置的位置上区分左与右，所以第二段文字更强调观念上的性别区分。

在正式的社会活动中，个体之间的方位关系更是有明确的尊卑等级。《周礼·司士》中所述"王日视朝事于路门之外"[①]的位置安排、朝向和相对位置都

---

① 十三经注疏整理委员会整理，十三经注疏·周礼注疏（上、下），北京：北京大学出版社，1999：815.

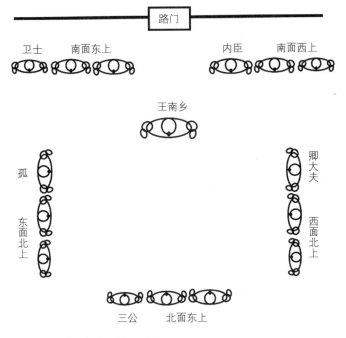

图4-17 路门朝仪之位示意图
（图片来源：作者根据《周礼·夏官司马第四·司士》自绘）

是具有"贵贱之等"的，根据叙述示意如图4-17。图中可见，王位于中央，三公、孤、卿大夫在前形成了环绕之势，东西向以靠近王的北边为上，面对王的以东为上。卫士和内臣在王身后分左右护卫，各以靠近王的方向为上。路门朝仪之位应当是日常政务的方位模式。在祭祀活动时，明堂中的方位安排则更为清晰地表明了"诸侯之尊卑"①。

"明堂之位"中社会地位的高低首先从所占据的建筑空间的位置表现出来，越靠近主体，建筑地位越高，蛮夷之国更是在明堂院落之外（九采之国在应门以外，图4-18中没有示意）；然后是身体的朝向的尊卑，所有人都朝向明堂，朝向王，在此原则下除了王是南向，其他人尽量避免南向；最后是在同一空间位置中个体与个体之间的相对位置也有尊卑，东西向以北为上，南北向以东为上。如此方位安排完全以宇宙方位进行描述。

---

① 《逸周书》的记述与《礼记》略有不同，如下：周公摄政，君天下，弭乱，六年而天下大治。乃会方国诸侯于宗周，大朝诸侯明堂之位。天子之位，负斧扆，南而立，群公卿士侍于左右；三公之位，中阶之前，北面东上；诸侯之位，阼阶之东，西面北上；诸伯之位，西阶之西，东面北上；诸子之位，门内之东，北面东上；诸男之位，门内之西，北面东上；九夷之国，东门之外，西面北上；八蛮之国，南门之外，北面东上；六戎之国，西门之外，东面南上；五狄之国，北门之外，南面东上；四塞九采之国世告至者，应门之外，北面东上，此宗周明堂之位也。明堂者，明诸侯之尊卑也。故周公建焉，而朝诸侯于明堂之位，制礼作乐，颁度量而天下大服，万国各致其方贿，七年致政于成王。（《逸周书·明堂解第五十五》）

第四章 理想模式不理想：古籍文献的再解读

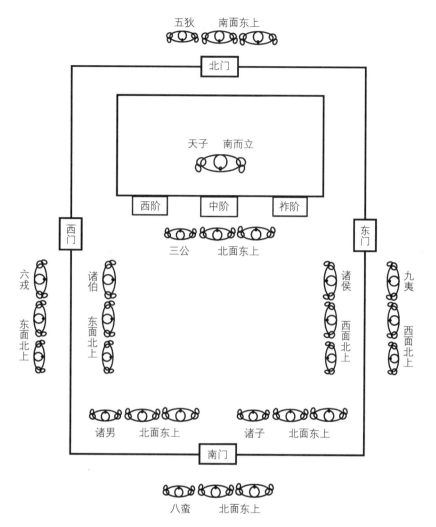

图4-18 明堂之位示意图
（图片来源：作者根据《周礼·明堂位》自绘）

2. 宇宙方位的观念

同地域和聚落尺度一样，建筑中宇宙方位的观念也是与先民对宇宙秩序的认知有关，并通过礼制建筑的营建将所理解的宇宙秩序人伦化而成为在世俗世界的具体表达。明堂作为中国古代重要的礼制建筑，建筑史学者多有研究，本书在此仅根据先秦文献，对其方位中与季节对应的观念进行简要图示（图4-19）。

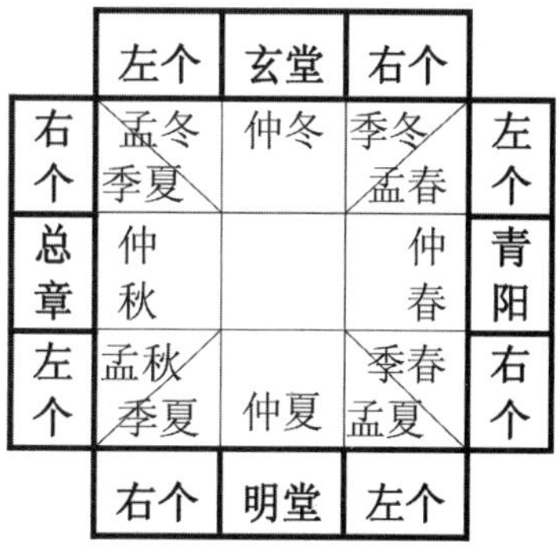

图4-19 明堂方位观念示意图
（图片来源：作者根据《战国会要·卷十三·礼三·吉礼》自绘）

明堂者，布政之宫，秦为九室十二阶，各有所居。孟春之月，天子居青阳左个。仲春之

171

月,天子居青阳太庙。季春之月,天子居青阳右个。孟夏之月,天子居明堂左个。仲夏之月,天子居明堂太庙。季夏之月,天子居明堂右个。孟秋之月,天子居总章左个。仲秋之月,天子居总章太庙。季秋之月,天子居总章右个。孟冬之月,天子居玄堂左个。仲冬之月,天子居玄堂太庙。季冬之月,天子居玄堂右个。——《战国会要·卷十三·礼三·吉礼》

第五章 空间层次的成长：体系实例分析之一

在施坚雅著名的《中华帝国晚期的城市》一书的研究中，视野覆盖清末整个中国，然而唯独不能囊括东北地区，并认为东北地区在清末以前并没有形成一个市场体系，能够使得从乡村到城市的聚落结成一个整体。在施坚雅以经济地理概念建立起来的研究框架下，这的确是事实。明代时辽宁处于边境防卫之地，边墙之外的东北是女真人半耕半猎的山岭平原，有限的边关马市贸易实在难以和中原江南腹地的市镇经济相比，而大清立国之初又保守发祥之地，限制移民，从而影响了农业的发展，贸易特色仍然是来自狩猎采集的特色地产，手工市镇也没有发展。然而，换一种视角来看待明清时的辽宁地区聚落，可能会有不同的发现。

第一节 女真社会发展与女真聚落体系的形成

作为满族前身的女真人，尤其是建州女真的发展历史，与中华"第三帝国"发展时期一致，其历程浓缩了从采集狩猎到封建帝国的全部过程，选择满族早期聚落作为分析对象，可以为考察聚落体系形成的过程提供一个良好案例。而满族的发展历程更可能是具有普遍性的，正如满族历史研究中所指出的：满族从部落到国家的形成过程中经历的由血缘组织到地域组织，由原始集体所有制到私有制，由血缘关系到阶级关系的过程对各民族社会历史来说基本趋向是一致的[①]。

一、明代东北女真早期聚落体系的成长

在蒙元王朝强大的统治下，黑龙江地区的女真人禁止迁移，难以获得发展。中央王朝与周边的部族的关系，贯穿整部中国历史，明代辽宁地区正是中央王朝直接统辖的边关地区。明朝处理与东北女真和蒙古等少数民族的关系，与中国历代中央王朝一样，防范和羁縻双管齐下，辽东镇的设置是防范，奴儿干都司的设置是羁縻。明洪武四年（1371年）初设辽东指挥都卫使司，洪武八年（1375年）改设辽东指挥使司，分设卫所，屯田边关，并从正统二年（1437年）至明万历三十七年（1609年）耗六十余年之久修筑边墙[②]。明永乐七年（1409年）在黑龙江畔设置奴儿干都指挥使司（简称奴儿干都司）。任命女真各部首领为都督、都指挥、指挥、千户、百户等职，颁发敕书，令他们"扶绥部属"，"保境安民"，为明朝保塞固边[③]。

[①] 刘小萌，满族从部落到国家的发展，北京：中国社会科学出版社，2007：403.
[②] 刘谦，明辽东镇长城及防御考，北京：文物出版社，1989：9.
[③] 沈阳故宫博物院编，盛京皇宫，北京：紫禁城出版社，1987：15.

明代女真人从氏族社会发展到奴隶社会,始终位于明朝这个高度发展的社会边缘,虽然不免受到影响,但是其成长还是以自身需求为主要动力的。

(一)氏族社会与原始的聚落体系

女真人在氏族阶段的社会组织有"包"(boo)、"乌克孙"(uksun)、"穆坤"(mukūn)、"哈拉"(hala)和"固伦"五个层次,血缘关系依次疏远;"固伦"是部落;"哈拉"指"姓",有共同的祭祀信仰,是族外婚的单位;"穆坤"指"氏",是比"哈拉"更近的血缘关系;"乌克孙"指"族",是同祖所生子孙,即家族;"包"即家庭,是最基层的生活单位①(图5-1)。

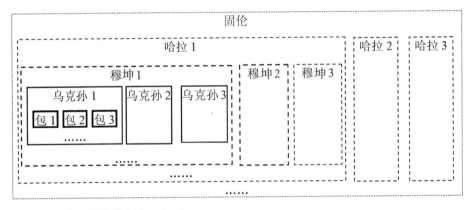

图5-1 女真族社会的血缘层次组织

在这种血缘关系划分的社会组织中,却不能直接反映女真人居住空间的状态。女真人靠采集狩猎为生,居住的地方有"塔坦"和"噶栅"两种类型,分别反映了狩猎游居和半定居的居住方式②。

"塔坦"(tatan),《清御制文》卷14释为"野外行走人的止宿处",并载有三种:其一为"陶包塔坦"(tobo tatan),是一种"以柳枝等在地面圈成圆形,上端系在一起,以为住所"的简陋窝棚;其二为"绰伦塔坦"(coron tatan),是一种木架窝棚,"交错立木做蒙古包"的形状;其三"麻侬坎"(maikan),是"取树皮或草"或以鱼皮为原料做成的小棚③。

这种适合狩猎和采集的临时性居住地的具体情况在《朝鲜成宗实录》(卷142)载有"彼人成群出来,分屯数处,累日打猎",另外《朝鲜世宗实录》(卷16)载有"野人渔猎者,率以二十余人为群,皆于郁密处结幕,每一幕三四

---

① 刘小萌,满族从部落到国家的发展,北京:中国社会科学出版社,2007:21-48.
② "塔坦"和"噶栅"除指称生活居住处之外,另有社会组织的含义("塔坦"是采猎时的生产组织),本书仅取前义,指代一种聚居形态及其所占据的空间范围。
③ 刘小萌,满族从部落到国家的发展,北京:中国社会科学出版社,2007:64-65.

人共处。"由此可见,进行狩猎活动的女真人,以20多人集体行动,临时居住的"塔坦"每个可容3~4人,一个狩猎的女真集体需要分别建立7~8个塔坦居住,而每个塔坦中居住的很可能就是一个包(家庭)。虽然是仅供一个行猎单位临时居住之所,但是由此可以看到最初的聚落体系的产生,因为:其一,具有基本的元素,即"塔坦";其二,元素之间具有相互联系,同营同弃,同行同止;其三,最为关键的是能够很好地满足一种生活生产模式的需要。这也许是最为初级的聚落体系,因为在各个要素之间还没有形成层次的分化。

(二)原始聚落体系中职能层次的出现

作为相对固定的居住处,"噶栅"则开始呈现出层次关系。"噶栅"(gasǎn),《满洲实录》多译作"寨",即村屯。《朝鲜中宗实录》(卷61)载有"彼人(指建州女真)所居,非如大都,而无城郭……作屯聚居。"[①] "噶栅"作为一种聚居空间,其具体空间形态已无可考,但是随着女真社会的发展,"噶栅"之间的相互关系也由简单层次关系向复杂层次关系变化。

《八旗满洲氏族通谱》中记载了清代居住在黑龙江中游地区"随意行止,不知法度",亦"不谙农事",完全处于渔猎经济的三个野人女真哈拉氏族组织,这三个哈拉共同组成一个固伦(部落),每个哈拉下由数目不等的穆昆组成,每个哈拉各有哈拉达(氏族长),并以其中人数最多的葛姓哈拉达世代继承固伦达(部落长),而每一哈拉都与一定的地域范围相联系,分别居住在若干相近的噶栅之中[②]。可以推测,在完全渔猎状态下的噶栅是以穆昆为单位的聚居地。

就《八旗满洲氏族通谱》中所载的情况,可以表示这一女真原始部落各噶栅之间形成的聚落体系的职能层次结构(图5-2)。这已经是处于氏族末期的聚落层次状况,世袭的固伦达使得聚落的社会层次结构得以维持,可以推想,这样的层次结构是由更为简单的聚落层次发展而来的,就如图5-2中的聚落C。这种简单的世袭酋长,并不具有使聚落层次进一步复杂化的条件。《八旗满洲氏族通谱》世袭固伦达的葛姓部族,因为人口繁多便分为两个同姓的哈拉[③],如图5-2氏族A'。可见,内在动力导致规模的单一扩大并不能衍生层次结构的复杂,推动层次结构走向复杂需要外在的整合力量,这种外部的力量就是部族间的兼并。

(三)原始聚落体系中规模层次的出现

根据明景泰六年(1455年)朝鲜咸吉道都体察使李思俭关于当时图们江两岸四个女真部落的调查记录进行的相关研究,指出"噶栅"间的社会层次关系:从血缘上看有单一血缘性的噶栅,也有多重血缘的噶栅,多重血缘的噶栅有平等错

[①] 刘小萌,满族从部落到国家的发展,北京:中国社会科学出版社,2007:49.
[②] 刘小萌,满族从部落到国家的发展,北京:中国社会科学出版社,2007:25-26.
[③] 刘小萌,满族从部落到国家的发展,北京:中国社会科学出版社,2007:25.

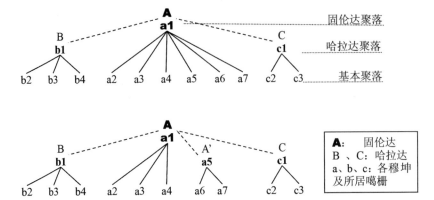

图5-2 氏族末期女真部落的血缘层次及所形成的聚落职能层次结构示意图
(图片来源：作者根据《八旗满洲氏族通谱》所记自绘)

居的，也有以一族为主而其余依附的；而族长（酋长）与族属之间也呈现不同的状况，有的酋长仅管所在噶栅之族人，有的酋长管辖多个不同噶栅的族人，更有两族的酋长共居同一噶栅的情况①。由此可以推断，在族民繁衍过程中，在氏族间掠夺争斗过程中，以及在女真人不断的迁徙中，从零散的各自为战的"噶栅"开始，聚落的系统开始逐渐形成而走向复杂化，并日益由单一的血缘关系转化为复杂的血缘关系，由血缘与地域的统一性转化为血缘与地缘相互交错的多样性。

从族属关系的记录中，可以分析噶栅内部的构成，会发现此时噶栅作为一个社会—空间单位，其内部的层次开始出现分化，噶栅内部发生的变化非常值得关注。

首先，噶栅内同族与不同族的多元构成，使得噶栅变得复杂，主要氏族和依附氏族之间呈现了差别，这种差别很可能带来空间结构的复杂化。在朝鲜文献中另有头户的记录②，其身份次于酋长，又高于一般户，因此噶栅作为酋长、头户和一般户的聚居空间，可能形成如下的不同的社会构成：头户和一般户同居一噶栅，酋长统领一般户形成原始的噶栅，酋长与头户和一般户共居一噶栅，两个酋长分别带领其族户居住一个噶栅。

其次，噶栅的居住主体不再以穆昆（氏族）为基本单位，而是以乌克孙（家族）为基本单位构成一个噶栅。《朝鲜世宗实录》（卷94）有记载："野人散处，或五六户或十余户，或十五余户，屯居不常，各有酋长。"③有研究认为此时带领户众的酋长多数应是乌克孙（家族）④。而《满洲实录》卷3描述清王室先民狩猎

---

① 刘小萌，满族从部落到国家的发展，北京：中国社会科学出版社，2007：50-53.
② 刘小萌，满族从部落到国家的发展，北京：中国社会科学出版社，2007：54.
③ 王钟翰辑录，朝鲜《李朝实录》中的女真史料选编，沈阳：辽宁大学出版社，1979：74.
④ 刘小萌，满族从部落到国家的发展，北京：中国社会科学出版社，2007：59.

时有载："凡遇出师行猎,不论人之多寡,照依族寨而行。"对应末一句的满文:"uksun uksun i gǎan gasǎn i yabumbibc",会发现"族"对应是"uksun",即乌克孙,而"寨"对应的是"gasǎn",即噶栅[①]。因此可以有理由推测,一名头户和其他一般户同居的噶栅,很可能就是一个乌克孙的血亲系统组成噶栅,而只有一名酋长所居的噶栅,很可能有同姓多个的乌克孙,也可能有依附他姓的乌克孙,两名酋长共居的噶栅,则会有更多族姓的乌克孙。

噶栅的内部层次结构出现的时候,整体的聚落职能层次结构是否也会变得更加复杂呢?如果按照略早时候《朝鲜世宗实录》(卷90)中的记载,平均大约四五户中有一个头户[②],结合李思俭所记的噶栅数、户数及受到朝鲜封"万户"或者"都万户"的一等酋长数量,可以将这四个女真部落的构成情况概括为表5-1。

15世纪中叶图们江两岸女真部落概况　　　　　　　　　　　表5-1

部落	一等酋长数量	噶栅数量	户数	每个噶栅平均户数	平均头户的数量
斡朵里	5	6	111	18.5	4
兀良哈	9	32	590	18.4	4
后迁入女真	不详	10	93	9.3	2
骨看	2	5	46	9.2	2

(资料来源:根据《鲁山君日记》[③]整理而成)

从表5-1中可以明显看到,斡朵里和兀良哈两部的聚落规模比其余两个部落要大,社会构成的研究表明后两个部落的噶栅是典型的血缘性结构,而斡朵里和兀良哈两部已经脱离了血缘结构。那么,根据此表是否可以认为,斡朵里和兀良哈两部的聚落在职能上已经形成了"部落首领所居噶栅"——"一等酋长所居噶栅"——"一般酋长所居噶栅"——"头户噶栅"这样的职能层次结构呢?此阶段的女真社会中噶栅内部的构成更加复杂,但是随着地域的迁徙和劫掠兼并,原有的哈拉组织已经失去了地缘连系,不能起到维系部族的作用,而且伴随着人丁繁衍,各血缘支脉的伸展,穆昆也不再是噶栅的组成单位,不同氏族杂处的状况也使得部族间缺少统一的领袖,因此女真社会内部一般户、头户、一般酋长、一等酋长的区分,更加代表了其所居噶栅的内部空间层次可能存在划分,而在噶栅间却不一定形成更复杂的职能体系。正如朝鲜《燕山君日记》中记载的,此时女

[①] 刘小萌,满族从部落到国家的发展,北京:中国社会科学出版社,2007:42.
[②] 刘小萌,满族从部落到国家的发展,北京:中国社会科学出版社,2007:54.
[③] 内容转引自:刘小萌,满族从部落到国家的发展,北京:中国社会科学出版社,2007:51-52,57-58.

真社会"虽有酋长,不相统属"①,"酋长之言,莫肯听从"②。因此,从这一时期女真社会构成的关系中可以看到,聚落间的职能层次结构并没有变得更加复杂,只是规模大小的变化;也就是说,氏族阶段的女真部族间只有不同规模的层次,而没有结成一体的体系层次结构。

(四)氏族制度的瓦解与城墙聚落的出现

促使聚落间职能层次发展的动力,来自社会变革,来自聚落间的兼并,在如图5-2所示的松散状态下,领导者或者说占有者的出现,使社会财富集中,由此带来更复杂的聚落内部层次和聚落间职能层次。财富来自武力的掳掠,来自采集狩猎所获与明朝的贸易,来自对部民剩余劳动的剥削,氏族中世袭的部族长占有财富渠道聚敛而成为部落中的贵族,并为了财富而展开部族战争进行掳掠;在战争中失败的外族,被掳掠的外族,就成为奴隶(阿哈,aha),如牛马一样是主人的私有财产;而大多数女真人没有聚敛财富,为了避免在混乱的劫掠中沦为奴隶,也要投靠同姓或异姓的贵族,成为依附民(诸申,jusen),其部分劳动成果也要被贵族所占有③。正是在这样的阶级分化下,在财富聚集的情况下,在混乱的战争中,在女真贵族抛弃氏族"固伦达""哈拉达"的头衔,并竞相称贝勒(王)、称汗的时期,城墙聚落出现了。

16世纪初期海西女真在哈达河、叶赫河、松花江等流域相继崛起了哈达、乌拉、叶赫和辉发四大部落,在与周边的对外贸易中积累了财富,这四大部落都建有城墙聚落,哈达部和叶赫部分别在开原卫南北建有城池以把握与明朝的贸易④,乌拉部在乌拉河洪泥处筑城⑤,辉发部在辉发河边呼尔奇山上筑城⑥。在城市兴建之后,贵族们的居住地脱离了氏族时期的噶栅,依附民和奴隶成为噶栅居民的主体,在氏族居住方式中盛装了新的社会内容。而在《清御制文》卷12对噶栅的解释正反映了这种情况——"凡城堡外围若干法尔噶构成的居所称噶栅"⑦。处于这一阶段的海西女真聚落体系获得了极大的发展,在氏族各层次噶栅的基础上城墙聚落形成了一个新的职能层次,城市的出现带来了聚落层次的巨大跃迁,其间的过程在海西女真部的遗址中难以辨析究竟,但是可以从继之而起的建州女真的聚落中窥探些端倪。

---

① 王钟翰辑录,朝鲜《李朝实录》中的女真史料选编,沈阳:辽宁大学出版社,1979:159.(原文"虽有野人"应为"虽有酋长"之误。)
② 王钟翰辑录,朝鲜《李朝实录》中的女真史料选编,沈阳:辽宁大学出版社,1979:174.
③ 刘小萌,满族从部落到国家的发展,北京:中国社会科学出版社,2007:101-113.
④ 赵东升,南北关史迹寻踪,满族研究,2004,(4):39-43.
⑤ 孙明,乌拉王城与辉发王城建制的比较研究,满族研究,2008,(4):79-82.
⑥ 孙守朋、范剑飞,辉发都城及辉发部的历史,吉林师范大学学报(人文社会科学版),2005,(5):88-91.
⑦ 刘小萌,满族从部落到国家的发展,北京:中国社会科学出版社,2007:49.

二、建州女真聚落体系的发展

明洪武年间，在黑龙江依兰县地区松花江流域的女真胡里改部迁移到辉发河流域的奉州（今吉林省吉林市以南）一带，黑龙江中下游地区的女真斡朵里部迁移到图们江下游的会宁地区；明永乐元年（1403年）在奉州设置建州卫，以胡里改部的酋长为指挥使，此后斡朵里部也迁到奉州，永乐十四年（1416年）又增设建州左卫，以斡朵里部酋长孟特穆（明称猛哥帖木儿）为指挥使；此后胡里改部继续南迁，在明正统三年（1438年）迁到了苏子河流域，几年后斡朵里部也南迁到苏子河流域，形成了定居在苏子河流域的建州女真。直到努尔哈赤起兵前的一个半世纪时间里，建州女真社会有了发展[1]。

（一）李满住部落：氏族末期的建州女真聚落

建州女真早期聚落的形态和构成仅有零星文献记录。朝鲜武灵君柳子光给朝鲜成宗的上言中，曾记录了带领胡里改部族定居苏子河流域的大酋李满住的聚落："臣于丁亥年（1467年）从征，亲见建州李满住所居部落，皆草盖，不过六七十家。满住都督建州者，而其部落如此，则其他部落之残可知。"[2]（十九年六月丙申）李满住在1438年带领胡里改部迁至苏子河流域烟囱山下，到柳子光亲见其部落时已是30年后，与1455年李思俭所描述驻留图们江的女真聚落相比较，聚落的规模明显要大得多，前者平均20户（其中或有户数更多者），李满住的部落已有60~70户之多，然而从柳子光的记录中未见有任何防御设施，推断李满住的所居部落仍旧是氏族时代的噶栅，只是规模扩大了，可能是其时建州部女真聚落中规模最大者。李满住虽然在明和朝鲜都受到封赐，但其对部族中各个酋长仍旧没有控制的权力，不但在奉命追讨被掳掠的朝鲜人口时要亲往，在生产活动中还要参与狩猎，尽管可以占有部族成员的一些劳动成果，但是"家无积蓄"[3]，说明建州女真刚刚定居苏子河流域时，阶级尚未明显分化，仍旧处于氏族社会末期，聚落内部的层次结构在规模扩大的基础上开始呈现复杂性的特征，而各个聚落的职能体系仍旧缺少整合的力量，聚落间的职能层次结构仍旧比较简单。

（二）六祖城：社会变动中的建州女真聚落及其体系

努尔哈赤的六世祖孟特穆带领斡朵里部迁到苏子河流域，为明朝封为建州左卫指挥使[4]，其时聚落与胡里改部聚落应该没有什么差别。明中后期开始，努尔

---

[1] 高智瑜、陈德义编，一代盛京，中国皇城·皇宫·皇陵系列丛书（沈阳卷），北京：中国人民大学出版社，1993：14-15.
[2] 王钟翰辑录，朝鲜《李朝实录》中的女真史料选编，1979：123.
[3] 刘小萌，满族从部落到国家的发展，北京：中国社会科学出版社，2007.
[4] 李燕光、关捷编，满族通史（修订版），沈阳：辽宁民族出版社，2001：163.

哈赤曾祖父、祖父所处的女真社会，随着经济的发展，建州女真部落内部发生变化，原始的部落联盟组织日趋瓦解，后各部间开始争夺领导地位[①]。

1. 六祖城形成的聚落体系（规模层次）

努尔哈赤曾祖居住在赫图阿拉，共生六子。女真人在结婚之后有离开出生地择地另居的习俗[②]，所以只有第四子——努尔哈赤的祖父——留在赫图阿拉，其余五子分别择地居住。努尔哈赤的六位祖父，在纷乱的社会中也开始了征伐，"六子各立城池，成为六王"，"五城距赫图阿拉远者不过二十里，近者不过五、六里"[③]（图5-3），在建州女真部内部的争斗中，"自五岭迤东，苏克素护河迤西，二百里内诸部尽皆宾服，六王自此强盛"[④]，成为建州女真中宁古塔部。而他们修筑的城墙聚落被后世称为"六祖城"[⑤]，根据现代考古发现，可以了解这六座城墙聚落的物质形态（表5-2）。

图5-3 六祖城位置图
（图片来源：六祖城位置根据《"宁古塔"与六祖城考辨》[⑥]确定，底图引自谷歌地图。）

从表5-2中数据可以发现这六个城墙聚落在空间形态上和规模上差别都很大，只有所选地势比较一致，除觉尔察城之外一律选择山丘防御有所凭依的地势。城墙的形态也多根据地势而定，呈不规则形态的居多。在空间格局上内外两重城墙和单城墙的布置以及城门的数量方位也看不出任何规律。然而，当比较这六座城墙聚落时会发现，在规模上出现了明确的层次格局（见表5-3，尽管聚落

---

① 刘小萌，满族从部落到国家的发展，北京：中国社会科学出版社，2007：123-124.
② 有文献称此为"长子析居，幼子守居"（刘小萌，满族从部落到国家的发展，2007），然而具体情况却难以完全如此概括，努尔哈赤的曾祖生有六子，祖父生有五子，都是留下第四子，而其余的择地别居。
③ 满洲实录（民国二十三年版）：4.
④ 满洲实录（民国二十三年版）：6.
⑤ 李向东、温树璠，赫图阿拉城形态研究，辽海文物学刊，1996，（1）：117.
⑥ 张德玉、张正岩、李荣发等，"宁古塔"与六祖城考辨，辽海文物学刊，1996，（1）：111-116.

的形状各异，都是在方圆之间，以城周说明其规模还是恰当的）。这6个聚落城周明显表现出三个层次格局，阿伙洛城、河洛噶善城、尼玛兰城和章甲城城周都在150米左右，觉尔察城城周是它们的5倍，为760米，赫图阿拉城又是觉尔察城的2.5倍，城周达1940米，而面积相差会更多。

努尔哈赤六祖所居城墙聚落　　　　　　　　　　　表5-2

城墙聚落名称	基本结构	规模（米）					地势	城墙
		城周	边长或轴长					
			东	西	南	北		
赫图阿拉	似方形，东、北、南三面设门	约1940	约510		460		山丘台地	不详
觉尔察	瓢形，内外两重，北门1，内城筑高台，内城外有短壕	760	236	248	58	220	山丘台地临峭壁	土石
		内 211	46	75	30	60		
阿哈和洛	椭圆形，内外两重，南门1，北门1	146	51		42		山丘台地临峭壁	土石
		内 84	23		18			
和洛噶善	近正方形单城，门不详	154	37	35	42	40	河谷平地	石城
尼玛兰	长方形，单城，东南西三面城壕，门不详	134	17		50		山丘地临峭壁	土石
章佳	长方形，单城，门于东北角	约160	50		30		山丘地	不详

注：赫图阿拉城作为后金都城时才修筑了外城，此表中根据《赫图阿拉城形态研究》[①]中对内城的考察整理；其余根据《"宁古塔"与六祖城考辨》[②]；聚落和城主名称依照《满洲实录》（民国二十三年版）。

努尔哈赤六祖城的血缘关系　　　　　　　　　　　表5-3

聚落名称	城主	城主排行	男性子辈	城周（米）	规模等级
赫图阿拉	觉昌安	四祖	五人	约1940	一级，城周12.5L
觉尔察	德世库	长祖	三人	760	二级，城周5L
章佳	宝实	六祖	四人	约160	三级，城周L
和洛噶善	索长阿	三祖	五人	154	
阿哈和洛	瑠阐	次祖	三人	146	
尼玛兰	宝朗阿	五祖	二人	134	

注：城主血缘关系依照《满洲实录》（民国二十三年版）整理，城周同表5-2。

　　从聚落营造的目的来看，这种规模层次的级差并非等级制度的体现，因为这六个城墙聚落的主人被共同称为"宁古塔贝勒"，并没有高下之分，而且经学者考证，"宁古"是满语的音译，其本意就是"六"，而"塔"就是"达"，同"固

[①] 李向东、温树璠，赫图阿拉城形态研究，辽海文物学刊，1996，（1）：117-120.
[②] 张德玉、张正岩、李荣发等，"宁古塔"与六祖城考辨，辽海文物学刊，1996，（1）：111-116.

伦达""穆昆达"的"达"意义相同,就是"大人""酋长"之意①。可见,这六处聚落,就是六个酋长的居所,他们之间作为兄弟并没有等级高下的区别。而且从表5-3中,看不到聚落规模大小与血缘系统有任何关联性。那么,六处聚落间规模的差别是怎样产生的呢?这同一血脉衍生出的各个聚落居处之间又是一个怎样的体系呢?我们从《满洲实录》②中,关于一次部族间争斗的事情可以分析出一些聚居的实际情况:

> 克彻……因引兵攻克六王东南所属二处。六王不能支,相谋曰:"我等同祖所生,今分居十二处甚是涣散,何不聚居共相保守。"众议皆定,独武泰不从,曰:"我等同住一处,牲畜难以生息。吾今诣妻父哈达汗处,借兵报复。"于是遂借兵,往攻克彻二次,获其数寨。初未借兵之先,六王与哈达国汗互相结亲,兵势比肩,自借兵后六王之势渐衰。——《满洲实录》

六祖所居各处,成为一个聚落体系的原因是"同祖所生",但是血缘的关系所维系的聚落体系是松散的,散布在苏子河中游上下三十里的范围之内。这种分散的居住模式与生产方式有关,为了牲畜得以生息,也便于采猎,采取这种直接获取自然资源的经济方式。而分散居住的状况亦不只六祖所居的六处聚落,"分居十二处",其余聚落的主人可能是从六祖城又析居出去的子辈,聚落体系就是如此扩大规模的。但是如果从孟特穆定居赫图阿拉算起,到六祖时已经历了四辈,而其他聚落不见记载,说明处于氏族时期的聚落,经过析居的方式,并不能形成层次复杂的聚落体系,不能产生职能分化,只能复制同样的血缘聚落。

这样的因血缘而具有相对松散的内在联系,空间上分散分布的聚落体系,在一种力量的促使下可以变得更加紧密,这就是武力争斗和兼并的力量。部族争斗中克彻先攻克了六王东南的两处聚落,而六王向哈达国汗借兵后也获得其几处聚落。那么通过武力获得聚落的含义是什么呢?聚落中的生产和生活资料,尤其是牲畜成为劫掠的目标,除此之外,在社会阶级分化开始后,奴仆人口是私有财产,也是劫掠的目标,占据城寨及其周边的土地,更可以从奴仆的生产劳动中得到更多、更稳定的收获。而一个聚落规模的大小和一个"王"所拥有聚落的多少,很可能标志着其所具有财富的多寡。

2. 六祖城内部的社会空间

这一时期的城墙聚落内部的构成可以从三祖索长阿城寨的名称——"和洛噶善"——中发现一些迹象,"和洛噶善"的这个聚落名称同样来自满语的音译,

---

① 张德玉,张正岩,李荣发等,"宁古塔"与六祖城考辨,辽海文物学刊,1996,(1):111-113.
② 满洲实录(民国二十三年版):7.

"噶善"就是"噶栅",氏族时期的典型居住形态。而"和洛"的汉意为"山沟"①,那么"和洛噶善"的意思就是山沟中的噶栅,正好符合其地势的特征。这个城寨接近正方形,面积接近1500平方米,周长154米。三祖有五子,即便都没有析居另住,以草盖之屋的建筑技术,足够住得下。必有依附民诸申和奴仆阿拉共同居住才需要这个规模。与1个世纪以前李满住的噶栅相比,规模未见得比六七十户多,但是噶栅已经从没有防御设施的村落,发展成为城墙聚落了。而噶栅内部由于阶级的划分,或许也发展出较为复杂的层次结构。次祖、五祖和六祖的城寨规模与此相当,长祖和四祖的城寨比之大很多,其规模远远不只六七十户。但是聚落内部的社会构成与其余四处可能并无二致,而临战的"众议"更体现了各个聚落间的平等关系,这仍旧是氏族社会酋长会议制度的遗存。

因此可以认为:虽然噶栅和城寨内部已经完全转化成地缘性聚落,但是聚落之间的系统关系仍旧没有质的变化,而在武力掠夺和争斗兼并的混乱状况之下,松散的聚落之间的关系,具有了走向整合的动力。在聚落体系发展的过程中,聚落物质形态的变化(城墙等防御设施的出现)、聚落规模的变化和聚落内部结构的变化,都不能直接导致聚落体系层次变得复杂,个体聚落的变化首先发生,为体系的变化做着必要的准备。

3. 16世纪后期女真联盟下的聚落体系(等级层次)

《满洲实录》引文中提到了"六王与哈达国汗互相结亲"。此时也正值海西女真扈伦四部强盛的时期,而哈达部的王台称雄30年,才有相互结亲的联谊之举。"借兵后六王之势渐衰"只是后世的粉饰,其实质是归附。海西女真强盛的时期,建州女真其他各部也都纷纷归附,形成以海西哈达部为核心的部落联盟。此时的联盟是以武力兼并作为保证的,联盟的范围大,联盟中的各个部族间有明显的不平等关系②。

在这一联盟的基础上,可以将此时的女真人视为一个体系,而正是在这种新的不平等的联盟中,女真各部聚落间才形成了更为复杂的职能层次结构,并且上位职能层次的聚落个体具有更为复杂的内部空间层次,比如,海西女真扈伦四部鼎盛时期所建城墙聚落规模,远远大于六祖城的规模,而其内部空间基本形成两重城墙或者三重城墙的结构③。

如此依靠部族形成的联盟中,依旧带有浓厚的氏族色彩,完全凭借一时武功建立的聚落体系缺乏足够的稳定性。以哈达部为首的联盟随着王台的去世而瓦解,海西、建州女真之间及其内部的争斗仍旧继续着。努尔哈赤所建的聚落正是在这样一个时期开始的。

---

① 张德玉、张正岩、李荣发等,"宁古塔"与六祖城考辨,辽海文物学刊,1996,(1):115.
② 刘小萌,满族从部落到国家的发展,北京:中国社会科学出版社,2007:118.
③ 孙明,乌拉王城与辉发王城建制的比较研究,满族研究,2008,(4):79-82.

（三）从噶栅到都城：努尔哈赤对女真社会的统一

努尔哈赤生于明嘉靖三十八年（1559年），也算是出身建州女真贵族。正是在女真部族之间互相武力兼并的历史背景下，努尔哈赤根据统一女真社会的需要，先后修建了不同的城墙聚落。

1. 努尔哈赤营建的城墙聚落

努尔哈赤的父亲同样也未离开赫图阿拉择地别居，所以他出生在赫图阿拉，后亦在此地称汗建国。努尔哈赤在19岁时（万历六年，1578年）离开赫图阿拉沿苏子河上行，最初选择在今天佟家沟一处台地建立自己的山寨，在建州动荡的年代，为了更好地生存，又在北砬背山上建立山城[1]。此后随着实力的增强，努尔哈赤于万历十五年（1587年）在呼兰哈达岗"筑城三层，起建楼台"，修筑佛阿拉城，在佛阿拉期间努尔哈赤统一了建州女真，并征服长白山女真三部；万历三十一年（1603年）又迁到祖居的赫图阿拉筑城居住，继续统一女真各部，并在万历四十四年（1616年）建立大金国（史称后金），建元天命[2]。此后随着对明朝宣战，并取得萨尔浒之战的胜利，在天命四年（1619年）将都城西迁120里于界凡城，次年再迁至萨尔浒[3]。随后在天命六年（1621年）后金攻克沈阳和明辽东首府辽阳，并迁都辽阳，同时在明辽阳城东营建东京新城，次年未及完工就迁入东京城[4]。天命九年（1624年）又在沈阳营建宫殿，翌年（1625年）又将都城迁到沈阳，并对沈阳改建城池[5]，次年未及城池完备，努尔哈赤就去世了。

以上八处城池聚落，除了沈阳城之外，其余七处都是努尔哈赤建造经营的。佟家沟山寨和北砬背山城是努尔哈赤最早建立的两个聚落，规模小，只有零星材料可以推测其大略。佛阿拉城和赫图阿拉城是努尔哈赤经营最长久的两个城邑，佛阿拉城俗称旧老城，经营16年，赫图阿拉城俗称老城，也经营了16年，并在天聪八年（1634年）为皇太极命名"天眷兴京"，这两处城邑规模明显扩大，有遗迹和文献可了解其城池结构布局和宫殿建筑，也是反映满族居住特点的典型城邑。界凡城和萨尔浒城都是完全在战争状态下为防御而营建的，经营时间短，规模小，有学者将其定义为"行都"[6]。辽阳东京是努尔哈赤在平原营城的开始，也是在汉族城池格局影响下所独立营筑的城池。这七处努尔哈赤所建的城墙聚落，伴随了建州女真的崛起和后金的建立与征伐，构成了聚落体系生长发展的一条清晰脉络。

从表5-4中可以发现：努尔哈赤在苏子河沟谷地先后营建的六处聚落，是与

---

[1] 赵维和，清太祖努尔哈赤兴兵之地北砬背山城研究，满族研究，2001，（4）：36-37.
[2] 王充闾，努尔哈赤迁都探赜，满族研究，1994，（3）：20.
[3] 王充闾，努尔哈赤迁都探赜，满族研究，1994，（3）：21.
[4] 李凤民，盛京八旗方位之谜，沈阳：东北大学出版社，1998：44-43.
[5] 李凤民，盛京八旗方位之谜，沈阳：东北大学出版社，1998：10，12-13.
[6] 李凤民，清朝开国"行都"——界凡城与萨尔浒城，紫禁城，1994，（5）：39-40.

其实力逐步增加和地位逐步提高相伴随的,其称号从"王"到"汗"的变化可以为证。而称谓的不断提高是所辖领域渐次扩展的结果:分家析居初期的佟家沟嘎栅只是一个苏克孙为主体的小村屯,在北砬背城居住时统一了建州女真苏克护苏部,在佛阿拉城居住时期统一了全部建州女真,居住在赫图阿拉城期间,统一了除海西叶赫部之外的女真部族,居住界藩城时又取明朝铁岭开原,并最终灭叶赫,完全统一女真,居萨尔浒时取明朝沈阳、辽阳,所辖已走出山冈,进入了平原。

努尔哈赤所建七处聚落的社会作用和地位　　　　表5-4

聚落名称	开始居住时间	努尔哈赤的称号	聚落性质	所辖地域及部落
佟家沟嘎栅	万历六年(1578年)	无称号	居住噶栅	无
北砬背	万历六年后不久	淑勒贝勒	部族城寨	苏克护苏部
佛阿拉	万历十五年(1587年)	女真国建州卫管束夷人之主	王城	全部建州女真
赫图阿拉	万历三十一年(1603年)	建州等处地方国王 淑勒昆都仑汗 天授养育诸固伦英明汗	都城	女真部族(除叶赫)
界藩城	天命四年(1619年)	天授养育诸固伦英明汗	行都	全部女真, 辽河平原北部
萨尔浒城	天命五年(1620年)	天授养育诸固伦英明汗	行都	全部女真, 辽河平原中部北部
辽阳东京城	天命六年(1621年)	天授养育诸固伦英明汗	都城	全部女真,辽河平原, 辽东走廊东部

注:1. 努尔哈赤移居北砬背城的时间未见记录。努尔哈赤于万历十一年(1583年)起兵开始统一建州女真,起兵之时已经居住在北砬背城,所以移居时间在此之前,而为起兵。
2. 努尔哈赤的自称起兵时"淑勒贝勒",明万历二十三年(1595年)"女真国建州卫管束夷人之主"居佛阿拉,万历三十一年(1603年)"建州等处地方国王",反映了努尔哈赤驱力的扩张,万历三十四年(1606年)蒙古喀尔喀五部王公奉上"淑勒昆都仑汗"的尊号[①]。万历四十四年(1616年)称"天授养育诸固伦英明汗",建元大金国。
3. 佛阿拉城的性质。有文献称其为都城,首见于民国十四年的《兴京县志》:"旧老城……清太祖未建赫图阿喇以前之都城也。"有研究不认同佛阿拉为都城,认为佛阿拉城未曾建有宗庙、陵寝等,不符合都城性质;且努尔哈赤居佛阿拉城期间,虽然初步统一女真,但是与明朝的关系仍旧是称臣纳贡、互市通好的附属关系[②],因此不能称为都城。从努尔哈赤在女真部族中的地位来看,尤其居佛阿拉期间定国政,创文字,建立四旗,制度已立,故可以称为王城。

2. 努尔哈赤时期建州女真聚落体系的复杂化

如果将努尔哈赤所辖地区的聚落视为一个体系的话,这个体系再也不是明中叶以前各部酋长彼此不能相互制约的松散关系了,也不是哈达汗王台称雄时期完

[①] 刘小萌,满族从部落到国家的发展,北京:中国社会科学出版社,2007:138.
[②] 白洪希,清朝关外都城辨,辽宁大学学报(哲学社会科学版),2000,(1):5.

全依靠武力的不稳定的依附关系了，"经过一百多年的变迁已经日益被严格的隶属关系所取代。"①其间女真社会经历了重要的变迁过程，努尔哈赤在日益扩张过程中建立的若干制度，如牛录固山制度等，已经"说明满族社会组织在规模和层次两个方面的变化，即大型化和复杂化"②。

在这个日渐完整的聚落体系之中，努尔哈赤所居的聚落可以视为这个聚落体系中职能层次最高的那个聚落。这个处于最高层次的聚落在体系的增长和扩展的过程中，也通过迁址再建的方式不断地适应着体系变化的需要，一步一步从单纯的居住之处，迁址成为部族首领的城寨，再迁址而成为占据一方的王城，又迁址而成为号令女真各部的都城。对于努尔哈赤修建的几座聚落城池，如果将其视为一个时序发展变化的过程，那么则展现了聚落空间结构随着聚落体系的凝成而逐步演化的过程，如果将这几处聚落视为共时性的空间存在的话，那么佟家沟山寨、北砬背山城、佛阿拉城和赫图阿拉城也许可以成为不同职能层次聚落的代表，而其形态也代表了后金女真社会聚落体系中各个层次聚落的基本构成。

城市规划理论家芒福德（Lewis Mumford，1895—1990）把城市的发展概括为原始城市、城邦、中心城市、巨型城市、专制城市和死城六个阶段③。由于社会文化的差异，这种城市发展的历程，不会适合描述女真聚落发展的过程，但是其中层次过程的出现，却是相同的，尤其在芒福德六个发展阶段的前四个阶段。第一阶段出现最早期的小社区或聚落，第二阶段出现聚落群体的组合形式，是基于宗教或血缘的联合，第三阶段城市从差别不大的村庄或村镇群中分离出来，成为中心城市，第四阶段形成了网络化的空间组织形式。女真社会氏族末期的聚落，大体相当于芒福德总结的城市发展的第二个阶段，其主要的联系方式是血缘；而女真社会内部兼并的过程经历了第三个阶段，第四个阶段聚落之间的网络组织形式应当也已经出现，但是限于史料不能得出确定的结论。

与芒福德城市发展阶段不同，女真聚落的发展是在一个高度文明的聚落体系（明王朝）的边缘，并受其影响而发展起来的，这就使其在较短的历史时期中经历了很大的跨越，也造就了其自身的特色。努尔哈赤时期女真聚落体系的复杂化和层次结构的情况，需要对聚落空间和建筑空间进行具体分析才能获得较全面的了解。

努尔哈赤一生先后营建的七处聚落，多带有明显的军事防御色彩，对其进行分析不但能够辨析女真社会中聚落由山城到半山城再到平地城池的发展历程④，而且从规模发展和空间格局发展的过程，可以清晰地展现聚落空间层次结构复杂化的过程，以及空间图式变化的过程，更为重要的是可以为分析聚落体系的形成

---

① 刘小萌，满族从部落到国家的发展，北京：中国社会科学出版社，2007：144.
② 刘小萌，满族从部落到国家的发展，北京：中国社会科学出版社，2007：190.
③ 转引自：段进，城市空间发展论，南京：江苏科学技术出版社，1999：28.
④ 赵维和，清太祖努尔哈赤兴兵之地北砬背山城研究，满族研究，2001，（4）：36.

提供一个明确的发展案例。

努尔哈赤最后定都沈阳城,对其进行了改建,改建中所反映的空间意象与先前的聚落有着密切的联系,所以在下面的分析中以天命时期的沈阳城(或者天命时期确立的改建方案,后在天聪年间实现的)和努尔哈赤营建的七处聚落,一共八处聚落为对象。由于在皇太极建立大清国之前,所以称其为清前[①]女真聚落,以此作为努尔哈赤统一女真,建立后金时期的聚落代表,简称为清前聚落。下述分析,既将这八处聚落看作时序发展的历程案例,又可以将其视为共时性的位于不同职能层次中的清前聚落的比较,而在具体分析中从地理空间、聚落空间和建筑空间三个尺度层次分别进行比照分析,以期实现对清前女真聚落体系空间结构的完整勾画,更重要的是通过个案性的分析了解聚落层次结构的产生和发展过程。

第二节　清前女真聚落的地理空间层次分析

一、辽宁地理空间层次

辽宁的整体地势是东西两侧高,中间低。西侧是燕山—太行山山系区[②]由西南向东北延伸的怒鲁尔虎山,东侧是长白山山系从东北向西南延伸,北部是哈达岭和龙岗山的余脉从东向西扩展,南部是千山山脉顺长白山山势,东北—西南向深入辽东半岛。西辽河从西部山区怒鲁尔虎山和大兴安岭南部余脉之间发源,东辽河从西部龙岗山的余脉发源,两河在辽宁和吉林的交界处汇流成辽河,一路向南,两侧不断有从东西山麓发源的支流汇入辽河,在辽河和这些支流的冲积下形成两侧山地之间的辽河平原。辽河平原南端濒临辽东湾,辽河由此入海,北端连接松嫩平原,呈南北走向。

明代辽东镇的边墙正是在这样的地理条件下,修筑在东西两侧的山区中,并在辽河平原北端比较狭窄处汇合于开原卫。东部山区的边墙,从开原沿龙岗山余脉的西缘,经抚顺向东南进入山区,在龙岗山与千山南北连接处,先东南走向又转为西南走向,再折回东南,到朝鲜界后又向西南。边墙的几次转向几乎将龙岗山拦截在边墙之外。

从辽宁整体的地理空间下一层次,关注东北部的山冈。哈达岭和龙岗山在辽宁境内的余脉东高西低,由其发源的河流总体上都是向西流入辽河平原。哈达岭

[①] 关于清前史的学术界定,本书采用"清前史应包括两个阶段:一为建州女真发展史,一为大金汗国史"的说法,见:穆鸿利,关于清前史研究的几个问题的思考——为纪念赫图阿拉建城400周年而作,满族研究,2004,(3):34.
[②] 中华人民共和国国家质量监督检验检疫总局,中国国家标准化管理委员会,GB/T22483—2008,中国山脉山峰名称代码,北京:中国标准出版社,2008-10-29. 下文所述山脉关系一律此标准为依据。

余脉发源的寇河、青河、柴河等支流直接汇入辽河上游，这里是海西女真哈达部的活动空间，而浑河和苏子河一北一南在龙岗山的余脉中发源，未完全流出山麓的苏子河便汇入了浑河，苏子河和浑河上游地区正是属于建州女真的活动空间。龙岗山南端和千山北端相互交错的谷地中太子河蜿蜒西行，入辽河平原后转向南与浑河并行一段，汇入大辽河。

明辽东镇东部的防卫部署也密切结合东部山地河流的走势，辽东镇的镇城就设在太子河初入平原之地，东西向弯折两次的东部边墙，刚好将太子河上游地区包括在内，纳千山奇秀而拒龙岗奴酋。在辽河上游设开原、铁岭两卫，防范由哈达岭方向进犯的女真，在浑河中游平原地带设沈阳卫，并于上游龙岗余脉边缘设抚顺所城，扼住从龙岗山进入平原的通道。在防御的同时，又在开原和抚顺等处设关开马市，在拒迎之间形成羁縻制度的经济实质。然而，正是在抚顺关外苏子河谷地中，努尔哈赤代表的建州女真从此兴起。

再下一层次，关注这条自东向西的苏子河谷。苏子河东部的发源地正是浑河与浑江的分水岭，在此富尔江由西北自东南汇入浑江，苏子河一路略向西北，在谷地的西北开口处汇入浑河，而努尔哈赤对明朝起兵后修筑的两座山城就在这两河汇流之处。再下一层次，苏子河在沟谷西流的沿途，南北两侧有支流纷纷汇入，在苏子河和这些小支流的沟谷山丘台地上分布着建州女真的聚落，而努尔哈赤对明朝起兵前所筑的城寨都在苏子河及其支流的沿岸。

二、清前八聚落地理位置及地势特点

（一）佟家沟噶栅和北砬背山城的位置和地势

苏子河北侧的是龙岗山由东向西伸出的一条余脉，山脊是苏子河与浑河上游地区的分水岭，此余脉南坡自北向南流下的河水都汇入苏子河。佟家沟噶栅和北砬背山城分别位于苏子河中游北部的两条支流中，但是两者的地势特点却不同。佟家沟山寨在新宾西北的佟家堡子[1]，今属新宾满族自治县新宾镇佟家村。现从佟家村位置沿小河出沟，也有十余里。这样的地理位置无险可凭，交通又不便利，只有北遁大山的机会，对于混乱的时局来说难以保障安全，对于有征伐之志的努尔哈赤来说不便施展抱负。

北砬背山城位于新宾镇网户村东北的北砬背山头上，北砬背山头由西北向东南呈鸟喙状，外缘为陡峭山壁。经考察峭壁高都在30米以上[2]。北砬背山西面和南面有地表径流（有研究认为西侧为《盛京通志》中标记的章京河，东侧[3]为东

---

[1] 孙进已，女真史，长春：吉林文史出版社，1987：269.
[2] 赵维和，清太祖努尔哈赤兴兵之地北砬背山城研究，满族研究，2001，（4）：35.
[3] 该文实地考察称东西侧，可能为目测之误，参考谷歌卫星地图应为西侧和南侧。

电河①)可以成为屏障,在山头南面汇而为一,再南行三里许就汇入了苏子河。北砬背山城就是修筑在这比较险要的地势之上,而且与苏子河主河道沟通便利。

(二)佛阿拉城与赫图阿拉城的位置和地势

苏子河南侧龙岗山的余脉是苏子河和太子河上游的分水岭,此余脉北坡自南向北流下的河水都汇入苏子河,佛阿拉城和赫图阿拉城都位于太子河南侧,一条名为加哈河的支流由西南向东北流入苏子河,加哈河是苏子河最大的支流,沿途汇集多条次级支流。加哈河先在距汇流处10余里的地方流经佛阿拉城的西侧,又在苏子河中游汇流处流经赫图阿拉城的西侧。

佛阿拉城位于今辽宁省新宾满族自治县永陵镇二道河村东南山冈上,加哈河经其西,硕里加河经其北汇流于西北的一片小平川,山冈面向西北方向比较平缓开阔,东南坡向较陡,山脊东北西南走向,向北和向西伸出,对山冈西北缓坡形成围合之势,佛阿拉城就位于这两河一山脊的环抱之中,内城靠近山脊在高处,外城在低处。兴京赫图阿拉城位于佛阿拉城以北9里许加哈河和苏子河的交汇处,两河交汇之处形成了一块较大的冲积平原(有观点称之为永陵盆地②),这个小平原的东缘是羊鼻子山,羊鼻子山南北走向,向北延伸形成一块南高北低的台地,北缘距苏子河岸不足1里。这块台地就是赫图阿拉内城的所在,也应该是六祖城时期的规模,努尔哈赤加筑外城,北抵苏子河,西入小平原,南跨羊鼻子山。

(三)界凡城和萨尔浒城的位置和地势

苏子河中上游一路向西,到下游略偏西北,在距赫图阿拉120里的地方与北来的浑河汇流,界凡城和萨尔浒城都在两河交汇之处。1958年这里修建了水库,两城地势较高,成为水库东边的两个半岛。铁背山在两河相汇所夹的三角地带,山的西缘陡峭,并有一山脊突出向西延伸直到两河交汇口,形成南北宽不足里,东西长6里许的陡峭山梁。"界藩"来自满语的音译(亦称"者片、界凡")就是"河流交汇处"的意思,界藩城正是修筑在这道山梁之上,山梁中间和东西两端各有一处山头,界凡城占据山头修筑了一座主城,两座卫城③。萨尔浒城在界藩城西偏南,距界藩城端西4里,两城跨苏子河相望,浑河经其西北而过,明代时建州女真通往明抚顺关的贡道经其东南。萨尔浒城地势西高东低,高处筑内城,低处筑外城④。

---

① 赵维和,清太祖努尔哈赤兴兵之地北砬背山城研究,满族研究,2001,(4):35.
② 王禹浪、刘述昕,清朝前期关外三京的初步比较研究,满族研究,2008,(1):42.
③ 陈伯超、支运亭等,特色鲜明的沈阳故宫建筑,北京:机械工业出版社,2003:11-12.
④ 陈伯超、支运亭等,特色鲜明的沈阳故宫建筑,北京:机械工业出版社,2003:12-13.

(四)辽阳东京城和沈阳城的位置和地势

辽阳东京城和沈阳城都是在明廷边墙之内的平原地区。苏子河发源于龙岗山和千山交接的山谷间,自东向西上游流出山谷,在千山山脉西缘20多公里处一段七八公里长的河道弯折向北行又复西行,明辽东镇的镇城就设在这段北行河道的西边。努尔哈赤在攻克辽阳后,在河道对岸修建了新的城池,史称东京城。东京城内有一东西走向的山冈,但仍旧需要依靠人工夯筑高台来增加险峻之势[①],天然地势险峻还要在20多公里以外的山区,而南、西、北三面都是辽阔的平原。浑河在界藩城汇流苏子河后,地势已渐趋平缓,西行约27公里至抚顺,再西偏南行约30公里后已经完全进入平原地区,浑河在此分为南北两道,北道被称为沈水,沈水与浑河并行向西南而行约15公里又重新汇流,沈阳卫城就在两河汇流处的沈水北岸[②]。沈阳境内整体位于平原之上,地势东北略高而西南略低,可以说已经进入了辽河平原腹地。

三、聚落的地域空间分析

(一)地域空间层次与聚落职能层次关系分析

将努尔哈赤所建的七处聚落及沈阳城的地理位置和地势特点汇集成表5-5,可以发现聚落所在地理位置的地理空间层次与聚落所在聚落体系中的职能层次之间存在着某种程度上的一致性,那就是聚落选址所在的河流级别与努尔哈赤在女真部族中的地位同时呈现提高的趋势。八个城墙聚落可以分为五个阶段:第一阶段是一般的生活聚落,位于四级支流岸边;第二阶段是在建州女真部族中确立领导地位的阶段,聚落位于三级、四级支流的交汇处;第三阶段是在整个女真部族中确立领导地位的阶段,聚落位居二、三级支流的交汇处;第四阶段是凝结了女真各部对明朝开始战争的阶段,聚落位于一级、二级支流的交汇处;以上四阶段都是在山地区域,第五阶段对明的军事行动完全展开并且进入平原作战,聚落都位于平原之上。

从表5-5和图5-4可以看出,在女真聚落体系的扩张和增长过程中,位于首位的努尔哈赤的聚落的地理位置,也随着变化。如果我们不将其视为一个历时性的过程,而是当作共时性的空间存在的话,这八处聚落也恰好表明了女真人聚落体系中所具有的各种层次,下位层次的聚落只要能满足耕作狩猎需要,选址没有特别之处,而上位层次的聚落选址则要考虑其层次地位,营建在适合的地域。在同一流域内聚落的层次地位与其选址的相关性,是否具有普遍意义,仅凭此一例

[①] 李凤民,盛京八旗方位之谜,沈阳:东北大学出版社,1998:45.
[②] 浑河分为南北两道据《辽东志·沈阳卫境图》和《全辽志·沈阳中卫城山川地理图》所示如此。现在在沈阳抚顺交界处,从浑河引一支流叫新开河,如沈阳后分南北,南面的今名南运河,有观点认为南运河就是依浑河故道疏浚而成。

不足论证,但是明末女真的扩张正为聚落层次与地景层次之间提供了这样一个一致性的案例。

努尔哈赤所建聚落的选址特征与其军事发展　　　　表5-5

聚落名称	聚落性质	地理位置特点	地势特点	征伐对象
佟家沟噶栅	居住噶栅	四级支流岸边	溪流沟谷地	无
北砬背城	部族城寨	三、四级支流交汇处	一面依山三面开阔	建州女真苏克护苏部
佛阿拉城	王城	三、四级支流交汇处	一面依山三面开阔	建州女真各部
赫图阿拉城	都城	二、三级支流交汇处	一面依山三面开阔	女真各部
界藩城	行都	一、二级支流交汇处	四面开阔的山顶	明朝开原铁岭、女真叶赫部
萨尔浒城	行都	一、二级支流交汇处	一面依山三面开阔	明朝沈阳辽阳
东京城	都城	山麓相接的平原	平川	明朝
沈阳城	都城	平原腹地	平川	明朝

注:河流级别的确定根据《中国河流名称代码》[①],以辽河为干流,浑河为一级支流,苏子河为二级支流。《代码》中流域面积小于1000平方公里的未录入编号,本表依《代码》的原则推定出三级、四级支流。

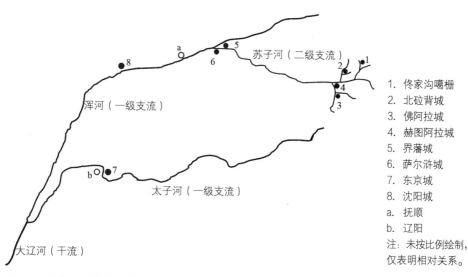

图5-4　清前八座城墙聚落选址示意图

(二)聚落在地域空间层次中的方位图式

聚落选址还涉及具体地点的空间意象,表5-5"地势特点"一列对各个聚落的地理空间进行了简单的比较。努尔哈赤在苏子河谷地山丘间营建的聚落,主要从军事防御的角度利用地势特点,地势特点与防卫意图相呼应,反映了建设者头

---

① 中华人民共和国水利部, SL249-1999, 中国河流名称代码, 北京:中国水利水电出版社, 1999-12-28.

脑中的图式。努尔哈赤的山地聚落在方位朝向上没有任何宇宙图式的反映，聚落随山就势完全按照人体方位图式来利用地势的特点进行防卫布置（图5-5）。利用自然防御功能也许是人类长久适应自然界而天然获得的能力，"沟堑、坡坎、河流、山坳、环丘等具线性和垂直阻隔作用的地形景观均可作为聚落边界的一部分或全部"①。在图5-5的五座聚落实例中，地势所能提供的防御条件有两类，一是山冈的围护，二是陡崖的隔离。同时，随着聚落层次的提高、规模的扩大，还需要有足够的空间，两者又是一对矛盾。努尔哈赤在两度起兵之时，统一女真的起兵和向明朝的起兵，都是选择在地势防御最强的地方营建聚落，而发展空间却相对狭小（图5-5B、E），其空间图式特点是没有一个明显的坐向方位，北砬背由于东北山势连绵，还具有一个大致西南的坐向，但由于位于鸟喙状的峭壁前端，坐向可以灵活变动，而界藩城位于陡峻的山梁之上，根本就没有一个固定坐向，居山城之上"北望开原，西瞻抚顺，郁郁苍苍，四顾无极"（《兴京厅乡土志》卷②）。努尔哈赤在掌握军事主动权之后，聚落选址较多考虑发展空间（图5-5C、D），地理位置选择具有比较固定的坐向，佛阿拉城向西北，赫图阿拉城向北，萨尔浒城向东。虽然图式有差别，但是不同层次的聚落，其地势的绝对空间尺度的大小与其层次等级是相一致的。

辽阳和沈阳两处城市聚落空间意象与山城的地势特点不同，其空间图式特征更多的是在更大的地域范围内通过道路交通所形成的地域间的相互联系。从努尔哈赤劝说众贝勒辽、沈两次迁都所论，可以看到同样在平原地势，对于努尔哈赤的运筹来说，两城市的地域空间意象是完全不同的。

国之所重，在土地、人民，今还师，则辽阳一城，敌且复至，据而固守。周遭百姓，必将逃匿山谷，不复为我有失。舍已得之疆土而还，后必复烦征讨，非计之得也。且此地，乃明与朝鲜、蒙古接壤要害之区，天既与我，既宜居之。——《清太祖高皇帝实录》③

沈阳形胜之地，西征明由都尔鼻渡辽河，路直且近，北征蒙古二、三日可至，南征朝鲜，可由清河路以进。且于浑河、苏克苏浒河之上流伐木，顺流下，以之治宫室、为薪不可胜用也。时而出猎，山近兽多，河中水族亦可扑而取之。——《清太祖高皇帝实录》④

如上两段辽阳和沈阳的描述中都提及与蒙古、朝鲜和明朝的地域空间关系，两个城市地理位置的差别可以总结为两点，其一，辽阳位于明代疆域、蒙古和朝鲜的交汇之处，而沈阳不是；其二，沈阳离女真起家之地建州要比辽阳近，且沿路有多年经营的防御设施。这两点客观的地理关系是不足以构成两次迁都的理由

---

① 张玉坤，聚落·住宅——居住空间论［博士学位论文］，天津大学，1996：28.
② 转引自：白洪希，清朝关外都城辨，辽宁大学学报（哲学社会科学版），2000，（1）：6.
③ 转引自：梁彦彬、白洪希，努尔哈赤迁都沈阳新探，满族研究，2000，（4）：22.
④ 转引自：李凤民，盛京八旗方位之谜，沈阳：东北大学出版社，1998：5.

第五章 空间层次的成长：体系实例分析之一

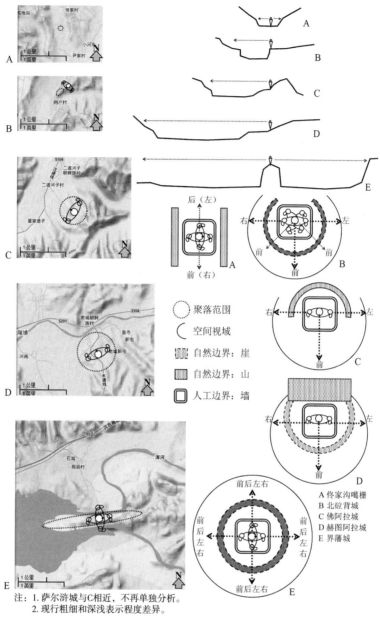

注：1. 萨尔浒城与C相近，不再单独分析。
2. 现行粗细和深浅表示程度差异。

图5-5 努尔哈赤山城空间图式分析
（图片来源：地形底图引自谷歌地图）

的，根本的理由还是在不同军政意图下对两个城市地理位置的利用。辽阳定都是意在进攻征伐明朝的，辽阳是明辽东镇的首府，向西可入关，向南百余公里可抵达渤海之滨，在此可以控制辽河中、下游地区的土地和人民，并且可以便捷地向西对辽西走廊内的明朝卫所组织进攻。而在沈阳溯浑河、苏子河而上有自己一手发展起来的后方，并可俯瞰辽河中、下游平原，定都于沈阳，意在稳固根基，可进可退（图5-6）。

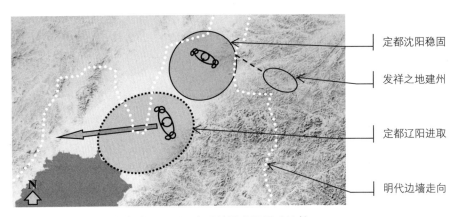

图5-6 努尔哈赤迁都背景下辽阳、沈阳地域空间图式比较
（图片来源：地形底图引自天地图）

第三节 清前女真聚落内部空间结构分析

努尔哈赤所建的七座城墙聚落中，离家析居的第一个聚落佟家沟的噶栅虽有遗址①，但未见详述，无从讨论其物质形态。界凡城和萨尔浒城的战争作用最为明显，营建仓促，居住时间也非常短暂。两座城都是努尔哈赤征伐建州女真各部获得的城寨，界藩城原属建州女真哲陈部，萨尔浒城原属苏克苏浒部②，努尔哈赤依旧建新，两城格局完全不同。界藩城有主城和东西两个卫城，但山脊地狭，"王臣军士"和"大小胡家皆在城外水边住厝"③，临时性的特征很明显。萨尔浒城内外两城的格局与佛阿拉城很相近，内城建努尔哈赤和四大贝勒的居所，外城驻扎亲兵的格局④也与赫图阿拉城很相近。所以，这两个城墙聚落的空间格局不具有代表性，不进行单独分析。

一、北砬背山城的格局

从前述女真聚落的发展过程中，可以推测佟家沟噶栅是由乌克孙（家族）为主体形成的，努尔哈赤的三弟与其同时离家析居，同地居住。此外，从父亲处分得的财产虽少，也应有几个奴仆阿哈，另外可能还有誓死效忠的古出⑤。兄弟各自的家庭、奴仆、古出这些社会关系构成了佟家沟噶栅的社会结构。北砬背山城也应同样具有这些社会构成，并且努尔哈赤在北砬背起兵，因此北砬背山城中也一定增加了依附民诸申。

---

① 赵维和，清太祖努尔哈赤兴兵之地北砬背山城研究，满族研究，2001，（4）：36.
② 孙进已，女真史，吉林文史出版社，1987：269.
③ 陈伯超、支运亭等，特色鲜明的沈阳故宫建筑，北京：机械工业出版社，2003：12.
④ 陈伯超、支运亭等，特色鲜明的沈阳故宫建筑，北京：机械工业出版社，2003：13.
⑤ 刘小萌，满族从部落到国家的发展，北京：中国社会科学出版社，2007.

据北砬背山城遗址的一份考察称：山城在山头呈不规则椭圆形，北、东、西三面山势隐秘位置处设城门，东门有简易瓮城；城内有两块自然形成的台地，南边的台地低，北边的台地高，其上均有建筑基址，基址规模相当；城内另有地窖子及作坊的遗址；并通过出土物判断，城中有烽火台、冶铁厂、堂子等设施[①]。需要说明的是，本书对于考察者对建筑功能的判断有一点不能认同：城内的自然高台地不应视为烽火台，烽火台上大可不必建两处面积达170平方米的建筑，而对于其时独立起兵的努尔哈赤来说，根本没有烽火传讯的必要。这两处台地很可能是努尔哈赤与其弟舒尔哈齐各自的住所（这是对努尔哈赤建造的几处聚落前后关联分析的结果，原因在后文建筑空间的分析中具体说明）。

对于两处重要基址的功能做出判断后，可以看出北砬背山城中已经具有了宗教（堂子）、生产（冶铁）和初步的政治（议事）空间，居住上呈现了明显的等级差异，有房址，也有地窖子，而且努尔哈赤和舒尔哈齐的居所和议事空间形成了两个中心，高处的很可能是努尔哈赤居住，因此是相对主要的中心（图5-7）。

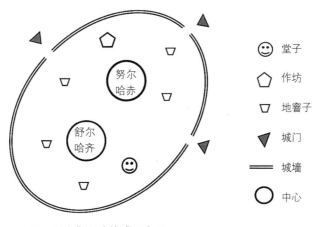

图5-7　北砬背山城构成示意图

二、佛阿拉城的格局

佛阿拉城格局的在清代文献中有如下记载："筑城三层，启建楼台"（《清太祖武皇帝实录》卷1），"筑城三层，兴建衙门和楼台"（《满文老档》），"筑城三重，建宫室"（《清朝开国方略》卷2），"周围十一里零六十步，东、南二门，西南、东北二门，城内西有小城，周围二里一百二十步"（康熙《盛京通志》卷1）[②]。

[①] 赵维和，清太祖努尔哈赤兴兵之地北砬背山城研究，满族研究，2001，（4）：35-36.
[②] 该段古籍均转引自：白洪希，清朝关外都城辨，辽宁大学学报（哲学社会科学版），2000，（1）：5.

万历二十三年（1595年）朝鲜使者申忠一出访建州，记录沿途所见女真社会的状况，对佛阿拉城的记载是最为翔实的古籍资料，并绘有图记（图5-8A），有关佛阿拉城格局的原文摘录如下：

教场……奴酋家。木栅。内城。外城。小酋家。天祭祠堂。

一、奴酋家在小酋家北，向南造排；小酋家在奴酋家南，向北造排。

一、外城周仅十里；内城周二马场许……

一、内城……自东门过南门至西门，城上设候望板屋……

一、内城内，又设木栅，栅内奴酋居之。

一、内城中，胡家百余；外城中，胡家才三百余；外城外四面，胡家四百余。

一、内城中，亲近族类居之；外城中，诸将及族党居之，外城外居生者，皆军人云……

一、城内泉井仅四、五处，而源流不长。故城中之人，伐冰于川，担曳输入，朝夕不绝。

一、昏晓只击鼓三通，别无巡更、坐更之事。外城门闭，而内城不闭。

一、胡人木栅，如我国垣篱。家家虽设木栅，坚固者，每部落不过三、四处。

——《建州纪程图记》[①]

同时，考古发掘也确定了佛阿拉城内外两重城墙的具体位置，外城周5560米，内城周960米[②]，如图5-8B所示。

根据如上资料可以分析佛阿拉城的构成如图5-9所示。清代文献记载的"筑城三重"是由内而外的栅栏城、内城和外城，空间的物质边界也划分了不同地位的人，栅城中仅努尔哈赤居住，内城是直系亲属居住，外城是同族的人和军事将领居住，城外居住的是普通士兵。在这样一个因地势条件导致城墙形态十分自由的聚落中，社会的划分却是分明而肯定的。努尔哈赤（大酋）和舒尔哈齐（小酋）的住所在城中规模应当是最大的，申忠一对其相对关系及组成进行了详细记叙，因此两兄弟的住所仍旧构成了佛阿拉城的主、次两个中心，同时也是处理军政的空间。宗教设施仍旧是女真人传统萨满信仰的堂子，未见有关作坊的任何记录。佛阿拉城与北砬背城比较，规模扩大了许多，人口达八百余家，层次也更加分明，但其核心仍旧是双中心的、女真精神传统的聚落。

[①] 辽宁大学历史系，建州纪程图记校注、汉译鞑靼漂流记，沈阳：辽宁大学出版社，1978：14，17.
[②] 陈伯超、支运亭等，特色鲜明的沈阳故宫建筑，北京：机械工业出版社，2003：16.

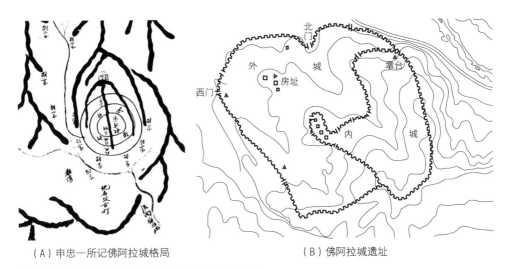

（A）申忠一所记佛阿拉城格局　　　　　（B）佛阿拉城遗址

图5-8　佛阿拉城遗址和史籍中的佛阿拉城格局
（图片来源：A引自《建州纪程图记校注》[①]；B引自《特色鲜明的沈阳故宫建筑》[②]，作者重绘）

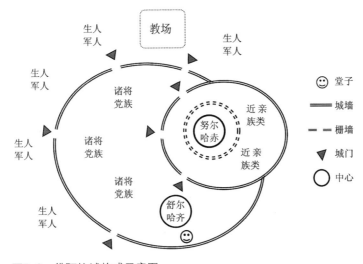

图5-9　佛阿拉城构成示意图

三、赫图阿拉城的格局

赫图阿拉城的营建主要分为两个时期，第一个时期是从万历三十一年（1603年）到万历三十三年（1605年），此间营建了内城、庐舍和城外郭，第二个时期是万历三十四年（1606年）到努尔哈赤建立后金国前后，这时期"宫""殿"，寺庙等逐步完善，成为后金都城。[③]

[①] 辽宁大学历史系，建州纪程图记校注、汉译鞑靼漂流记，沈阳：辽宁大学出版社，1978：8.
[②] 陈伯超、支运亭等，特色鲜明的沈阳故宫建筑，北京：机械工业出版社，2003：5页图1.
[③] 高智瑜、陈德义编，一代盛京，中国皇城·皇宫·皇陵系列丛书（沈阳卷），北京：中国人民大学出版社，1991：19.

从"上命于赫阿拉城外，更筑大城环之"（《清太祖武皇帝实录》[①]）可知，努尔哈赤以六祖城时期的赫图阿拉城为内城，增扩了外城。据明代程开祜编撰的《筹辽硕画》记载，外城"城周九里，南三门，北三门、东二门、西一门"，"内城居其亲戚，外城居其精悍卒伍，内外见居人家约两万余户"，内城"北门外铁匠居之，专制铠甲。南门外弓箭人居之，专造弧矢"[②]。内城"城周五里，南一门、东二门、北一门"（《盛京通志》[③]）。外城城门遗址难以辨识[④]，内城四门记载已得到考古发掘证实，"东二门"中一个是位于内城东南[⑤]，外城城周5230米，内城城周2027米[⑥]。内城地势起伏，遗址散布，有尊号台、八旗各旗的衙门、协领衙门、民衙门、文庙、昭公祠、关帝庙、城隍庙、书院以及古井等[⑦]。内城中各种类型建筑混杂，而居民多居内城南部[⑧]，南门内的东西大街辟作商贾市井，街旁开设店铺、作坊等，外城中除民房外，还分布着堂子、喇嘛台、弓矢场、铠甲场、仓廒、驸马府等[⑨]。城外东北高岗之上有地藏寺和显佑宫等寺庙遗址，城外西面4里许有教场和点将台遗址[⑩]（图5-10、图5-11）。赫图阿拉城内外共有居民二万余户，十万余人[⑪]。

通过如上资料可以看出内外城群属的划分，即便是贵为五大臣的何和理的驸马府也是在外城。在文献和考古中虽然没有发现佛阿拉城设有作坊和仓库，但是从北砬背城的情况推断，佛阿拉城中也会具有必要的生产性建筑，赫图阿拉外城中的作坊和仓库正是这一功能需求的延续。通过比较可以发现赫图阿拉城与佛阿拉城格局上最大的变化有三点：其一，赫图阿拉城内外出现了一些非女真族固有的建筑类型，如佛教道教的建筑（地藏寺、显佑宫等），汉文化传统的祭祀先贤的礼制建筑（关帝庙、文庙、昭公祠）；其二，由于在赫图阿拉努尔哈赤进一步明确了八旗制度，在经过了短暂的五大臣执政时期后，建立了"八和硕贝勒共治国政"的议政会议制度[⑫]，所以各种政务建筑多起来；其三，努尔哈赤将其弟舒尔哈齐幽禁，剪除其势力，最终废除了"两头政长制"，确立了唯一的汗权地位[⑬]，因此整个赫图阿拉城只有一个中心，就是坐落于人工高台之上的大衙门和

[①] 转引自：李向东、温树璠，赫图阿拉城形态研究，辽海文物学刊，1996，(1)：118.
[②] 转引自：李向东、温树璠，赫图阿拉城形态研究，辽海文物学刊，1996，(1)：118-119.
[③] 转引自：赵荣立，兴京内城城门考，文化学刊，2008，(5)：78.
[④] 李向东、温树璠，赫图阿拉城形态研究，辽海文物学刊，1996，(1)：118.
[⑤] 赵荣立，兴京内城城门考，文化学刊，2008，(5)：78.
[⑥] 高智瑜、陈德义编，一代盛京，中国皇城·皇宫·皇陵系列丛书（沈阳卷），北京：中国人民大学出版社，1991：16.
[⑦] 李凤民、陆海英，清朝开国第一都城——赫图阿拉，紫禁城，1994，(2)：10.
[⑧] 李向东、温树璠，赫图阿拉城形态研究，辽海文物学刊，1996，(1)：118.
[⑨] 陈伯超、支运亭等，特色鲜明的沈阳故宫建筑，北京：机械工业出版社，2003：10.
[⑩] 李凤民、陆海英，清朝开国第一都城——赫图阿拉，紫禁城，1994，(2)：12.
[⑪] 高智瑜、陈德义编，一代盛京，中国皇城·皇宫·皇陵系列丛书（沈阳卷），北京：中国人民大学出版社：19-21.
[⑫] 刘小萌，满族从部落到国家的发展，北京：中国社会科学出版社，2007：238.
[⑬] 刘小萌，满族从部落到国家的发展，北京：中国社会科学出版社，2007：132-141.

第五章　空间层次的成长：体系实例分析之一

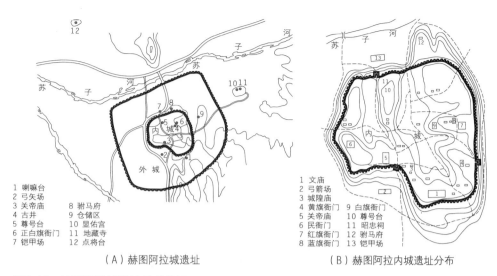

（A）赫图阿拉城遗址　　　　　　　　　　　（B）赫图阿拉内城遗址分布

图5-10　赫图阿拉城遗址及其格局
（图片来源：A引自《特色鲜明的沈阳故宫建筑》[1]，作者重绘；B引自《赫图阿拉城北门复原设计及研究》[2]，作者重绘）

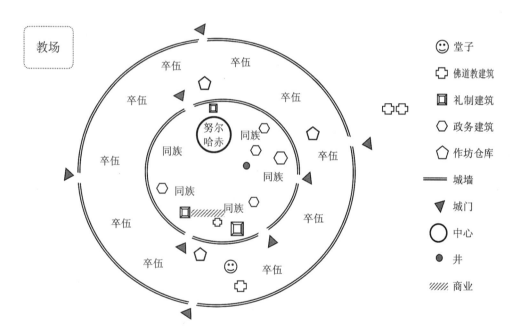

图5-11　赫图阿拉城构成示意图

---

[1] 李向东，赫图阿拉城北门复原设计及研究，古建园林技术，2004，(4)：61.
[2] 此处比较规模是以城周为代表。

199

努尔哈赤的居所。在城市的总体规模[1]上，佛阿拉与赫图阿拉两城相当，然而由于礼制建筑和政务建筑的大量增加，还有书院和市场，使得内城的规模扩大了2倍多。礼制建筑和佛道教建筑的营建表明努尔哈赤在意识形态上开始向汉文化靠近，但是城市格局却没有受到关内典型城市的影响。

四、辽阳东京城和天命十年的沈阳城

辽阳东京城平面呈菱形，子午线偏西约5度[2]。《盛京通志》卷五记载："周围六里零十步……城门八。"实测城周3814米[3]，并且引太子河水为护城河，现在城西南角尚有新月形水泡[4]。城内东西走向的山冈西端经人工夯筑形成全城制高点，向东约百米与南城墙西边的城门相对是第二个制高点，根据遗迹及文献学者研究认为，第一制高点是努尔哈赤的居所汗王宫位置，而第二制高点是"大衙门""八角殿"位置[5][6]（图5-12）。

沈阳城在明代是一座卫城，《全辽志》记载："周围九里一十余步……池二重……门四"，是方正平面十字街道的格局。努尔哈赤迁都沈阳城后，在城内十字街东南营建军政空间大政殿和十王亭，在明卫城北门内，南北街北端营建自己的汗宫，贝勒的王府也散布城中。历史学者根据文献多认为迁都沈阳是突然之

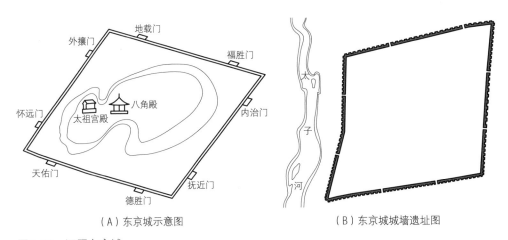

（A）东京城示意图　　　　　　（B）东京城城墙遗址图

图5-12　辽阳东京城
（图片来源：A引自《盛京八旗方位之谜》[7]，作者重绘；B引自《特色鲜明的沈阳故宫建筑》[8]，作者重绘）

---

① 陈伯超、支运亭等．特色鲜明的沈阳故宫建筑．北京：机械工业出版社，2003：8页图3．
② 李凤民．盛京八旗方位之谜．沈阳：东北大学出版社，1998：45-46：44．
③ 陈伯超、支运亭等．特色鲜明的沈阳故宫建筑．北京：机械工业出版社，2003：17．
④ 沈阳故宫博物院编．盛京皇宫．北京：紫禁城出版社，1987：19．
⑤ 李凤民．盛京八旗方位之谜．沈阳：东北大学出版社，1998：45-46．
⑥ 陈伯超、支运亭等．特色鲜明的沈阳故宫建筑．北京：机械工业出版社，2003：14-15．
⑦ 李凤民．盛京八旗方位之谜．沈阳：东北大学出版社，1998：45-46：57页图9．
⑧ 陈伯超、支运亭等．特色鲜明的沈阳故宫建筑．北京：机械工业出版社，2003：14页图6．

举,而建筑学者也认为努尔哈赤时期未对沈阳城的格局进行大的改变,是皇太极将沈阳城改变为八门井字形街道的格局的[①][②]。而李凤民认为《清实录》中迁都沈阳的历史记录是多次会议的综合,不能说明时间上的突然,明朝《搪报》文献和供应后金宫殿琉璃的海州候氏家谱等证据表明,天命九年已经在沈阳营造宫室了,且天聪四年的满文老档中指出沈阳城东、南、西三面城墙"早已修筑",因此李凤民认为天命十年沈阳城格局就已经改变为八门井字街道,只是在天聪年间各向城墙逐步修建完成,才有后世"天聪五年因旧城增拓其制"的说法[③]。本书以为此说更为可信,从建筑和城市设计的角度再提出一些逻辑上的支持。《盛京城阙图》是对清代早期沈阳城最详细的记录,虽成图于康熙年间[④],但意在再现盛京初建原貌[⑤],图中21座王府中有7座王府的位置是紧邻井字形道路的,道路笔直,只有在道路格局首先确定的情况下才能准确无误地确定王府的位置,道路在先,城门自然要与其呼应。此外,《盛京城阙图》中"太祖所居之宫"正好位于通天街的北端,并且其后紧靠北门,这样的格局下,北门和南北街在整个城市中的交通功能几乎丧失,而如果要满足交通就得考虑汗王宫的位置不挡在南北街和北门之间[⑥],这样又不符合《盛京城阙图》的记载。因此,只有在其他交通方式替代了明卫城北门和南北街的情况下,汗王宫才能截断北门和南北的联系,使北门成为努尔哈赤的专用城门[⑦],而南北街成为汗王宫殿与政务空间之间的专用通道。因此,努尔哈赤迁都沈阳,进行了城垣的修葺,只保留了原来的北门并增筑瓮城,重新开辟八座城门形成井字街格局[⑧],草创初成不及完善就殒命于对明的战争(图5-13)。

努尔哈赤对东京城和沈阳城的建设,就好像是在建州所建城墙聚落的内城。东京城为新建,自然只是供女真亲贵使用,6里外太子河西岸的辽阳城可能成为兵士的驻扎地,在沈阳更是将原来城内汉族居民清除到城外[⑨],城墙作为物质手段仍旧起着群属隔离的作用。东京城北偏东3里的地方建有陵墓安葬努尔哈赤的祖父、父亲、胞弟、长子等人[⑩],显示了东京城都城的地位,然而却未见关于设堂子的记载。努尔哈赤在迁都沈阳的当年,就在抚近门外2里的地方设了堂子[⑪],

---

① 陈伯超、支运亭等,特色鲜明的沈阳故宫建筑,北京:机械工业出版社,2003:21-22.
② 王茂生,从盛京到沈阳——城市发展与空间形态研究,北京:中国建筑工业出版社,2010:38-40.
③ 李凤民,盛京八旗方位之谜,沈阳:东北大学出版社,1998:8-13.
④ 王明琦,《盛京城阙图》的内容与年代,社会科学辑刊,1986,(4):54-59.
⑤ 朱淑媛《〈盛京城阙图〉考略》,转引自:http://blog.sina.com.cn/s/blog_449a6f0e0100dpa3.html.
⑥ 王茂生,从盛京到沈阳——城市发展与空间形态研究,北京:中国建筑工业出版社,2010:39.
⑦ 李凤民,盛京八旗方位之谜,沈阳:东北大学出版社,1998:13.
⑧ 张志强编,盛京古城风貌,清文化丛书,沈阳:沈阳出版社,2004:20.
⑨ 张志强编,盛京古城风貌,清文化丛书,沈阳:沈阳出版社,2004:14.
⑩ 董平,辽阳东京陵,紫禁城,2003,(1):41-42.
⑪ 张志强编,盛京古城风貌,清文化丛书,沈阳:沈阳出版社,2004:25.

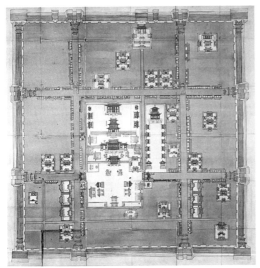
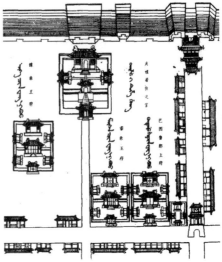

（A）盛京城阙图　　　　　　　　　　（B）盛京城阙图局部

图5-13　盛京城阙图
（图片来源：A引自网络①，B引自《盛京皇宫》②）

表明女真传统信仰在聚落营建中的重要地位。原沈阳卫城内外的文庙、佛教建筑、龙王庙、城隍庙得到保留，并在城内西北设军器库，在城内南部中央大政殿前设银帛库和粮仓，城内除了这些设施和王府外，就都是八旗军营了③。城内原住汉民被迁往城北和城西，其中有选择地安排一些商铺和手工作坊，集中在城北崇寿寺地区，于是在城北形成了后金的商业区④。

东京城和沈阳城的格局与建州城墙聚落的最大不同是，两座城池形成了四向八门的相对固定格局，这种变化与八旗军政组织在平原作战形成的方位布局密切相关。我国古代五行观念的发端难以考证，五行之间相生相胜的关系至迟在春秋时期已被广泛谈论⑤，《孙子兵法》中在谈论虚实之辨时就有"五行无常胜"的说法。五行与五方相配之说——东方甲乙为木，南方丙丁为火，中为戊己为土，西方庚辛为金，北方壬癸为水——被称为正五行，是中国传统空间观念的重要组成，以期五行"相生"而顺应规律，获得好的结果，这在城池营建中也多有体现。在攻城夺地之时，五行方位的运用常常按照"相胜"的方位来对应，《六韬》中就有"金、木、水、火、土，各以其胜攻"。努尔哈赤和皇太极在平原作

---

① 引自http://www.historykingdom.com/read-htm-tid-114377.html
② 铁玉钦主编，姜相顺、佟悦著，盛京皇宫，北京：紫禁城出版社，1987：29页图5.
③ 张志强编，盛京古城风貌，清文化丛书，沈阳：沈阳出版社，2004：14.
④ 张志强编，盛京古城风貌，清文化丛书，沈阳：沈阳出版社，2004：16.
⑤ 蒙培元主编，中国传统哲学思维方式，杭州：浙江人民出版社，1993：197.

第五章 空间层次的成长：体系实例分析之一

战中，警报、布阵、攻城等军事活动中有许多战例正是使用"五行相胜"之法[①]，而这一"相胜"的五行方位，在后来成为一种定制（图5-14）。

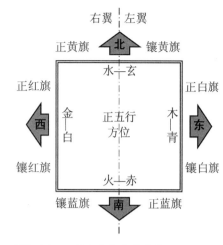

图5-14 五行方位与八旗方位
（图片来源：作者根据《八旗通志初集》[②]内容自绘）

> 八旗分为两翼，左翼则镶黄、正白、镶白、正蓝也；右翼则正黄、正红、镶红、镶蓝也。其次序皆自北而南，向离而治。两黄旗位正北，取土胜水，两白旗位正东，取金胜木，两红旗位正西，取火胜金，两蓝旗位正南，取水胜火。水本黑色，而旗以指麾六师，或夜行则黑色难辨，故以蓝代之。——《八旗通志初集》

东京城和沈阳城四向八门的新格局，正是从攻城时的战斗方位组织转换而来的。对于筑城防守来说，城门的数量相对少些是有利的，为什么一定要在驻守的时候也按照八旗方位开设八个城门呢？有观点从中国传统都城礼制的格局来进行解释，并认为接近《考工记》中王城规划模式[③]。这对于分析作为大清都城时期的盛京来说也许还合适，但是从天命年间对沈阳城的改造来说，汉文化的礼制绝对不是形成八门格局的原因。本书认为原因有二，其一，努尔哈赤不论迁都辽阳还是最后迁都沈阳，都不是他最终的目的，其志向在于入关代明，所以平原城池的空间意象并非是完全的守势，亦有很强的出而为战的意图。第二个原因更为重要，八旗制度不仅仅是军事组织，更是社会组织，带有女真部族狩猎时期色彩，是各种战利品（土地、人口、财宝）分配的社会单位，每占一地，城堡、土地、人口、城内的房屋都按照各旗进行分配，因而需要城市的物质形态与社会结构相适应，也就是各旗作为相互独立的社会组织，应有其相对独立的空间关系，而城门正是这种独立的空间关系的体现。因此，努尔哈赤可以通过建新东京城的方式，来实践这样一个军政社会组织在平原地区上亦战亦守，行而为兵，驻而为城的"社会—空间"的新模式，迁都沈阳虽重在稳固，但这一模式并无根本变化。

综合以上分析可将天命十年的沈阳城的空间格局总结如图5-15所示。

[①] 李凤民，盛京八旗方位之谜，沈阳：东北大学出版社，1998：32-39.
[②] 转引自：李凤民，盛京八旗方位之谜，沈阳：东北大学出版社，1998：20.
[③] 李声能、陈伯超，盛京：王城规划模式的范例——兼论汉文化对盛京城规划建设的影响，城市建筑，2010，（08）：106-108.

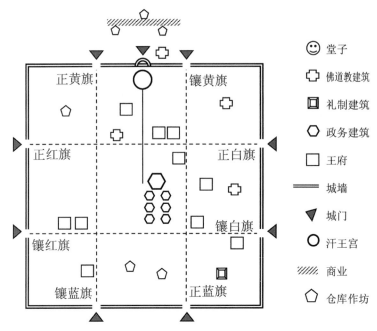

图5-15 天命十年沈阳城空间结构示意图

五、清前聚落空间层次结构演进分析

（一）女真社会发展及聚落空间层次结构的明晰

努尔哈赤营建聚落的同时，也对女真社会的制度进行着变革和发展，从以上的实例中我们可以看到聚落空间结构和女真社会同步发展的过程，这个过程大体可以分为两个阶段，第一阶段是"两头政长"制度下的主次中心结构，第二阶段是在军事议政制度逐步确立过程中单一中心的变化过程。

"两头政长"原指酋长家庭内同时存在互相配合相互并立的两名酋长，是与氏族社会末期地域组织扩大、管理事务增加，尤其是军事活动日益频繁的社会发展相适应的，虽然带有强烈的部落民主制的色彩，但是作为部落权利由涣散走向集中的一种过渡的社会形态，仍广泛存在于明代女真社会之中，"一卫之内，二三酋长，其俗然也"（《明宣宗实录》[①]）。又如：

> 叶赫国始祖……星根达尔汉生席尔克明噶图，席尔克明噶图生齐尔噶尼，齐尔噶尼生楚孔格，楚孔格生台楚，台楚生二子，长名清佳努，次名扬吉努。兄弟征服诸部，各居一城，哈达人多归之，兄弟遂皆称王。甲申岁明万历十二年，

---

① 转引自：刘小萌，满族从部落到国家的发展，北京：中国社会科学出版社，2007：135-136。

宁远伯李成梁受哈达国贿以赐敕书为由，诱清佳努、扬吉努至开原关王庙，并所带兵三百皆杀之。清佳努子布斋、扬吉努子纳林布禄各继父位。——《满洲实录》①

从《满洲实录》中这段简略的叙述中可知：海西女真叶赫部发展到最为强盛的时期，是同胞的两个兄弟"征服诸部"后同时称王，即清佳努和杨吉努，而二人被李成梁诱杀之后，其子又继续着两王并立的格局，这种"两头政长"制度所带来的聚落格局中最大的特点就是两王"各居一城"。努尔哈赤和舒尔哈齐两兄弟共同经历了佟家沟噶栅、北砬背城和佛阿拉城的建设，北砬背城时完全是一种平等的两中心状态（图5-7、图5-16A），而在佛阿拉城中，努尔哈赤的居所和政务空间位于内城，并另设有木栅墙环卫，而舒尔哈齐的居所和政务空间处在外城，显示出主次两个中心的格局（图5-9、图5-16B）。当努尔哈赤再次迁都赫图阿拉城并进行建设之时，舒尔哈齐"使人伐木，以备造房"（《满文老档》），并欲"另居一城"（《筹辽硕话》），因此努尔哈赤囚禁了舒尔哈齐，避免了建州女真部族的分裂②，也逐步开启了后金国家制度的建设。

努尔哈赤依靠部族时代的组织建立以穆昆塔坦式为基本单位的政治等级制度，将生产性质的牛录组织逐步改造成军事组织，并进一步将分散的牛录编组成固山，形成了八旗的制度，以其子侄统领（主要是其子）；此后又建立了议政会议制度，议政会议虽有异姓亲贵参与，却仍以努尔哈赤汗王家族为核心，形成了以汗王为首的执政贝勒议政制，这种制度具有氏族部落时代酋长议事会的痕迹，是努尔哈赤与亲子间建立在血缘关系基础上的政治关系；这种治理方式以八大和硕贝勒共议国政为主要形式，和硕贝勒是汗的主要辅佐和最高的军政长官，分别统领各固山参与国政，其名称含义为"领有固山的王"③。在这样的军政结构之下，除了努尔哈赤主持议政会议的空间之外，各旗也需要相应的政务空间，因此赫图阿拉城作为后金的第一座都城，与努尔哈赤居住理政的空间并立的另外一个中心消失了，代之而起的是错杂分布的各个军政单位头领的居住和政务空间，这些空间数量多，杂错无序，不能与努尔哈赤"尊号台"相抗衡，只能以"尊号台"为中心，从而确立了单中心的聚落形态，两重套城格局也因此变得更为明确。然而，也应当注意到这个中心在物质形态上还不具备绝对控制力，赫图阿拉城中的各类建筑布局整体上还是自由而缺乏秩序的状况。

赫图阿拉内城的这种格局在东京城和沈阳城中继续延续，但是有一个非常重要的变化，就是努尔哈赤的居住空间和政务空间的分离，并且从东京城的相隔100米，发展为沈阳城中的距离500多米，这种变化是在"议政"这一具有民主色彩的制度下，建立权力秩序和空间秩序的必然发展。

---

① 满洲实录（民国二十三年版）：11-12.
② 刘小萌，满族从部落到国家的发展，北京：中国社会科学出版社，2007：139-140.
③ 刘小萌，满族从部落到国家的发展，北京：中国社会科学出版社，2007：143-239.

（二）聚落"社会—方位"图式的发展

从前述五座城池的平面形态来看，从佛阿拉城随山就势的自由曲线，到赫图阿拉城自由中略显方正，再到东京城虽不算正但却方的菱形，最后到沈阳城的方方正正，不能不说其中蕴含着某种逐渐变化的规律。这种变化不仅仅是从山丘地走向平原地的地理景观所赋予的，也不仅仅是依托明代城市格局被动形成的，努尔哈赤代表的女真及其后金政权对于城市的营建是主动的，城市形态的变化源自空间图式的改变，这是从以人体空间方位意象逐步向宇宙绝对空间方位意象转变的过程（图5-16）。

在北砬背城和佛阿拉城完全以身体方位组织聚落空间，通过围墙的物质边界划分内外群属的关系是最主要的空间秩序；在赫图阿拉城内城重要的建筑基址，或南北或东西，都是正朝向的，尤其是尊号台是面南背北的，表明宇宙方位已经出现，或许也存在着尊号台居中各旗分列两侧的中心意象，但总体上仍旧只是内外划分秩序。从东京城开始，由于八旗方位的初步确立，宇宙方位影响到城市形

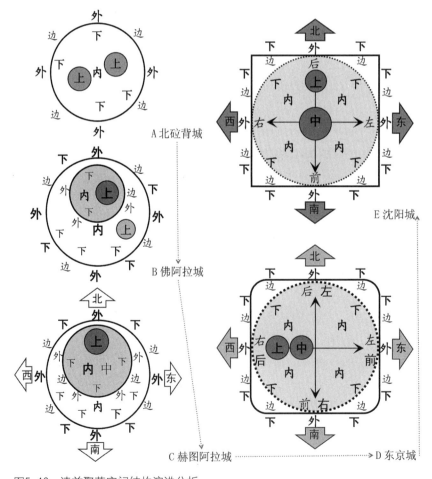

图5-16 清前聚落空间结构演进分析

态，四面城墙分明①，又因为努尔哈赤居所与议政空间的分离，使得东京城中具有了一个共同的中心"八角殿"（大衙门），这个中心并非位于东京城的几何形心，而是在海拔高度和平面位置上共同体现的，同时汗王宫仍旧占据最高地势，方位的"上"与等级的"上"保持一致。如果说汗王宫和大衙门构成城市的主导轴向的话，这个轴向是受到地势影响，跟从缓丘而成东西走向，因此对于宇宙方位的运用具有很大的随意性和选择性（宇宙方位观念下可能根本不会选址于此）。在沈阳城中，努尔哈赤更进一步强调了议政会议的场所——大政殿和十王亭——将其置于最为靠近形心的地方②，强调其中心的地位，努尔哈赤自己的住所也位于城的正北居中的位置，与议政场所共同主导了沈阳城的轴向，这时从一个统治者的角度出发，其身体方位和宇宙方位恰当地叠合在一起了，而沈阳城原本方正的格局和八旗四方八门的布置，更使后金都城沈阳的宇宙方位比沈阳卫城清晰许多。即便如此，汗王宫和大政殿的绝对尺度仍旧不及中原王朝宫殿占据城市的规模，这并非仅仅是财力和仓促建设的结果，也是努尔哈赤建立的后金军政体制的家族民族色彩所导致的，沈阳城真正中心的出现还要在皇太极加强集权，改国号为大清之后，而沈阳城在观念上确定南北轴向，还要到乾隆年间对皇宫进行改扩建之后。

第四节　清前女真聚落的建筑空间结构分析

在部族时代女真社会关系基本是平等的，不存在等级制度，直到后金政权建立，国家制度初具时，有关等级制度的概念也很少③。赫图阿拉城的"建筑形式极其简陋，不过是几间青砖瓦房而已"，《满文老档》记载了萨尔浒山城宫室在修建过程中，没有严格的等级界限，结果努尔哈赤孙子岳托阿哥的居室竟然胜过了汗王本人。在夺取辽阳，经济实力增强之后，建筑质量才有所提高，并开始使用琉璃④。与社会的等级观念和建筑的规模质量相关的是满族的建筑空间布局，在不同时期聚落中成为中心的建筑群也是最能代表社会观念和社会经济发展水平的，因此下面重点分析努尔哈赤日常生活和处理军政事务所使用的主要空间。在称王建都之后，这些建筑也可以称为宫殿或皇宫。

---

① 东京城菱形形态的成因猜想：东京城是选择一个缓丘岗作为城址，现在缓丘的最高海拔45米仍旧高于城外27~30米的海拔（根据谷歌地图），而要把这个缓丘围在城内，城内还要一定较为平缓的土地，并且尽可能方正，那么最佳的选择就是菱形平面。
② 沈阳城的改建过程中，未尝没有将大政殿和十王亭布置在沈阳城的中轴线上的想法或提议，但是在城门、道路、大殿同时进行修筑的情况下，沈阳卫城原来的城门和道路仍旧起到必要的交通作用，因此先不占据原来的南北道路很可能是出于实际的限制，而非布局设计的理想。
③ 刘小萌，满族的社会与生活，北京：北京图书馆出版社，1998：282-283.
④ 沈阳故宫博物院编，盛京皇宫，北京：紫禁城出版社，1987：20-21.

一、清前女真主体建筑的发展

（一）北砬背山城中的主体建筑

对北砬背山城内南北两处台地上的建筑考察称：南边的台地低，其上有两处建筑基址，尺寸完全相同（长17米，宽10米）；北边的台地高，其上的建筑基址规模与南边相当，并可发现庭院的痕迹①。关于朝向方位、相对关系再无说明，对于这两处建筑规模几乎相同的台地历史和考古的研究也没有明确的结论。本书前述将这两个台地视为努尔哈赤和舒尔哈齐各自的居住和处理政务的空间，其原因在于北砬背山城时仍处于"两头政长"的社会形态，兄弟二人应当是平等的，参照佛阿拉城努尔哈赤兄弟二人各自完全独立的军政空间格局，可以对这两处台地做出如此推测。此外，17米×10米的单体建筑尺度，相当于一座五间七架的传统木构建筑的规模，这在其时女真社会中已经是很大的单体建筑了，申忠一所记佛阿拉城努尔哈赤兄弟俩的建筑多数为三开间（图5-17），而皇太极在沈阳所建寝宫清宁宫为五间九架前后廊（通面阔20.01米，通进深15.96米，进深除去两廊为12.46米）②，可见，北砬背城的建筑规模并不比清宁宫小很多。因此，这样的规模不仅仅是满足单一居住需求，一定也同时具有公共性使用方式。清宁宫之内除东稍间为寝宫外，其余四间是举行萨满祭祀活动的空间，此一布置方式正可以上溯至北砬背城中主体建筑的使用。《建州纪程图图记》中努尔哈赤和舒尔哈齐各自有三间虚通并丹青瓦盖的建筑，应为兄弟二人各自的政务空间，而此一方式亦可上溯至北砬背城中兄弟二人都有其议事场所。因此可以推测，北砬背城中努尔哈赤和舒尔哈齐分别占有城中的两块台地，并有极为相似的建筑布局，一座为军政议事的建筑，另一座为居所兼有待客和举行萨满活动的建筑。

（二）佛阿拉城中的主体建筑

佛阿拉城中努尔哈赤和舒尔哈齐的居政空间，在申忠一《建州纪程图图记》中有详尽记录，以此为据并参照考古发掘的建筑基址形态和相互关系，有学者对这两处院落进行了复原研究③：根据申忠一的记录可以判断，两处院落都对居住和议事不同的活动进行了明确的功能划分，按照考古遗址可以判断居住部分位于地势较高的西侧，议政集会的空间位于地势较低的东侧，但是分区并没有形成固定的方位匹配关系；据《建州纪程图记》所载可知议政空间都是开敞的建筑，并利用院落和行廊构成集会空间，两处院落内都建有多处楼台，具有居住、瞭望、奏乐等功能④。

---

① 赵维和，清太祖努尔哈赤兴兵之地北砬背山城研究，满族研究，2001，（4）：35-36.
② 陈伯超、朴玉顺等，盛京宫殿建筑，北京：中国建筑工业出版社，2007：79-80.
③ 刘畅，佛阿拉旧老城汗王宫室刍议，故宫博物院院刊，2002，（3）：41-48.
④ 刘畅，佛阿拉旧老城汗王宫室刍议，故宫博物院院刊，2002，（3）：45.

第五章　空间层次的成长：体系实例分析之一

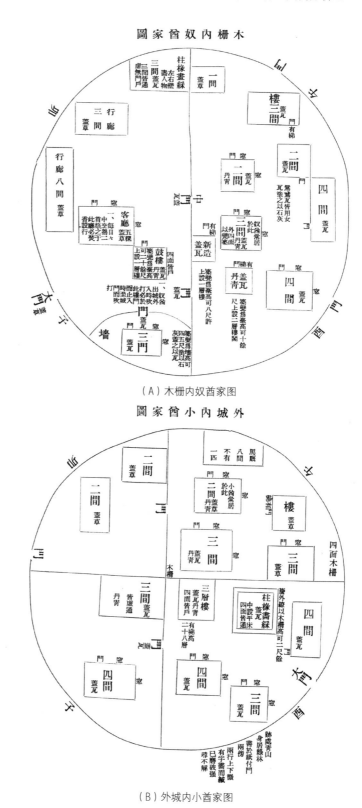

图5-17　佛阿拉城努尔哈赤和舒尔哈齐的居住与政务空间
（图片来源：《兴京二道河子旧老城》[1]）

———
[1]（日）稻叶岩吉，兴京二道河子旧老城，1939：89-90.

（三）赫图阿拉城中的主体建筑

赫图阿拉城内努尔哈赤的居政空间有"尊号台"遗址可考，有研究认为佛阿拉城中两处院落形成居住和政务空间相互并列的格局，是努尔哈赤时期的宫殿建造的一种模式，由此推断出赫图阿拉城大衙门和汗王宫的平面构成[①]。图5-18A中三个高台遗址，组成东西两个院落，东边的院落以一明三暗的大衙门（2号基址）为主体，东西两侧配以厢房，形成处理国政、举行仪式的政务空间；西边的院落由寝宫（3号基址）及其配殿（1号基址）组成，形成日常生活和处理日常政务的空间。

对比图5-18B的复原想象图，本书认为图5-18A更适合女真社会的状况，道理更为充分。不过在佛阿拉城居所中的若干附属建筑以及阁楼并未体现在任何一个复原想象之中，由于缺乏足够的资料不能断定是否具有，也无从判断以何种方式与遗址建筑组成一个完整的功能空间区域，但是不能简单地排除附属建筑和阁楼建筑存在的可能。从东京城和沈阳宫殿建筑看，本书认为从赫图阿拉城开始，附属建筑已经脱离主要的建筑院落，这样使得汗王的居住和理政空间的秩序感和仪式感得到加强，从空间规划的角度看这是一种进步。而根据基址对建筑地面以上形象的复原也存在多种可能性，比如3号基址的形态为一边相重的两个方形，西侧的方形很可能就是阁楼。

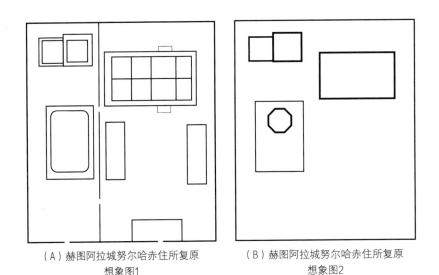

（A）赫图阿拉城努尔哈赤住所复原想象图1　　（B）赫图阿拉城努尔哈赤住所复原想象图2

图5-18　赫图阿拉城努尔哈赤住所复原想象图
（图片来源：A引自《赫图阿拉城"尊号台"遗址建筑格局及相关问题讨论》[①]，作者重绘；B参考赫图阿拉风景区的复原建设）

---

① 梁振晶，赫图阿拉城"尊号台"遗址建筑格局及相关问题讨论，故宫博物院院刊，2002，（5）：54-60.
② 梁振晶，赫图阿拉城"尊号台"遗址建筑格局及相关问题讨论，故宫博物院院刊，2002，（5）：59页图四.

(四)辽阳东京城和天命十年沈阳城中的主体建筑

如前所述,在进入平原聚落修建时,努尔哈赤的居住空间和理政空间开始分离。辽阳东京城的汗王宫和大衙门分别位于相距百米的两个制高点上,大衙门为八角形大殿,汗王宫的修筑在原地表之上又造7米高的人工高台,高台是边长16米的正方形,并有阁楼建筑的遗迹①②。在沈阳城这个距离增加到1里多,从唯一能够反映沈阳城汗王宫形态的《盛京城阙图》中可知,汗王宫有两进院落,第一进院落进深很小,且没有厢房,正中是直跑台阶通往第二进院落的高台,高台之上三间正房屋顶用琉璃,东西配房各三间(图5-13B)。建筑单体的尺度无从考证,从院落的格局看,规模实在不大。大政殿和十王亭建筑群保留至今,但是康熙朝和乾隆朝两部《盛京通志》中略有差别,从中可推想最初的情况:大殿居中带周围廊,八角重檐攒尖顶用琉璃,八角形的台基(乾隆时期加了前出的方正的月台),殿前正中向南铺御路,单开间加围廊的歇山式王亭十座,分左右两翼在大殿之前略呈八字排开,两端分别以钟鼓楼结束。大殿后设五间附属用房③,并且四周很可能环以栅栏④(图5-19)。

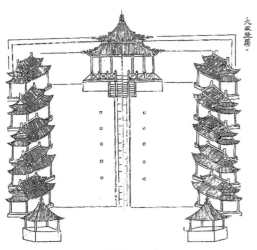 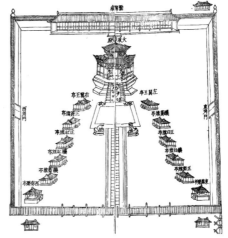

(A)康熙年《盛京通志》中的大政殿　　　(B)乾隆年《钦定盛京通志》中的大政殿

图5-19　大政殿图

---

① 沈阳故宫博物院编,盛京皇宫,北京:紫禁城出版社,1987:21.
② 陈伯超、支运亭等,特色鲜明的沈阳故宫建筑,北京:机械工业出版社,2003:15.
③ 陈伯超、朴玉顺等,盛京宫殿建筑,北京:中国建筑工业出版社,2007:彩页图2-6盛京宫殿分期建设形成过程.
④ 康熙年《盛京通志》仅大殿后和左右两侧设围墙,其余开敞;乾隆年《盛京通志》北、东、西三面围墙,前设栅栏。按照女真人关于使用栅栏围合的习惯,推想天命十年初建之时,大政殿建筑群完全开敞的可能性不大,应该是设栅栏的,康熙朝的《通志》版图十分粗率,未能表明,而乾隆朝修建东西两所时,东所的东墙就成了大政殿建筑群的西围墙,进而又增建东面围墙,但是南面仍旧保留栅栏的形式。

多数论者都以大政殿建筑群与中央王朝的宫殿比较，说明其具有鲜明的民族特色。若从努尔哈赤的军政空间发展来说，大政殿建筑群是完全以中轴线组织空间的唯一实例，对称的秩序性，在单体建筑、群体关系、附属建筑上都有体现，而且以御路的方式加以强调。对称格局是十分严谨的，但是仍旧没有多进的组合和空间的节奏，这也许正是军政民主政治所能具有的最佳的空间表达形式，严整的对称关系表明绝对权力，而单一的空间又表明权力内部构成的家族血缘的民主色彩。这样的布局方式是在山丘地区不便实现的，也是偏安一隅的地方政权不一定要强调的，单一而对称的格局加上空旷的尺度感使其具有了政权的象征意义。

二、清前聚落主体建筑空间层次结构演进分析

在建筑的外观形态上，从佛阿拉城传统的女真住宅建筑到赫图阿拉城简陋的宫室，再到辽阳东京和沈阳城的宫殿，是"一个由简到繁、由单一的女真建筑发展为汉蒙等多民族建筑艺术大融合的过程"[①]。从空间形态上看，清前女真聚落中的主体建筑有一个空间层次不断增加、空间秩序持续加强、象征性不断增多的过程。

图5-20对这一过程进行了概要的描述，虽然五处聚落实例的史料详略不一，但是从三条相关的线索入手，还是能够发现空间层次结构发展的脉络：从完整的贵族阶层的居政空间来看，是随着社会治理结构和聚落规模的发展而逐步扩大的一个过程，从建筑的秩序（B、C）发展为以建筑布局控制聚落尺度的秩序（D，F）；其中最为关键的努尔哈赤（汗王）居政空间的演变，从建筑之间的功

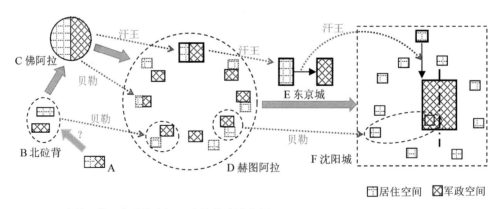

图5-20　清前聚落主体建筑空间层次结构演进分析

---

① 沈阳故宫博物院编，盛京皇宫，北京：紫禁城出版社，1987：20.

能划分（B），到院落之间的功能划分（C、D），再经过居、政分离（E），最后形成了对城市轴向的主导作用（F）；这一过程中还有军政议政会议制度下努尔哈赤子侄们（贝勒）居政空间的作用，围绕汗王宫殿的各旗衙门（D）也必与旗主的居住空间相联系，很可能也来自于早期方式（B、C），并且一同在沈阳城中完成了居、政分离，从城市尺度看，汗王和各贝勒的居住空间相互分离，但是汗王和各旗的军政议事空间却集中到一起，行政效率如何不待检验，但其象征意义却是与具有家族色彩的军政民主政权的都城地位相匹配的。

从上述地理空间、聚落空间和建筑空间三个尺度层次分析中，可以看到清前女真聚落的空间图式，不论在哪个尺度上都是依据人体方位图式来进行空间规划的，在进入平原之后虽然宇宙方位图式的运用有所显现，但人体方位仍占据主导地位。对宇宙方位图式的吸纳与排斥，有女真人传统生活习惯的影响，也有后金政权的国家性质对于空间方位的内在要求。

第六章 空间层次的设计：体系实例分析之二

女真聚落体系的形成是一个凝结的过程，一个从混乱到有序的过程，而明代军镇防御聚落的布置却是经过谋划和设计而成的[①]，比较两者之间的异同能够为认识聚落层次体系的形成提供较为丰富的信息。更为有趣的是，不论聚落体系如何发生，对于军事来说可能会享有相似甚至是相同的空间图式。女真社会的统一使其具有了对抗明王朝的能力，当大清国代替明王朝之后，女真的聚落发展也完全融入中央王朝的体系，由于军事职能的减弱，辽宁地区的城墙聚落体系和内部空间也发生了变化。

第一节 明代辽东军事防御聚落层次的形成

刘谦在明代辽东军事防御聚落的研究中，已经总结出军事管理制度和军堡设置的层次关系[②]，但对于军事聚落层次产生的过程和层次的内涵却没有进行分析，因此有必要对辽东镇军事聚落的层次进行更为深入的研究。

一、明代辽东军政管理体系简况

都城与边疆的地域空间关系往往通过朝廷与边将之间的关系表现出来，唐朝节度使制度留给边地发展的机会终使大唐王朝一步步远离辉煌，两宋重内轻外的规划也使其在创造卓越的精神和物质文化的同时终始摆脱不掉与北地政权对峙的局面。明王朝是唯一一个从南部中国开始征伐，建立政权的王朝，其修筑起了中国历史上最完备的边防，处理朝廷与边将的关系也几经制度变换，在收与放之间做着艰难而巧妙的平衡。

明初在军事战争中根据具体需要，实行了以军政合一为特点的卫所镇守、大都督府、行都督府和都卫镇守等制度，这些临时战争应对的军政机构最终被改造形成拥有重兵却无军事行动权力的军务管理机构，从而形成都司卫所制度[③]，都指挥使司、承宣布政使司和提刑按察使司构成明代地方分权管理机构，并称三司[④]。《明史·职官五》载："都司，掌一方之军政，各率其卫所以隶于五府，而听于兵部。"明代都司卫所制度见表6-1。

[①] 刘谦，明辽东镇长城及防御考，北京：文物出版社，1989.
[②] 刘谦，明辽东镇长城及防御考，北京：文物出版社，1989.
[③] 赵现海，明代九边军镇体制研究［博士学位论文］，东北师范大学，2005：30-40.
[④] 卫文选，中国历代官制简表，太原：山西人民出版社，1987：7,171.

《明史·职官五》所载明代都司卫所制度衙门及官员设置　　　表6-1

品级	五军都督府	都司			卫	所
		注：灰色表示有衙门办公空间				
正一	左、右都督	都司				
从一	都督同知					
正二	都督佥事	都指挥使一人			卫	
从二		都指挥同知二人				
正三		都指挥佥事四人			指挥使一人	
从三					指挥同知二人	
正四					指挥佥事四人	所
从四						
正五				镇抚司		正千户一人
从五	经历	经历司	断事司		镇抚2	副千户二人
正六		经历	断事			
从六					镇抚2	百户10
正七		都事	副断事		经历司	
从七	都事				经历	
正八					知事	
从八						
正九			司狱司			
从九		司狱	仓库草场		吏目	仓
无品级	注：官员名称后数字表示设置人数，未标注的为1人	大使 副使			大使 副使　吏目	总旗20 小旗100

资料来源：《明史》根据国学导航网络版。

明代北方内陆边防被后世称为"九边"，明初时期九边处于征伐与防守转换的阶段，为适应边地征伐的军事指挥需要，实行大将镇守制度，为避免重蹈前代藩镇祸患，遂又行塞王守边制度。然而，以皇室抑藩镇却不能避免皇室内部的子嗣之争，永乐践祚之后将明初仅在甘肃一地建置的军镇和总兵镇守制度向九边其他地区推广，到洪熙、宣德时期在九边完全建立了总兵镇守制度[①]。

总兵官、副总兵、参将、游击将军、守备、把总，无品级，无定员。总镇一方者为镇守，独镇一路者为分守，各守一城一堡者为守备，与主将同守一城者为协守。又有提督、提调、巡视、备御、领班、备倭等名。古凡总凡总兵、副总兵，率以公、侯、伯、都督充之。其总兵挂印称将军者……诸印，洪熙元年制颁。——《明史·职官五》

---

① 赵现海．明代九边军镇体制研究[博士学位论文]，东北师范大学，2005：41-115．

可见，总兵官是朝廷派往地方的军事总长官，可以节制都司卫所。在镇守制度建立后，出于军事行动的需要，总兵也监管钱粮、词讼，在一定程度上集中了地方三司分立的权力，并且总兵体制中各级将领也逐步地方化，总兵也从朝廷临时派遣的史职将领地方化、职官化为国家常规官员体制中的地方长官[1]。与此同时，文官监察系统对武备的巡查制度也开始加强，地方按察使、布政使系统的分守、分巡，朝廷都察院派遣的巡抚、巡按，构成对总兵和都司等武将的节制。而中央派遣的巡抚地位也逐步提升，并且制度化、地方化，形成了以文统武的局面，并发展成为九边的总督体制[2]。

二、明代辽东军事防御聚落层次体系的形成

终明一代在辽东地区只设都司卫所，不设州县，明廷最初夺取辽东时都司是辽东地区最高军事和行政机关[3]，然而在辽东不设按察司和布政司并不等于不存在文官监察系统，在行省体制下由山东履行检查的职能，并且辽东常任文职监察官员也寄衔山东[4]。在辽东同样逐步发展了总兵镇守体系，到嘉靖末年形成了完全独立于都司系统之外的军事指挥系统[5]。政体繁杂，但是军事防御聚落的体系，还是与最初的都司卫所制度的设置有关。按照明代官制辽东都司隶属左军都督府，都司以下设置如表6-1所示，从《全辽志》的记载看，设员数量可能与制度有些出入。辽东军事防御聚落的层次结构，有研究将其划分为镇城、路城、卫城、所城、堡城五个级别[6]，但是如果分清明初都司卫所制度和后期总兵镇守制度，会对辽东军事防御聚落的物质空间层次和社会层次获得更为清晰的了解。《全辽志》成书于嘉靖四十四年（1565年），所记内容正好是嘉靖末年的情况。按照都司卫所制度的军政级别，将《全辽志》中记录的防御聚落进行统计，结果如表6-2。

从表6-2的统计数据中可以看出，都司治所、卫城和所城在规模上存在明显的等级差异，都司治所最大，总城周是最大的卫城开原城周的2倍，格局上也是唯一一个可以区分内外城的明代辽东城池；卫城平均城周6.74里，所城平均城周3.12里，上级亦是下级的2倍；如果考虑统计中的离散性，卫城中规模最小的是铁岭卫，与所城中最大的蒲河城相差无几，但是从城的形制上看，铁岭卫仍属于卫城级别。所城以一门和二门居多，只有一个设三门，无角楼钟鼓楼之制；卫城

---

[1] 赵现海，明代九边军镇体制研究[博士学位论文]，东北师范大学，2005：145-148.
[2] 赵现海，明代九边军镇体制研究[博士学位论文]，东北师范大学，2005：199-235.
[3] 张士尊，明代辽东边疆研究，长春：吉林人民出版社，2002：12.
[4] 张士尊，明代辽东都司与山东行省关系论析，东北师大学报（哲学社会科学版），2008，（2）：30-34.
[5] 张士尊，明代辽东边疆研究，长春：吉林人民出版社，2002：115.
[6] 刘谦，明辽东镇长城及防御考，北京：文物出版社，1989.

明代辽东各级防御聚落物质要素统计表　　表6-2

级别	物质要素	城		池			城门					关厢				角楼	钟鼓楼
		周(里)	高(丈)	周(里)	深(丈)	阔(丈)	东	南	西	北	总	东	南	西	北		
都司治所	辽阳城▲	16.82 24.79	3.0	18.79	1.5	—	2 1	2 —	1 1	1 1	6 3	—	—	√	—	4	2
卫城	广宁城▲△	9.04	3.0	10.26	1.5	2.0	1	2	1	1	5	—	√	—	—	4	1
	义州城△	9.03	3.0	9.46	1.5	1.8	1	1	1	1	4	—	√	—	—	0	0
	前屯卫△	5.10	3.5	6.67	1.0	2.0	1	1	1	0	3	—	√	—	—	0	1
	开原城△	12.05	3.5	13.05	1.0	4.0	1	1	1	1	4	—	—	—	—	4	1
	海州城	6.18	3.2	6.23	1.1	3.5	1	1	1	1	4	—	√	√	√	0	1
	盖州城	5.24	1.5	5.35	1.5	1.8	1	1	1	—	3	—	√	—	—	0	0
	复州城	4.83	2.5	—	1.5	1.5	1	1	—	—	2	—	—	—	—	0	0
	金州城	6.00	3.3	—	1.2	6.5	1	1	1	1	4	—	√	—	√	4	0
	锦州城	6.04	2.5	8.76	1.5	3.5	1	1	1	1	4	—	—	—	—	0	0
	右屯卫城	4.85	2.9	5.24	0.8	1.0	1	—	1	1	3	—	—	—	—	0	0
	宁远城	6.02	2.5	7.02	1.0	3.0	1	1	1	1	4	—	—	—	—	0	1
	沈阳城	9.03	2.5	10.08 11.00	0.5 0.8	3.0 3.0	1	1	1	1	4	—	√	—	—	0	0
	铁岭城	4.17	2.0	5.00	1.5	3.0	1	1	1	1	4	—	—	—	—	4	0
所城	旅顺北城	1.50	—	—	1.2	2.0	—	1	—	1	2						
	旅顺南城	1.83	—	—	1.2	2.5	—	1	—	1	2						
	松山中左千户所城	3.03	2.5	—	—	1.0	—	—	—	—	1						
	大凌河中左千户所城	3.03	2.5	—	—	1.0	—	—	—	—	1						
	中前所城	2.75	3.0	4.55	1.0	2.0	0	1	0	0	1						
	中后所城	3.19	3.0	4.55	1.0	2.0					2						
	塔山中左所城	3.51	2.5	—	—	—	—	—	—	—	3						
	沙河中右所城	3.51	2.5	—	—	—	—	—	—	—	2						
	抚顺城	3.00	—	—	1.0	—	—	1	—	—	1						
	蒲河城	4.03	—	—	1.0	2.0	—	—	—	—	2						
	懿路城	3.95	1.0	4.86	0.9	2.0	—	1	—	1	2	√					
	汎河城	3.97	2.0	—	1.2	2.0	1	—	1	—	2						
堡城	瑷城堡△	合计95座，《明辽东镇长城及防御考》中有实测数据，本表从略。															

注：1. ▲表示总兵驻地，△表示参将驻地。
　　2. 本表据《全辽志》整理而成，城周和池周按1里=180丈=360步=1800尺换算。
　　3. 抚顺城城门《全辽志》中未说明方向，但从其名称"迎恩"推断为南门。
　　4. —表示《全辽志》中未具体说明。

多设四门，少数三门，半数有钟鼓楼；都司治所辽阳城钟、鼓楼分设，内城六门，设角楼。铁岭卫虽然规模略小，但设四门建角楼，完全具有卫城形制。因此可以认为，在都司卫所体制下防御城池的规模是具有等级的。但是这种等级也并非王城制度理想模式下全盘限制的等级，比如城墙高低、护城河的深广都不具有等级性，再有堡城的城周规模大小变化也很多，大者如宽甸堡东西900米南北1100米，城周规模应超过卫城城周的平均值，凤凰堡方形边长500米，城周规模应超过所城平均值，但大多数堡城边长在二三百米，城周二里左右①。尽管物质空间的规模与社会等级制度之间并非严谨匹配，但是堡城、所城、卫城、都司所在卫城的这四级城池等级还是明确存在的。如果在总兵体制下分析城市规模（表6-2中▲△），从军事调度上划分总兵驻地、参将驻地、不同下级将官驻地的社会等级层次，那么军事等级与城池规模的匹配关系就更加不明确了。可以肯定这种分歧出现的原因是明代边疆军事制度更迭所造成的，而防御体系层次结构形成的方式还要在聚落的建设过程中寻找。

表6-3中列明了各卫所的筑城时间，卫城在洪武年间就已经基本完备，宁远卫是辽东最后设置的一个卫，也是在宣德三年（1428年）修筑的②。所城营建从

辽东镇军事建制与城池建设时间　　　　　　　表6-3

事项	城墙聚落			驻扎军队（嘉靖四十四年）		驻扎时间	
	名称	有无旧址	筑城时间	城内驻军（人）	建置机构	设置	驻城
镇城	辽阳城	汉唐辽东城 契丹铁凤城	洪武壬子 （1372年） 北城洪武己未 （1379年）	4620	定辽中卫		
					定辽左卫	1373年	1373年
					定辽右卫	1373年	1373年
					定辽前卫	1375年	1375年
					定辽后卫	1376年	1376年
					东宁卫	1386年	1386年
	广宁城	辽金 广宁府旧址	建洪武初 （不详）	4010	广宁卫	1390年	1390年
					广宁左卫	1402年	1402年
					广宁右卫	1402年	1402年
					广宁中卫	1402年	1402年
卫城	义州城	秦辽西郡絫县 唐之故城	洪武二十二年 （1389年）	2963	义州卫治	1388年	1388年
					广宁后屯卫	1393年	
	锦州城	元永乐县旧址	洪武二十四年 （1391年）	2754	广宁中屯卫	1391年	1392年
					广宁左屯卫	1393年	1403年
	开原城	元黄龙府旧城		4889	三万卫	1387年	1388年
					辽海卫	1378年	1390年

---

① 刘谦，明辽东镇长城及防御考，北京：文物出版社，1989.
② 杨旸，明代辽东都司，郑州：中州古籍出版社，1988：24.

续表

事项	城墙聚落			驻扎军队（嘉靖四十四年）		驻扎时间	
	名称	有无旧址	筑城时间	城内驻军（人）	建置机构	设置	驻城
卫城	前屯卫	唐瑞州故址	洪武二十五（1392年）	1109	广宁前屯卫	1393年	1393年
	海州城		洪武九年（1376年）	3025	海州卫	1376年	1376年
	盖州城	隋之盖牟城 辽辰州旧址	洪武五年（1372年）	军士无	盖州卫	1371年	1371年
	复州城	金永康县旧址	洪武十五年（1382年）	52	复州卫	1381年	1381年
	金州城	元万户府旧址	洪武四年（1371年）	586	金州卫	1374年	1374年
	右屯卫城	元闾阳县之临海乡旧址	永乐中（1403~1425年）	301	广宁右屯	1393年	1394年
	宁远城	旧无城	宣德间（1425~1436年）	1357	宁远卫		
	沈阳城	元之沈州	洪武二十一年（1388年）	917	沈阳中卫	1386年	1386年
	铁岭城	辽金时嚚州故城		1575	铁岭卫	1388年	1393年
所城	旅顺北城	洪武四年木栅	永乐十年砖砌（1412年）				
	旅顺南城						
	松山中左千户所城		宣德间（1425~1436年）				
	大凌河中左千户所城						
	中前所城		宣德三（1428年）				
	中后所城						
	塔山中左所城		宣德五（1430年）				
	沙河中右所城						
	抚顺所城		洪武十七年（1384年）	1108	抚顺千户所		
	蒲河所城		正统二年建（1437年）	1283	蒲河中左千户所		
	懿路城	旧挹娄废城	永乐五年（1407年）	1674	懿路中左千户所 懿路左千户所		
	汛河城		正统四年	1484	泛河中千户所		
	中固城		永乐五年	874			
堡城	险山堡			3074			
	叆阳堡			1044			
	一般堡			数十至数百			

注：1. 本表根据《明代辽东边疆研究》和《辽东志》整理而成。
2. 金州城筑城时间《辽东志》记载："洪武四年都指挥马云叶旺修筑，十年指挥韦富包砖"，比《明代辽东边疆研究》中所考证的设卫时间要早。

明初经永乐、宣德、正统三朝，一直延续半个世纪之多。障塞边墙的修筑时间还要晚，最早修筑的辽河河套地区的边墙是在正统二年（1437年，同最后修筑的一个所城时间相同）才开始提议修筑的，辽河西部山区边墙在正统七年（1442年）始修，辽河东部山区的边墙在成化三年（1467年）才开始建设，并且大小规模的边墙修筑几乎年年进行，直到明末万历中后期辽东边墙还需进行整体修建[1]。边堡烽台的建设时间未有详细记录和研究，但是通过其本身的防御功能可以推想必是在卫所城建成占据平原腹地之后，才能于边地设防，各个卫所情况不同，但总体上应当是接续所城建设，并被边墙建设接续，进而形成完善的防御体系。

于是，我们看到军事防御聚落体系中层次结构的形成，呈现出向上发展与向下发展并行的两个过程，向上发展是管理和节制的需要，向下发展是具体防御事务的需要。在都司卫所的制度下，最初所建军事防御聚落仅有卫城。卫城之间规模的大小与屯兵的规模有关。在与蒙元军事战争中逐步扩张防御的地理范围，为保证已经获得土地的安全，便形成了所城、堡城、墩台、边墙这一系列防御空间，这是层次向下发展形成的过程。都司指挥使和卫指挥使都驻扎在卫城，由于都司指挥使所辖卫较多，所以其所驻扎卫城可能较一般卫城大一些，但是未见称谓上有何差异。在总兵镇守制明确之后，有了军事防御区性质的镇，镇也成为军事建制中的一级，所以才有总兵官驻地从其他卫城中地位提高而形成了所谓的镇城，山东和中央的监察机构也多与总兵官或者都指挥使同驻一城，故而又强化了镇城的地位。这是层次向上发展形成的过程。

所谓"路城"的说法正是后一种过程。刘谦在对辽东镇防御体系研究的著作中提出有"路城"一个级别[2]，李严对九边防御军事聚落的研究承袭这样的观点，但是从聚落发展的历史过程来看，"路城"同"镇城"一样，并非是明初"都司卫所"制度的建制，而是随着总兵镇守制度逐步确立，参将成为总兵制度下分守各路的将领，才有了"路"的明确设置，于是也才有后世研究中将参将驻地确定为"路城"的观点。"都司卫所"的建制之初本应为"都司治—卫治—所治—堡"四级防御聚落体系，总兵镇守确立后，驻扎都司治为镇城的，就延续着这种等级规模，而驻扎卫城，其规模可能与其他卫城差别不大，辽东总兵与都司治所相分，正是后一种情况。参将驻地往往与军事活动相关，且没有在都司治驻扎的，所以呈现出较大的差别，可以在卫城，也可以在所城，更有甚者设于堡城之中，一切以军务为要，没有等级上空间规模的考虑，辽东镇正是这样的情况。以大同镇为例的各级军堡规模比较的研究中，路城的规模在卫城和所城之间[3]，同样说明路城是在聚落空间营建完成之后，军事配置过程中相对独立的运行情况，因此

---

[1] 张士尊，明代辽东边疆研究，长春：吉林人民出版社，2002：67-74.
[2] 刘谦，明辽东镇长城及防御考，北京：文物出版社，1989.
[3] 李严，明长城"九边"重镇军事防御性聚落研究［博士学位论文］，天津大学，2007：139-141.

不能在空间规模上显示出等级制度的差异。

在军事占领和扩张的过程中，聚落层次向下发展的过程是在军事建制的等级体系下，物质空间层次逐次展开的过程；聚落层次向上发展的过程是在物质空间形成之后，军事防卫部署中上层社会等级层次的建立过程（图6-1）。

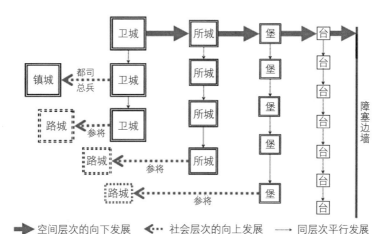

图6-1　明辽东防御聚落层次形成过程分析

先后两种军事建置共同形成了辽东镇的聚落层次结构，如果兼顾物质空间规模和军事调动等级的话，应当在卫城之上确定镇城一级为辽东地区最高聚落层次，因为总兵、副总兵和都指挥使的驻地固定，且文职监察官员多数与总兵都指挥使同驻一城。"路城"情况纷乱，而且从辽东布防的历史看，常有调动，因此不将其作为一级聚落层次。如此辽东防御聚落可以分为"镇城—卫城—所城—堡城"四级，此外还有边台和边墙作为物质层次的延展。确定了层次关系，可以进一步分析，总兵镇守制度下军事调动社会等级与空间的关系，根据相关历史文献统计[①]见表6-4～表6-6。

《九边图说》所载辽东镇武将与防卫级　　　　表6-4

将领 防御地点	上层武将			中层武将			合计
	总兵	副总兵	参将	守备	备御	游击	
极冲地方		1	3	3	11	4	23
次冲地方		0	2	1	7	0	10
又次冲地方		0	0	1	0	0	1
合计	不详	1	5	5	18	4	33

注：总兵官由于没有说明驻地，未作统计。

---

① 关于数据整理，地方军政的设置常有变化，在统计数据时根据讨论问题的需要进行处理。对于命名问题，不关注前后备撤的变化，而对于具体的数据统计，由于缺乏足够的资料参照，仅就数据所载的文本进行数据统计，而不再扩大数据选取范围。

《九边图说》所载辽东镇武将与驻地级别　　　　表6-5

驻地＼将领	上层武将			中层武将			合计
	总兵	副总兵	参将	守备	备御	游击	
镇城	1	1			1	1	4
卫城			4	1	7	1	13
所城			1	1	6	1	9
堡城				3	4	1	8
合计	1	1	5	5	18	4	34

《全辽志》所载辽东镇武将与驻地级别　　　　表6-6

驻地＼将领	上层武将			中层武将				下层武将
	总兵官	副总兵	参将	守备	备御	游击	合计	守堡官
镇城	1	1			1	1	2	
卫城			4	1	8	2	11	
所城				1	5		6	
堡城			1	3	4	1	8	95
合计	1	1	5	5	18	5	27	95

注：1. 入卫游击驻地不详，固未列入。
　　2. 嘉靖己丑年设"江沿台备御"，但在《全辽志·边防·墩台》有"江沿台堡"，故暂列入"堡城"。
　　3. 守堡官数量以所统计的堡的数量代之。

《全辽志》成书于嘉靖四十四年（1565年），《九边图说》成书于隆庆三年（1569年），时间很近，所记载武将驻守地仅有一处不同。前述四级聚落层次是相对固定的驻地级别，《九边图说》中特别提到"极冲""次冲""又次冲"三类军事区域，这是对边防形势所带来的防务需求而言的，是对不同地方防卫等级的划分。表6-4表明武将的驻地与防卫级别密切相关，"极冲地方"驻防了三分之二多的武将，"次冲地方"也有近三分之一，仅余1名留守"又次冲地方"。表6-5、表6-6表明中层武将的级别与驻地的级别没有必然关系，而高层武将一般都驻防在高级别的驻地。

三、军事指挥等级与军事防区的辩证

从以上分析中可以看出都司制度和总兵制度两种社会等级结构与城池空间层次的不同关系。辽东没有设置布政司和按察司，是以都指挥司开始占领并建立地方制度的，所以都司卫所制度在辽东具有行政区划的等级性质，在聚落规模上反应明显。总兵镇守制度实际行使军事职能，与防区之间构成一种"社会—空间"关系。军事防御的区域是多种多样的，会有因社会级别而导致的防御级别，比如

对京师的护卫，也可能是御敌于国门之外的险山隘口，这样的空间丝毫没有等级性，难以区分规模层次的防区空间，对于明代辽东边防来说更为常态的是后者。从《全辽志》记载的资料中可以对日常防务下，军事指挥的等级与防区之间的关系有所了解。

表6-7列出了总兵镇守制度下各级武将之间的隶属关系，可以看到整体上形成"总兵—副总兵—参将—中层武将—下层武将"五个级别，中层武将直接隶属于总兵和副总兵的也比较多，这是人类社会等级结构中非常普遍的现象，金字塔

《全辽志》所载辽东镇守将领隶属关系　　　　表6-7

一级	二级	三级	四级	五级
总兵	副总兵	分守开原参将	开原备御	各守堡官
			铁岭备御	各守堡官
			中固备御	各守堡官
			泛河备御	各守堡官
			懿路备御	各守堡官
		分守海盖参将	海州备御	各守堡官
		镇武堡游击	西平堡备御	各守堡官
				各守堡官
		沈阳游击		各守堡官
			清河守备	各守堡官
			沈阳备御	各守堡官
			蒲河备御	各守堡官
			抚顺备御	各守堡官
			长安堡备御	各守堡官
			长勇堡备御	各守堡官
		分守锦义参将	锦州守备	各守堡官
			义州备御	各守堡官
		分守宁前参将	宁远备御	各守堡官
			前屯备御	各守堡官
			右屯备御	各守堡官
		驻扎险山参将	叆阳守备	各守堡官
			江沿台备御	各守堡官
		广宁游击		各守堡官
		宁前游击		各守堡官
		入卫游击		各守堡官
			金州守备	各守堡官
			镇静堡守备	各守堡官

式的社会等级划分在具体的社会实践过程中，往往并不都要经过所有的级别才能运作。表6-8列出了各个"地方"所负责的"堡—台—障塞"这些最前沿的防御设施，可以看到落实在具体的防御地段后，军事指挥中的五个等级在空间上被简化为三个层次，"地方—城（等处）—堡"（与守堡官这一最低等级武将对应，烽台障塞的物质防御手段不计入），《全辽志》中对于总兵负责那一地方没做说明，按常理讲总兵应负责整个辽东镇的情况，因此可以认为有四个空间层次，即"镇—地方—城（等处）—堡"。在等级上"副总兵—开原参将"的上下关系，在防区上变成相同的层次，最高指挥总兵的驻地防区广宁地方也与各参将

《全辽志》所载辽东镇边防辖区层次关系　　　　　　表6-8

镇守	分守	驻守	守卫	防御设施		
辽东	地方	城/等处	堡	台	障塞	附：障塞长度及材料
辽东镇	宁前参将地方	前屯城	10	104	140里	土9520，石9250，木栅河口2870，山险无墙3560
		宁远城	11	155	163里	土11230，石8965，木栅河口3420，山险无墙5806
	锦义参将地方	锦州城	5	94	120里	土12630.6，石8860，水口21.5
		义州城	7	105	154里	土17566.5，石10133
	广宁地方	广宁城	6	79	—	
	镇武堡游击地方		4	53	99里	全土墙
	海州参将地方		2	31	40里	全土墙
	辽阳城副总兵地方	长安堡等处	4	51	170里	全土墙
		长勇堡等处	3	42		
		抚顺所城	1	22	36里	全土墙
		清河堡等处	7	66	—	
		沈阳卫城	2	31	54里	全土墙
		蒲河所城	1	14	30里	全土墙
	开原参将地方	懿路城	2	21	66里	全土墙
		汛河城	2	16	31里	土25里，劈山墙6
		铁岭城	4	35	52里	土46里，劈山墙6
		中固城	2	29	60里	土30里，劈山墙30
		开原城	9	115	271里	土60里，劈山墙116+95
	险山参将地方		13	74	73里	木栅墙6817，虎牢栅5473，石垛墙805
合计			95	1137		

注：各处的腹里接火台未计入。腹里堡无边墩的未计入，如辽阳城副总兵地方的武靖营堡、奉集堡。海防不设障塞亦未计入。障塞长度原文有丈和里两种单位，按丈记录的都换算为里，四舍五入取整数。

的防区相并列，这是层次减少的直观现象。空间层次之间只有两种关系，一种是并列，一种是包含，并列是同层的关系，包含是上下层的关系。社会组织中高等级对低等级的管理，是人与人之间的关系，在实际操作中直接面对物质空间的是低等级的人，而高等级的人只面对其下属的人，而不面对其下属的对象物质空间，因此，社会等级的层次数量一定多于物质空间的层次数量。在军事指挥中也是同样，守卫堡垒的是下层武将及其士卒，参将和总兵不会去守卫堡垒，所以由"堡—台—障塞"为基础构成的防守区域的层次数量必然少于将官的等级数量。

通过《全辽志》中对每个堡的具体情况的记录，可以了解防卫部署具体地理地势的空间关系。选择几例《全辽志》对堡的说明：

长宁堡：官军三百员名。堡东地势平漫，临境平佃堡可按伏。清泥湖、宫猪泊、菱角泊通贼道路。辽阳城兵马可为策应。

大安堡：官军三百五十八员名。堡北半边山可屯兵，龙腰儿可按伏。锁家冲、平寇营通贼道。路义州城兵马可为策应。

黑庄窠堡：……宁远城中右所兵马可为策应。

宋家泊堡：……汛河城兵马可为策应。

瑷阳堡：……新安险山二堡兵马可为策应。

新安堡：……瑷阳凤凰二堡兵马可为策应。

每个堡描述的体例都是一样的，按照驻军数量、屯兵地势、设伏地势、外通道路和策应调动，五个方面分别说明。值得注意的是对策应兵马的安排，构成了不同防御点之间空间上的联系，一般情况下都是各防区的城内兵马出城策应，在东部山区是堡与堡之间相互策应。镇城、卫城、所城都可直接策应其防区内的各堡，这是军事防务的具体安排，正是这具体安排需要考虑实际的地景条件，按照地理空间的关系进行布置，而不需要考虑社会等级的问题。

因此可以说，明代辽东的军事防御层次是由城墙聚落体系层次结构、军事指挥的等级层次结构和地理空间限制下防御战术结构所共同构成的，这又是一个空间层次多义性的实例。

第二节 "占"与"战"：明代防御聚落的双重空间图式

辽东作为明王朝直属的东北边镇，经历了明初开疆拓土的过程，是在与蒙元"战"争中逐步获得辽东土地的，"占"领并不是军事的结束，只是不断防范应对边患的军事活动开始，在"占"领之地随时要准备面对"战"争。"占"与"战"虽然都在亘古不变的山川大地之上，但是由于军事应对需要，客观的地景也被赋予了不同的人为的意象，总体上看辽东防御的地域空间意象经历从"战"到"占"和以"占"为"战"的两个阶段。

一、从"战"到"占": 明初防御体系的形成

朱元璋对辽东的战争是从山东渡海,进入辽东半岛,再向辽河平原腹地推进的,初期有完全占有蒙元疆域的野心,受挫之后开始在辽东屯兵布防,在已攻占之地广建卫所[①]。表6-9汇集了明初辽东各卫的设置时间,驻防地点及其迁移变化的情况,从军事作战单位的设置次序中,更能发现地域空间中"占"与"战"意象的发展变化(图6-2)。

明初辽东都司建卫次序表　　　　　表6-9

阶段	时间		卫及名称变化	驻地	
	纪年	公历		古	今址
初步进入	洪武四年	1371年	辽东卫	得利赢城	瓦房店得利寺镇得利山
			辽东卫	移驻盖州	盖州
	洪武六年	1373年	定辽右卫	辽阳	辽阳
			定辽左卫	辽阳	辽阳
	洪武七年	1374年	金州卫	金州	大连金州
	洪武八年	1375年	定辽前卫	辽阳	辽阳
			辽东卫改称定辽后卫	盖州	盖州
	洪武九年	1376年	定辽后卫改称盖州卫	盖州	盖州
			另设定辽后卫	辽阳	辽阳
			海州卫	海州	海州
	洪武十一年	1378年	辽海卫	牛家庄	海城牛庄镇
	洪武十四年	1381年	复州卫	复州	今复州西北
向北拓展	洪武十九年	1386年	东宁卫	辽阳	辽阳
			沈阳中卫	沈阳	沈阳
			沈阳左卫	沈阳	沈阳
	洪武二十年	1387年	三万卫	斡朵里	牡丹江以西,今吉林珲春附近
	洪武二十一年	1388年	铁岭卫	开成以北	朝鲜
			义州卫	义州	锦州义县
			三万卫	移驻开原	开原
稳固疆域	洪武二十三年	1390年	广宁卫	广宁	北镇
			辽海卫	移驻榆树城	今开原北
			辽海卫	移驻开原	开原
	洪武二十四年	1391年	广宁中屯卫	东关驿	绥中东关镇
	洪武二十五年	1392年	广宁中屯卫	移驻锦州	锦州

---

① 张士尊. 明代辽东边疆研究. 长春:吉林人民出版社,2002:12.

续表

阶段	时间		卫及名称变化	驻地	
	纪年	公历		古	今址
稳固疆域	洪武二十六年	1393年	广宁左屯卫	显州	辽河西河套地区
			广宁右屯卫	十三山	
			广宁前屯卫	前屯卫	绥中前卫镇
			广宁后屯卫	懿州	阜新东彰武西
			铁岭卫	移驻古嚣州	铁岭
	洪武二十七年	1394年	广宁右屯卫	移驻右屯	今锦州东北
	洪武三十一年	1398年	沈阳中屯卫		永乐年移驻关内,隶河间府
			安东中屯卫		
	洪武三十二年	1399年	广宁左屯卫	移驻广宁	北镇
	洪武三十五年	1402年	广宁中卫	广宁	北镇
			广宁左卫	广宁	北镇
			广宁右卫	广宁	北镇
	永乐元年	1403年	广宁左屯卫	移驻锦州	锦州

注：1. 本表根据《明代辽东边疆研究》整理而成，驻地今址参考谭其骧《中国历史地图集》。
2. 本表只列明各卫设置时间，设置卫前期常有收编和屯种，不列出。
3. 广宁中屯卫移驻锦州的时间，从《辽东志》。
4. 铁岭卫曾暂住沈阳以南奉集堡。

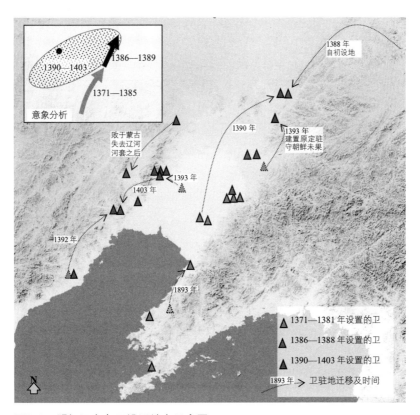

图6-2 明初辽东各卫设置地点示意图
（图片来源：地形底图引自天地图）

明初辽东的军事行动可以分为三个阶段,第一阶段(1371~1385年)从辽东半岛登陆,夺取辽阳然后驻兵防卫,形成了"金州—复州—盖州—海州—辽阳"一线纵深的局面;辽阳稳固后,第二阶段(1386~1389年)先巩固辽阳,再占沈阳,以辽沈为后盾设三万卫于斡朵里未果,后固守开原,形成从金州到开原450多公里的单线纵深;随后第三阶段(1390~1403年)从华北进入辽东辽河河套及以西地区,全面布防并加强开原铁岭的前哨。第一阶段是以"战"为主导的空间意象,单线切入敌区,步步为营,并不在乎对平原地区的防守;第二阶段初期是在辽河东西两线分别单线切入作战,东路受挫后转入前沿防卫,是从"战"到"占"的转换阶段;第三阶段全面进入保卫领土的"占"领阶段。"战"可退,"占"无可退,在空间上"战"是"点","占"是"面","战"与"占"的转换在空间上对应着"点"与"面"的转换。"面"亦要以"点"来"占",同样地景、同样位置的聚落,不同的空间意象完全取决于人在土地上的行动意图。

二、以"占"为"战":防御体系中迎战的军事调度

明代辽东防范蒙古和女真的不同兵力调遣,能够更好地说明空间意象为人的行动意图所决定。表6-10列出不同对敌情况下辽东总兵、副总兵、参将三级上层武将的设置情况,据此可在地域空间上分析其不同的设置意象。

明辽东对应蒙古与女真的上层武将设置　　　　　　　　表6-10

对敌	时间	上层武将及驻地		
		总兵	副总兵	参将
蒙古	正统年间	广宁	左副总兵:义州 右副总兵:宁远	左参将:开原 右参将:辽阳
	成化二年(1466年)	广宁	义州	左参将:开原 右参将:宁远
	成化十六年(1480年)	广宁	辽阳	左参将:开原 右参将:宁远 中路参将:广宁
	嘉靖十六年(1537年)	广宁	东路副总兵:辽阳	北路参将:开原 西路参将:义州
女真	嘉靖四十四年(1565年)	广宁	辽阳	分守开原参将:开原 分守锦义参将:义州 分守宁前参将:宁远 分守海盖参将:海州 驻扎险山参将:瑷阳堡

注:1. 本表根据《明代辽东边疆研究》[①]整理而成。
　　2. 驻扎险山参将驻瑷阳堡根据《明辽东镇长城及防御考》[②]路城说明分析而得。

[①] 张士尊,明代辽东边疆研究,长春:吉林人民出版社,2002:112-115.
[②] 刘谦,明辽东镇长城及防御考,北京:文物出版社,1989:53.

针对蒙古布防的武将调度多有变化（表6-10），总体上看是逐步加强的，而且上层武将分守驻地比较固定，在广宁、辽阳、义州、宁远、开原这五地，形成了以广宁、辽阳为腹胸，以义州、宁远、开原为左右翼的面对蒙古草原的空间意象格局（图6-3）。辽东防御部署本是针对蒙古大漠，如果仅从空间布局来看，辽东防卫历明代二百余年还是有效的，当这种空间分布模式以防御聚落的方式固定在大地上之后，其适应其他战局的效果就得重新评价。明后期不得不面对来自东北方向女真的侵扰，辽东的防御部署也应对变化，形成了辽河平原东部以辽阳为腹胸，以开原、险山为左右翼，辽河西部及辽西走廊为后援的意象格局（图6-4），这种格局应对建州女真东来的兵马效果有限，最后还要靠河西走廊狭窄的地势来阻挡。同样的聚落空间分布，不同的战斗意象，不同的战争结果。从空间上解释战争未免不全面，在此粗略地描绘战争所带来的地域空间意象，意在分析人类社会活动与聚落地景的关系：聚落与土地联系在一起，不可能灵活应变，灵活应变的只有指挥下的军队，但是再高超的指挥也需要以土地和聚落为依托，虽然人的行动意图可以决定空间的意象，但是不能超越空间的物质性，一种空间格局总有其相适应的行动意图，和不相适应的行动意图，空间意象是人力运作组织的结果，但脱离了实际的地景聚落，人力无从运作，无从组织。

通过以上分析，可以这样认为：卫城建立初期是以"战"的图式为主的时期，而随着"都司卫所"制度的建立，"都司治—卫治—所治—堡—台—边墙"形成了明确的"占"的意图，在"占"的固定的空间模式下，为了适应军事行动的需要，总兵、参将、游击、守备、备御的设置和兵力的调配，反映出"战"的意图，两种意图叠合在一起，就形成了明中后期的辽东镇军事防御聚落的社会结构的内涵。

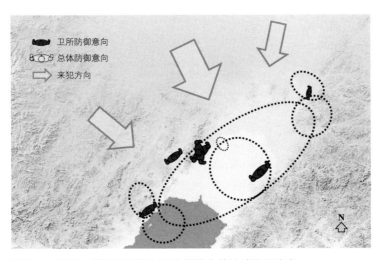

图6-3 明辽东镇军事聚落布局防御蒙古的地域空间意象
（图片来源：底图引自天地图）

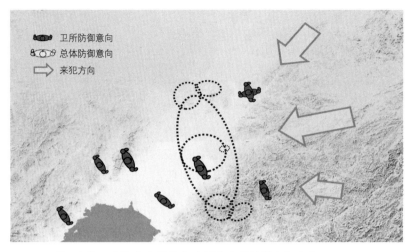

图6-4　明辽东镇军事聚落布局防御建州女真的地域空间意象
（图片来源：底图引自天地图）

第三节　明、清两代辽宁地区聚落层次结构的变化

明清两代辽宁地区的作用完全不同，明代的辽东是边防之地，而清代则是发祥之地，朝代更迭带来了社会等级次序的改变，辽宁地区的聚落层次也随之发生变化。

一、聚落体系中社会等级的变化

从明代中期以后，辽东边防聚落形成了镇城、路城、卫城的军事等级，到清代时辽宁地区成为发祥之地，沈阳确定为陪都，实行府、州、县的行政管理，如果将镇、路、卫三级军事等级与府、州、县三级行政等级相对应的话，可以发现清代的各级治所仍旧沿用明代的城池，但是等级发生很大变化（表6-11）。在14个城池中，只有5个与原来的等级相当，另有四升五降，升降变化中最为明显的是前两个等级。明代时形成了东部辽阳、西部广宁两个最高等级的城市，以适应辽宁地区东、西的地理格局，以广宁为总兵驻地为中心，辽阳为副中心；清代仍然是在这个地理格局之上划分为两个府，府治分别设在锦州城和沈阳城，而沈阳城为陪都所在，比府城高一个等级，成为中心，锦州则为中心。明代路城根据防御需要设置，清代每府下设两州，明代屯兵卫城数量较多，清代县治明显减少。不论是军事防御等级，还是行政管理等级，都是聚落体系的社会层次，社会层次变化了，聚落的物质实体仍旧延续，在个体聚落的发展历史中，这样的变化在不断地重复着，所以在明晰的社会组织等级体系下，聚落的物质形态并不一定表现出相应的层次形态。

明清两代城墙聚落的等级变化　　　　表6-11

城墙聚落	明代的军事等级	清代的州府等级	从明代到清代的升降变化
辽阳城	镇城	州城	降一级
广宁城	镇城	县城	降二级
义州城	路城	州城	平级
前屯卫	路城	—	降三级多
开原城	路城	县城	降一级
海州城	卫城	县城	平级
盖州城	卫城	县城	平级
复州城	卫城	州城	升一级
金州城	卫城	县城	平级
锦州城	卫城	府城（县城）	升二级
右屯卫城	卫城	—	降一级以上
宁远城	卫城	州城	升一级
沈阳城	卫城	陪都（府城、县城）	升三级
铁岭城	卫城	县城	平级

二、聚落空间结构的变化

社会发生变化，作为社会设施系统的物质环境也随之发生变化。清代虽然沿用明代的城池，但是随着城池地位的变化，内部的社会结构及其所属设施发生了很多变化，在此先以辽阳、开原、铁岭的变化为例作简要说明，下一节就沈阳城从明代卫城到清代都城的格局变化作较为详细的比较。

（一）聚落内部社会结构的变化

辽阳镇城是明代辽东的首府，《全辽志》中记载了明嘉靖末期，城内建有大量的军政机构（表6-12）。都司卫所制度下武将各有品级，各级各有衙门，管理军需物资；总兵镇守制度的上、中、下武将无固定品级，守堡官驻堡，各级武将也有公署和衙门；文官监察系统亦有品级，且比都司系统武职官员的品级略低（表6-13），也各设有行台衙门。文职官员除监察外，还有一般州府设置的一些必备职能部门，递运所、课税司、驿、预备仓等；有专职马政的苑马寺、行太仆寺，由于品级较高也临时代理监察职责（表6-14）；有督办粮务的户部郎中和执行具体事物的通判；此外还设有官学，如医学、儒学、阴阳学，各机构都有自己的公务地点；对于都指挥使、总兵官等国家大员亦有府邸的记录。

明代辽东镇城职能要素统计表　　　　　　　　表6-12

职能要素		卫城	辽阳镇城	广宁镇城
行政机构	首脑机构		副总兵府：都司治东北	总镇府（总兵）：永安门内大街北
			都司治：城内	会府：文庙左即镇东堂旧址
	察院		察院：都司治西	察院行台：泰安门西
			都察院行台：察院左	都察院：拱镇门北
	分司		按察分司：察院右	户部分司：泰安门北
			布政边备分司：都司治西北	按察兵备分司：四牌楼东
	专门机构		苑马寺：察院左	太仆寺：按察司右
			太仆寺：都司治西南隅	游击府：中路游击府按察司左
	公署		管粮通判公署：都司治西	广宁备御公署：鼓楼北
			岫岩通判行署：苑马寺前	镇城坐营公署：会府东南隅
				河西管粮通判公署：北分司改建
	司		税课司：都司治西北	税课司：鼓楼南
			司狱司：都司治东	
			僧纲司：肃清门外一里（西门）	
教育机构	官学		儒学：都司治东南	儒学：广宁右卫西北—会府之右
			医学：前卫北	医学：鼓楼北
			阴阳学：都司治东北	阴阳学：总铺南
	私学		社学：各近卫建每学门楼一座书堂三间	社学：拱镇门内西北
			书院：正学书院都司治西南	河西书院：文庙后
			武书院：都司治西北	
军事机构	卫所		定辽中卫：都司治东南 经历司　镇抚司　左中前后四千户所（俱卫治内）	广宁卫治：鼓楼北广宁路，左经历司，右镇抚司，东西吏房三间，左右中前后五所
			定辽左卫：都司治西南 经历司　镇抚司　左中后三千户所（俱卫治内）	广宁左卫：城东北隅，中前后三所
			定辽右卫：都司治西 经历司　镇抚司　右后二千户所（俱卫治内）	广宁右卫：城西北隅，中前后三所
			定辽前卫：都司治东北 经历司　镇抚司　左右前后四千户所（俱卫治内）	广宁中卫：洪镇门东，左右前中四所

第六章　空间层次的设计：体系实例分析之二

续表

职能要素		卫城 辽阳镇城	广宁镇城
军事机构	卫所	定辽后卫：都司治西北 经历司 镇抚司 左右中前四千户所（俱卫治内）	
		东宁卫：在北城中经历司 镇抚司 左右中前后及中左六千户所（俱卫治内）	
		自在州：东宁卫治西北隅	
	武器制造	军器局六	军器局四
	军储屯田	神机库：都司治西南隅	神机库：户部分司前
		定辽前库：都司治东北	军储仓四：书院西
		军储仓六	广宁库：在军储仓内 广宁左库：在军储仓内
		草场六	草场：军储仓内
			祝丰亭：军储仓内西南隅
	练兵	教场：安定门外	教场：迎恩门外
社会事业	粮食储备	预备总仓：都司治南	
		预备仓六	预备仓四，军储仓内
	社会福利	养济院：都司治北	养济院：军储仓北
		漏泽园：肃清门外	漏泽园：旧在北厉坛下一城东南七里
驿站邮传	在城驿	西关内	本城四牌楼南
	递运所	本驿内	在本驿内
	铺舍	本城铺舍	镇城总铺：阴阳学北
	属驿	鞍山驿城西南六十，虎皮营驿城北六十里	高平驿在城东九十里，盘山驿在城东四十五里，闾阳驿广宁城南五十里千户潘英重修
	朝鲜馆	安定门外	
	夷人馆	泰和门外	安夷馆，迎恩门外
供给	盐场	六卫盐场，百户各一员	四卫盐场，百户各一员
	铁场	六卫铁场，百户各一员	四卫铁场，百户各一员
坛庙	坛	南坛，北坛，西坛	东坛、西坛、北坛
	庙宇	文庙，上帝庙，城隍庙	城内：文庙，双塔寺，普慈寺，旗纛庙；南关：三官庙，马神庙

资料来源：根据《全辽志》文字及版图整理。

嘉靖末年辽东文职官员与都司武职官员品级　　　　表6-13

品级	文职官员	武职官员
正二		都指挥使
从二		都指挥同知
正三	巡抚（都察院副都御史）	都指挥佥事卫指挥使一人
从三	分守道（山东布政司参政），苑马寺卿	卫指挥同知二人
正四	分巡道（山东按察司副使），巡抚（都察院佥都御史）	卫指挥佥事四人
从四	分守道（山东布政司参议），辽东行太仆寺少卿	
正五	分巡道（山东按察司佥事），户部郎中	正千户一人
从五		副千户二人
从七	巡按（监察御史兼提督学政，属都察院）	
从九	税课司，医学，儒学	武学
无品	递运所	

注：1. 根据《全辽志》整理而成。
2. 分守道：山东布政司参政或参议一员总理粮储，带管海州、辽阳、沈阳、抚顺、叆阳各城堡边备。
3. 分巡道：山东按察司副使或佥事一员专理词讼，兼广宁、锦、义、河西等处兵备。
苑马寺卿：兼山东按察司佥事整饬兵备事务。

《全辽志》记载辽东镇巡抚监察系统文官驻地　　　　表6-14

文官驻地	巡抚	巡按	户部郎中	分守道	分巡道	宁前兵备	开原兵备	辽东行太仆寺少卿	苑马寺卿
镇城	广宁	辽阳	广宁	辽阳	广宁			广宁	
卫城						远城	开原		盖州

注：1. 根据《全辽志》整理而成。
2. 分守道、分巡道、辽东行太仆寺少卿、苑马寺卿均为带管兵备。隆庆三年（1569年）《九边图说·辽东镇图说》，定"兵备四员（一驻宁远城，一驻盖州城，一驻开原城，一驻西平堡）"

　　清代辽阳是州治，相当于降了一级，据《康熙辽阳州志》记载城内公署仅有察院行台、知州公署、吏目公署以及库和牢，未见军事机构设置的记录。这一变化表明，清代辽宁地区聚落的军事职能已经极大地减弱了，而且与之相伴的是文官监察系统和马政系统削减，因此城内的政务机构少了很多。此外，明代在城外设置的风雷云雨山川坛、社稷坛、历坛，到清代都已经废弃，祭祀活动改为"春秋设台望祭"（《康熙辽阳州志》），原来有物质实体象征的主流意识完全变为观念。明清两代一以贯之的社会空间，也许只有文庙和城隍庙，朝代更迭改换的是权力中心及其象征设施，而中国正统的儒家文化和道教俗神信仰仍旧延续着（图6-5）。

第六章　空间层次的设计：体系实例分析之二

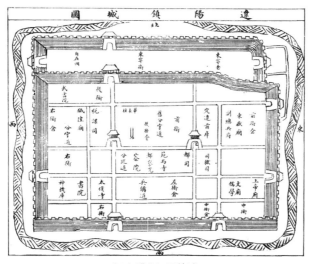

（A）明代辽阳镇城

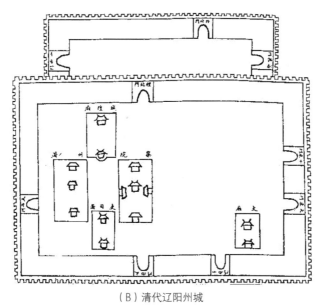

（B）清代辽阳州城

图6-5　明、清两代辽阳城比较
（图片来源：A引自《全辽志》，B引自《康熙辽阳州志》）

（二）物质边界内的不同发展

当聚落个体在聚落体系中的地位发生变化时，作为硬性物质边界的城墙继续存在，在防御功能减弱的同时，划分群属的功能成为主要作用。聚落功能从军事防御为主转变为民用为主，对聚落的影响非常重大，使得城墙限定的空间范围在新的体系下发展出不同轨迹。辽东各处城池虽有前代城址规模的痕迹（附表1），但是明初营造城墙以防御为目的，其规模也与屯兵数量有一定关系，当这一功能消失后，已有的物质边界在民用的情况下，表现出不同的情况。以开原和铁岭为例，开原城常驻两卫兵力和因归附而设的安乐州，有参将府和各级的监察机构，

235

另有边关马市贸易，所以其城周12里余，规模仅次于辽阳城；铁岭城屯驻一卫，仅设有一处察院行台，城周4里余。两城在清代同为县城，明代已经形成的城墙边界范围内，常设机构相同，因此开原城周的规模远大于清代社会活动的需要，城内多有空地，而铁岭城的规模和社会功能则较为相配（图6-6）。

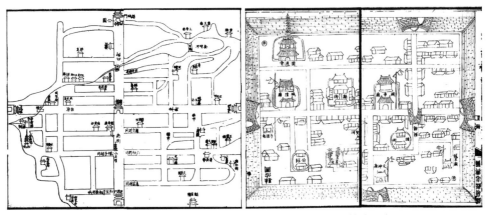

（A）开原县城图　　　　　　　　（B）铁岭县城图

图6-6　清代开原城和铁岭城比较
（图片来源：A引自《开原县志》（清咸丰），B引自《铁岭县志》（清））

第四节　从卫城到都城：沈阳城格局的变化

沈阳城在此作为聚落体系变迁中个体聚落的一个实例，重点分析能够表征其在体系中地位和作用的空间要素和空间格局的变化。

一、明代沈阳卫城的空间格局

（一）沈阳城址变迁

沈阳城建廓始于战国，辽、金、元亦在旧址筑城，均系版筑土城。明朝在元代土城基址上改建砖城，清定都沈阳后又在明砖城的基础上有所增拓[①]。明《全辽志》载沈阳卫城"周围九里一十余步"，清《盛京通志》载盛京城"周围九里三百三十二步"，明清两代城址规模相差无几。从1957年发现的被封砌在北城墙中的沈阳卫北门"镇边门"，和2000年对古城西北角城址的考古发掘，可以判定清代城墙是以明代城墙加宽修筑而成[②]，因此城周略有增加。明清城址即在今方正的老城周边，四面顺城路内侧。

1993年在故宫北发现了一道东西走向、长约173米的古城墙遗址，从地层分

---

① 沈阳故宫博物院编，盛京皇宫，北京：紫禁城出版社，1987：12.
② 赵玉民编，沈阳史迹图说，沈阳：辽宁美术出版社，2006：8-9.

析判断该墙始建于战国，两汉时期在原址上不断加宽增筑；墙体北侧发现护城河的遗迹，证明此城墙遗址应为城址的北墙，墙体西端有向南转折的迹象，证明此处为城墙的西北角；从遗址西端向东约120米，发现了可能是城门楼火烧后倒塌的遗迹，可判断此城墙遗址始建于战国时期，在汉代为辽东郡侯城县①。1997年在故宫大政殿东墙外发现了侯城东城墙遗址，1970年代在热爱里、大南、大西等处发现的战国到汉代的墓葬应在城外，由此可判断侯城南墙在今盛京路以北②。

┈┈┈┈ 汉代城址范围推测
------- 元代城址范围推测
──── 明清城址范围

图6-7 沈阳历代城址变迁
（图片来源：底图引自谷歌地图）

辽代沈州城城墙遗址至今尚未发现，但根据辽代出土的石刻铭文可以确定沈州城就在沈阳老城区范围之内③。已发现的辽代城址考古资料显示，辽代节度州城内分为四个坊，边长一般约为250米，城周约1公里，辽沈州城应与侯城位置大体相当，而金代沈州建制和城址延续辽代④。元代改沈州为沈阳路，土筑方城十字路辟四门，路城遗址亦无可考，元至正十二年（1352年）的《沈阳路城隍庙碑》记载庙的"院地""西北至城隅"，可知城隍庙位于路城的西北角，而以此碑的出土地（中街路北）确定元代城隍庙的位置的话，亦可确定路城西北角的大略范围⑤。明《全辽志》记载沈阳中卫城是在"洪武二十一年，指挥闵忠因旧修筑"，"因旧"说明元明两代城址必有相重，《全辽志》在描述沈阳中卫治所的位置时称"城东南隅元总管府旧址"，由此可以大略判断明代所因元代路城城址应为东城墙和南城墙。若城址方正则亦可大略确定元代路城西墙范围（图6-7）。

（二）明代沈阳卫城的空间格局

按《全辽志》卷一"沈阳中卫城"条记载：沈阳城"周围九里一十余步，高二丈五尺。池二重，内阔三丈，深八尺，周围一十里三十步；外阔三丈，深八尺，周围一十一里有奇。门四：东永宁，南保安，西永昌，北安定。南关，保安

---

① 沈阳市文物考古研究所编，沈阳考古发现六十年（报告卷），沈阳：辽海出版社，2008. 转引自沈阳日报2008-11-29A07版.
② 李声能，沈阳历代城址考，中国地名，2010，（8）：29-31.
③ 沈阳市文物考古研究所编，沈阳考古发现六十年（报告卷），沈阳：辽海出版社，2008. 转引自沈阳日报2008-11-29A07版.
④ 李声能，沈阳历代城址考，中国地名，2010，（8）：29-31.
⑤ 李声能，沈阳历代城址考，中国地名，2010，（8）：29-31.

门外，嘉靖二十二年新建，周围六百七十九丈，俱游兵军住"。并对城内衙署、庙管、库仓等位置进行了简要的描述，据此有研究尝试复原了沈阳卫城的格局[①]（图6-8A）。沈阳中卫城在辽东镇所有卫所城市中是唯一具有两重护城河的，推测其原因可能与明初塞王守边的制度有关，朱元璋曾封第二十一个儿子朱模为沈王驻沈阳，因永乐初改置朱模虽未之国[②]，但沈阳城驻塞王增加防卫的准备可能已完成，故此形成两重护城河。对于军事防御聚落来说，南城关的游击军驻地作为治所外的保护也是很重要的城市空间要素，《全辽志》有载，递运所"城南四里"，教场"城东一里"，并根据辽东其他卫城漏泽园多居城外西北，由此补充沈阳卫城格局如图6-8B。

关于沈阳城形心位置建有中心庙的说法由来已久，图6-8A中认为沈阳中卫城同明辽东其他卫城一样是十字路交叉中央设钟鼓楼。在明代官修志书中没有关于沈阳中卫城的建有中心庙和钟鼓楼的记载，清《满洲实录》"太祖克沈阳城"图中有沈阳城中钟鼓楼的描绘，然可信性不强，努尔哈赤夺取沈阳前的十天明廷排辽东监军巡视时发现沈阳城垣"三面毁坏，板堞倒塌"（明沈国元《两朝从信录》[③]），完全与《满洲实录》所绘城高且坚的情况不符。作为城市重要的定更设施和标志物，钟鼓楼似乎应该每城皆备，如果沈阳确有钟鼓楼，那么《辽东志》经多次修订，及至最后形成《全辽志》都没有记录的可能性不大，原因可能在于沈阳城内东北的长安寺中设有钟鼓楼，可以完成定更的作用，所以不必再建

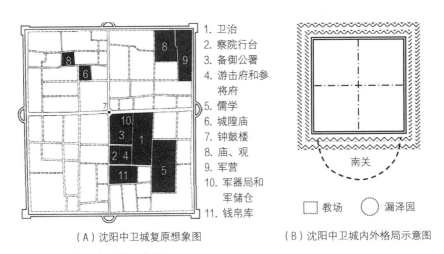

1. 卫治
2. 察院行台
3. 备御公署
4. 游击府和参将府
5. 儒学
6. 城隍庙
7. 钟鼓楼
8. 庙、观
9. 军营
10. 军器局和军储仓
11. 钱帛库

（A）沈阳中卫城复原想象图　　（B）沈阳中卫城内外格局示意图

图6-8　明沈阳中卫城示意图
（图片来源：A引自《权力视角下的城市形态变迁——以沈阳为例》[④]）

---

① 王鹤、董卫，权力视角下的城市形态变迁——以沈阳为例，现代城市研究，2010，（7）：57-64.
② 张士尊，明代辽东边疆研究，长春：吉林人民出版社，2002：36.
③ 王鹤、董卫，权力视角下的城市形态变迁——以沈阳为例，现代城市研究，2010，（7）：60页图4.
④ 刘长江编，盛京寺观庙堂，沈阳：沈阳出版社，2004：63.

了。中心庙之说在康熙乾隆朝的《盛京通志》中都未见记录，可查最早的记录是同治十二年（1873年）《陪都纪略》的图中有"中心庙"，民国六年（1917年）的《沈阳县志·奉天省城全图》中明确表明中心庙的位置就在大政殿的北侧。在明代和清初是否有中心庙还没有足够的证据，如果确有，那么位置很可能并不在十字路交叉的中央。如果确实希望中心庙能够"镇守"城池并在实战中起到视线阻隔的作用的话[①]，因作用重要，其规模也不能过小，庙位于正中，那么以防务为主的明代志书修撰人是不应忽略其存在的。更为重要的是，"中心庙"因所在位置得名，也确与沈阳城形心相应，但这并非官方观念认可的中心，而是流传于民间的中心，因此即便如传说"中心庙"很早就有了，由于不是国家制度认可的中心，所以官修方志不予记载也是必然。

二、从都城到陪都城市空间格局的完善

努尔哈赤迁都沈阳后大略创造了南北轴向与八方环绕并置的格局，是将城墙视为宫城的一种布局方式，虽然层次少，其格局的意象却颇有天下之中的意味，这"天下"范围从文化看似乎仅限于满族社会，走向广袤平原地区的女真人后裔很快地学习了中原文化的观念，并在其都城及其后陪都的建设中应用。在沈阳城逐步的变化中，选择两个典型的时期进行分析，其一是皇太极改国号为大清前后礼制建筑和宫殿建筑基本完备的时期；其二是顺治入关后经过康熙、乾隆百余年时间形成了完备的陪都形制的时期。

（一）大清都城时期沈阳城格局

皇太极成为后金国主之后，积极采择明制，通过一系列的方式完善国家制度，使得氏族部落的痕迹逐步减少，表明满族建立的国家由早期的贵族君主制向专制君主制过渡，基本确立了绝对君主权威，但是由于满族社会发展中奴隶主贵族集团拥有强大的政治和经济实力，所以仍旧遗存着"议政王大臣会议"的制度[②]。在皇太极集权的斗争中，首先就要面临一个方位次序的问题。努尔哈赤生前令四大贝勒按月分值治理国政，以辅佐父汗，在皇太极即位之初，"凡朝会行礼时，大贝勒、阿敏、蒙古尔泰三贝勒，以兄行受敬。命列坐汗左右，无论何处，均令与汗列坐，不令下坐"（《满文老档》天聪元年正月初一），经过政治斗争到天聪四年（1630年）才在诸贝勒会议上勉强获得"（上始）南面独坐"的权力[③]。可见社会—空间关系中，首先是人的身体之间的位置关系，当身体间的关系明确具有等级秩序之后，城市的空间才能按照等级秩序建设。皇太极在君主权

[①] 李凤民，盛京八旗方位之谜，沈阳：东北大学出版社，1998：12.
[②] 刘小萌，满族从部落到国家的发展，北京：中国社会科学出版社，2007：324-434.
[③] 刘小萌，满族从部落到国家的发展，北京：中国社会科学出版社，2007：321-323.

力较为稳固之后才开始城市建设，并将沈阳定名为"天眷盛京"。

  天聪五年（1631年）因旧城增拓其制……周围九里三百三十二步……池阔十四丈五尺，周围十里二百步。钟楼一在福胜门内大街，鼓楼一在地载门内大街。遂创天坛、太庙，建宫殿，置内阁、六部、都察院、理藩院等衙门，尊文庙修学宫，设阅武场，而京城之规模大备，于是遂更名曰盛京。——董秉忠《盛京通志》康熙二十三年

  皇太极对盛京的建设可以概括为五个方面：第一是城市设施的完备，修建城墙、城门、城楼、钟鼓楼等；第二是宫殿的建设，也就是现在沈阳故宫的中路建筑群，还包括城北的御花园避痘所；第三是仿照明制建立各衙门；第四是藏传佛教寺院的建设，其中城外西北实胜寺和城郊的四塔四寺最为典型；第五是仿照中央王朝建设了完备的礼制建筑，天坛、地坛、社稷坛和太庙。这五项建设中前三项集中于城内，而后两项主要在城外，经过这些建设使得沈阳城具有了相对完备的空间构成，与其都城的地位更加适应了。从建设的文化因由上看，对城市空间格局影响最大的有两个方面，一是中原文化的礼制思想；二是藏传佛教的思想。城郊四塔四寺在崇德八年（1643年）开始营造，到顺治年间才建成，所以藏传佛教的影响在皇太极时期还不十分明显，中国传统礼制思想的影响更为主要。

  帝王凝休永命，道莫大于尊祖敬天，我太祖肇造丕基，迨太宗而飨帝飨亲之礼，备绍庭陟降垂庆无疆猗欤盛哉。世祖定鼎以后祀典专举于京师，礼无渎也。在盛京者必志，重创始也，作坛庙志。天坛，在德胜门关外设圜丘……太庙，在抚近门外。——董秉忠《盛京通志》康熙二十三年

  《盛京通志》中这段叙述非常特别地说明了"作坛庙志"的原因在于满族开始以天坛和太庙的方式"尊祖敬天"，其实女真的堂子兼有祭天祭祖之精神功能，"创始"的意义在于对汉族制度的学习。初创之时总有不足，比如太庙在当时看来似乎与女真的堂子更为相近，所以同堂子放在城外同一个方位了（图6-9A）。

（二）清代陪都时期沈阳城格局

  顺治入关后，盛京成为清朝的留都、陪都，经历顺治康熙两朝，陪都制度逐步完善，康熙和乾隆多次东巡祭祖也对陪都城墙宫殿进行大量的修缮和新的建设。其中对沈阳城格局影响最大有两项，首先是"康熙十九年奉旨筑关墙……周围三十二里四十八步"（《盛京通志》）。其次是乾隆四十年（1775年）到四十六年（1781年）将太庙迁到城内。"左祖右社"是传统的礼制方位，沈阳城中原有显佑宫在努尔哈赤和皇太极建设时并没有将其迁址，一直位于大政殿鼓楼西，大清门左侧，乾隆将显佑宫异地再建，而将抚近门外的太庙迁到这里，完善了"左祖右社"的礼制制度。关墙即外郭围墙，修筑关墙使盛京城形成两套重城，内城外郭形制更加完备。外郭墙的形态几乎是一个圆形，内方外圆的城郭形制绝无仅

有，有观点以为是清初财力有限所致，有观点认为是天圆地方的传统思想的体现，有观点认为与藏传佛教曼陀罗的形式有关。皇太极改元崇德建立大清，蒙古贵族奉皇太极为"曼殊师利大皇帝"，政治联盟的建立也就为喇嘛教的传播带来了权力的支持，实胜寺和郊外四寺都是皇家寺庙，僧侣各有品级[①]，藏传佛教思想也就成为一种正统。因此有观点认为，皇太极敕建四塔使得盛京成为密藏的圣地，内方外圆的沈阳城与胎藏界曼荼罗的含义相吻合，方城井字街道部分为轮毂，从方城至圆廓间的放射状的八条路为轮辐，环形的外圆廓就相当于轮辋了，城外四方的塔寺暗示密宗的五方佛，中央皇宫位置就是大日如来的居处[②]。从形态结构上分析确实如此（图6-9B），然而还需要对康熙十九年前后的政教情况作了分析才能确证。

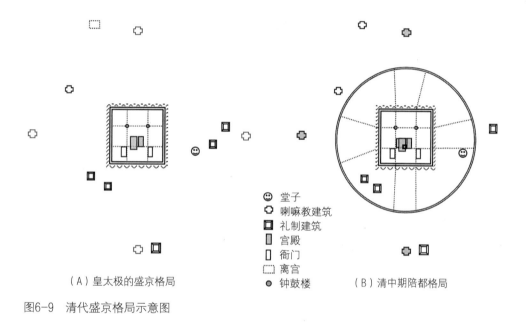

（A）皇太极的盛京格局　　（B）清中期陪都格局

图6-9　清代盛京格局示意图

对于陪都时期的沈阳格局来说，礼制方位的观念十分明确，曼荼罗四塔方位和方圆形态尽管清晰，但是曼荼罗的多轴对称形态中的人体方位要多于宇宙方位，这从以曼荼罗图形著称的桑耶寺就能看得很清楚。纵观明清两代沈阳格局的变化，城阳城从明代功能单一的军事防御的城堡，发展为清代王权和教权结合的城市[③]，这一判断还是恰当的。

---

① 刘长江编．盛京寺观庙堂．沈阳：沈阳出版社，2004：39
② 王国义、李琳．清代沈阳城市格局的特色研究．沈阳建筑大学学报（社会科学版），2007，（1）：1-4.
③ 王鹤、董卫．权力视角下的城市形态变迁——以沈阳为例．现代城市研究，2010，（7）：57-64.

三、从都城到陪都宫殿空间格局的完善

对于沈阳清代宫殿建筑的研究，从文物角度和建筑角度的成果很多，在此仅从空间方位图式的角度分析一例，就两幅宫阙图所反映的宫殿外朝空间的变化进行比较。《盛京城阙图》中所记反映的是康熙初年的情况，其基本格局仍旧是天聪崇德年间确定的，《钦定盛京通志·宫殿图》所反映的是乾隆四十八年（1783年）以后对宫殿进行大规模增加、改建之后的状况（图6-10）。两图所记崇政殿前两进院落，第一进院落较为开敞，第二进院落完全封闭的状况是一致的，但存在诸多的不同：康熙初年外朝中轴线上的各个单体建筑和少数建筑小品布置是对称的，其余两侧配殿厢房在数量、层数、开间数上都不是对称的；乾隆时期改建的最主要工作就是调整这些配殿，在中轴两侧，尤其是视线所及范围之内使其一一对称。对于严整轴线秩序的强调，正如在崇政殿前外扩月台，增设日晷、嘉量一样，在完备形制的同时，也将盛京宫阙的空间秩序纳入宇宙方位的图式之中。

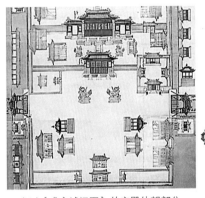

（A）《盛京城阙图》的宫殿外朝部分　　　（B）《钦定盛京通志》宫殿图的外朝部分

图6-10　康乾两朝沈阳宫殿外朝空间比较

从以上分析中可以看出，在大清建国之后，不论是在城市尺度，还是在建筑尺度，沈阳城都逐步地脱离了身体方位，直到乾隆时期才在历史条件的基础上尽可能实现了宇宙方位意识的空间规划。

第七章　实例总结与相关讨论

通过对不同实例的分析，可以了解到中国传统聚落空间层次的一些共同特点，对相关规律进行总结与聚落层次结构和空间结构的描述方法一起作为本书的研究结论。同时，聚落体系的丰富和复杂带来了更多的问题，开篇所提出的主要问题的三个方面都有许多未尽宜事需要讨论，因此有必要跳出本书的实例范围进行思考，通过人类社会发展理论丰富对"体系中的层次"的认识，通过对空间图式内涵的分析明确其在"层次中的空间"研究中的理论意义，并对"社会—空间关系"在空间研究中的作用进行分析。此外还有一些与研究问题有关，但还有待证实的思考以附录的形式列于书后。

第一节　实例研究的总结和分析

综合不同学科建立的多向度层次结构描述框架，和基于1990年代传统建筑空间图式研究的思维方式而提出的"社会—方位"图式，在第四章到第七章的实例分析中证明是适用的，综合实例分析的结果可以总结出内外群属的划分是空间层次发生的主要方式，同时可以发现一个较为普遍的层次结构的特征，和一个值得特别提出的颇有趣味的聚落空间层次现象。

一、内外群属划分与聚落空间层次

"社会—方位"图式对实例的分析表明，内外群属划分是最基本的图式，存在于任何聚居空间之中，因此称为主图式。身体方位和宇宙方位两种亚图式都能够建立空间和社会秩序，然而通过实例可以发现在文明程度略低的聚落中，在聚落体系的下层聚落个体中较多地依靠身体方位图式而少采用宇宙方位图式，其中不乏地理条件限制的因素。宇宙四方的图式在建立社会秩序的同时，更多的是对自然时空秩序的表达，其中观念的意义强于社会组织的作用，因此文明程度较高的聚落中，聚落体系的上层聚落中，往往通过遵从宇宙方位图式的方式表明社会地位，并以此作为权力的象征。

"社会—方位"图式中，内外的群属划分既反映了社会组织中不同性质、不同规模的人群之间的关系，又说明其相互的空间关系，社会群属间的相互包含的层次关系（图2-4），也反映在空间划分中相互嵌套的层次关系中（图3-1）。大的群体中包含着若干小的群体，大群体成员共同认知的中心和边界就是最高层次的中心和边界，不论是一个国家的疆域和首都，还是一个宗族村落的边界和祠堂都是如此。各个小群体的成员在总体的边界内还有各自进行内部划分的，为小群体成员所共同认知的中心和边界，如此就形成了下一层次的中心和边界，在国家疆域下的地区和首府，在宗族村落中的房派划分和支祠都是如此。如此在小群体内再进行划分，还会产生更下一层次的中心和边界。

内外的群属划分决定了边界作为空间构成要素的重要地位，但是其具体的形态却可以是丰富多样的，有以简单的物质标志作为象征性边界的，如傣族村寨和开平碉楼村落；也有以自然地势条件为边界的，如山地的村落；还有构筑防御设施形成硬性物质边界的，如城墙聚落。以上各种物质形态的边界并非仅仅具有某一方面的作用，地势条件也具有防御功能，而专用防御的高墙也提供了心理上的安全感，因此边界的意义是多重的。边界给予聚居的社会成员一个明确的物质空间和心理空间，是社会组织在空间形态上的表达，也是物质空间层次划分的主要依据。

除了少数散居的村落，聚居空间总有一个或多个中心，不同的聚居形态，聚落个体在体系中不同的地位都会形成不同的中心。从物质性上看有自然物的中心，也有人工物的中心；从社会生活的角度看中心有视觉的、活动的、精神的和权力的四种类型。在中国传统聚落中，中心并不都以特别的物质形态表现出来，也并不都与边界所限定的空间范围的形心相重合，但是不同类型的中心可以结合在一起。

二、聚落空间层次结构的多义叠加特征

在对聚落体系中的层次进行界定时，就已发现对于层次的划分依靠分析问题的视角，并不存在一个完全统一的标准，层次具有多义性和模糊性。这一理论分析在不同的实例中获得证实，从总体来看聚落空间的层次结构，就是由不同含义的层次叠加在一起而形成的。上文中分析的具体实例如下：

其一，在个体聚落的分析中，对于中心和边界含义的多重界定；

其二，《周礼》中人民组织、土地划分、道路和水网所形成的叠加的层次；

其三，《周礼》赋税征收、地力划分和封地规模叠加的层次；

其四，明代中后期建州女真的聚落的规模等级和血缘关系的叠加；

其五，最为典型的是明代辽东镇军事防御聚落分别在都司卫所制度下、在总兵镇守制度下以及在战术防御的部署下，形成的城墙聚落的等级规模，军事指挥的等级层次和地理地势的空间层次三者共同构成的社会空间层次结构。

层次结构多义叠加的产生，或因空间的物质性和社会性的不同表达而产生，或因人类社会中多样关系的不同表达而产生，在不详细分辨各种层次结构内涵的情况下，总会在一种层次划分的方式下发现不一致的现象，而呈现出层次模糊的状态，只有当分析不同意义中各自层次划分的方式时，才能获得清晰的层次构成。

不同学科对于聚落空间层次的划分大多依靠行政等级和市场等级来建立唯一的层次序列，就如《周礼》中对于社会等级的划分一样，是社会组织中必须建立的等级结构。但是如果从物质空间的角度看，明晰的层次仅仅反映在物质环境的尺度和规模的比较之中，而在社会运作中形成的层次结构却不仅仅是行政等级和市场等级两种，人们都生活在多重含义构成的空间之中，因而空间的层次关系也是多重的。本书以聚落体系为研究对象，但是建筑学的研究视角决定了看待体系问题不同于规划和地理学科，对于空间层次结构多义叠加特征的总结也是区别于其他学科的研究结论。

三、社会层次数量多于聚落空间层次数量的现象

基于物质空间观，从建筑学的设计实务角度出发，以物质性和社会性的两分法进行实例分析，是本书研讨空间层次问题贯穿始终的线索。不论度量单位还是房屋建筑，不论聚落还是土地，不论安民还是防御，人类生活之处必然需要在物质支持下展开社会活动，但是只有将物质与社会分离之后，才能谈论两者之间的相互关系，才能使物质空间的营造具有独立的地位。当分别看待空间层次的社会性和物质性时，多个实例表明人类社会结构的层次数量要多于建筑和聚落物质空间的层次数量。具体实例如下：

其一，《周礼》乡遂制度下六级社会组织不可能同时具有独立的聚居空间；

其二，《礼记·王制》中贵族地位划分的七个等级与封地规模的五个等级；

其三，《礼记·王制》中天子直属之外八州之地的五级管理层次与三级封地规模；

其四，明辽东镇五级军事将领与四级城池规模和三级防区。

这一现象表明了社会存在并不都以物质空间形态进行表达，人的身体本身就是物质性的存在，人工物质空间是否划分层次，并不影响人与人之间的平等或不平等的社会关系，社会关系在以人体的向背进行表达时并不依赖人工环境。因此人体的物质性是社会层次多于物质空间层次的前提。

物质空间的层次和社会层次都有相互包含和相互独立的两种关系（图1-6），但是由于人体是相互独立的物质实体，所以社会等级的层次始终是相互独立的关系，而在社会治理下的物质空间，不论建筑聚落还是地理地势，都是相互包含的关系，在相互包含的物质空间基础之上建立的社会等级，也就形成层次数量的差异。因此，这又是一个空间的物质属性和社会属性的关系问题。

在三类社会性层次和三类物质性层次之间的关系中（表1-6），社会性层次的划分并不依赖于物质性层次的划分，社会层次关系会贯穿于不同的物质空间层次类别之中，两者呈现纷繁的交错关系。因而社会层次数量多于物质层次数量的判断，与对两种层次划分的方式有关，这一现象在其他的层次划分方式下是否还

存在，能否构成一个普遍的规律还需要进一步研究。

如上特征和规律的总结在某种程度上回答了本书所关注的问题，是否适合于更为广泛的中国传统聚落，尚需更多的研究。

第二节　关于聚落体系层次的讨论

聚落的体系层次本身并不关注聚落内部空间，在一定的地域范围内将聚落视为"点"，只强调其在区域中的职能作用，在前面的讨论中，本书将其转化为对各体系层次中聚落个体内部空间的分析。聚落个体在聚落体系中的作用主要在政治和经济两个方面，因此通过市场等级和行政等级对聚落的体系层次进行研究成为主要的方法，但是市场和行政的视角不能很好地说明聚落的体系层次是如何产生的，是怎样从简单发展为复杂的。市场和行政都是在人类社会发展到一定阶段才出现的，其所涵盖的人类发展历程是有限的，要分析聚落体系层次发生发展的过程，必须借助于人类社会发展的相关理论。

一、人类社会发展与聚落体系演进

以市场与行政为出发点的聚落体系层次研究，其对象多是人类社会已经步入国家形态，具有了各项完备的社会制度的地域空间体系，而要了解聚落体系层次的发生与发展过程，还需借助人类文明起源与早期国家形成的相关理论。

（一）人类社会演变的相关理论

人类社会演变的理论分析多来自于考古学、人类学和社会学的研究。丹麦考古学家根据人类制作工具技术的发展将人类社会划分为石器时代、青铜时代、铁器时代三个大的阶段，石器时代按照石器加工的方式又分为旧石器、中石器和新石器三个时期，这一划分方法现在仍旧被广泛地使用。摩尔根通过对印第安社会的研究提出了人类社会文化进化经历了蒙昧、野蛮和文明三个发展阶段，摩尔根的进化观点更强调人类社会中技术、制度、知识、观念的共同演化，是对整体社会形态的划分。摩尔根的《古代社会》对马克思主义深有影响，1928年苏联马克思理论家提出了氏族前、母系氏族、父系氏族三个阶段的原始社会，奴隶社会、封建社会、资本主义社会三个形态的阶级社会，和社会主义、共产主义两个无阶级社会，从历史到未来全面描绘了人类社会的过程发展。[①]

人类学和考古学的研究针对具体的研究对象提出了不同的社会发展阶段划分的观点。斯图尔特通过对欧洲、亚洲和美洲早期文明的比较，提出五种社会递进

---

① 陈淳，文明与早期国家探源：中外理论、方法与研究之比较，上海：上海书店出版社，2007：60-65.

发展的类型：狩猎采集类型、早期农业类型、形成类型、区域繁盛类型、轮回征服类型，强调社会发展的程度，而非时代的早晚。奥博格对墨西哥印第安部落的研究总结了六种社会类型：同缘部落、异缘部落、政治上组织起来的酋邦、联邦型国家、城邦国家、神权国家；同缘部落由直系血缘构成，聚落形态表现为分散的家庭组成的松散的游群、单一村落的部落和多村落组成的部落等；异缘部落由多个直系血缘组成；酋邦具有了较广的范围，是在一个地域中由多村落组成的部落单位；联邦型国家在分布着村落的地域上增加了宫殿和庙宇；城邦国家中的都市化造成农村生活和城市社会的分化；神权国家中不同的社会群体联合起来，将广阔区域中的城市经济组织到一起。①

人类学家塞维斯利用民族学的资料建立了游群、部落、酋邦、国家四个社会进化阶段，游群是地域性狩猎采集的群体，以血缘为纽带，分为父系游群和混合游群，规模在100人以下，采用流动性的小型营地居住，在资源非常丰富的环境中也会发展出农业定居的社会；部落是由血缘群的聚合而形成的比较大的社会，是在相同的水平层次上聚合起来的社会结构，一个部落有几处村落，它们之间也没有等级主次之分，而社会的基本栖居单位彼此相似、经济上基本自给自足，享有很大的自主权。酋邦社会的规模进一步扩大，依靠地区环境的特点出现了生产的专业化，需要依靠交换获得生活物资，剩余产品促使了再分配权威集中于酋长和祭祀之首，但是在政治形态上还是血缘性的社会而非公民社会；国家具有明确的阶级分层以及专门化的手工业，政治结构完善。②

如上社会发展理论的提出意在解释人类社会发展的普遍规律，所有理论描述都是一个连续的直线进化发展的序列。某一个体文明的历史中可能存在着衰落，但是人类整体的社会却是一直向前发展的，在这个过程中一地一城可能衰亡破败，但是人类聚落建设的规模、聚落体系的复杂程度，都是在逐步发展的。明末女真社会的发展可以用上述人类学的社会发展理论进行解释，但是由于其在200多年的时间中经历了从部族到国家的巨变，上述任何理论又不完全适宜说明女真社会的发展，粗略来看女真聚落的发展经历了从平等到不平等再到阶级社会的不同阶段，在地域迁徙的过程中从血缘社会变为地缘社会，也大致经历了游群、部落、酋邦和早期国家的不同社会形态，虽然其发展过程不能与中原文明的发展相比，但是趋向复杂，趋向联合，趋向扩张的聚落体系及其直线发展的过程却是同样的。

---

① 陈淳，文明与早期国家探源：中外理论、方法与研究之比较，上海：上海书店出版社，2007：77-80.
② 陈淳，文明与早期国家探源：中外理论、方法与研究之比较，上海：上海书店出版社，2007：80-99.

（二）聚落形态考古学中聚落体系层次的演进

考古学对于人类社会发展的研究必然依靠对遗址的考察，因此聚落形态考古对聚落层次发展的描述比社会理论更为具体。从表7-1中可以看到，聚落形态与社会文化是同时发展，相互伴生的，而聚落体系层次的发展就是人类社会发展的

社会发展与聚落体系层次的出现　　　　　　　　　表7-1

聚落形态		社会各方面			
说明	体系层次发展的图示	经济	政治	宗教	社会
在拥有的领地内作有限度的游居		个人财产通常限于采食方面，在主人死后便毁掉，财富共享；土地共有	由具有亲属关系的家庭或相好的家庭组成群队，其首领只是顾问性的	众多模糊的信仰，有萨满治病祈福	无地位差别
围绕中央基游居，一年中有部分时间在中央基地定居，初步的游牧；动物与人杂处		规模相当的共同体；若有剩余物资的话，也不为任何群体所专用	首领是共同体的象征	萨满教，更加关注死亡，集体祭礼从无到有	依能力大小来定地位
半定居村落，地力、环境资源耗尽后迁居，骑着马打猎		家族土地所有制；有剩余物资，但实行再分配；有些村落手工业专门化	氏族、胞族通常是组织的基础，头人是共同体的代理人	要加正规，有更多的生老病死仪式和公益仪式，萨满有很大的权力	依剩余物资的分配来定地位
简单的核心形态；自给村落，或仪式——经济中心加上卫星村；分化的游牧；家畜放牧		土地私有制，职业分工专门化	在以亲属制为基础的体制中酋长具有强制性权力	形式化，有教士、庙宇公益仪式，有众神	依财产来区分阶层
高级的核心形态，具有永久性的行政中心		上层阶级控制较多的剩余物资	由国王控制的等级化的诸行政中心；法律和政治取代了亲属组织	由等级化的教士主持庙宇仪式、祭祀众神	世袭阶级
超核心的整合；基元进一步整合成国家，有代表性的是以征服方式形成的		商业化，大规模货物流通，更多的财富积累，纳税	统治者拥有绝对权力；政府控制人口；常备军	统治者与诸神合一	下层阶级人数众多，有许多奴隶

（资料来源：文字依据麦克奈尔（1970）转引自《考古学中的聚落形态》[①]）

[①] 张光直，考古学中的聚落形态，胡鸿保、周燕译，华夏考古，2002，（1）：6页表一．

最为重要的一种表现形式，体系层次发展过程中的社会含义，可以用社会发展理论进行解释。

二、中国传统聚落层次体系发展概况

第六章中所分析女真聚落的发展历程，是聚落体系层次从无到有、从简单到复杂的一个实例，这一过程虽然不能等同于中华文明早期聚落体系的发展，但是清晰地表明了聚落空间以生长的方式产生层次结构的过程。第七章所分析明清时期辽宁聚落的发展历程，是在高度文明的社会制度下聚落体系层次形成的一个实例，这一过程是中国大一统帝国时期由上至下地规划地域空间与聚落等级的一个具体片段，表明了通过设计的方式产生聚落层次的过程。因此，下文将从聚落体系发展和统一政治架构两个方面略作扩展分析。在此不涉及聚落的具体物质形态，仅从宏观角度对中国传统聚落的层次体系进行概要的描述。聚落的营建汇集了人类文明的重要结晶，因此这种描述难免有粗略之感，但是从认识中国传统聚落的特点来说，总体的描述还是必须的，因为在总体的背景下，可使个案的分析和探讨有所定位。

（一）聚落体系的发展阶段

探究中华文明起源和社会发展是个庞大而复杂的问题。张光直借用塞维斯社会演化的四个阶段对中国社会的发展进行了概括，见表7-2。

中国社会发展分期的比较　　表7-2

文化名称	社会演化阶段	历史唯物主义分期
旧石器时代	游群	原始社会
中石器时代		
仰韶文化	部落	
龙山文化	酋邦	
三代（到春秋）	国家	奴隶社会
晚周、秦、汉		封建社会

（资料来源：引自《中国青铜时代》，转引自《中华文明起源和民族问题的论辩》[1]，所用名称参照了《文明与早期国家探源：中外理论、方法与研究之比较》[2]）

对于中华文明的起源，在1980年代是经历了"大一统"，还是"满天星斗"的争论，也有"多元一体"说的融合观点，不论"多源论"还是"一元论"，

---

[1] 王东平，中华文明起源和民族问题的论辩，南昌：百花洲文艺出版社，2004：68.
[2] 陈淳，文明与早期国家探源：中外理论、方法与研究之比较，上海：上海书店出版社，2007.

不论"满天星斗"还是"众星捧月"[①],都在不同层面说明了中华地域内文明起源、发展、形成的过程。在中华文明发展的各种探索中,王震中综合历史文献和考古发现成果,在同国外社会演化理论对话中,提出了中华文明起源的三个发展阶段:大体平等的农耕聚落、初步分层与分化的中心聚落和都邑国家[②]。此观点直接以聚落形态作为文明阶段划分的名称,非常直观地表明了聚落层次从简单到复杂的过程,而这一过程可以与明代东北女真社会聚落发展进行对应分析(表7-3)。需要说明的是,这种对应关系并非社会发展进程的对应,而是社会发展过程中所显示的聚落体系因分化而产生的层次关系的对应。明代女真作为高度文明社会周边发展相对滞后的民族,其发展极大地受到了先进文明的影响,既没有经历充分发展的氏族时期,具有规模较大的环壕聚落,也没有经历充分发展的奴隶社会,兴建大量的祭祀建筑,制造精美的玉器。这从侧面说明各种社会阶段自有其高度发展的形式,而社会阶段的更替是聚落体系层次质的变化过程。由于女真社会发展的特殊性,所以用不同社会发展理论对其分析时,会发现社会发展理论之间的不一致,比如在张光直对中华文明起源的梳理中,塞维斯的游群、部落、酋邦三个阶段都对应历史唯物主义的原始社会,但是女真社会的发展在社会组织规模还没有充分发展的情况下,社会的生产关系却提前步入了奴隶社会。

建州女真聚落体系层次发展的社会演化分析　　　　表7-3

(王震中)中华文明发展阶段	聚落名称	(塞维斯)社会演化阶段	历史唯物主义
大体平等的聚落	佟家沟噶栅	游群	原始社会
初步分层与分化的中心聚落	北砬背城	部落	
都邑国家	佛阿拉城	酋邦	奴隶社会
国家	赫图阿拉城	国家	

(二)统一政治架构下的层次结构

传统聚落的层次结构往往是在统一政治的架构下设计的结果。而这构架的基础存在地域差异,总体上又是相对均质的农耕聚落个体的集群。商业作为异质要素,集中的手工业作为异质要素,可以在这个体系中凸显出来,但从来没有能够变动这个体系的根本,即一统政治的发达农业生产。在这个相对固定的体系中,空间观念上"四方同心"和行政体制中的"等级划分",成为传统聚落空间层次结构的重要特征。

1. 四方同心:国家形态下的空间层次结构

经历了太初的混沌时期之后,古代文献中大量出现了四方同心结构的描述,

---
① 王东平,中华文明起源和民族问题的论辩,南昌:百花洲文艺出版社,2004:76-95.
② 李学勤主编,中国古代文明与国家形成研究,昆明:云南人民出版社,1997:10-70.

方位的认知可能来自于对自然、对天象的观察，与时间的认知是同时产生的。而从东南西北四方发展，到四方同心的空间结构原型，则必须将方位的认知与地域结合起来，方位与地域结合是部族之间（酋邦之间）政治发展所需要的，四方同心的出现来自于部族之间关系的逐渐确立。只有有了明确的方位框架，才能对地缘政治有所运筹和开展。遂有尧典中四岳、十二牧、禹贡九州之地域规划，周礼禹贡五服九服的地域规划，在其中能看到一个中央之国统驭能力逐步加强的过程。这种地域空间认知从发生的角度看仍然是初步的，是以"自我"为中心的。

帝国体制下出现了明确的四至观念，历代方志中的境域图必列明四至，历朝历代对山镇的祭祀无不根据方位。国家格局仅存在一个中心，可以适合地展开四方同心结构的运作。社会中不同的群体、个体都有其各自的四方同心，当聚居在一起时，必须首先满足国家和群体格局的需要，只能确立各自的所在方，而不能凸显其中心，因此国家之下的群体，群体之中的个体，只能形成四方并置格局，以遵从一统的中心。

如果说在社会和地域尺度上讨论四方同心结构还是一种观念的话，那么城市尺度的四方同心结构就可以成为一种形态的构成方式。在地域空间概念业已形成的商周时代，都少有典型的四方同心结构的城市格局，直到曹魏邺城以降的都城规划，逐步表现出较为明确的四方同心的结构。因为在城市尺度上，原型的产生并不是来自于地缘政治的生发，而是来自于中国文化对空间方位伦理的界定。空间的伦理较早反映在建筑空间的规划之中，如《礼记》中记述的若干礼节，但从考古发掘的城市遗址看，空间伦理影响城市布局也同样要晚一些，从多个宫城并置到城套城中心格局的完善，才逐步形成四方同心的中轴对称与四方并置的里坊划分共同构成的都城规划的格局。此后，四方同心结构与南北对称之中轴格局逐步明确，礼制建筑配合城市格局承载四方不同的伦理功能，以共同彰显政治秩序的唯一。

2. 等级划分：行政区划设计下的聚落层次

行政区划作为一种制度，很大程度上决定着一个地区一个聚落的发展，即便在现在，其作用也被称为"看不见的城墙"[1]。中国的行政区划萌芽于三代，初创于春秋，成形在秦汉，可以说是伴随着大一统格局而共同发展的。行政区划是自上而下依靠国家的权力进行的区域设计，中国历代行政区划多有变迁（图7-1），变化规律表现为：在某一朝代中由于监察的需要，行政区划的变化总是经历数量由少到多，辖区由大到小，层级由高到低的变化过程；最高级别的行政区划大都是由监察区或军区转变而来；各朝代中最为稳定的是三级制的区划层级，而上层建置的改变往往对县级区划的影响不大[2]。行政区划最下一级县级的稳定性，是

---
[1] 张仲梁，看不见的城墙（上篇）——城市化进程中的行政区划问题，中国统计，2002，（3）.
[2] 李晓杰，体国经野：历代行政区划，长春：长春出版社，2004：231-238.

因为最直接与土地和资源相联系，空间的物质性决定了其稳定性，这与国家行政架构的安排恰好是相反的。上层的变动更多地来自于社会内部的协调和运作，而任何社会的运作都离不开土地及其上的出产物，所以行政区划层次从下至上变动的增加，反映了空间的物质性向社会性转变的状态。正如黄仁宇所认为的，中国古代社会的治理在周代就形成了"间架性的设计"（Schematic Design），来适应标准化的要求，井田制度就是代表，"这种方式影响此后3000年的中国政治。它意味着国家和社会结构是可以人为地创造出的，同时也导致上层设计的形式远比下层运作的实质更为重要的统治习惯"①。

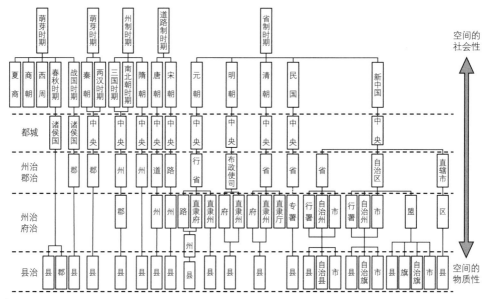

图7-1 中国历代主要行政区划系统
（图片来源：《中国行政区划的演变》②，聚落层次划分为本书所加）

稳定的三级行政区划的各级治所，再加上都城，形成了四级城市体系，这些城市往往都是城墙聚落，具有单一或者相套的围墙。根据行政区划变化的规律，可以推测在一个朝代内，四级城市体系中变动较多应当是州郡、州府这两级，而作为全国中心的都城和最下层的县城则是相对稳定的。一国的都城可能不只有一个，会有陪都的设置（表7-4），因此在行政体系上形成国域范围内的主次中心。一个王朝的多个都城，有的确实起到双中心的作用，比如唐代的长安和洛阳，而有的陪都在建制上比肩都城，但是城市发展规模与都城相比相差许多，比如清代的盛京，有的按照民族传统习惯设多个都城，如辽代的五京，也有一厢情愿光宗

---

① 黄仁宇，中国大历史：北京：生活·读书·新知三联书店，1997：13,15.
② 杨洪、黄玲娟、何俊阳，中国行政区划的演变，湘潭师范学院学报（社会科学版），1997，(6)：80.

耀祖设置陪都但终归失败的，如明代在凤阳设置的中都。确有其实的陪都起到次中心的职能作用，而在城市体系中不能发挥相应作用的陪都，也是一处观念上的次中心。

中国古代多个都城的示例　　　　　　　　表7-4

朝代	都城	陪都
西周	镐京（今陕西西安长安西北）	成周（今河南洛阳）
隋	大兴（今陕西西安）	洛阳（今河南洛阳）
唐	西京长安（陕西西安）	东都洛阳（河南洛阳）
南宋	南京（今江苏南京）	临安（今浙江杭州）
辽	上京临潢府（今内蒙古巴林左旗）	中京大定府（今内蒙古宁城西南）
金	中都大兴府（今北京城西南）	上京会宁府（今黑龙江阿东城东南）南京开封府（今河南开封）
元	大都（元冬都，今北京）	上都（元夏都，今内蒙古锡林浩特南）
明	南京（今江苏南京）	北京（今北京）
清	北京（今北京）	盛京（今辽宁沈阳）

县一级的建制并不是完全一致的，往往根据自然资源和农业产出来划分大小。"汉县仅分二级，万户以上为大县，其长官称令。万户以下为二级县，其长官称长。"① 据《唐书·职官志》记载，除京畿各县外，"六千户以上为上县，二千户以上为中县，一千户以上为中下县，不满一千户皆为下县"。据《明史·职官志》，"粮十万石以下为上县，知县从六品；六万石以下为中县，知县正七品；三万石以下为下县，知县从七品"。县按照规模分等也是一种层次的划分。汉代县以下"乡有三老、有秩啬夫游徼"，推测"乡三老"的官秩为一百石，也属于朝廷官阶序列②。历朝历代对基层民众的管理都实行编户（明清的实例见表0-6），以保证赋税来源，虽然里社保甲的组织以人头为准，往往并不符合聚居的实际情况，但是对基层组织的规划意图却是十分明确的。

第三节　关于社会与空间关系的讨论

人类社会存在于空间之中，因为人类身体是物质的，占有空间，而人所需的生活资源也是物质的，是在空间中分布的，人类的各种社会活动都是在空间中运作和开展的，这就是社会的空间属性；被人所占据的空间，为人所建造的物质环境，由于有了人类社会关系和社会活动附着其间，空间也就不仅仅是一个三维的物理量度，而是具有了社会属性；社会的空间性和空间的社会性是一体两面的共

---
① 钱穆，中国历代政治得失，北京：商务印书馆，2001：122.
② 柏铮编，中国古代官制，北京：北京大学出版社，1989：277.

存关系，诸多的认知差异来自于不同的观察视角。无论是社会学所称人类社会结构的空间化，还是考古和人类学通过空间的物质遗存推断聚落营建和使用时的社会状态，都是承认两者之间的联系，聚落体系之形成是人类社会发展的结果，两者是伴生的现象。

然而事物的属性与事物的具体状态不是同样的问题，并非全部的人类社会活动都以营建居处环境的方式表现，并将社会反映在物质形态上。建筑学所关注的是需要并能够通过空间物质化来表达的那一部分，也就是社会存在的空间性必然以营建居处环境来表达的那一部分。这种表达呈现了明确的层次性，如以行政为例，聚落的地域形态表现为不同级别的治所，聚落的形态表现为行政、司法、监察等机构在聚落中的位置及关系；建筑单体的形态也表现为各机构内不同部门之间的空间关系，到房间尺度也有区分级别不同行政人员的空间关系。但是社会与聚落之间的关系并非总是如此清晰明了。

一、社会关系中的聚落关系

第一章中将聚落的物质存在视为人类社会制度的设施系统（图1-3），在此进一步分析聚落与社会制度之间的关系。

（一）聚落层次和社会关系中的特征要素

聚落之间关系，实则为聚落居住者之间的关系，是有形的人、财、物等资源关系，这种关系在人类社会中表现为社会制度的设计与运作，社会制度掌握人、财、物等资源，构成庞大的系统。这个系统必须以实物性聚落营建来支撑，或以聚落中特定的物质环境来支撑，所以作为社会制度设施系统的聚落和建筑，可能具有两种意义：其一，是作为社会制度人、财、物控制方式的一个代表；其二，是作为社会制度人、财、物控制方式的一个结果。

在图7-2中，设施系统在社会与聚落之中，既是社会制度控制人、财、物的中介，又是这种控制的一个结果。语言使用中不自觉地会把制度设备系统与制度本身统一起来，甚至等同起来，"衙门"既是一个空间地点，又是一个社会组织，"银行"既可指一个营业网点，也可指金融机构。这说明我们对空间和建筑的认知中已经普遍具有了一种集体性的意识。之所以如此，原因在于社会制度的设备系统也必然参与到社会运作的结构化之中。

如上分析过程并非是一种绕弯的论说，经过这个过程，要义是能够明确聚落中有代表性的特征要素及其在社会中所具有的含义，并可以进一步根据其所代表的社会制度在社会组织中的层次作用，来确定聚落在体系中的地位和作用，由此希望能够建立起，以建筑尺度为评价依据的，同时又反映社会内容的聚落体系分析方法。本书实例分析中对聚落中心类型的划分，通过方志所载不甚确切的内容

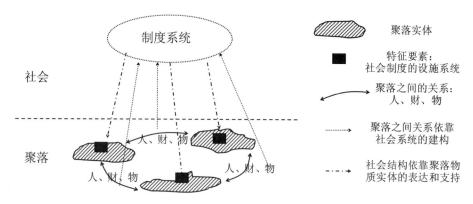

图7-2 聚落与社会制度的关系

分析社会空间关系，就是基于这样的认识。在难以直接考察人、财、物在聚落间的流动，同时也难以全面复原聚落形态的情况之下，作为社会制度时空化的设施系统，恰好提供了这样一个可供分析的对象。

（二）整体与部分的相对及功能作用的发挥

在不同层次上整体与部分是一个相对的概念，下一层次的整体在上一层次即成为部分。然而在聚落体系层次中，还存在更为复杂的整体与局部的关系。从功能运作和地位作用的角度分析，整体中的部分可能发挥着关键性的作用，也就是说下一层中的部分，其所发挥的功能可能指向上一层次的整体，一个部分在其直接所属的整体中可能并不具有直接的功能作用，它是因为其所在整体的上一层次整体的需要而产生的，其发挥作用的范围不仅局限于其所在的整体，而是更上一层的整体。

例如，中国传统的礼制建筑。天坛是北京城的一个部分，但其礼制上的影响不止于北京，而在于全国，也就是一个建筑群的作用在于地域和国域，跨越了城市级别。天坛在全国的地位与北京在全国的地位是相适应的，似乎还不能完全算作超越了层次等级。曲阜的孔庙就不同，曲阜孔庙的地位远远高于曲阜的地位，而在全国有影响。再如市场方面，任何一个市场中心城市，都不仅仅是为了满足所在城市的商品需要，而是在满足地区需要的情况下而形成的，前述郭峪村的街市也是如此。

这样作用特出的部分，往往标志其整体的特征。所以看到一个整体的组成时，有必要将其组成要素分成两个类别。其一，是要素的功能作用仅限于其所在的整体，可称之为基本要素；其二，是要素的功能作用会在其所在整体的上一层发挥作用，这种功能标定其所在整体在更高整体中的地位和作用，可称为特征要素。基本要素在包含空间的关系下，在聚落个体的尺度层次中发挥功能作用；特征要素是在聚落个体的级别关系下，在聚落的体系层次下发挥职能作用。

这种认识可以将建筑与区域，乃至疆域直接联系起来，是建筑学学科尺度下必须面对的问题。这样，即便是建筑个体的分析，也具有了一个以层次存在为前提，以体系中的地位作用为特征的体系分析的视角。

二、社会与空间关系的再思考

（一）跨文化"社会与空间"研究中的问题

跨文化的研究表明，以物质形态表征一种社会制度是不可能的，比如方格网的城市形态在不同时期、不同文化下都出现过，可以支持集权的政治结构，也可以支持现代的民主社会，适合于古今不同的军事、宗教、商业和工业的需要[①]，寻此思路很可能得出社会与空间之间根本不存在对应性和一致性的观点。就跨文化比较而言确乎如此，但是这样的观点并没有给我们再多关于社会与空间关系的认知，其教义的宗旨就是要以具体的问题、个案的视角去看社会与空间的关系问题。对于建筑创作和城市规划来说，这无疑是极有价值的意见，但对于空间理论研究（历史研究、类型研究、图式研究）来说，这无疑宣判了进行"社会与空间"关系普遍规律性研究的"死刑"，因为从历史上看、从跨文化的比较中看，所有的社会空间都是独特的社会空间关系的存在。

世界上没有完全相同的两片叶子，这是强调个体特征的话语，但是树木之所以能成为一个种属，相同和相近的特征必然存在，草叶、针叶、阔叶之间的差别，也恰恰表明了其种属内部的相同特征，两片叶子相同与不同的判断不仅在于叶子本身，也在于判断所具有的视角和观点，与我们观察事物的尺度有关。对于空间和社会的观察也有尺度区分的问题，因此，从跨文化的视角所得出的结论，可能并不构成对相同文化圈内"社会—空间"关系规律研究的否定。

再则，空间形态的产生受到多种因素的制约，如果仅仅以皇权作为判断依据，那么至少忽略了经济结构、宇宙观念对于空间的影响。最典型的例子就是，比较紫禁城和法国凡尔赛宫在绝对君权下空间形态的异同[②]，在逻辑上与其说否定了"君权"与空间形态的对应，倒不如说揭示了不同宇宙观下不同的空间形态的表现。这种逻辑在科学研究中，关于变量与自变量的基本假设阐述已经很明白了。如果将空间形态视为因变量，受到两种变量的影响，如政治形态和宇宙观，当政治形态变量相同时，那么空间形态的不同自然是受其他变量的影响所致，于是，宇宙观成为导致紫禁城和凡尔赛形态差异的关键因素。因此，从多因素控制上看，这种跨文化的比较结论是很有限的，因为缺乏对众多影响因素的辨别与控

---

① 斯皮罗·科斯托夫，城市的形成：历史进程中的城市模式和城市意义，单皓译，北京：中国建筑工业出版社，2005：99-102.
② 郭华瑜、张彤，紫禁城与凡尔赛——东西方绝对君权体制下的宫殿建筑比较，华中建筑，2001，（01）：41-46.

制。"社会—空间"关系问题的研究是否能够单独分析某种控制因素，这是研究前提问题，前提不进行恰当控制，其后的逻辑推理再严密也必然不能得出恰当的结论。

聚落形态的影响因素错综复杂，不可能像科学实验一样通过人为的手段控制变量，对于传统聚落研究来说，许多影响因素早已漫散而无可考证了。但是并非说没有办法进行聚落空间与社会之间关系的分析，比较个案的选择方式成为控制影响因素的关键，比如在相同宇宙观和相同的经济制度下，研究政治统治因素的空间关系是否有规律，就是单一影响因素的研究，这也就是"社会—空间"关系的规律研究。

（二）"社会—空间"关系作为分析手段

看到农耕文明的塌、席子，与游牧的马扎完全不同，得出"身体与坐具"并不一一对应，不存在跨文化的共同性的结论，这似乎没有问题，因为坐具不但涉及坐的行为，还涉及在什么情况下坐的问题，其中必然包含生活方式对于坐具的需求和影响。然而将所分析的问题具体到"身体的姿态"与"坐具支撑面"的关系，那么结论很可能就不同了。在看待社会和空间的关系问题时，如果陷于宽泛，其结论会让人觉得是，又不是。应该在分析社会与空间关系问题时引入不同的尺度和精度。

所谓尺度和精度，是对社会和空间分析所选用的视角，也就是我们在多大程度上概括社会的特征，我们看到了哪些社会的特征，看到这些特征的方法是什么，比如社会关系、社会结构、社会变迁、阶级、政党等；同时也有看待空间的方式，比如系统的理论、结构和要素的抽象、空间关系分析、视线分析等。两个对象、两套分析，各自的对象和方法，都同时影响到社会与空间关系分析的结论。

空间和社会之间存在着千丝万缕的关联，但是不可以简单地将空间视为社会的对应物，也不可以将空间视为社会的镜像物，从社会中不能找到全部的空间法则，同样在空间中也不能反映出社会的全部内容。但是在强调社会和空间各有其规律的同时，也应当注意到：我们是否以同样的尺度和精度，在看待社会和空间的问题，如果我们用大尺度的社会问题，与小尺度的建筑空间问题作比对的话，结论是否可信？而如何又能够判断在怎样的尺度上进行两者的比较才是合适和恰当的呢？社会和空间各自具有不同的特性，是否能够找到这样一个适合于比较两者关系的尺度呢？适宜的比较尺度的确定是来自于社会和空间各自的特征，还是来自于外在独立的第三种因素呢？如上一些问题的回答，就如同社会与空间关系问题一样难以分辨。

因此，社会与空间关系与其作为需要研究而确立的结论，不如将其视为研究中需要预设的一个前提条件，如果研究两者的相互关联，则有一种探索方式，如果研究两者各自相互独立的因素，则另有一种探索方式。这两种研究同时存在，并不矛盾，因为这正是社会与空间关系的复杂性所必然包含的内容。

完全相同的社会单位是不存在的，哪怕是一个家庭和另一个家庭之间，如果我们能够把一个家庭完全相同地复制出一个副本，考察其在装修同一所房子时是否会进行同样的设计和布置，会得到怎样的答案？两个完全相同的家庭对完全相同的一所房子的装修一定是完全相同的！同样，如果严格地复制任何一个社会关系，做到绝对相同，并且在完全相同的物质条件下，其空间需求也是绝对相同的。这样一个极端的例子并不会在现实中存在，但是由此开始的问题分析的逻辑起点却是不容置疑的。绝对相同，可以视为一种假设的前提和原理，反过来看不同之处时，寻找不同产生的成因，才是有价值的。

通过如上的分析，可以不将社会空间关系的研究视为主题，而是将其视为评判建筑空间特征的依据。对于聚落实际问题的研究，"社会—空间"关系是否存在对应关系，对应关系的清晰与否，或曰对应程度如何，可以成为建筑文化区分的一种方法，有明确的对应关系，是同质文化的典型，随着对应关系的减弱，是异质文化因素的介入，而不存在对应关系，则完全是相异的文化系统。

空间中的社会关系多样复杂地交织在一起，在交织的社会关系的空间阈中，不同的社会关系会不同程度地影响空间形态，对于一个有着多级层次的环境来说，把空间形态的特征归结为某一种或一类社会关系，可能都是危险的。重要的是分辨社会关系在空间形态上所表现出来的具体状况，对应也好，不对应也罢，只要能说明聚落形态产生的原因就都是合适的分析方法。

第四节　关于空间图式研究的讨论

本书对1990年代各自独立出现的传统建筑空间图式研究进行梳理和整合，并将其视为一种空间研究的方法，通过与建筑类型学的比较可以明确其作为本土建筑理论的意义。

一、空间图式研究与建筑类型学

建筑图式、建筑类型和建筑原型，是既相互关联，又有区别的研究。这种关联和区别是学术研究历史中的客观存在，同时也是中外研究的方法和观念的差异。类型学的工作中需要寻找原型，而图式研究也有观点认为"原型是比较稳定的图式"[1]，所以先分析原型与类型、原型与图式的含义，然后再比较类型和图式的含义。

---

[1] 张玉坤．聚落·住宅——居住空间论［博士学位论文］．天津大学，1996：58.

(一)"图式""类型"和"原型"

不论图式研究还是建筑类型学,都通过对人的心理结构的探索寻找建筑空间形态的内在因素,都会提到"原型"和"集体无意识",显然都是从精神分析心理学中获得了灵感。"集体无意识的发现是心理学史上的一个里程碑"[1],不但对心理学,而且对哲学、艺术理论都产生了深刻的影响。我们非常有必要了解心理学中"原型"的内涵。

荣格(Carl G. Jung,1875—1961)认为"原型从根本上说是一种无意识的内容"[2],这种无意识并非弗洛伊德(Sigmund Freud,1856—1939)所言的个体无意识,而是集体无意识。简单地说,"集体无意识是无意识的深层结构,它是先天的,普遍一致的"[3]。我们可以通过如下几方面了解集体无意识及作为其内容的原型的具体含义:

其一,原型/集体无意识继承自远祖。

人从他的祖先(包括他的人类祖先,也包括他的前人类祖先和动物祖先)那继承了这些意象[4]。

原型模式的具体性可以上溯到一个意识还没有开始'思考',而只有'知觉'的时代[5]。

其二,这种继承可以得到进化的解释。

也就是说,我们对集体无意识的进化可以像对人体的进化那样来说和解释,因为大脑是精神最重要的器官,而集体无意识则直接依赖于大脑的进化[6]。

集体无意识不能被认为是一种自在的实体;它仅仅是一种潜能,这种潜能以特殊形式的记忆表象,从原始时代一直传递给我们,或者以大脑的解剖学上的结构遗传给我们[7]。

其三,因为是进化的,是脑机制,所以人类具有共同的原型/集体无意识。

原型是普遍的;也就是说,每个人都继承着相同的基本原型意象[8]。

原始意象,有时也称之为原型……它对于所有民族、所有时代都是共同的[9]。

其四,继承的不是共同意象,而是共同的模式。

---

[1] [美]霍尔·诺德贝,荣格心理学入门(冯川译),北京:生活·读书·新知三联书店,1987:40.
[2] [瑞士]荣格,荣格文集:让我们重返精神的家园,冯川译,北京:改革出版社,1997:41.
[3] [瑞士]荣格,心理学与文学,冯川、苏克译,北京:生活·读书·新知三联书店,1987:12.
[4] [美]霍尔·诺德贝,荣格心理学入门,冯川译,北京:生活·读书·新知三联书店,1987:41.
[5] [瑞士]荣格,荣格文集:让我们重返精神的家园,冯川译,北京:改革出版社,1997:73.
[6] [美]霍尔·诺德贝,荣格心理学入门,冯川译,北京:生活·读书·新知三联书店,1987:42.
[7] [瑞士]荣格,心理学与文学,冯川、苏克译,北京:生活·读书·新知三联书店,1987:120.
[8] [美]霍尔·诺德贝,荣格心理学入门,冯川译,北京:生活·读书·新知三联书店,1987:42.
[9] [瑞士]荣格,心理学与文学,冯川、苏克译,北京:生活·读书·新知三联书店,1987:4.

原型是指一种与生俱来的心理模式[①]。

继承……即采取与自己的祖先同样的方式来把握世界和做出反应[②]。

所代表的不过是某种类型的直觉和行为的可能性而已[③]。

其五，原型/集体无意识是不会被意识察觉的。

集体无意识的内容从来没有出现在意识之中，因此也就从未为个人所获得过，他们的存在完全得自于遗传[④]。

集体无意识在正常情况下并没有显示出要变成意识的倾向，它也不可能通过任何分析技术被带进回忆，因为它既未遭到压抑，也没有被遗忘[⑤]。

了解了心理学理论中原型和集体无意识的内涵，便于我们以此为参照分析建筑类型学和图式研究中原型概念的异同。

1. 建筑类型学提出的"原型"不同于心理学"原型"的含义

维德勒（Anthony Vidler）区分了启蒙时代、工业时代（现代主义时期）和当代（后现代时期）三种类型学，分别以抽象自然、技术乌托邦和传统城市区别其形式来源和意义[⑥]。不论哪个时期，所提到的"原型"与心理学的"原型"都是不同的概念。

有研究认为罗杰埃（M. A. Laugier）具有原型观点[⑦]，且将迪朗的构图法归为"原型类型学"[⑧]。我们仅从几个理论产生的先后看，就可以看到建筑学的研究与荣格集体无意识的研究是没有关系的：罗杰埃著名的《论建筑》是在1753年初版，1755年再版；而荣格在120年后出生，1900年才决定去做一名心理医生，到1913年与弗洛伊德学派分离，开始自己的无意识研究，1934年发表《集体无意识的原型》，1936年发表《集体无意识的概念》[⑨]。没有证据显示"Primitive hut"与集体无意识有任何关联。而迪朗（Jean-Nicolas-Louis Durand）在荣格出生前40年就已经去世了，其"几何排列组合""形式元素""构图系统"，无论如何都是"意识"层面的分析和总结，与"无意识"毫不相干。因此，启蒙时期的类型

---

① ［瑞士］荣格，心理学与文学，冯川、苏克译，北京：生活·读书·新知三联书店，1987：5.
② ［美］霍尔·诺德贝，荣格心理学入门，冯川译，北京：生活·读书·新知三联书店，1987：42.
③ ［美］霍尔·诺德贝，荣格心理学入门，冯川译，北京：生活·读书·新知三联书店，1987：45.
④ ［瑞士］荣格，荣格文集：让我们重返精神的家园，冯川译，北京：改革出版社，1997：83.
⑤ ［瑞士］荣格，心理学与文学，冯川、苏克译，北京：生活·读书·新知三联书店，1987：120.
⑥ Anthony Vidler, The Third Typology (1976), Kate-Nesbit-Editor ed., Theorizing a New Agenda for Architecture: an Anthology of Architectural Theory (1965—1995), New York: Princeton Arhitectural Press, 1996: 259-263.
⑦ 刘先觉主编，现代建筑理论：建筑结合人文科学自然科学与技术科学的新成就，北京：中国建筑工业出版社，1999：305.
⑧ 汪丽君，广义建筑类型学研究［博士学位论文］，天津大学，2003：17.
⑨ ［瑞士］荣格，荣格文集：让我们重返精神的家园，冯川译，北京：改革出版社，1997：荣格生平著作年表.

学,即便有原型之称,也绝不是来自于心理学对集体无意识内容的揭示。

工业时代的"范型"及其背后的机器工业与科学技术,正是荣格理论中保留神秘主义,所要针对的科学和理智带来的人类精神世界的荒芜①。

在西方当代建筑类型学的理论中,更多是关注建筑类型本身,有的理论原型和母题并提,似乎并不想区分其含义,只有意大利新理性主义关注原型,尤其以罗西(Aldo Rossi)为代表强调集体记忆,并发展了类推设计方法②。通过分析同样会发现,罗西的城市建筑理论同样也与心理学中的集体无意识无关。

首先,"集体记忆"与"集体无意识"本是两个不同学科的概念。罗西引用哈布瓦赫(Maurice Halbwachs)的"集体记忆"的论述,由此引出"城市本身就是其居民的集体记忆,城市就如记忆一样,与实体和空间关联在一起。城市是集体记忆的场所"③。我们在这里应当直接了解"集体记忆"的本来含义,刘易斯·科瑟(Lewis A. Coser)认为"哈布瓦赫指出,集体记忆不是一个既定的概念,而是一个社会建构的概念。它不是某种神秘的群体思想"。"在一个社会中有多少群体和机构,就有多少集体记忆。社会阶级、家庭、协会、公司、军队和工会都拥有不同的记忆,这些不同的记忆都是由其各自的成员通常经历很长的时间才建构起来的。"④而有学者总结了"集体记忆"的六个关键特点,其中两点明确地与"集体无意识"形成相异的对照。

"集体记忆"并非先天赋予的,而是一种社会性建构的概念,必须经过后天教育才会习得⑤。

"集体记忆"之形成多在青年时期(10多岁到20多岁),是故各国对历史解释权的争夺、对青少年知识记忆的塑造不遗余力⑥。

比照前述"集体无意识"的内涵,可以明确"集体记忆"与"集体无意识"是完全不同的,"集体无意识"是遗传获得的,是先天的;而"集体记忆"是经由社会活动,通过意识获得的,是后天的。哈布瓦赫作为社会学家,在1925年发表《记忆的社会框架》提出"集体记忆","集体记忆"在20世纪70年代中期以后成为法国史学界的概念⑦;而在心理学中没有相关概念(2009年出版的《剑桥

---

① [瑞士]荣格,心理学与文学,冯川、苏克译,北京:生活·读书·新知三联书店,1987:15.
② 刘先觉主编,现代建筑理论:建筑结合人文科学自然科学与技术科学的新成就,北京:中国建筑工业出版社,1999:303-344.
③ Aldo Rossi, The Architecture of the City (Oppositions Books)(Diane Ghirardo, Joan Ockman, Eisenman P.): The MIT Press, 1984。原文为:One can say that the city itself is the collective memory of its people, and like memory it is associated with objects and places. The city is the locus of the collective memory.
④ [法]莫里斯·哈布瓦赫,论集体记忆,毕然、郭金华译,上海:上海人民出版社,2002:39-40.
⑤ 俊杰编,历史知识与历史思考,台北:台湾大学出版中心,2003:111.
⑥ 黄俊杰编,历史知识与历史思考,台北:台湾大学出版中心,2003:112.
⑦ 蒋大椿、陈启能主编,史学理论大辞典,合肥:安徽教育出版社,2000:1127.

心理学词典》没有"collective memory"词条），由此可见"集体记忆"的概念是来自社会学和历史学，而不是来自心理学，并不能说"'集体记忆'……是'集体无意识'在城市研究中的变体"①，因此罗西建立在"集体记忆"之上"类似城市"和"原型"概念就自然难与"集体无意识"产生关联了。

其次，从时间尺度看罗西的"原型"含义，很难在精神分析心理学中获得解释。罗西在建立自己的理论时每每讨论古代城市，最早可到罗马，并以18世纪城市的明晰性去批驳现代都市形式秩序的瓦解②，而他在具体形式操作过程中所能依凭的城市建筑，很可能也以18世纪为主。在200年至2000年的历史中，是人类社会文化历史的时间尺度，还构不成对人类进化的影响，而集体无意识理论"已经超出了社会历史的范围而进入自然和进化的领域"③。如果说罗西的"原型"是"集体无意识"的话，那么只能是进化理论错了。

最后，与分析心理学最为相近的就是罗西所谓类推的方法，那种设计过程中无法言说的形式生成和发现④，的确具有荣格所推崇的神秘意味。但是国内早有学者指出"他理解的类推思维和荣格巫术的原始思维并非一回事，荣格类推思维用于意识对无意识的'感应'，罗西则是真实世界与意象世界间的类推"⑤。当然不能断然否定设计师创作的主观感受，然而，是否有"集体无意识"依靠幻想瞬间显现以沟通意识层面的发生，只有通过设计师的自省和精神分析的方法才能明确，而不能依靠思辨的逻辑获得。

启蒙时代类型学的"原型"并非源于心理学，当代的类型学的"原型"尽管曾受到心理学的影响，然而在概念的含义上却根本不同；如果说它们之间有何相同，那就是在哲学上都可以上溯到柏拉图的"形式"概念，荣格认为"原型这个词就是柏拉图哲学中的形式"⑥，而"从柏拉图的形式到罗西的原型，其中的差别并不大"⑦，但是哲学思辨并不能替代不同学科的具体思考。

2. "人体安全图式"具有心理学"原型"的意味

不论"原型"内涵如何，都不影响罗西意图通过将建筑理解为集体创造，并建立客观的形式生发原则⑧。分辨概念之间的含义，才能更好地分析图式研究中

---

① 沈克宁，重温类型学，建筑师，2006，（06）：14.
② Anthony Vidler, The Third Typology (1976), Kate Nesbit Editor ed., Theorizing a New Agenda for Architecture: an Anthology of Architectural Theory (1965—1995), New York: Princeton Arhitectural Press, 1996: 262.
③ ［瑞士］荣格，心理学与文学，冯川、苏克译，北京：生活·读书·新知三联书店，1987：6.
④ Aldo Rossi, An Analogical Architecture (1975), Kate Nesbit Editor ed., Theorizing a New Agenda for Architecture: an Anthology of Architectural Theory (1965—1995), New York: Princeton Arhitectural Press, 1996: 345-352.
⑤ 朱永春，建筑类型学本体论基础，新建筑，1999，（02）：34.
⑥ ［瑞士］荣格，荣格文集：让我们重返精神的家园，冯川译，北京：改革出版社，1997：40.
⑦ 杨健、戴志中，还原到型——阿尔多·罗西《城市建筑》读解，新建筑，2009，（01）：120.
⑧ 童明，罗西与《城市建筑》，建筑师，2007，（05）：29.

"原型"说法的意义。就三类建筑图式研究而言,"人体安全图式"具有很强分析心理学的"原型"意味,而其他的图式研究,尽管也称为"原型",但同建筑类型学一样,各有其自身的使用目的。

"人体安全图式"认为"在人类深层心理结构中,蕴涵着不可察觉的无意识秩序,它具有某种意义上的普遍性……一切不规则的形状表面上看似无规律可循,但其中也蕴涵着人类心理结构中的内在秩序"[1]。从中可以看到,人体安全图式,所揭示的人类的心理需求,来自不可察觉的无意识,并可以在不同社会文化中获得印证,强调一种普适性,并以史前遗迹来分析,可以说关注的是来自于万年以前人类先祖的生活积淀,而远非人类文明时代形成的文化观念,这些都是与"集体无意识"的内涵相一致的。然而,"人体安全图式"并不能与分析心理学中任何一个"原型"[2]对应,这是学科不同的内在目标所限定的,心理学更加关注人类心理和精神现象本身,而"人体安全图式"的研究关注的是人与环境的关系,尽管亿万年前人类还处于主客一体的混沌状态。所以说,"人体安全图式"具有很强的心理学所谓"原型"的意味。循此思路,而有直接引入分析心理学"大母神"原型概念解释庭院的研究产生[3]。

"垂直宇宙空间图式"和"水平宇宙空间图式"直接与人类的神话相关,与心理学"原型"研究具有相同的来源,同样也具有一定的"原型"意味;但同样也不是任何一种分析心理学研究所探讨的原型。

其他图式研究中过多的文化阐释,实则已经脱离了人类积淀集体无意识的范畴,而是文化传播和教化的范畴。举一个非常简单的例子,即便现在野外生存的营地布置,绝对不会规划为九宫井田,也不会考虑宇宙秩序,反倒同原始聚落的形态具有很强的相似性,所以说对于文化来说并不具有先天的意义,只有后天的意义,并不是无意识的积淀,而是意识层面的学习和掌握,是经过文化熏染而获得的。

"历史—文化"图式的研究者认为,"原型对居住行为和建筑设计"具有决定性的深刻影响[4],但却应当清楚,将这样的原型理解为"古人深层心理结构或集体无意识的外显形态"并不符合心理学中"原型"的含义,也许同罗西一样,用历史学和社会学中"集体记忆"的概念才合适。

---

[1] 张天宇、张玉坤,人体安全意象的表达——居住空间生成的原型,天津大学学报(社会科学版),2007,(01):70.
[2] 荣格"所识别的描述过的众多原型中,有出生原型、再生原型、死亡原型、力量原型、上帝原型、魔鬼原型、智叟原型、大地母亲原型、巨人原型,以及许多自然物,如树林原型、太阳原型、月亮原型、风、水、火原型、动物原型,还有许多人造物,如圆圈原型、武器原型等等。"最重要四种原型是:人格面具、阿尼玛和阿尼姆斯、阴影、自性。参见霍尔·诺德贝,荣格心理学入门,冯川译,北京:生活·读书·新知三联书店,1987.
[3] 林志森、关瑞明,中国传统庭院空间的心理原型探析,建筑师,2006,(06):83-87.
[4] 史箴,"井"的意义:中国传统建筑的平面构成原型及文化渊涵探析,建筑师,1997,(79(12)):77.

（二）"图式"与"类型"相异大于相同

如果将类型归结为具有"历史的内涵"和"抽象的特性"[①]这两个要点的话，图式研究同样也具有这两点特征，而这历史的特征，也同样是抽去了历史之维的历史主义[②]。如果将类型理解为一种法则规律或者深层结构的话，图式也具有同样的意义。这也许是"图式"和"类型"最为相近之处，但是两者之间的差异更值得关注。

尽管都区别于史学的研究，但是建筑类型学是面对城市和建筑的现实问题而产生的理论思考，图式研究是面对历史建筑而产生的理论思考，两者都具有方法论意义，前者更关注于设计的方法论，后者更关注于解释阐发的方法论。

建筑类型学和图式研究都意图从心理学中获得支持，并都共同援引精神分析心理学的理论，但却有着各自理论叙述的需求。建筑类型学深受结构主义的影响，并将类型类比于言语背后的语言，以说明类型是个体建筑形式背后的深层结构[③]；图式研究中有经由人类学的理论受到结构主义影响的，但结构主义作为广泛影响人文学科的一个哲学流派，对"结构"概念并没有一个一致的看法[④]，所以从总体上看，图式研究更是中国传统思维整体观的体现，而不是哪个西方哲学流派的影响。

建筑类型学和图式研究之间最大的区别在于理论意图的设定，建筑类型学要实现建筑学学科自主性[⑤][⑥]，而图式研究不但不具有这样的抱负，很可能将其视为歧途。

从对象上看：建筑类型学明确地以建筑为研究中心，而其中更为关键的就是建筑的形式，不论其从自然法则或是工业技术，还是通过城市与建筑的关系建立起理论框架，建筑类型学研究的中心课题就是建筑；而图式研究则更看重中国传统的居住和生活，看重由人和建筑环境形成的整体，在空间上则关注于不同层次尺度的居住，室内、住宅、宫殿和城市都可以在同一个图式中获得解释；类型学也有将城市空间作为研究对象的，而这仅限于学者的方向，而图式研究则是不同学者都对人居环境的层次性予以关注。

从理论形成的发展过程看：西方建筑理论从维特鲁威开始的独立传统，建筑类型学建立在西方建筑理论的繁荣之上，是有继承、有批判的；中国建筑始终根植于社会，图式研究没有其相应的独立的理论前身，而是通过对人文社会学科的理论吸纳，有所借鉴、有所发现。

罗西的工作在有些观点看来，"就是要将城市以及建筑问题还原到建筑造型

---

① 朱锫，类型学与阿尔多·罗西，建筑学报，1992，（05）：33．
② 汪丽君，广义建筑类型学研究［博士学位论文］，天津大学，2003：16．
③ 沈克宁，重温类型学，建筑师，2006，（06）：6．
④ 赵敦华，现代西方哲学新编，北京：北京大学出版社，2001：171．
⑤ 朱锫，类型学与阿尔多·罗西，建筑学报，1992，（05）：37．
⑥ 童明，罗西与《城市建筑》，建筑师，2007，（05）：27．

上去,但具体的操作过程却冗长而复杂"①,而图式研究很少看到有关造型的论述,却多有空间的论述,这既反映了中国传统建筑的内在特征,也说明了图式研究与其相适应的分析重点。

所以,建筑类型学希望寻找并坚信一种永恒的类型,而图式研究多强调适合的情景。尽管有观点认为对"永恒性"的追求导致罗西只有"纪念性"一种类型,类型学变成了对类型学的误用[2],但是从类型学的历史发展和建筑类型学的总体上看,其基本观点是分类的思想[3],并在分类的基础上建立学科对象的框架;而由于中国传统建筑空间不论共时性还是历时性的类特征都非常明显,所以图式研究不强调分类,而是选择站在不同的观察视角,对中国传统建筑空间的整体特征进行探索,是从人、社会和文化等不同层面入手的解析方式。

从总体上看,建筑类型学好比一道西方的拼盘,即便有沙拉酱的调配,但还是各有各的形状和味道,只要能拌在一起的,就都有它们共同的特点,而类型就好比"营养",需要分析才能确定;传统建筑的图式研究,则更像是中餐的煲汤,能品尝出各种原料、食材的味道,却不能再将它们分离,原料各有特点,要在食性相宜,离不开水火的煎熬,而图式好比"味道",只有品尝才能感悟。

二、空间图式研究的理论意义

1990年代对于建筑界来说,是设计市场初创,外来作品和理论逐步增加的时期[4],与当今理论研究日益深入细节不同,在文化热潮刚刚退去的时候,在"思想家淡出,学问家凸显"[5]的时代,建筑学学者们仍旧普遍保留着对于宏观问题的关注,正是这种把握宏观的视角的方式,构成了对当今传统建筑空间研究的提示,为建筑学研究介入聚落体系对象的思考提供了范例。建立空间图式的思考方法,图式分析与学者的整体研究的关系,都表现出一种理论探索的活力。

(一)空间图式研究的方式和内容及其学科性质

三类图式研究虽然均以历史建筑为对象,甚至是石器时代遗址,所引往往有历史典籍,研究的学者中也有长期从事建筑历史研究的,但是从其研究方式和研究内容看,图式研究并不属于史学的研究范畴,而是属于建筑理论的范畴。

首先,从空间图式的研究方式上看。空间图式研究不是从建筑实物和空间本身入手,而是从文化观念,从相关学科理论,或者从个人体悟入手建立图式,然后再去阐释建筑和空间现象。如前述的代表性图式研究,分别从时空观、文化

---

① 杨健、戴志中,还原到型——阿尔多·罗西《城市建筑》读解,新建筑,2009,(01):123.
② 杨健、戴志中,还原到型——阿尔多·罗西《城市建筑》读解,新建筑,2009,(01):122.
③ 朱永春,建筑类型学本体论基础,新建筑,1999,(02):32.
④ 邹德侬,中国现代建筑史,天津:天津科学技术出版社,2001.
⑤ 李泽厚,走我自己的路:对谈集,北京:中国盲文出版社,2002:313.

观、宇宙图式、心理感知等入手，多参照人类学原始思维研究和神话研究、心理学的集体无意识理论、语言学的语源与语义分析，建立起图式的基本内涵，然后再扩展到对建筑历史发展和具体建筑空间问题的阐释上。因而明显地呈现出，不强调历史逻辑而只关注整体结构特征的倾向。

其次，从空间图式研究的内容上看。空间图式研究本身——而不是学者的全部研究——所关注的问题，并非要辨析出一个清晰的史实，也不是要梳理出一条分明的历史发展演进的时空连续脉络。而是关注于传统建筑空间共同特征的总结，这个特征的总结意义不在于归类于唐风宋韵，因为当特征表述为一个兼有观念和形态的结构关系时，这个特征也就不属于任何特定的朝代，一旦当这个结构所表征的特点内在于人类自身或者人类社会时，它就脱离了产生它的具体时期，具有了更为广泛的意义。当这个特点内在于人类自身，如"身体—环境"图式，那么这个特征不但是对受其影响的原始社会的建筑的解释，也是后世建筑空间布局的一种原初动力，而且具有跨文化的共同特征，这种解释力是超越历史学范畴的。当这个特点内在于人类社会，如"历史—文化"图式，它必然反映大历史时期的整体特征，"文化抉择图式"从神话时代直到明清，"井"字图式从分封到大一统，"礼乐复合"则是同儒家观念相呼应。因而不可能以空间图式对应某个具体历史时期，图式只是一种空间解析方式而非历史学考察。

正如建筑历史学者对于研究性质的认知一样，"建筑的基本的空间形态及其演变过程……主要属于建筑历史学的范畴"，而"神话与建筑空间的形而上、宗教宇宙模式、不同文化中所尊崇的神秘图形及其空间意义等内容……可以归入建筑发生学的范畴"[①]。综合全部图式研究的特点，可以认为：图式研究既是传统建筑文化研究，更是试图建构适合分析中国传统空间的建筑理论研究。

（二）图式研究对文化论的反思和批判

1980年代以来，建筑文化研究一直是建筑理论研究的一个重要方向，而1990年代建筑文化研究从对传统形式探索，扩展到对文化系统的研究[②]，图式研究正是这一时期建筑文化研究中微小但却重要的成果，它指出环境、技术和人们的生活需求对于建筑及建筑文化具有重要的影响。

"人体安全图式"的提出带有批判文化决定论的意味，认为"从文化的角度探讨建筑问题会忽视外在环境的作用，难以做出确凿的结论。"[③] "居住形式和社会文化诸相"共同构成了"一个文化的连续的功能形式或系统，而我们却很难说哪一项受哪一项的支配，若非要提取一个出来作为整体文化系统的主导，也只能

---

① 王贵祥，东西方的建筑空间：文化空间图式及历史建筑空间论，北京：中国建筑工业出版社，1999：引言6.
② 曾坚、罗湘蓉，从禁锢走向开放，从守故迈向创新——中国建筑理论探索60年的脉络梳理，建筑学报，2009，(10)：6.
③ 张玉坤，居住解析，建筑师，1993，(49)：32.

是人体的安全图式,它来自于人和自然与社会外在环境的相互作用。"[1]"人体安全图式"有针对性地指出了以伦理序位的文化观点解释四合院成因的偏颇[2];而对于人体方位与宇宙方位叠合的论述,也只有将典籍中"辨方正位"的实用技术上溯至史前时期[3],找到人对自然方位的认知方式之后,才能进行论断[4]。"人体安全图式"进而指出"所谓的风水观,伦理序位观以及整个封建社会的结构体系、宇宙观念都是从人体维护自身安全需要而发展出来的。它们可以和建筑相互解释,然而这样的解释是整个文化系统的内部循环释义,其有效性无可否认,其局限性亦在所难免"[5]。

由此可以完整地看出"身体—环境"图式的观点:建筑本身即为文化系统中的组成部分,以"文化"阐释建筑就无形地割裂了文化和建筑的关系,只有从人的心理和身体出发才能对建筑和文化的整体进行诠释,而人类对于安全的需求才是选址和营建中最根本的动力,人类将自身投射到环境和建筑之中,按照自身的意象选择和建造庇护所。

所以,我们看到:虽然罗西的城市建筑理论与"身体—环境"图式理论都绕过了社会文化与建筑环境的关系,而意图从人的心理角度对建筑现象进行解释,但是两者有着本质的不同,城市建筑理论意图排除社会理想、道德秩序、技术手段等对建筑形式的影响,建立建筑学的自主性,而"身体—环境"图式则认为建筑本属于人类文化体系中的一项,避免循环释义而以人的心理和身体进行解释。

在三类图式研究中,"井"字图式是较为明确地提出平面形态问题的,在对技术和文化观念的论述中,虽然没有明确指出形态本源,但是从其阐释图式及所附图表[6]的逻辑中,能够分析提炼出较为明确的观点。"井"字形态的普遍存在可以归为两个方面的原因,其一是技术,其二是人的生活。"井"字形态来自于技术,井干的木作技术和画井的土地丈量技术,木作技术直接影响到房屋形态和室内天花装饰等,而土地丈量技术直接影响到农田水网和城邑建设;井作为取水用水的设施,与人的生活生产密切相关,是人们汇聚的场所,于是形成交易的市场,同时配合土地制度形成编户的社会组织,所以"井"成为人们心里的家乡、社会、商业的代称,而得以广泛地长时间地延续;在此基础上,才有"井"图式同文化观念相结合的文化建构过程,而文化又进一步促进了具有丰富意义的"井"字形态的有意识的创造。因此可以说,形态是本源于现实的技术操作和生

---

[1] 张玉坤,居住解析,建筑师,1993,(49):36.
[2] 张玉坤、李贺楠,中国传统四合院建筑的发生机制,天津大学学报(社会科学版),2004,(02):101-105.
[3] 张玉坤,聚落·住宅——居住空间论[博士学位论文],天津大学,1996:55-56.
[4] 这正是将这类图式命名为"身体—环境"图式的原因。
[5] 张玉坤,居住解析,建筑师,1993,(49):36.
[6] 史箴,"井"的意义:中国传统建筑的平面构成原型及文化渊涵探析,建筑师,1997,(79):79页,井的原型性图式意义.

活需求的，而文化丰富了形态的意义，并使其获得自觉的发展①。

非常有趣的是，"文化抉择图式"和"礼乐复合图式"都是与形态无关的，其意图不在于说明形态的成因，而在于关注建筑空间与文化内涵的一体关联结构，与这个目的相适应，这两个图式很难用"图示"的形式来表达，只能用具体的文物证明观念的影响，或用抽象的太极图表明结构特征。

（三）空间图式研究是建构本土建筑理论的有益尝试

1990年代开始的三类空间图式研究，针对中国传统建筑空间的认知，已经形成了一个相对明确的论说系统，从中可以明显地看到本土的话语方式，并能深刻感到论说者的自觉的意图，可以说空间图式研究是在国内建筑理论研究中出现的一种以本土的方法阐释本土建筑问题的有益尝试。

西方的建筑理论有着相对独立而明晰的传统和流源，通过译介西方建筑理论而"获取一幅较为完整的西方建筑学知识图像"②对于中国建筑理论的建构是不可或缺的。但也应当注意到，对于人文社会学科方法、理论、思想的吸纳，正是西方建筑理论发展的极大助力。中国建筑理论也应当从自身的社会人文理论和西方的社会人文理论中，直接获取滋养，而自由生发，实际上，上述空间图式研究正是这样建立起来的。在三类图式研究中我们可以看到对西方建筑现象学和居住人类学的回应，但更多的是直接从原始思维、神话研究、考古学、科技史、中国传统文学和哲学、现代哲学中获得滋养的。"身体—环境"图式是由对相关学科的关注走向建筑空间论说的，"空间—数字"图式是从建筑空间的分析走向观念发生探寻的，而在"历史—文化"图式中，对建筑空间的分析和对社会文化的关注合为一体，密不可分。

空间图式研究虽然以解释传统建筑空间为目的，但是其关注的问题对于人类聚居环境营造来说都是具有普遍意义的问题。本书的三种分类方式正可以说明空间图式研究试图解答具有更为广泛意义的理论问题：其一，人类感知自身和认识环境时的心理结构与由此出发所进行的环境营造之间的关系问题；其二，人类对空间和时间的认知所赋予人居环境的特定意义及其与空间环境营造之间的关系问题；其三，人类社会历史进程中所形成的文化特点及其与人居环境营造之间的关系问题。1990年代的三类空间图式研究并没有就如上问题提出完善的理论，但是空间图式研究的出现正是学者们自觉理论意图的体现，具体表现在：

"身体—环境"图式研究通过人对身体结构和自然方位的认知，确立了一种空间解释的框架，并由此强调了人类和环境之间的关系，正是在这种关系中建筑

---

① 原文论述内容繁多，充分体现了历史现象的丰富和多歧。本书明确提炼出唯一的因果关系，是有风险的，还需要严密的论证，不能直接代表原文观点，但希望能表达原文的未尽之意。
② 包志禹，建筑学翻译刍议，建筑师，2005，（02）：79.

发生并确定其形态特征,而"实体与空间""内部和外部""层次结构"等建筑观念都可以通过这个框架整合到对身体与环境关系的考察之中。"空间—数字"图式所研讨的"时—空—数"的观念,进入了发生学范畴,正是建筑学空间研究的介入使得对远古观念的探寻有了依凭,而原始思维和神话的研究又使得建筑空间的意义获得了深刻的解释。"历史—文化"图式本身就是围绕着建筑空间与人文社会的一体研究,尤其是"井"字图式和"礼乐复合图式",运用传统的话语来解释传统建筑空间,并由此产生了对本土设计与规划思想的考察,在解释形态现象的背后,实则暗含着宏观理论体系架构的方式。

综上,空间图式研究是在分析中国传统建筑问题、探寻传统建筑特点的本土语境中各自独立出现的,却共同在身体与环境、空间与观念、历史与文化三个层面,建立起了围绕传统建筑空间的论说话语,与建筑类型学的译介相比较而言,空间图式研究是建构本土建筑理论的积极尝试,它将与国内学者接轨西方当代建筑图式(Diagram)理论的研究一同表明,"图式"作为一种建筑理论话语曾经是,也正"是一个有活力和生产性的主题"[①]。

[①] 胡友培、丁沃沃,彼德·艾森曼图式理论解读——建筑学图式概念的基本内涵,建筑师,2010,(146):21.

参考文献

古籍方志

[1][汉]许慎撰,[清]段玉裁注. 说文解字注[M]. 杭州:浙江古籍出版社,1998.

[2][魏]王肃整理,朱家晨,万柏译写. 孔子家语[M]. 长春:吉林人民出版社,2005.

[3][宋]聂崇义. 三礼图. 宋淳熙二年刻本.

[4][清]阿桂,刘谨之,程维岳. 钦定盛京通志. 乾隆刻本.

[5][明]兵部编. 九边图说. 隆庆刻本.

[6][明]董秉忠. 盛京通志. 康熙刻本.

[7][明]冯瑗. 开原图说. 万历刻本.

[8][清]贾弘文,董国祥. 铁岭县志. 清代抄本.

[9][明]李辅. 全辽志. 金毓绂主编《辽海丛书》校印本.

[10][清]全禄,张式金. 开原县志. 清咸丰刻本.

[11][清]杨镳,施鸿. 康熙辽阳州志. 金毓绂主编《辽海丛书》影印本.

[12][清]满洲实录. 民国二十三年版.

[13]梁鸿选编. 礼记[M]. 北京:时代文艺出版社,2003.

[14]辽宁大学历史系. 建州纪程图记校注、汉译鞑靼漂流记[M]. 沈阳:辽宁大学出版社,1978

[15]缪文远等译注. 战国策[M]. 北京:中华书局,2007.

[16]《十三经注疏》整理委员会整理,李学勤主编. 十三经注疏·周礼注疏(上、下)[M]. 北京:北京大学出版社,1999.

[17]《十三经注疏》整理委员会整理,李学勤主编. 十三经注疏·尚书正义[M]. 北京:北京大学出版社,1999.

[18]《十三经注疏》整理委员会整理,李学勤主编. 十三经注疏·礼记正义(上、中、下)[M]. 北京:北京大学出版社,1999.

[19]《十三经注疏》整理委员会整理,李学勤主编. 十三经注疏·标点本13·尔雅注疏[M]. 北京:北京大学出版社,1991.

[20]王华宝注译. 战国策[M]. 武汉:长江文艺出版社,2019.

[21]王钟翰辑录. 朝鲜《李朝实录》中的女真史料选编[M]. 沈阳:辽宁大学出版社,1979.

外文著作、中文译著

[1] Bartlett F.C. Remembering: A Study in Experimental and Social Psychology[M]. Cambridge: Cambridge University Press, 1932.

[2] Golany G.S. Urban Design Ethics in Ancient China[M]. Canada: The Edwin Mellen Press, 2001.

[3] Groat L.N., Wang D., Architectural Research Methods[M] : John Wiley & Sons, Inc., 2005.

[4] Harvey D. Social Justice and the City[M]. Oxford: Basil Blackwell, 1973.

[5] Jianfei Z. Chinese Spatial Strategies: Imperial Beijing 1420—1911[M]. London: Routledge,

2004.

[6] Kant I., Kritik Der Reinen Vernunft: Felix Meiner Verlag, 1998.

[7] Kant I. Critique of Pure Reason (Smith N.K.), London: Macmillan and CO. Limited, 1929.

[8] Kant I. Critique of Pure Reason (Meiklejohn J.M.D.), London: J. M. Dent, 1855.

[9] Kate-Nesbit-Editor, Theorizing a New Agenda for Architecture: An Anthology of Architectural Theory(1965-1995), ed., Theorizing a New Agenda for Architecture: An Anthology of Architectural Theory(1965-1995), New York: Princeton Arhitectural Press, 1996.

[10] Nagar D. Environmental Psychology [M]. New Delhi: Concept Publishing Company, 2006.

[11] Nesbit K. ed. Theorizing a New Agenda for Architecture: an Anthology of Architectural Theory (1965-1995) [M]. New York: Princeton Architectural Press, 1996.

[12] Parr A. ed. The Deleuze Dictionary [M]. Edinburgh: Edinburgh University Press, 2005.

[13] Peet R. Modern Geographical Thought, Malden, Oxford, Victoria: Blackwell Publishing Ltd., 1998.

[14] Piaget J. L'épistémologie Génétique [M]. Paris: Presses Universitaires de France, 1970.

[15] Piaget J. The Principles of Genetic Epistemology (Mays W.) [M]. London: Routledge & Kegan Paul Ltd, 1972.

[16] Rossi A. The Architecture of the City(Oppositions Books) [M].

[17] (Diane-Ghirardo, Joan-Ockman, Eisenman P.): The MIT Press, 1984.

[18] Steinhardt N.S. Chinese Imperial City Planning [M]. ???: University of Hawaii Press, 1999.

[19] Skinner G.W. ed. The City in Late Imperial China [M]. Taipei: SMC Pubishing INC., 1995.

[20] [德] 阿尔弗莱德·逊兹著. 幻方: 中国古代的城市 [M]. 青梅译. 北京: 中国建筑工业出版社, 2009.

[21] [德] 康德著. 纯粹理性批判 [M]. 邓晓芒译. 北京: 人民出版社, 2004.

[22] [德] 康德著. 纯粹理性批判 [M]. 蓝公武译. 北京: 商务印书馆, 1960.

[23] [德] 康德著. 纯粹理性批判（第二版）[M]. 李秋零译. 北京: 中国人民大学出版社, 2004.

[24] [德] 康德著. 纯粹理性的批判（上、下）[M]. 牟宗三译. 台北: 学生书局, 1983.

[25] [德] 康德著. 纯粹理性批判 [M]. 韦卓民译. 武汉: 华中师范大学出版社, 2000.

[26] [法] 埃米尔·涂尔干著. 社会分工论 [M]. 渠东译. 北京: 三联书店, 2000.

[27] [法] 莫里斯·哈布瓦赫著. 论集体记忆 [M]. 毕然, 郭金华译. 上海: 上海人民出版社, 2002.

[28] [美] 保罗诺克斯, [美] 史蒂文·平奇著. 城市社会地理学导论 [M]. 柴彦威, 张景秋等译. 北京: 商务印书馆, 2005.

[29] [美] 杜赞奇著. 文化、权力与国家: 1900-1942年的华北农村 [M]. 王福明译. 南京: 江苏人民出版社, 1996.

[30] [美] 霍尔·诺德贝著. 荣格心理学入门 [M]. 冯川译. 北京: 生活·读书·新知三联书店, 1987.

[31] [美] 凯文·林奇著. 城市意象 [M]. 项秉仁译. 北京: 中国建筑工业出版社, 1990.

[32] [美] 理查德·皮特著. 现代地理学思想 [M]. 周尚意等译. 北京: 商务印书馆, 2007.

[33] [美] 兰德尔·柯林斯, [美] 迈克尔·马科夫斯基著. 发现社会之旅: 西方社会学思想述评 [M]. 李霞译. 北京: 中华书局, 2006.

[34] [美]琳达·格鲁特, [美]大卫·王著. 建筑学研究方法[M]. 王晓梅译. 北京:机械工业出版社, 2005.

[35] [美]乔尔·科特金著. 全球城市史[M]. 王旭等译. 北京:社会科学文献出版社, 2006.

[36] [美]施坚雅著. 中国封建社会晚期城市研究——施坚雅模式[M]. 王旭等译. 长春:吉林教育出版社, 1991.

[37] [美]施坚雅著. 中国农村的市场和社会结构[M]. 史建云, 徐秀丽译. 北京:中国社会科学出版社, 1998.

[38] [美]施坚雅编. 中华帝国晚期的城市[M]. 叶光庭等译. 北京:中华书局, 2000.

[39] [美]斯皮罗·科斯托夫著. 城市的形成:历史进程中的城市模式和城市意义[M]. 单皓译. 北京:中国建筑工业出版社, 2005.

[40] [美]斯皮罗·科斯托夫著. 城市的组合:历史进程中的城市形态的元素[M]. 邓东译. 北京:中国建筑工业出版社, 2008.

[41] [美]威廉·W.哈维兰著. 文化人类学(第10版)[M]. 瞿铁鹏, 张钰译. 上海:上海社会科学院, 2005.

[42] [美]温迪·普兰选编. 科学与艺术中的结构[M]. 曹博译. 北京:华夏出版社, 2003.

[43] [瑞士]诺伯格·舒尔兹著. 存在·空间·建筑[M]. 尹培桐译. 北京:中国建筑工业出版社, 1990.

[44] [瑞士]皮亚杰著. 发生认识论[M]. 范祖珠译. 北京:商务印书馆, 1990.

[45] [瑞士]皮亚杰著. 发生认识论原理[M]. 王宪钿等译. 北京:商务印书馆, 1985.

[46] [瑞士]荣格著. 荣格文集:让我们重返精神的家园[M]. 冯川译. 北京:改革出版社, 1997.

[47] [瑞士]荣格著. 心理学与文学[M]. 冯川, 苏克译. 北京:生活·读书·新知三联书店, 1987.

[48] [希]安东尼·C.安东尼亚德斯著. 建筑学及相关学科(原著第三版)[M]. 崔昕, 汪丽君, 舒平译. 北京:中国建筑工业出版社, 2009.

[49] [意]阿尔多·罗西著. 城市建筑学[M]. 黄士钧译. 北京:中国建筑工业出版社, 2006.

[50] [英]戴维·史密斯·卡彭著. 建筑理论(上):维特鲁威的谬论——建筑学与哲学的范畴史[M]. 王贵祥译. 北京:中国建筑工业出版社, 2007.

[51] [英]戴维·史密斯·卡彭著. 建筑理论(下):维特鲁威的谬论——以范畴为线索的20世纪建筑理论诸原则[M]. 王贵祥译. 北京:中国建筑工业出版社, 2007.

中文著作、编著

[1] 柏铮编. 中国古代官制[M]. 北京:北京大学出版社, 1989.

[2] 包亚明主编. 现代性与空间的生产[M]. 上海:上海教育出版社, 2001.

[3] 蔡凌. 侗族聚居区的传统村落与建筑[M]. 北京:中国建筑工业出版社, 2007.

[4] 蔡志纯, 洪用斌, 王龙耿编. 蒙古族文化[M]. 北京:中国社会科学出版社, 1993.

[5] 车文博. 人本主义心理学[M]. 杭州:浙江教育出版社, 2003.

[6] 陈伯超, 朴玉顺等. 盛京宫殿建筑[M]. 北京:中国建筑工业出版社, 2007.

[7] 陈伯超, 支运亭等. 特色鲜明的沈阳故宫建筑[M]. 北京:机械工业出版社, 2003.

[8] 陈朝云. 商代聚落体系及其社会功能研究[M]. 北京:科学出版社, 2006.

[9] 陈淳. 文明与早期国家探源：中外理论、方法与研究之比较［M］. 上海：上海书店出版社，2007.

[10] 陈国灿，奚建华. 浙江古代城镇史［M］. 合肥：安徽大学出版社，2003.

[11] 成一农. 古代城市形态研究方法新探［M］. 北京：社会科学文献出版社，2009.

[12] 程建军. 开平碉楼——中西合璧的侨乡文化景观［M］. 北京：中国建筑工业出版社，2007.

[13] 程琪龙编. 认知语言学概论——语言的神经认知基础［M］. 北京：外语教学与研究出版社，1999.

[14] 丁海斌，时义著. 清代陪都盛京研究［M］. 北京：中国社会科学出版社，2007.

[15] 董鉴泓主编. 中国城市建设史（第二版）［M］. 北京：中国建筑工业出版社，1987.

[16] 董鉴泓主编. 中国城市建设史（第三版）［M］. 北京：中国建筑工业出版社，2004.

[17] 董琨编著. 中国汉字源流［M］. 北京：商务印书馆，1998.

[18] 段进. 城市空间发展论［M］. 南京：江苏科学技术出版社，1999.

[19] 段进，比尔·希列尔等. 空间句法与城市规划［M］. 南京：东南大学出版社，2007.

[20] 段进，龚恺等. 世界文化遗产西递古村落空间解析［M］. 南京：东南大学出版社，2006.

[21] 段进，季松，王海宁. 城镇空间解析：太湖流域古镇空间结构与形态［M］. 北京：中国建筑工业出版社，2002.

[22] 冯贤亮. 明清江南地区的环境变动与社会控制［M］. 上海：上海人民出版社，2002.

[23] 冯绍霆. 周礼：远古的理想［M］. 上海：上海古籍出版社，1997.

[24] 黄俊杰编. 历史知识与历史思考［M］. 台北：台湾大学出版中心，2003.

[25] 汉语大词典编辑委员会，汉语大词典编撰处. 汉语大词典（第四卷）［M］. 上海：汉语大词典出版社，1989.

[26] 高明. 古文字类编［M］. 台北：台湾大通书局，1986.

[27] 高智瑜，陈德义编. 一代盛京，中国皇城·皇宫·皇陵系列丛书（沈阳卷）［M］. 北京：中国人民大学出版社，1993.

[28] 顾朝林等. 中国城市地理［M］. 北京：商务印书馆，1999.

[29] 顾朝林等. 中国城镇体系——历史·现状·展望［M］. 北京：商务印书馆，1992.

[30] 郭谦. 湘赣民系民居建筑与文化研究［M］. 北京：中国建筑工业出版社，2005.

[31] 郭强主编. 大学社会学教程［M］. 北京：中国审计出版社，中国社会出版社，2001.

[32] 郭肇立主编. 聚落与社会［M］. 台北：田园城市文化事业有限公司，1998.

[33] 哈斯巴特尔编绘. 蒙古族传统文化图鉴［M］. 呼和浩特：内蒙古人民出版社，2002.

[34] 何重义. 湘西民居［M］. 北京：中国建筑工业出版社，1995.

[35] 贺业钜. 中国古代城市规划史［M］. 北京：中国建筑工业出版社，1996.

[36] 贺业钜. 考工记营国制度研究［M］. 北京：中国建筑工业出版社，1985.

[37] 湖南省建设厅编. 湘西历史城镇、村寨与建筑［M］. 北京：中国建筑工业出版社，2008.

[38] 黄汉民. 福建土楼——中国传统民居的瑰宝［M］. 北京：生活·读书·新知 三联书店，2009.

[39] 黄建军. 中国古都选址与规划布局的本土思想研究［M］. 厦门：厦门大学出版社，2005.

[40] 黄凌江编. 线描西藏——边境城市·集镇·村落·边贸市场探访［M］. 北京：中国电力出版社，2008.

[41] 黄仁宇. 中国大历史［M］. 北京：生活·读书·新知三联书店，1997.

[42] 姜乃力. 现代城市地理研究［M］. 沈阳：辽宁大学出版社，2005.

[43] 蒋大椿，陈启能主编. 史学理论大辞典[M]. 合肥：安徽教育出版社，2000.

[44] 蒋高宸编. 云南民族住屋文化[M]. 昆明：云南大学出版社，1997.

[45] 李安宅.《仪礼》与《礼记》社会学的研究[M]. 上海：上海人民出版社，2005.

[46] 李梵编著. 汉字的故事[M]. 北京：中国档案出版社，2001.

[47] 李凤民. 盛京八旗方位之谜[M]. 沈阳：东北大学出版社，1998.

[48] 李秋香. 中国村居[M]. 天津：百花文艺出版社，2002.

[49] 李晓杰. 体国经野：历代行政区划[M]. 长春：长春出版社，2004.

[50] 李孝聪. 中国区域历史地理[M]. 北京：北京大学出版社，2004.

[51] 李学勤. 失落的文明[M]. 上海：上海文艺出版社，1997.

[52] 李学勤主编. 中国古代文明与国家形成研究[M]. 昆明：云南人民出版社，1997.

[53] 李燕光，关捷编. 满族通史（修订版）[M]. 沈阳：辽宁民族出版社，2001.

[54] 李允鉌. 华夏意匠：中国古典建筑设计原理分析[M]. 天津：天津大学出版社，2005.

[55] 李泽厚. 走我自己的路：对谈集[M]. 北京：中国盲文出版社，2002.

[56] 李志明. 空间、权利与反抗：城中村违法建设的空间政治解析[M]. 南京：东南大学出版社，2009.

[57] 梁宁建. 当代认知心理学[M]. 上海：上海教育出版社，2003.

[58] 梁思成. 中国建筑史[M]. 天津：百花文艺出版社，1998.

[59] 梁漱溟. 中国文化要义[M]. 上海：上海人民出版社，2005.

[60] 梁永佳. 地域的等级：一个大理村镇的仪式与文化[M]. 北京：社会科学文献出版社，2005.

[61] 辽宁大学历史系. 建州纪程图记校注、汉译鞑靼漂流记[M]. 沈阳：辽宁大学出版社，1978.

[62] 林惠祥. 文化人类学[M]. 北京：商务印书馆，1991.

[63] 林嘉书，林浩. 客家土楼与客家文化[M]. 台北：博远出版有限公司，1999.

[64] 林玉莲，胡正凡. 环境心理学[M]. 北京：建筑工业出版社，2000.

[65] 林颀. 中国历史地理学研究[M]. 福州：福建人民出版社，2006.

[66] 刘长江编. 盛京寺观庙堂[M]. 沈阳：沈阳出版社，2004.

[67] 刘敦桢主编. 中国古代建筑史（第一版）[M]. 北京：中国建筑工业出版社，1980.

[68] 刘景纯. 城镇景观与文化：清代黄土高原地区城镇文化的地理学考察[M]. 北京：中国社会科学出版社，2008.

[69] 刘谦. 明辽东镇长城及防御考[M]. 北京：文物出版社，1989.

[70] 刘先觉主编. 现代建筑理论：建筑结合人文科学自然科学与技术科学的新成就[M]. 北京：中国建筑工业出版社，1999.

[71] 刘小萌. 满族的社会与生活[M]. 北京：北京图书馆出版社，1998.

[72] 刘小萌. 满族从部落到国家的发展[M]. 北京：中国社会科学出版社，2007.

[73] 刘致平. 中国建筑类型及结构（第三版）[M]. 北京：中国建筑工业出版社，2000.

[74] 刘致平. 中国居住建筑简史——城市·住宅·园林（第二版）[M]. 北京：中国建筑工业出版社，2000.

[75] 鲁西奇. 区域历史地理研究：对象与方法（汉水流域的个案考察）[M]. 南宁：广西人民出版社，1999.

[76] 马世之. 中国史前古城[M]. 长沙：湖北教育出版社，2003.

[77] 蒙培元主编. 中国传统哲学思维方式 [M]. 杭州：浙江人民出版社，1993.

[78] 潘谷西主编. 中国建筑史（第六版）[M]. 北京：中国建筑工业出版社，2009.

[79] 潘明娟. 周秦时期关中城市体系研究 [M]. 北京：人民出版社，2009.

[80] 彭一刚. 中国古典园林分析 [M]. 北京：中国建筑工业出版社，1986.

[81] 钱穆. 中国历代政治得失 [M]. 北京：商务印书馆，2001.

[82] 乔吉，马永真主编. 蒙古包文化 [M]. 呼和浩特：内蒙古人民出版社，2003.

[83] 丘光明. 中国古代度量衡 [M]. 天津：天津教育出版社，1991.

[84] 丘光明. 中国历代度量衡考 [M]. 北京：科学出版社，1992.

[85] 沈阳故宫博物院编. 盛京皇宫 [M]. 北京：紫禁城出版社，1987.

[86] 沈阳市文物考古研究所编. 沈阳考古发现六十年（报告卷）[M]. 沈阳：辽海出版社，2008.

[87] 石克辉，胡雪松主编. 云南乡土建筑文化 [M]. 南京：东南大学出版社，2003.

[88] 时蓉华主编. 社会心理学词典 [M]. 成都：四川人民出版社，1988.

[89] 宋镇豪. 夏商社会生活史 [M]. 北京：中国社会科学出版社，1994.

[90] 孙进已. 女真史 [M]. 长春：吉林文史出版社，1987.

[91] 谭纵波. 城市规划 [M]. 北京：清华大学出版社，2005.

[92] 谭刚毅. 两宋时期的中国民居与居住形态 [M]. 南京：东南大学出版社，2008.

[93] 唐晓峰. 从混沌到秩序：中国上古地理思想史述论 [M]. 北京：中华书局，2010.

[94] 唐汉. 唐汉解字，汉字与日月天地 [M]. 太原：书海出版社，2003.

[95] 王东平. 中华文明起源和民族问题的论辩 [M]. 南昌：百花洲文艺出版社，2004.

[96] 王贵祥. 东西方的建筑空间——传统中国与中世纪西方建筑的文化阐释 [M]. 天津：百花文艺出版社，2006.

[97] 王贵祥. 东西方的建筑空间：文化空间图式及历史建筑空间论 [M]. 北京：中国建筑工业出版社，1999.

[98] 王贵祥等. 中国古代建筑基址规模研究 [M]. 北京：中国建筑工业出版社，2008.

[99] 王志弘. 流动、空间与社会：1991—1997论文选 [M]. 台北：田园城市文化事业有限公司，1998.

[100] 王家范. 中国历史通论 [M]. 上海：华东师范大学出版社，2000.

[101] 王健. 西周政治地理结构研究 [M]. 郑州：中州古籍出版社，2004.

[102] 王建国. 城市设计 [M]. 南京：东南大学出版社，1999.

[103] 王鲁民. 中国古典建筑文化探源 [M]. 台北：地景企业公司，1999.

[104] 王茂生. 从盛京到沈阳——城市发展与空间形态研究 [M]. 北京：中国建筑工业出版社，2010.

[105] 王明贤编. 名师论建筑史 [M]. 北京：中国建筑工业出版社，2009.

[106] 王其亨主编. 风水理论研究 [M]. 天津：天津大学出版社，1992.

[107] 王思斌主编. 社会学教程（第二版）[M]. 北京：北京大学出版社，2003.

[108] 王雪梅等编. 社会学概论 [M]. 北京：北京出版社，2005.

[109] 王迅，苏赫巴鲁编. 蒙古族风俗志（上）[M]. 北京：中央民族学院出版社，1990.

[110] 王昀. 传统聚落结构中的空间概念 [M]. 北京：中国建筑工业出版社，2008.

[111] 王振复. 大地上的"宇宙"：中国建筑文化理念 [M]. 上海：复旦大学出版社，2001.

[112] 卫文选著. 中国历代官制简表 [M]. 太原：山西人民出版社，1987.

[113] 魏挹澧等编. 湘西城镇与风土建筑[M]. 天津：天津大学出版社, 1995.

[114] 吴必虎, 刘筱娟. 中国景观史[M]. 上海：上海人民出版社, 2004.

[115] 吴承洛. 中国度量衡史（上海书店1984年影印本）[M]. 上海：商务印书馆, 1937.

[116] 吴良镛. 广义建筑学[M]. 北京：清华大学出版社, 1989.

[117] 吴良镛. 人居环境科导论[M]. 北京：中国建筑工业出版社, 2001.

[118] 吴晓亮. 洱海区域古代城市体系研究[M]. 昆明：云南大学出版社, 2004.

[119] 夏铸九编译. 空间的文化形式与社会理论读本[M]. 台北：明文书局, 1988.

[120] 心理学名词审定委员会审定编. 心理学名词[M]. 北京：科学出版社, 2001.

[121] 许学强等编. 城市地理学，面向21世纪课程教材[M]. 北京：高等教育出版社, 2004.

[122] 许倬云. 万古江河(中国历史文化的转折与开展)[M]. 上海：上海文艺出版社, 2006.

[123] 宣兆恺编. 新编社会学概论[M]. 北京：中国人事出版社, 2000.

[124] 杨旸. 明代辽东都司[M]. 郑州：中州古籍出版社, 1988.

[125] 尹钧科. 北京郊区村落发展史[M]. 北京：北京大学出版社, 2001.

[126] 张公瑾. 傣族文化[M]. 吉林：吉林教育出版社, 1986.

[127] 张公瑾. 傣族宗教与文化[M]. 北京：中央民族大学出版社, 2002.

[128] 张光直. 考古学专题六讲[M]. 北京：文物出版社, 1986.

[129] 张宏. 性·家庭·建筑·城市：从家庭到城市的居住学研究[M]. 南京：东南大学出版社, 2002.

[130] 张良皋. 匠学七说[M]. 北京：中国建筑工业出版社, 2002.

[131] 张士尊. 明代辽东边疆研究[M]. 长春：吉林人民出版社, 2002.

[132] 张志强编. 盛京古城风貌，清文化丛书[M]. 沈阳：沈阳出版社, 2004.

[133] 赵春青. 郑洛地区新石器时代聚落的演变[M]. 北京：北京大学出版社, 2001.

[134] 赵敦华. 现代西方哲学新编[M]. 北京：北京大学出版社, 2001.

[135] 赵复兴. 鄂伦春族游猎文化[M]. 呼和浩特：内蒙古人民出版社, 1991.

[136] 赵冈. 中国城市发展史论集[M]. 北京：新星出版社，2006.

[137] 赵克勤. 古代汉语词汇学[M]. 北京：商务印书馆, 1994.

[138] 赵世林, 伍琼华. 傣族文化志[M]. 昆明：云南民族出版社, 1997.

[139] 赵艳芳编著. 认知语言学概论[M]. 上海：上海外语教育出版社, 2000.

[140] 赵玉民编. 沈阳史迹图说[M]. 沈阳：辽宁美术出版社, 2006.

[141] 郑杭生主编. 社会学概论新修[M]. 北京：中国人民大学出版社, 1994.

[142] 周若祁, 张光主编. 韩城村寨与党家村民居[M]. 西安：陕西科学技术出版社, 1999.

[143] 周书灿. 中国早期国家结构研究[M]. 北京：人民出版社, 2002.

[144] 周一星, 陈彦光等编. 城市与城市地理[M]. 北京：人民教育出版社, 2003.

[145] 周振鹤. 中国历代行政区划的变迁[M]. 北京：商务印书馆, 1998.

[146] 朱文一. 空间·符号·城市：一种城市设计理论[M]. 台北：淑馨出版社, 1995.

[147] 邹德侬. 中国现代建筑史[M]. 天津：天津科学技术出版社, 2001.

[148] 邹韶华. 语用频率效应研究[M]. 北京：商务印书馆, 2001.

技术标准

[1] 中华人民共和国水利部, SL249-1999, 中国河流名称代码[S]. 北京: 中国水利水电出版社, 1999-12-28.

[2] 中华人民共和国国家质量监督检验检疫总局, 中国国家标准化管理委员会, GB/T 22483—2008, 中国山脉山峰名称代码[S]. 北京: 中国标准出版社, 2008-10-29.

学位论文

[1] 蔡永强. 汉语方位词及其概念隐喻系统[D]. 北京语言大学, 2008.

[2] 葛维莉. 图式理论视角下的汉语广告英译研究[D]. 西南大学, 2009.

[3] 李贺楠. 中国古代农村聚落区域分布与形态变迁规律性研究[D]. 天津大学, 2006.

[4] 李声能. 盛京城市空间格局演变与文化传承研究[D]. 沈阳建筑大学, 2010.

[5] 李严. 明长城"九边"重镇军事防御性聚落研究[D]. 天津大学, 2007.

[6] 林志森. 基于社区结构的传统聚落形态研究[D]. 天津大学, 2009.

[7] 刘景纯. 清代黄土高原地区城镇地理研究[D]. 陕西师范大学, 2002.

[8] 任云英. 近代西安城市空间结构演变研究(1840-1949)[D]. 陕西师范大学, 2005.

[9] 田允茂. 澎湖旧奎壁澳聚落的领域层次[D]. 中原大学, 1996.

[10] 汪丽君. 广义建筑类型学研究[D]. 天津大学, 2003.

[11] 魏泽崧. 人类居住空间中的人体象征性研究[D]. 天津大学, 2006.

[12] 吴建兴. 澎湖旧网垵社聚落的领域层次[D]. 中原大学, 1997.

[13] 肖爱玲. 西汉城市地理研究[D]. 陕西师范大学, 2006.

[14] 张楠. 作为社会结构表征的中国传统聚落形态研究[D]. 天津大学, 2010.

[15] 张玉坤. 聚落·住宅——居住空间论[D]. 天津大学, 1996.

[16] 赵现海. 明代九边军镇体制研究[D]. 东北师范大学, 2005.

[17] 周振伦. 黔东南地区侗族村寨及建筑形态研究[D]. 四川大学, 2005.

论文

[1] CA Doxiadis. Ekistics, the Science of Human Settlements[J]. Science, 1970, 170(3956): 393-404.

[2] Castree N, Gregory D. David Harvey ‖ Space as a Keyword[J]. 2006, 10.1002/9780470773581: 70-93.

[3] Castree N, Gregory D. David Harvey: A Critical Reader[J]. Annals of the Association of American Geographers, 2006, 97(1): 212-214.

[4] Skinner G.W., Marketing and Social Structure in Rural China: Part I[J]. The Journal of Asian Studies, 1964, 24(1): 3-43.

[5] Skinner G.W., Presidential Address: The Structure of Chinese History[J]. The Journal of Asian Studies, 1985, 44(2): 271-292.

[6] Soja E W. The Socio-Spatial Dialectic[J]. Annals of the Association of American Geographers, 1980, 70(2): 207-225.

[7] 白洪希. 清朝关外都城辨 [J]. 辽宁大学学报(哲学社会科学版), 2000, (1): 4-7.

[8] 包志禹. 建筑学翻译刍议 [J]. 建筑师, 2005, (02): 75-85.

[9] 蔡凌. "斗"的聚居和衍生——解读贵州黎平肇兴大寨 [J]. 南方建筑, 2005, (3): 33页图3.

[10] 陈英和. 皮亚杰学派与现代认知心理学关于儿童认知发展观点之比较 [J]. 北京师范大学学报（社科版）, 1995, (01): 91-97.

[11] 陈喆. 女性空间研究 [J]. 建筑师, 2003, (105): 80-83.

[12] 陈喆. 多元文化影响下的呼伦贝尔民居 [J]. 新建筑, 1997, (4): 30-31.

[13] 陈万求, 郭令西. 人类栖居:传统建筑伦理 [J]. 自然辩证法研究, 2009, (03): 61-66.

[14] 陈新民. 礼乐相成 斯文宗主——书院建筑文化初探 [J]. 南方文物, 2001, (03): 92-93+103.

[15] 程念祺. 中国上古的统一趋势 [J]. 探索与争鸣, 2000, (06): 44-47.

[16] 成一农. 中国古代城市城墙史研究综述 [J]. 中国史研究动态, 2007, (01): 20-25.

[17] 成一农. 清代的城市规模与行政等级 [J]. 扬州大学学报(人文社会科学版), 2007, 11 (3): 124-128.

[18] 成一农. 中国古代地方城市形态研究方法新探 [J]. 上海师范大学学报(哲学社会科学版), 2010, (01): 43-51.

[19] 董平. 辽阳东京陵 [J]. 紫禁城, 2003, (1): 41-42.

[20] 方经民. 汉语空间方位参照的认知结构 [J]. 世界汉语教学, 1999, (04): 32-38.

[21] 甘露. 甲骨文方位词研究 [J]. 殷都学刊, 1999, (04): 1-6.

[22] 郭华瑜, 张彤. 紫禁城与凡尔赛——东西方绝对君权体制下的宫殿建筑比较 [J]. 华中建筑, 2001, (01): 41-46.

[23] 郭培贵, 刘琳琳. 明代《辽东志》与《全辽志》及其研究 [J]. 文化学刊, 2009, (5): 144-147.

[24] 何雪松. 社会理论的空间转向 [J]. 社会, 2006, (02): 34-48+206.

[25] 胡友培, 丁沃沃. 彼德·艾森曼图式理论解读——建筑学图式概念的基本内涵 [J]. 建筑师, 2010, (146): 21-29.

[26] 画晓. "礼"与中国古代建筑文化 [J]. 装饰, 1996, (04): 62-63.

[27] 黄珂峰, 陈纲伦. 中国传统建筑的伦理功能 [J]. 华中建筑, 2004, (04): 3-7.

[28] 黄天树. 说殷墟甲骨文中的方位词 [C] //中国殷商文化学会编. 2004年安阳殷商文明国际学术研讨会, 2004.

[29] 黄应贵. 空间、力与社会 [J]. 广西民族学院学报(哲学社会科学版), 2002, (02): 9-21.

[30] 江怡. 康德的"图式"概念及其在当代英美哲学中的演变 [J]. 哲学研究, 2004, (06): 35-41.

[31] 姜楠. 空间研究的"文化转向"与文化研究的"空间转向" [J]. 社会科学家, 2008, (08): 138-140.

[32] 蒋维忠. 明代初期建州女真的社会形态 [J]. 满族研究, 1995, (1): 8-16.

[33] 黎业明. 关于康德《纯粹理性批判》的汉译 [J]. 中华读书报（评论版）, 2002-8-28.

[34] 李阿琳. 聚集到分散: 浅析村出现前后的居住形态与聚落特征 [C] //贾珺编. 建筑史（第26辑）. 北京: 清华大学, 2010, 77-88.

[35] 李凤民. 清朝开国"行都"——界凡城与萨尔浒城 [J]. 紫禁城, 1994, (5): 39-40.

[36] 李凤民. 陆海英, 清朝开国第一都城——赫图阿拉 [J]. 紫禁城, 1994, (2): 11-13+48.

［37］李声能. 沈阳历代城址考［J］. 中国地名，2010，（8）：29-31.

［38］李声能，陈伯超. 盛京城：王城规划模式的范例——兼论汉文化对盛京城规划建设的影响［J］. 城市建筑，2010，（08）：106-108.

［39］李向东. 赫图阿拉城北门复原设计及研究［J］. 古建园林技术，2004，（4）：61-64+69.

［40］李向东，温树璠. 赫图阿拉城形态研究［J］. 辽海文物学刊，1996，（1）：117-120.

［41］李玉福. 论中国古代礼刑互动关系［J］. 法学论坛，2004，（4）：21-28+57.

［42］梁彦彬，白洪希. 努尔哈赤迁都沈阳新探［J］. 满族研究，2000，（4）：18-23.

［43］梁振晶. 赫图阿拉城"尊号台"遗址建筑格局及相关问题讨论［J］. 故宫博物院院刊，2002，（5）：54-60.

［44］林志森，关瑞明. 中国传统庭院空间的心理原型探析［J］. 建筑师，2006，（06）：83-87.

［45］刘畅. 佛阿拉旧老城汗王宫室刍议［J］. 故宫博物院院刊，2002，（3）：41-48.

［46］刘瑞芝. 有机·整体·模糊——试论传统空间意识特征［J］. 建筑师，1988，（31期）：76-81.

［47］潘安. 客家民系与客家聚居建筑（一~五）［J］. 建筑师，（61-65）.

［48］彭晋媛. 礼——中国传统建筑的伦理内涵［J］. 华侨大学学报(哲学社会科学版)，2003，（01）：13-19.

［49］钱圣豹. 儒家礼乐思想与风水学对北京四合院型制的双重影响［J］. 时代建筑，1991，（04）：43-44.

［50］沈克宁. 重温类型学［J］. 建筑师，2006，（06）：5-19.

［51］史箴. "井"的意义：中国传统建筑的平面构成原型及文化渊涵探析［J］. 建筑师，1997，（79）：71-81.

［52］宋树信，田银生. 中国古典城市的礼乐精神［J］. 中州建筑，1998，（02）：8-9.

［53］孙蕾. 方位词语义辨析［J］. 外语学刊，2005，（04）：72-77.

［54］孙明. 乌拉王城与辉发王城建制的比较研究［J］. 满族研究，2008，（4）：79-82.

［55］孙守朋，范剑飞. 辉发都城及辉发部的历史［J］. 吉林师范大学学报(人文社会科学版)，2005，（5）：88-91.

［56］田银生，陶伟. "家世界"构成中的庭园价值——中国传统居家环境结构的"二元对立统一律"分析［J］. 新建筑，2001，（05）：15-17.

［57］田银生. 中国传统城市结构的"二元对立统一律"［J］. 城市规划学刊，2005，（01）：72-74.

［58］唐启翠. 圣俗之间：《礼记·明堂位》的礼仪空间探讨［J］. 百色学院学报，2009，（01）：17-28.

［59］童明. 空间神化［J］. 建筑师，2003，（105）：18-31.

［60］童明. 罗西与《城市建筑》［J］. 建筑师，2007，（05）：26-41.

［61］汪宁生. 从原始计量到度量衡制度的形成［J］. 考古学报，1987，（3）：293-321.

［62］汪原. 亨利·列斐伏尔研究［J］. 建筑师，2005，（05）：42-50.

［63］汪原. "日常生活批判"与当代建筑学［J］. 建筑学报，2004，（08）：18-20.

［64］汪原. 生产·意识形态与城市空间——亨利·勒斐伏尔城市思想述评［J］. 城市规划，2006，（06）：81-83+87.

［65］王充闾. 努尔哈赤迁都探赜［J］. 满族研究，1994，（3）：19-24.

［66］王贵祥. 空间图式的文化抉择［J］. 南方建筑，1996，（04）：8-14.

[67] 王贵祥. 明代城池的规模与等级制度探讨[C]//贾珺编. 建筑史(第24辑). 北京: 清华大学出版社, 2009, 86-104.

[68] 王国义, 李琳. 清代沈阳城市格局的特色研究[J]. 沈阳建筑大学学报(社会科学版), 2007, (1): 1-4.

[69] 王鹤, 董卫. 权力视角下的城市形态变迁——以沈阳为例[J]. 现代城市研究, 2010, (7): 57-64.

[70] 王鲁民. 正统居住方式与中国古典园林的产生[C]//高介华编. 全国第三次建筑与文化学术讨论会集. 武汉: 华中理工大学出版社, 1996, 121-125.

[71] 王明琦. 《盛京城阙图》的内容与年代[J]. 社会科学辑刊, 1986, (4): 54-59.

[72] 王其亨, 官嵬. 礼乐复合的居住图式[J]. 规划师, 1997, (03): 19-23.

[73] 王茹. 立于礼, 成于乐——礼乐精神对中国传统居住建筑室内环境艺术的影响[J]. 建筑师, 2006, (05): 70-74.

[74] 王禹浪, 刘述昕. 清朝前期关外三京的初步比较研究[J]. 满族研究, 2008, (1): 41-46.

[75] 温纯如. 康德图式说[J]. 哲学研究, 1997, (07): 27-35.

[76] 吴福祥. 汉语方所词语"後"的语义演变[J]. 中国语文, 2007, (06): 494-506, 575.

[77] 肖爱玲. 西汉末年城市等级结构分:尹湾汉简研究[J]. 山西师范大学学报(哲学社会科学版), 2007, 36(1): 55-61.

[78] 杨洪, 黄玲娟, 何俊阳. 中国行政区划的演变[J]. 湘潭师范学院学报(社会科学版), 1997, (6): 79-84.

[79] 杨健, 戴志中. 还原到型——阿尔多·罗西《城市建筑》读解[J]. 新建筑, 2009, (01): 119-123.

[80] 余卓群. 建筑·文化·文学[J]. 四川建筑, 1994, 14(2): 2-4.

[81] 袁晖. 试论皮亚杰与康德的图式观念[J]. 山东大学学报(哲学社会科学版), 1987, (02): 81-88.

[82] 曾启雄, 曹志明. 中国汉字中表示传统长度单位文字之释义探讨[C]// 国际华文设计教育研讨会. 高雄, 2003.

[83] 曾坚, 罗湘蓉. 从禁锢走向开放, 从守故迈向创新——中国建筑理论探索60年的脉络梳理[J]. 建筑学报, 2009, (10): 5-9.

[84] 张德鑫. 方位词的文化考察[J]. 世界汉语教学, 1996, (03): 64-75.

[85] 张德玉, 张正岩, 李荣发等. "宁古塔"与六祖城考辨[J]. 辽海文物学刊, 1996, (1): 111-116.

[86] 张光直. 胡鸿保, 周燕译. 考古学中的聚落形态[J]. 华夏考古, 2002, (1): 61-84.

[87] 张慧, 王其亨. 中国古代国土规划思想、理论、方法的辉煌篇章——《周礼》建国制度探析, 新建筑, 2008, (03): 98-102.

[88] 张静. 论民宅建筑的伦理意蕴——以乔家大院为例[J]. 濮阳职业技术学院学报, 2008, (04): 98-99, 120.

[89] 张美云. 试析汉语"东西南北"方位词的文化内涵及其所反映的认知规律[J]. 山花, 2009, (4): 140-141.

[90] 张清常. 北京街巷名称中的14个方位词[J]. 中国语文, 1996, (01): 10-16.

[91] 张士尊. 明代辽东都司与山东行省关系论析[J]. 东北师大学报(哲学社会科学版), 2008, (2): 30-34.

[92] 张天宇,张玉坤. 人体安全意象的表达——居住空间生成的原型[J]. 天津大学学报(社会科学版),2007,(01):67-71.

[93] 张天宇,张玉坤,王迪. 建筑空间组织与心理组织图式[J]. 华中建筑,2006,(03):65-67.

[94] 张玉坤. 居住解析[J]. 建筑师,1993,(49):31-37.

[95] 张玉坤,李贺楠. 史前时代居住建筑形式中的原始时空观念[J]. 建筑师,2004,(03):87-90.

[96] 张玉坤,李贺楠. 原始时代神秘数字中蕴含的时空观念[J]. 建筑师,2004,(05):30-35.

[97] 张玉坤,李贺楠. 中国传统四合院建筑的发生机制[J]. 天津大学学报(社会科学版),2004,(02):101-105.

[98] 张仲梁. 看不见的城墙(上篇)——城市化进程中的行政区划问题[J]. 中国统计,2002,(3):19-22.

[99] 赵东升. 南北关史迹寻踪[J]. 满族研究,2004,(4):39-43.

[100] 赵荣立. 兴京内城城门考[J]. 文化学刊,2008,(5):77-80.

[101] 赵维和. 清太祖努尔哈赤兴兵之地北砬背山城研究[J]. 满族研究,2001,(4):35-40.

[102] 郑宇. 从帕拉庄园看江孜地区庄园建筑[C]//贾珺编. 建筑史(23). 北京:清华大学出版社,2008:144-156.

[103] 朱剑飞. 当代西方建筑空间研究中的几个课题[J]. 建筑学报,1996,(10):42-45.

[104] 朱锫. 类型学与阿尔多·罗西[J]. 建筑学报,1992,(05):32-38.

[105] 朱永春. 建筑类型学本体论基础[J]. 新建筑,1999,(02):32-34.

[106] 周建国,麻乐平. 理性、新教伦理、科层制与社会发展——马克斯·韦伯的社会发展理论[J]. 社会科学家,2002,(6):25-29.

[107] 周修研. 浅析涂尔干集体意识理论——以《社会分工论》中的集体意识为例[J]. 中国电力教育,2010,(2010年管理论丛与技术研究专刊):240-242.

后　记

　　相比多数建筑学、建筑史研究所关注的研究议题，聚落层次性问题的思考既宏观又抽象。以实操为要务的建筑设计并不需要面对如此宏观且抽象的问题，以建筑设计为核心建立的建筑学也同样难以对宏观且抽象的问题形成广泛的兴趣。但是如果将人类的居住视为建筑学研究的必然对象，那么宏观且抽象的问题应当成为建筑学探索的领域，也会为建筑学理论的建立贡献重要的基础。

　　本书中关于中国传统聚落层次问题所进行的解析和阐释，不论是理论建构还是案例分析，都有待进一步的证实或者证伪。在研究过程中，最大的收获是从本土建筑学学者的图式研究中汲取了丰富的营养，书中将其与类型学的研究进行了比较，笔者至今认为图式研究在我国建筑理论的发展中仍然具有重要的意义。

　　回顾十五年前，是我的导师张玉坤先生将我引上了中国传统聚落的研究方向。张老师治学兴趣广泛，不囿于学科又能对建筑有很大的启示，总能将对现实关注的责任感和思辨的哲学意味恰切地结合在一起，让人体会到具有质感的思想和智慧。张老师二十六年前完成的博士论文，从远古到当下，从社会到生态，从案例到思辨，视野开阔内容丰富，每每读来获益匪浅，对我博士阶段的聚落层次研究有很大的指导和启发。张老师对于人类学的兴趣，对于社会问题与资源问题的关注，以及在此基础上建立的中国传统聚落的研究体系，给我现在从事东北聚落的文化与历史研究提供了重要的示范。这一领域中，在东北这片土地上，十年来我继续着自己的探索，也带领我的学生尝试着新的探索。

　　特别感谢老兄弟汪江华，求学时期与他抬"杠"的乐趣胜过写论文，不过这样的美好时光越来越少了，甚是怀念。感谢老同学李志明在我博士论文写作过程中在信息和资料方面的诸多帮助，尤其感谢他提示我空间理论研究的现状。

　　感谢李严老师在丛书出版过程的组织，感谢杨晓编辑的辛劳。感谢我的学生李奕昂、曹怀文和唐宁为我的书稿进行初排。

　　感谢在我博士毕业后，与我一同在东北历史聚落研究中投入时间和精力的同事和同学，你们的参与使我能够在家乡继续历史聚落的研究，也特别希望诸位同学在曾经或将要开始的研究中，能够体会到思维的乐趣。

王飒

2022年5月20日于沈阳